规划师图书
PLANNERS'BOOK

县镇村
高质量发展与规划建设

广东省建筑设计研究院集团股份有限公司
《规划师》编辑部　编
华蓝集团股份公司

广西科学技术出版社
·南宁·

图书在版编目（CIP）数据

县镇村高质量发展与规划建设/广东省建筑设计研究院集团股份有限公司，《规划师》编辑部，华蓝集团股份公司编. --南宁 ：广西科学技术出版社，2024. 11.
ISBN 978－7－5551－2357－6

Ⅰ. F127；TU984. 2

中国国家版本馆 CIP 数据核字第 202431SQ60 号

XIAN－ZHEN－CUN GAO ZHILIANG FAZHAN YU GUIHUA JIANSHE

县镇村高质量发展与规划建设

广东省建筑设计研究院集团股份有限公司　《规划师》编辑部　华蓝集团股份公司　编

责任编辑：陈剑平　　　　责任校对：吴书丽
装帧设计：韦娇林　　　　责任印制：陆　弟

出 版 人：岑　刚
出版发行：广西科学技术出版社
社　　址：广西南宁市东葛路 66 号　　　　邮政编码：530023
网　　址：http://www.gxkjs.com

印　　刷：广西民族印刷包装集团有限公司

开　　本：889 mm×1194 mm　1/16
字　　数：592 千字　　　　印　　张：21
版　　次：2024 年 11 月第 1 版
印　　次：2024 年 11 月第 1 次印刷
书　　号：ISBN 978－7－5551－2357－6
定　　价：168. 00 元

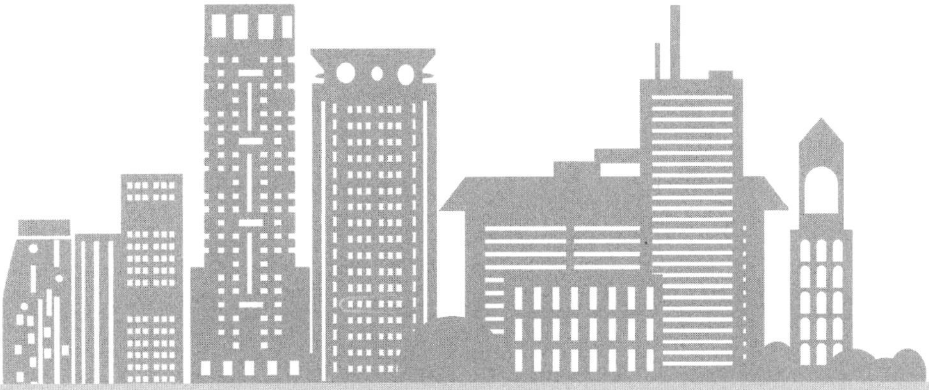

编委会

目 录

县镇村规划理论研究及探索

乡村规划设计及其治理实践

各种类型村庄规划设计探究

文旅农融合发展与规划设计

县镇村规划理论研究及探索

湖北省乡镇人口结构变化与规划应对策略

□吴思，万雯，邹鹏，黄婷婷，位欣

摘要：当前，湖北省小城镇人口结构呈现老龄化加剧、劳动力流失加速、抚养负担加重的趋势。本文通过对湖北省小城镇人口结构变化特征进行分析，发现湖北省小城镇的规模与布局分布有“一老增多、一小稳定”的人口结构变化与空间分布特征，抚养负担加重呈现“鄂东鄂西重、鄂中轻”的空间分布特征。为了更好地应对人口结构变化带来的挑战，本文结合国内外规划应对思路，提出适应湖北省发展实际的两大规划应对策略：一是适应人口发展预期，优化公共服务供给；二是提升小城镇产业动能，增加劳动力就业机会。

关键词：湖北省；小城镇；精明收缩

1　湖北省乡镇人口结构变化特征

1.1　人口总体概况

当前，湖北省城镇化已进入“以城为主”的发展阶段，随着经济社会发展进程不断加快，人口主要向中心城区和县城聚集。湖北省第七次全国人口普查（简称“七普”）数据显示，与2010年相比，2020年武汉市城市中心区人口增长37.53%，其他12个市（州）中心区人口增长32.82%，县（市）城关镇人口增长25.77%，其他乡镇政府所在地的集镇人口增长仅8.50%。小城镇不再是湖北省域城镇化主阵地，但仍然是湖北省新型城镇化重要的腹地区域与底部支撑性力量。2020年，湖北省小城镇镇域户籍人口规模总量4131万人，占湖北省户籍人口总量的67.00%以上。

1.1.1　规模小，数量“左偏分布”

在数量分布上，湖北省小城镇镇域和镇区（乡集镇）人口规模数量分布均呈现“左偏分布”特征，规模较小的相对较多，建成区人口规模在1万人以下的有542个，1万～2万人的有198个，2万～5万人的有101个，超过5万人的仅14个（图1）。建制镇镇区平均人口规模仅为1.23万人。

1.1.2　布局散，“东密西疏”“低密高疏”

在空间分布上，湖北省小城镇空间分布均衡分散，整体呈现“东密西疏”的水平分异与“低密高疏”的垂直分异格局特征，人口主要集中于沿长江、汉江地区。

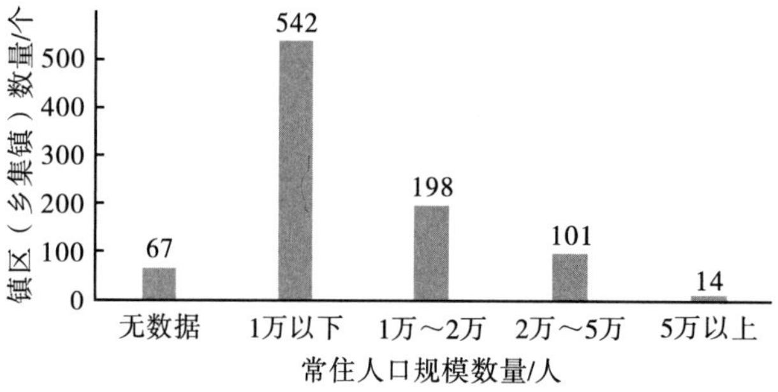

图 1　2020 年湖北省镇区（乡集镇）常住人口规模数量分布示意图

数据来源：住房城乡建设部“城乡建设统计信息管理系统”全国村镇建设统计数据。

1.1.3　经济发展不充分

在经济产业上，湖北省小城镇经济社会发展水平相对全国较低，小城镇发展内生动力下降趋势显著。湖北省小城镇数量列全国第 7 位，但一般公共预算收入居全国前 1000 位的乡镇数量居全国第 12 位（图 2），入围全国综合实力千强镇数量仅居全国第 10 位。受到宏观经济发展形势影响，人口与资金等发展要素普遍向发达地区集聚，小城镇劳动力流失、人口老龄化程度加剧，小城镇建成环境自更新、自维持动力丧失。小城镇作为湖北省社会经济发展的末梢，在近三年受到了新冠疫情与经济下行趋势的影响，湖北省 2016 年、2019 年、2022 年入围全国综合实力千强镇的数量分别为 28 个、27 个、22 个。

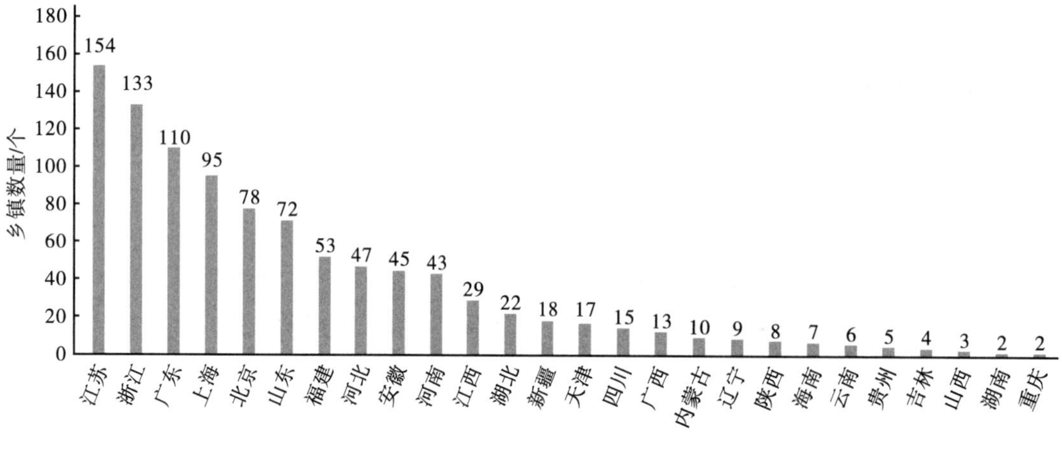

图 2　各地地方一般公共预算收入居全国前 1000 位的乡镇数量

数据来源：《中国县域统计年鉴 2022（乡镇卷）》。

1.2　“一老”增多、“一小”稳定

1.2.1　“一老”占比显著上升，老龄化乡镇连片分布

老龄化程度进一步加深。从总体情况来看，2010 年第六次全国人口普查（简称“六普”）结果与 2020 年第七次全国人口普查结果对比显示，2020 年湖北省 65 岁及以上人口占常住人口的 14.59%，比 2010 年增加 5.50%；2020 年湖北省乡镇 65 岁及以上人口占常住人口的 16.79%，比 2010 年增加 6.95%。从数量分布来看，湖北省七普乡镇人口老龄化率集中在

15.00%～20.00%区间，六普乡镇人口老龄化率集中在10.00%～15.00%区间，平均每个乡镇老龄化程度加深8.28%。从六普到七普，进入重度老龄化阶段（65岁及以上人口比重超过21%）的乡镇从0个变为242个（图3）。

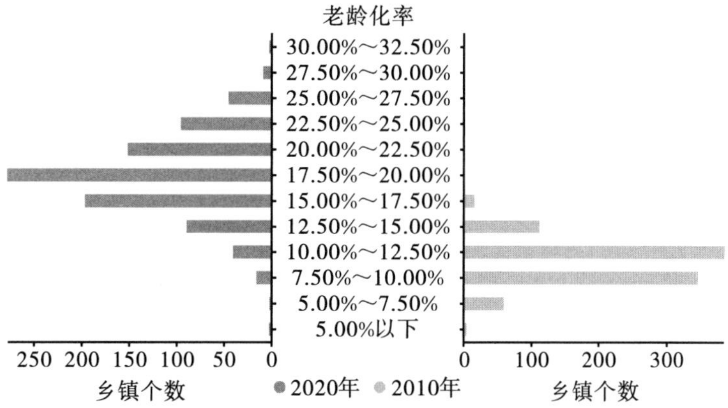

图3　2010年与2020年湖北省不同老龄化率区间乡镇数量变化

数据来源：六普、七普，统计自六普名称为“乡镇”的乡镇级行政单元。

从老龄化程度空间分布来看，老龄化区域连片分布特征显著。相比之下，宜昌、荆州沿江乡镇与十堰城区周边乡镇老龄化程度最高，其后依次为宜昌、十堰、恩施、荆门、襄阳、天门、孝感、黄冈等地的乡镇。

1.2.2　“一小”基本稳定，省域分布中间低、边缘高

少年儿童人口占比基本稳定、少量提升。从数量分布来看，湖北省七普、六普乡镇少年儿童人口（0～14岁）占比中位数分别为16.88%、14.55%（图4）。湖北省乡镇少年儿童人口占比少量提升，但从近年人口结构变化趋势来看，少年儿童人口占比上升趋势难以持续。

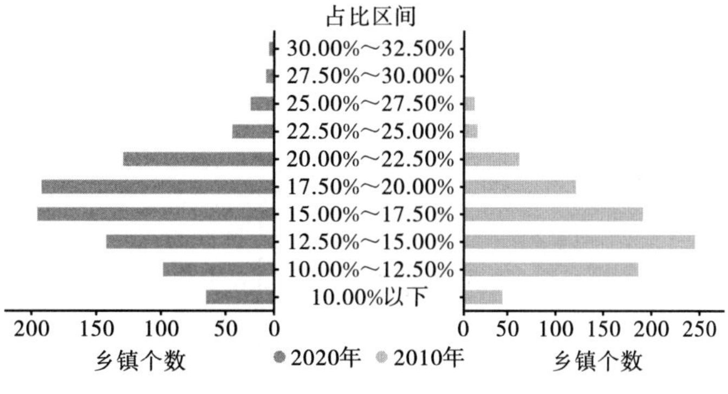

图4　2010年与2020年湖北省不同少年儿童人口占比区间乡镇数量变化

数据来源：六普、七普，统计自六普名称为“乡镇”的乡镇级行政单元。

从少年儿童人口占比分布来看，省域乡镇人口中的少年儿童人口占比呈现出中间低、边缘高的特征。咸宁市、黄石市的幕阜山区乡镇少年儿童人口占比最高，其后依次为武陵山区、秦巴山区、大别山区、荆州市的部分乡镇，这些地区有可能存在因家庭外出务工收入提升不足而无法为后代提供异地教育机会的情况。

1.3 劳动力减少，抚养负担加重

1.3.1 劳动力普遍流失

随着大量农业劳动力向城市转移，作为“城尾乡头”的小城镇劳动力流失情况十分严峻。

随着 20 世纪 60 年代生育高峰期出生的人口逐渐老龄化，劳动人口比例持续下降。常住人口减少的乡镇占比 78.14%，但劳动力减少的乡镇占比 90.69%。相对六普，七普的平均每个乡镇劳动力人口占比减少 9.99%（图 5）。劳动力减少的原因一方面是生育高峰人口老龄化，另一方面则是劳动力人口的持续流失。空间分布上，省域重大交通基础设施沿线地区劳动力流失较为严重；恩施、神农架地区劳动力流失较少。

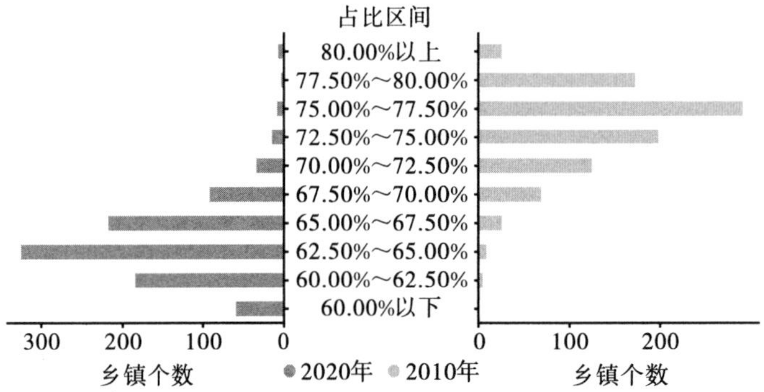

图 5　2010 年与 2020 年湖北省不同劳动力占比区间乡镇数量对比

数据来源：六普、七普，统计自六普名称为“乡镇”的乡镇级行政单元。

1.3.2 抚养负担非均衡增加

在老龄化加剧与劳动力流失的双重影响下，乡镇地区的抚养负担日益加重。六普、七普乡镇抚养比超过 50.00% 的乡镇分别为 28 个、719 个，六普、七普乡镇抚养比中位数分别为 32.89%、55.70%（图 6）。

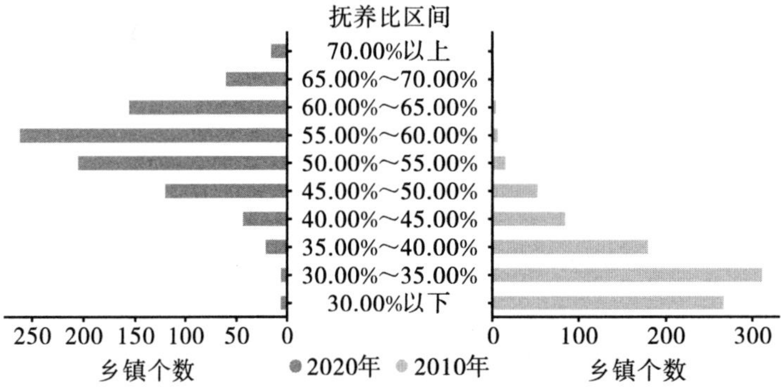

图 6　2010 年与 2020 年湖北省不同抚养比区间乡镇数量对比

数据来源：六普、七普，统计自六普名称为“乡镇”的乡镇级行政单元。

空间分布上，湖北省域小城镇抚养负担呈现出“鄂东鄂西较重，鄂中相对较轻”的分布特征。抚养负担最重的地区为十堰北部山区，其后为黄冈、咸宁南部山区。湖北中部平原地区抚养负担最轻。

2 国内外应对经验借鉴

2.1 “积极应对”的结构改善思路

2.1.1 对抗人口结构劣化采取结构优化营造理念

步入工业化社会的国家与地区，人口结构不可避免地呈现老龄化与少子化趋势，对此，国内外许多地区已积累了丰富的应对经验。日本从1989年开始实施“新老人福利十年战略”，系统推进老年友好型环境建设，积累了老龄化应对、适老化改造完善方面的理论与经验；发达国家与我国相对发达地区践行儿童友好城市建设，形成了完善的营造设计方法体系；青年友好理念相关实践也逐渐被广泛运用于实践中。

但小城镇在城镇体系末端，其竞争力难以与大城市相抗衡，因此小城镇比大城市更需依托自身的禀赋结构优势，以满足不同年龄层次人口的需求，通过贯彻老龄友好、青年友好、儿童友好的发展理念，塑造其独特魅力，从而探索出一条差异化的发展路径。

2.1.2 面向人口收缩主动采取减量提质应对方式

在可预期的人口整体收缩趋势下，许多地区采取减量提质的积极应对方式。例如，江苏省采取择优重点发展路径，使小城镇数量精简与发展质量提升。1999年起，江苏省提出“择优培育重点中心镇”的策略，有选择地对重点中心镇进行扶持和培育，推进撤乡设镇和乡镇撤并，引导全省小城镇走上规模化、集约化、现代化的发展之路，小城镇的集聚规模和建设质量有了较大提升。2000—2017年，江苏省建制镇（不包含县城所在镇）数量从1123个减少到703个，建制镇镇区平均人口规模从0.43万人增长到2.03万人，平均每个建制镇建成区面积从1.49 km^2增加到3.78 km^2。

2.2 “分情景施策”的动能转型路径

2.2.1 产能过剩背景下的工业化地区小城镇转型路径

在全社会产能过剩的背景下，高度工业化地区的小城镇呈现明显分化，少数成功实现产业升级，多数则面临落后产能被淘汰的困境，必须及时转型升级。

我国东北地区整体推进工业转型，其小城镇转型路径具有重要的借鉴价值。如吉林省在传统产业衰落、资源型城镇转型和人口外流背景下培育小镇经济，对不同类型的收缩城镇探索有针对性的治理路径。对于农业型小城镇，推进现代化农业生产方式，提高镇区公共服务能力；对于资源型小城镇，推进城镇功能的升级与转型；对于工矿型小城镇，集中安置失业工人，培育特色产业，促进失业人口再就业；对于加工型小城镇，加强其与中心城市的联系，在承接第二产业转移的同时，带动第三产业的发展；对于商贸型小城镇，利用交通区位优势，发展辐射周边小镇的商品集散中心，提高城镇就业率；对于旅游型小城镇，结合地方文化特色，规划特色旅游线路，改善交通便利度，提升旅游产品知名度，发展特色旅游小镇。

2.2.2 优质消费客源地的小城镇生态旅游转型路径

生态资源是未激活的优质资产，生态价值转换是学界热议的话题。依托优质生态资源和消费市场，开发生态旅游是小城镇转型的一条重要路径。

在国外发达经济体与我国经济先发地区，人均可支配收入较高，在保障基本生活需求的基础上有大量剩余，形成了优质的市场消费潜力，为经济转型升级提供了重要支撑。在这类发达地区推进生态型小城镇建设，能够依托优质客源市场与自身独特生态人文资源，建设旅游品牌，增强小城镇发展动能。

3 湖北省应对策略

3.1 适应人口发展预期，优化服务供给

3.1.1 形成服务供给弹性发展思路

湖北省结合上一阶段“擦亮小城镇”工作，已完成50%以上的小城镇公共服务设施体系建设。面对人口结构变化带来的公共服务需求结构的变化，一方面，在设施的使用功能上，应积极推进育幼与养老设施的功能转化，积极探索现有公共设施的适老化改造；另一方面，应因地制宜地提升养老、医疗、教育等公共服务供给能力，实现公共服务供给能力根据人口结构变化弹性调整。

3.1.2 适应小城镇经济形态，建立养老支撑机制

面向老龄化日益严重的现实，鼓励小城镇依据自身发展条件增强养老服务供给能力，建立与小城镇经济社会形态相适应的可持续养老支持机制。在经济条件较好、交通发达、公共设施较齐全的小城镇，可以按照城市社区建设标准，建设标准化养老院和日间照料中心。在以农业经营收入为主的小城镇地区，可发挥乡村集体经济基层组织作用，以村为单位在农村建立互助式养老服务组织。

3.1.3 减少生育负担，优化少年儿童成长环境

小城镇社会形态尚处于农业社会与工业社会之间，其生育意愿仍保持相对活跃，应继续实施鼓励生育的政策，对生育第二胎以上子女的家庭给予更多经济补贴和公共服务等支持。在教育政策方面，对于以工业经济与农业规模经济为主的小城镇，应提倡建立完善生育休假制度，让劳动人口能够兼顾工作与家庭。在教育设施选址方面，小城镇规模小，闲置空间较多，空间利用较为灵活，可以适当探索工作地与儿童受教育地相邻布局。在教育质量方面，为了让小城镇儿童享有优质教育，宜运用数字化手段，拓展在线优质教育服务供给机制，实现小城镇与大城市的教育资源共享。在教育环境方面，宜改善小城镇建设环境，建设儿童活动区域，建设安全便捷的慢行交通系统和校园交通系统，营造宜居宜学的小城镇社区环境。

3.1.4 发展镇域经济，留住和吸引青年人才

小城镇应大力完善自身发展条件，提升小城镇对青年人才的吸引力。一方面，应因地制宜地实施人才强镇工程，通过提供创业补贴、创业场所使用补贴、供给保障性住房等方式，吸引大学毕业生等青年人才回归小城镇，建立完善的人才政策体系，加大人才引进力度；另一方面，因产制宜引进人才，从小城镇产业发展需求出发，定向吸引技术型人才回乡，支持技术型人才与返乡农民工合作，共同发展种植养殖或农产品加工等特色产业。

3.2 提升小城镇产业动能，增加就业机会

3.2.1 推进小城镇更新，改善小城镇发展条件

在近年来的“擦亮小城镇”工作实践中，湖北省立足小城镇主导功能、发展基础、禀赋潜力，探索差异化的发展路径与模式，形成一系列改善产业发展条件的城镇更新模式。

工业功能小城镇，在小城镇更新中，除了要完善公共服务与基础设施条件外，对于土生土长的非资源型工业企业，还要畅通小城镇工业供给与市场需求之间的信息渠道，更新建设创新社区、厂区，促进小城镇工业产业创新化发展；同时，为减少工业对生活的影响，应对环境污染严重的工业园实施污水、废气、噪声治理，最大限度降低工业生产对居民生活的负面影响。

农业功能小城镇，应重点探索以城镇更新促进小城镇农业现代化发展，如结合地方主要产品种植、运输需求，建设物流服务站、农业服务站等，完善小城镇农业产品供应能力与农业服务能

力；结合农业品牌运营需求，培育产业服务能力，建设品牌运营能力，提升农业品牌价值等。

文旅功能小城镇，应积极在城镇建成环境中植入文旅特色标识；围绕优质文旅资源，持续建设旅游吸引物；完善文旅服务功能，提升旅游集散能力，健全旅游服务设施，提高服务品质。

3.2.2　增加优质就业机会、减少对密集劳动力的依赖

为留下更多的青年人口，小城镇应进一步增加优质就业机会。在工业方面，应大力支持小城镇工业企业技术改造，向自动化、数字化、智能化转型，努力创造技术型、管理型、服务型岗位，吸引高技能人才加入，为青年劳动人口提供广阔的发展前景。在旅游业方面，应因地制宜地发展特色旅游，培育新型休闲度假业态，打造并丰富高品质的旅游服务内容，向高素质旅游综合服务型人才倾斜，为青年人才提供高价值的发展机会。在农业方面，应大力发展设施农业、休闲农业、规模农业，设立农业技术推广员、农产品营销专员等农业服务型岗位，吸引接受过高等教育的青年返乡就业。

考虑到小城镇老龄化程度进一步加深的情况，应采取有力举措减少小城镇产业发展对简单劳动力的依赖，提高小城镇从业人员的获得感。一方面，应通过持续招商引资，逐步减少劳动密集型企业的占比；另一方面，应大力支持现有产业实现数字化、信息化、智能化转型，大规模推广机器人和自动化操作系统的应用，显著降低现有产业对高强度体力劳动的依赖性。此外，还应鼓励龙头企业充分利用信息化手段，深入参与上下游企业的生产经营管理，显著提高产业链协同运营效率。

［参考文献］

［1］白郁欣，畅晗，张立．韩国的小城镇政策、规划建设及对我国的启示［J］．小城镇建设，2020，38（12）：59-66．

［2］张城芳，张旭，张力文，等．基于承载力—内生力—潜力的湖北省乡镇分类及规划策略研究［J］．资源开发与市场，2024，40（3）：1-12．

［3］卢峰，杨丽婧．日本小城镇应对人口减少的经验：以日本北海道上士幌町为例［J］．国际城市规划，2019，34（5）：117-124．

［4］沈瑶，朱红飞，刘梦寒，等．少子化、老龄化背景下日本城市收缩时代的规划对策研究［J］．国际城市规划，2020，35（2）：47-53．

［5］施雯，黄春晓．国内儿童友好空间研究及实践评述［J］．上海城市规划，2021（5）：129-136．

［6］姚梓阳．改革开放四十年江苏省城乡融合发展变迁［J］．江苏城市规划，2018（12）：4．

［7］杨淼，朱青，杨冬雪．小城镇传统产业集聚区转型升级的困境与路径探讨：以湖州市织里镇童装产业为例［J］．小城镇建设，2020，38（3）：34-40．

［8］佟瑶，李诚固，刘艳军，等．吉林省小城镇收缩格局影响因素与规划对策［J］．小城镇建设，2023，41（10）：12-19．

［9］王武科，徐琴，陈小红．欧洲生态型小城镇规划的实践与启示［J］．小城镇建设，2013（5）：77-81，86．

［作者简介］

吴思，高级工程师，湖北省规划设计研究总院研创中心主创规划师。

万雯，湖北省规划设计研究总院研创中心规划师。

邹鹏，高级工程师，就职于湖北省规划设计研究总院规划二院。

黄婷婷，高级工程师，就职于湖北省规划设计研究总院研创中心。

位欣，正高级工程师，就职于湖北省规划设计研究总院。

定西市乡村产业融合发展与空间分异研究

□谢晓玲，陈佳怡，阮昕

摘要： 产业融合发展是实现乡村振兴战略的重要途径。本文通过总结前人经验，并与黄土高原独特地貌资源背景下的产业发展状况相结合，构建定西市产业融合发展水平测度评价指标体系，运用熵权层次分析法赋权重，使用 TOPSIS 模型测算出定西市产业融合发展水平测度得分，随后通过地理探测器定量分析定西市产业融合发展水平空间分异的成因。

关键词： 乡村产业融合；熵权-TOPSIS 法；地理探测器；水平测度；空间分异

0 引言

党的十八大以来，党中央坚持把解决好“三农”问题作为全党工作的重中之重。党的十九大明确提出要“实施乡村振兴战略”。党的二十大报告提出要“全面推进乡村振兴”，这是对党的十九大报告中“实施乡村振兴战略”的进一步发展，也是一个大国大党对新征程的深远谋划。全面建设社会主义现代化国家，最艰巨最繁重的任务仍然在农村。

2024 年，中央一号文件《中共中央、国务院关于学习运用“千村示范、万村整治”工程经验有力有效推进乡村全面振兴的意见》提出，提升乡村产业发展水平，要做到促进农村一二三产业融合发展、推动农产品加工业优化升级、推动农村流通高质量发展、强化农民增收举措。

自乡村产业融合概念提出起，不少学术研究对此建立了多方面的评价指标体系。但我国幅员辽阔，东南沿海地区、西南地区、中原地区、东北地区、西北地区等的产业融合发展状况各不相同，评价指标体系也应随着资源情况、发展程度等不均衡状况进行相应优化。本文在乡村振兴的政策背景下，对既往产业融合发展评价指标体系进行总结与分析，根据定西市产业发展现状建立符合黄土高原地貌的西北乡村的产业融合发展水平测度指标体系，再使用熵权层次分析法确定指标权重、使用 TOPSIS 模型进行测算，得出定西市各县产业融合发展水平指数。

1 文献综述

国外在产业融合有关理论基础和内在动因方面已有较为成熟的研究，深入探讨了产业融合的理论框架和动力机制，如马克思的《资本论》为乡村产业融合理念提供了雏形，美国学者 Rosenberg 在 1963 年提出了技术融合的概念，欧洲委员会在 1997 年认为产业融合是促进就业与增长的重要动力等。

国内关于产业融合发展的研究基本与我国乡镇企业发展实践同步。前期的研究重心是对我国产业融合发展内涵的界定和特点的梳理。随着我国产业融合发展实践的不断深入，学界开始侧重对实际问题的探究及其经验总结，注重对融合发展类型和路径的探讨。此外，国内也借鉴了日本的农业产业融合经验，将其称为“第六产业”，强调产业之间相互依存、制约、依赖的关系，丰富了产业融合的内涵。

国内外学界对产业融合发展的研究已较为成熟，由最初的认识阶段发展到理论探索、实践探索和政策研究阶段，良好的基础为我国的产业融合发展提供了理论支持和实践指导。国内学者构建出乡村产业融合水平测度体系，从多个角度进行了多层次研究，为理解和评估乡村产业融合水平提供了宝贵的思路和方法。

本文在前人研究的基础上，从以下三个角度深化研究：一是在测度指标方面，现有研究主要关注结果导向性指标，即围绕融合过程和融合结果层面选择指标，各层次指标存在一定程度的交叉重复等问题，较少从融合的主体、融合的生产要素条件等涉及融合基础的维度选择相关指标。二是在研究对象方面，大部分研究基于全国、省等宏观层面，缺乏对黄土高原地貌下的普通地级市范围的产业融合发展分析，对西北乡村产业融合发展趋势的实证研究较少。三是在空间分异性分析方面，研究基本集中于具体产业融合发展之间的关系研究，较少涉及产业融合与空间层面的空间分异成因。本文拟从上述三个方面着手，实证分析产业融合发展水平和空间分异性。

2　乡村产业融合评价指标体系的构建

2.1　乡村振兴视角下产业融合发展的内涵

在我国乡村逐步走向振兴的背景下，产业融合发展成为乡村经济增长、农民增收就业、推动城乡融合发展的重要动力。产业融合发展的核心是“融合发展”，强调三次产业之间的有机联系。乡村产业融合立足当地农作物资源，充分利用前沿科学技术，推动农业产业链延伸、发挥农业多功能性，使农业、农村、农民真正享受到产业链融合与延伸带来的经济效益、社会效益。

2.2　评价指标体系的选取

产业融合发展的内涵十分丰富，其水平测度体系的构建应遵循科学性、全面性、系统性、代表性、可操作性原则。本文立足乡村振兴战略，从乡村产业融合的内核出发，结合定西市产业发展实际状况以及资料收集的具体状况，在姚石、王玲、冯伟、韩晓玲、刘宏娜、位大雷等学者研究的基础上构建定西市乡村产业融合水平测度指标。

评价指标体系的目标层为产业融合发展水平综合指标，本文将指标分为三个等级层次。以下是对指标体系的选取进行的具体分析，详见表1。

2.2.1　第一产业与其他产业融合互动

传统产业分为三大类，第一产业包括农业、林业和渔业等从事原材料开采和初级加工的行业，第二产业即制造业，第三产业即服务业。不同产业之间存在相互合作、相互影响的关系，这种融合互动能优化产业结构、提高经济效益和资源利用效率等。

表 1　定西市产业融合发展水平测度指标

目标层	一级指标	二级指标	三级指标	正负向
产业融合发展水平综合指标	第一产业与其他产业融合互动	农业产业链延伸	第一产业增加值占总 GDP 比重/%	正向指标
			农民专业合作社数量/万个	正向指标
			设施农业面积/万亩*	正向指标
		农业多功能性发挥	年粮食产量/万 t	正向指标
			设施农业占耕地面积比重/%	正向指标
	融合发展的经济、社会、生态效应	农业服务业融合发展	文化产业增加值/亿元	正向指标
			农林牧服务业总产值/亿元	正向指标
			电子商务交易额/亿元	正向指标
			乡村公路里程数/km	正向指标
		农民增收与就业	农业产业化龙头企业数/家	正向指标
			农村居民人均可支配收入/万元	正向指标
			农民非农收入占比/%	正向指标
			乡村非农就业比例/%	正向指标
		城乡一体化	城乡居民人均收入比/%	负向指标
			城乡居民人均消费比/%	负向指标
			农村居民固定资产投资占比/%	正向指标
		生态安全	化肥和农药施用强度/kg·ha^{-1}	负向指标
			森林覆盖率/%	正向指标

注：1 亩* ≈666.67 平方米，全书同。

本文为分析产业融合发展情况，选取两个二级指标：农业产业链延伸和农业多功能性发挥。前者反映了农业与其他产业的上下游联系，后者则体现了农业除物质生产外在生态、文化等领域的重要价值。通过这两个指标，可以较为全面地评估不同产业之间的融合互动水平。

第一个指标为农业产业链延伸。农业产业链延伸不仅包含传统的农田生产环节，还延伸至生产、加工、流通、销售乃至废弃物处理和资源回收等全过程的综合性产业。这一理念突破了简单将农业视为生产活动的传统认知，将其提升为一个跨领域、多主体参与的综合产业体系，提高了农业价值链的整体效益。通过延伸农业产业链条，一方面可以最大限度地发挥农业产业的综合效益；另一方面将为农村地区创造更多就业机会，促进当地发展。产业链延伸能够提供多元化和可持续的农产品供给，有效满足持续增长的人口需求。因此，农业产业链延伸不仅是农业现代化的必由之路，也是实现农村可持续发展的重要途径。

第二个指标为农业多功能性发挥。农业在社会、环境和经济领域发挥多样化功能，具有多元价值。农业多功能性强调了农业的多样性和复合性，文化休闲、资源保护及社会就业能大幅提升农业的多样化功能。农业不是简单的生产食物的工具，而是一个复杂的体系，在社会、环境和经济领域发挥重要作用，应通过综合政策和管理方法，平衡不同功能之间的冲突和利益，确保农业部门能够全面发挥这些功能，满足社会需求的同时保护自然资源和环境。这对于农业和农村的可持续发展至关重要。

2.2.2 融合发展的经济、社会、生态效应

乡村产业融合发展必然会对经济、社会和生态环境产生影响。经济影响指的是农业与服务业融合所带来的经济效益，能增加农民收入，增加就业岗位。社会影响是关于城乡一体化发展水平的变化。生态影响则是指在乡村建设进程中，发展活动对周边生态安全产生的一定影响。

本文为分析乡村产业融合发展对经济、社会和生态领域产生的影响，选取四个二级指标：

第一个指标为农业服务业融合发展。农业服务业融合发展是一种将农业生产与相关服务资源、技术和产业链条整合的发展模式，通过服务业的支撑，推动农业生产方式的现代化转型，达到繁荣地方经济的目的，从而促进农村经济可持续增长，提升农村地区经济活力，改善农民生活条件，实现农业可持续生产，确保食品安全，缩小城乡差距，推动城乡要素自由流动和均衡发展。

第二个指标为农民增收与就业。农民收入增长与就业机会扩大是评价产业融合发展成效的一个重要指标。它反映了产业融合所带来的农民收益提升以及为农村地区创造的新的就业岗位。通过农产品增值、农业产业链条延伸、农业服务业发展等途径，可以实现农民收入的增长。提高农民收入水平能促进农村地区经济繁荣和社会稳定，扩大就业机会能吸引外出务工人员回流，为农村劳动力提供稳定就业，进而增加农民收入。农民收入增长与就业机会扩大体现了产业融合发展所提升的农民获得感，是衡量融合发展质量的重要指标。

第三个指标为城乡一体化。城乡一体化指标在衡量城乡地区经济发展的协调统一水平中占据重要地位。该指标主要从城乡居民收入水平、生活消费水平以及农村地区居民固定资产投资等方面进行对比评估，通过对比可以反映出城乡地区发展的协调性和一体化程度。城乡一体化是促进城乡经济均衡协调发展、缩小城乡差距、实现城乡共同繁荣的重要途径之一。该指标的评估结果能够反映产业融合发展对于推动城乡区域协调发展的成效。

第四个指标为生态安全。生态安全指标能评估乡村产业发展对生态环境的影响程度，有助于促进产业发展与生态环境保护的协调统一。通过对生态安全指标的监测和评价，能够及时发现和解决农村地区生态环境问题，推动产业转型升级，实现绿色可持续发展，形成经济增长与生态保护的良性互动。因此，生态安全指标能衡量产业融合发展质量，是实现可持续发展的关键指标之一，在产业融合发展评价体系中发挥重要作用。

3 定西市乡村产业融合水平测算

3.1 数据来源

定西市位于甘肃省中部，通称“陇中”，现辖安定区及通渭县、陇西县、临洮县、渭源县、漳县、岷县共 7 个区县。定西市地处黄土高原和西秦岭山地交会区，地貌较为复杂，农业物产丰富，中药材种植面积、总产量均居全国前列。

本文选取定西市下辖各区县作为研究对象，利用熵权- TOPSIS 法对定西市产业融合发展水平进行测度。本文数据来源于《定西统计年鉴 2022》《2022 中国县域统计年鉴（县市卷）》及 7 个区县的相关统计资料。

3.2 产业融合发展水平测算

3.2.1 数据正向化/逆向化处理

本文选取了 18 项计算指标，但由于指标计量单位各不相同且同时包含正向指标与负向指标，所以数据需要进行正负向归一化处理，把不同量纲的因子转换为没有量纲可进行比较的数据，使数据压缩到 0～1 区间内，其数据越接近 1 则表示因子所代表指数越优（此数据没有实际上的意义）。x 表示不同变量的指标值，N_{ij} 表示正负向归一化处理之后得到的指标数值，i 表示定西市各个区县，j 代表本文三级指标类。

（1）正向归一化公式：

$$N_{ij}=\frac{x_{ij}-\min(x_j)}{\max(x_j)-\min(x_j)}$$

（2）负向归一化公式：

$$N_{ij}=\frac{\max(x_j)-x_{ij}}{\max(x_j)-\min(x_j)}$$

3.2.2 熵权法求权重

指标赋权主要有主观赋权与客观赋权两种方法。客观赋权法是利用客观数据和数学方法来确定评价指标的权重的方法，克服了主观赋权法的随意性，计算结果客观准确。科学的评价指标体系对评价对象的评价不仅需要反映主观判断，还需要反映出客观数据所传递的信息。为排除主观因素带来的干扰，本文采用熵权法根据指标变异性来确定权重。计算过程及结果如下：

（1）计算第 j 项指标下，第 i 年数据的特征比重：

$$P_{ij}=\frac{N_{ij}}{\sum_{i=1}^{n} N_{ij}}$$

（2）计算第 j 项指标的熵值：

$$e_j=-k\sum_{i=1}^{n} P_{ij}\,\mathrm{In}P_{ij}$$

（3）计算第 j 项的差异系数 g_j，其值越大表明该指标在综合评价中越重要：

$$g_j=1-e_j$$

（4）确定指标的权重值 w_j：

$$w_j=\frac{g_j}{\sum_{j=1}^{m} g_j}=\frac{1-e_j}{\sum_{j=1}^{m}(1-e_j)}$$

（5）具体计算结果见表 2。

表 2 定西市产业融合发展水平指标权重表

<table>
<tr><th>目标层</th><th>一级指标</th><th>权重系数 w_j</th><th>二级指标</th><th>权重系数 w_j</th><th>三级指标</th><th>权重系数 w_j</th></tr>
<tr><td rowspan="19">产业融合发展水平综合指标</td><td rowspan="6">第一产业与其他产业融合互动</td><td rowspan="6">35.96%</td><td rowspan="3">农业产业链延伸</td><td rowspan="3">17.30%</td><td>第一产业增加值占总 GDP 比重/%</td><td>5.77%</td></tr>
<tr><td>农民专业合作社数量/万个</td><td>4.21%</td></tr>
<tr><td>设施农业面积/万亩</td><td>7.32%</td></tr>
<tr><td rowspan="3">农业多功能性发挥</td><td rowspan="3">18.66%</td><td>年粮食产量/万 t</td><td>4.90%</td></tr>
<tr><td>设施农业占耕地面积比重/%</td><td>9.25%</td></tr>
<tr><td>文化产业增加值/亿元</td><td>4.51%</td></tr>
<tr><td rowspan="13">融合发展的经济、社会、生态效应</td><td rowspan="13">64.05%</td><td rowspan="4">农业服务业融合发展</td><td rowspan="4">28.75%</td><td>农林牧服务业总产值/亿元</td><td>11.04%</td></tr>
<tr><td>电子商务交易额/亿元</td><td>9.99%</td></tr>
<tr><td>乡村公路里程数/km</td><td>4.31%</td></tr>
<tr><td>农业产业化龙头企业数/家</td><td>3.41%</td></tr>
<tr><td rowspan="3">农民增收与就业</td><td rowspan="3">11.99%</td><td>农村居民人均可支配收入/万元</td><td>4.40%</td></tr>
<tr><td>农民非农收入占比/%</td><td>3.91%</td></tr>
<tr><td>乡村非农就业比例/%</td><td>3.68%</td></tr>
<tr><td rowspan="3">城乡一体化</td><td rowspan="3">15.32%</td><td>城乡居民人均收入比/%</td><td>7.30%</td></tr>
<tr><td>城乡居民人均消费比/%</td><td>2.87%</td></tr>
<tr><td>农村居民固定资产投资占比/%</td><td>5.15%</td></tr>
<tr><td rowspan="2">生态安全</td><td rowspan="2">7.99%</td><td>化肥和农药施用强度/$kg \cdot ha^{-1}$</td><td>3.38%</td></tr>
<tr><td>森林覆盖率/%</td><td>4.61%</td></tr>
</table>

3.2.3 TOPSIS 公式计算

熵权法是一种根据信息熵原理计算权重的方法，用于解决权重不确定或者数据缺失的问题，通过计算各个因素的熵值来确定权重。TOPSIS 法是一种多属性决策方法，通过计算正负理想解之间的距离，确定最优方案。熵权- TOPSIS 法是一种多属性决策方法，结合了熵权法和 TOPSIS 法，用于进行多属性决策问题的综合评价。它的优势是可以综合考虑多个评价指标的影响，客观评估各个备选方案，通过熵权法计算权重，可以解决权重不确定或者主观因素干扰的问题，并且适用于各种多属性决策问题，具有较好的通用性和适应性。缺点是在计算权重、距离和综合评价指数时需要进行多次计算，计算复杂度较高。考虑到熵权- TOPSIS 法的全面性、客观性及科学性，本文采用熵权- TOPSIS 法来进行产业融合发展水平的测度分析。计算过程及结果如下：

（1）正理想解的欧氏距离：

$$D_i^+ = \sqrt{\sum_{j=1}^{m} (Z_{\max} - Z_{ij})^2}$$

（2）负理想解的欧氏距离：

$$D_i^- = \sqrt{\sum_{j=1}^{m} (Z_{\min} - Z_{ij})^2}$$

（3）与最优方案的相对贴近度 C_i：

$$C_i = \frac{D^-}{D_i^- + D_i^+}$$

3.3 测算结果与分析

将当前分析结果图表化，以便能够更加清晰直观地观测到时间维度的分析结果，详见表 3。

表 3　2015—2022 年定西市产业融合发展综合水平评价结果表

年份	安定区	通渭县	陇西县	渭源县	临洮县	漳县	岷县
2015	0.297	0.252	0.558	0.276	0.382	0.356	0.244
2016	0.283	0.246	0.569	0.294	0.387	0.340	0.201
2017	0.282	0.272	0.576	0.282	0.394	0.332	0.189
2018	0.287	0.262	0.593	0.265	0.436	0.336	0.178
2019	0.306	0.299	0.575	0.268	0.432	0.344	0.187
2020	0.335	0.293	0.603	0.284	0.456	0.352	0.204
2021	0.350	0.304	0.618	0.302	0.459	0.352	0.206
2022	0.348	0.328	0.604	0.292	0.454	0.344	0.185

从 2015 年到 2022 年，定西市各区县产业融合发展水平总体呈现增长趋势。

安定区的产业融合发展呈现稳步增长的态势，自 2018 年以后增长速度明显加快。这一现象可能与 2017 年党的十九大提出“实施乡村振兴战略”，进一步引起社会对农业产业的重视有关。作为全市的政治中心，安定区加大了对乡村建设的投入力度。在全市范围内，安定区的产业融合发展水平通常属于中等水平，稳居第 3 位、第 4 位。安定区应当充分利用作为市人民政府所在地的优势，持续深化全产业链条的融合发展，不断提升产业融合发展的整体水平。

通渭县产业融合发展水平呈现波动上升的态势。2019 年，随着乡村振兴战略的实施，该县产业融合发展水平快速提升。但由于 2020 年受到新冠疫情影响，发展势头受到冲击，融合水平有所回落。此后，通渭县产业融合发展又逐步恢复稳定增长。

陇西县在产业融合发展方面表现卓越，连续多年居全市第 1 位，总体呈现稳步上升的良好发展态势，说明陇西县农业产业结构较为成熟稳定，产业融合发展基础扎实。

总之，通渭县和陇西县在推进产业融合发展方面存在差异。通渭县的发展进程相对而言曲折起伏较多，而陇西县则呈现出稳步向好的发展态势。但两县的情况都反映了乡村振兴战略对农业产业融合发展起到了积极推动作用。

渭源县在产业融合发展方面相对滞后，在全市范围内处于中低水平，且自 2019 年以来，其发展增速有所放缓，这可能与受新冠疫情影响及政策因素有关。本文最后将针对渭源县的现状提出相应的对策建议，旨在提升当地的产业融合发展水平。

临洮县在产业融合发展方面表现出色，多年来稳居全市第2位，在2015年至2022年间保持持续增长，增速较快。这说明临洮县政府、企业和居民在积极推动当地发展，为提高产业融合发展做出了卓有成效的努力。

漳县是中药材资源大县，其产业融合发展水平在2015年至2022年间总体保持平稳，但有轻微下滑的趋势。相对于其他地区，漳县的交通条件稍显落后，在一定程度上限制了其产业融合发展。

岷县的产业融合发展水平在2015年至2018年间呈现明显下降态势，或与当地交通不便利、农业资源相对薄弱等因素有关。自2018年乡村振兴战略大力实施以来，岷县的产业融合发展水平获得大幅提升，但总体水平仍然较低，有必要深入了解其发展中所面临的困境，并采取相应措施予以改善。

4 产业融合发展水平空间分异解析

4.1 地理探测器分析

地理探测器是由王劲峰等学者提出的一种用于探测空间分异性并揭示其背后驱动因子的空间统计方法。其基本思想是如果两个变量的空间分布趋于一致，则两者之间存在统计关联性。

本文将使用因子探测器、交互探测器和生态探测器来探测造成定西市乡村产业发展水平空间分异的影响因子的影响强度，并探测两个因子间的相互作用。地理探测器模型表达式如下：

$$q=1-\frac{\sum_{h=1}^{L} N_h\sigma_h^2}{N\sigma^2}$$

式中，q 为定西市乡村产业发展水平空间分异影响因子的影响力大小；N、N_h 分别为研究区域和次一级区域的样本量，$N=7$；σ^2 和 σ_h^2 分别为研究区域和次一级区域的定西市乡村产业发展水平的方差；L 为次一级区域的个数，即影响因子聚类分级分区的个数。当 $\sigma^2\neq0$ 时，模型成立。q 取值区间为［0，1］，当 $q=1$ 时，意味着 σ_h^2 趋近于0，分区探测因子与乡村产业发展水平空间分布完全一致，具有绝对控制力；当 $q=0$ 时，表明分区探测因子与乡村产业发展水平空间分布完全无关。

4.1.1 指标构建

本模型指标构建分为三个层面，即目标层、准则层和指标层。从地理气候因素、资源因素、交通因素3个维度13个指标对定西市产业融合发展水平测度的影响因素进行分析（表4）。其中，地理气候因素中的地理优势水平来源于地理空间数据云的栅格数据，需要通过在GIS中进行渔网采点处理后再与其他因子进行叠加分析。

表4　定西市产业融合发展水平空间分异特征影响因子地理探测器分析

目标层	准则层	编号	指标层	q	p	指标层排名	q'	目标层排名
地理气候因素	地理优势水平	X1	高程/m	0.031	0.513	11	0.224	3
		X2	坡度/°	0.027	0.625	12		
		X3	地形起伏度/m	0.025	0.804	13		
	气候优势水平	X4	年平均降水量/mm	0.813	0.000	4		

续表

目标层	准则层	编号	指标层	q	p	指标层排名	q'	目标层排名
资源因素	农业资源	X5	农业产值/万元	0.439	0.000	7	0.582	1
		X6	耕地面积/万亩	0.889	0.000	2		
		X7	粮食产量/万 t	0.867	0.000	3		
		X8	中药材产量/万 t	0.521	0.000	6		
	畜牧业资源	X9	牧业产值/万元	0.331	0.000	9		
		X10	大牲畜存栏/万头	0.609	0.000	5		
		X11	肉类总产量/t	0.418	0.000	8		
交通因素	乡村交通水平	X12	通公路的村数/个	0.128	0.000	10	0.519	2
		X13	乡村公路里程数/km	0.909	0.000	1		

4.1.2 地理探测器结果分析

将指标层影响因子的 q 值相加后除以影响因子个数求出目标层各个因素的 q' 值，用以表示目标层影响因子对定西市产业融合发展水平的影响。根据计算可得目标层影响力由强至弱为：资源因素＞交通因素＞地理气候因素。

将 13 个因子按影响力强弱的排序分成 3 类：强影响因子（$0.5\leqslant q<1$）、弱影响因子（$0.1\leqslant q<0.5$）、影响力不显著因子（$p\geqslant 0.1$）（表 5）。各影响因子间 q 值差异较为明显，资源因素与交通因素影响力普遍较强，地理气候因素影响力普遍较弱。

其中乡村公路里程数 q 值高达 0.909，说明乡村交通通达度在产业融合发展中起着决定性作用；耕地面积与粮食产量分别为影响力强度的第 2、第 3 位，说明农业资源作为产业融合发展的基础，是发展乡村产业中的最重要一环。而地理优势水平对产业融合发展的影响力微乎其微。

表 5 指标层影响因子影响力强弱分类

影响因子分类	编号	指标层影响因子名称
强影响因子 $0.5\leqslant q<1$	X13	乡村公路里程数/km
	X6	耕地面积/万亩
	X7	粮食产量/万 t
	X4	年平均降水量/mm
	X10	大牲畜存栏/万头
	X8	中药材产量/万 t
弱影响因子 $0.1\leqslant q<0.5$	X5	农业产值/万元
	X11	肉类总产量/t
	X9	牧业产值/万元
	X12	通公路的村数/个

续表

影响因子分类	编号	指标层影响因子名称
影响力不显著因子 $p \geqslant 0.1$	X1	高程/m
	X2	坡度/°
	X3	地形起伏度/m

4.2　农业资源因素空间分异分析

产业融合发展的基础仍然是第一产业，如果缺乏具有独特优势的农业资源，产业融合发展可能难以达到预期目标。各地的产业融合发展水平呈现不同程度的差异，主要是受到当地农业发展基础和资源禀赋的影响（表 6）。

表 6　2022 年定西市各区县农业产量统计表　　单位：万 t

农业品种	安定区	通渭县	陇西县	渭源县	临洮县	漳县	岷县
粮食	41.670	37.095	24.430	18.606	24.850	8.530	6.750
薯类	25.370	6.768	8.194	8.107	13.447	1.760	4.560
中药材	0.540	0.171	9.889	11.376	3.670	2.620	10.750
肉类	1.600	1.131	1.434	0.899	2.336	0.390	0.750

4.2.1　粮食

安定区、通渭县、陇西县、渭源县和临洮县的粮食产量相对较高，对产业融合发展具有积极的影响。因为粮食作为基本的农产品之一，在产业融合发展中起着重要作用，能够提供原料支持和食品加工等方面的发展空间。

4.2.2　薯类

安定区和临洮县的薯类产量较高，对提高产业融合发展水平有一定的促进作用，因为薯类是一种重要的经济作物，可以带动食品加工、农产品加工等产业发展。

4.2.3　中药材

陇西县、渭源县和岷县的中药材产量相对较高，对产业融合发展具有积极影响。中药材产业涉及中药制造、中药材加工等领域，是乡村特色产业之一，有助于提升产业融合发展水平。

4.2.4　肉类

安定区、陇西县和临洮县的肉类产量较高，对于产业融合发展有一定推动作用，可以带动畜禽养殖、肉类加工等产业发展，也能促进农产品流通和销售。

通过总结定西市各区县的农产品产量情况，再结合地理探测器的分析，发现各区县的农业产量对其产业融合发展水平的影响，取决于其在粮食、肉类、中药材等的产量表现。发展农业产业、提高农产品产量是推动各区县产业融合发展的关键因素，哪个区县的农业产量更高，哪个区县的产业融合发展就会更顺利。产量较高的区县，在相应的农业产业领域就有较大的发展空间，对提升该区县整体产业融合发展水平有很大优势。相反，产量较低的区县就需要加大力度来发展相关农业产业，提高产量水平，从而全面促进当地的产业融合发展。

4.3 地理气候条件空间分异分析

定西市位于黄土高原、青藏高原和西秦岭交会地带，地貌类型主要包括黄土丘陵沟壑区和高寒阴湿区。前者包括安定区、通渭县、陇西县、临洮县和渭源县北部，占全区总面积的 60%，属于中温带半干旱区，降水较少但日照充足、温差大；后者包括漳县、岷县和渭源县南部，占全市总面积的 40%，属于暖温带半湿润区，海拔高、气温低。

4.3.1 地理条件下的空间分异分析

地区农作物的种类及产量与当地地形地貌息息相关。位于黄土丘陵沟壑区的区县，物产资源较为丰富，其中安定区与临洮县的农业总产量遥遥领先于其他区县。陇西县和渭源县的中药材产量名列前茅。与之相对，处于高寒阴湿地带的漳县和岷县的农业产量相对偏低。除岷县的中药材产量可观外，这两个县其余农产品的产量都排在全市的较后位置。

地形地貌对交通建设也产生很大的影响。平缓地带有利于道路和铁路的修建，定西市内的高速公路网络主要布局于安定、陇西、渭源、临洮等地貌平坦的区县。相反，由于海拔较高、地形复杂，漳县和岷县的交通线路匮乏、条件较差、可达性低，在一定程度上成为制约当地发展的因素。

4.3.2 气候条件下的空间分异分析

农业生产活动如种植、养殖等直接受气候条件的影响。温度、降水量、日照时数等气候因素，对农作物的生长周期、品质和产量有着决定性作用，从而影响乡村农业产业的发展水平。不同的气候条件适宜种植或养殖不同的农产品，塑造了乡村产业的多样性。同时，极端气候事件如干旱、洪涝、暴雨等，也会给农业产业带来损失，影响产业的发展水平和稳定性。

4.3.3 综合分析

定西市产业融合发展受到地理环境和气候状况的双重制约。地形地貌决定了农业资源丰度和交通便捷性，而气候条件则直接影响农业生产的多样化和稳定性。因此，在制定产业融合发展规划时，要因地制宜，科学统筹，必须充分考虑各区域的地理气候特征，合理安排资源利用、交通建设和灾害预防，以促进产业融合发展的平衡性和可持续性。

4.4 交通水平因素空间分异分析

交通便利是产业发展的重要保障。良好的交通条件可以加快产品流通速度，降低物流成本，拓宽销售渠道，促进产业链的延伸和产业要素的流动，有利于提高产业融合发展水平。

4.4.1 交通运力分析

2022 年定西市各区县客运运力、货运运力统计情况详见图 1、图 2、表 7。从图 2、表 7 可见，定西市各区县铁路货运量极少。

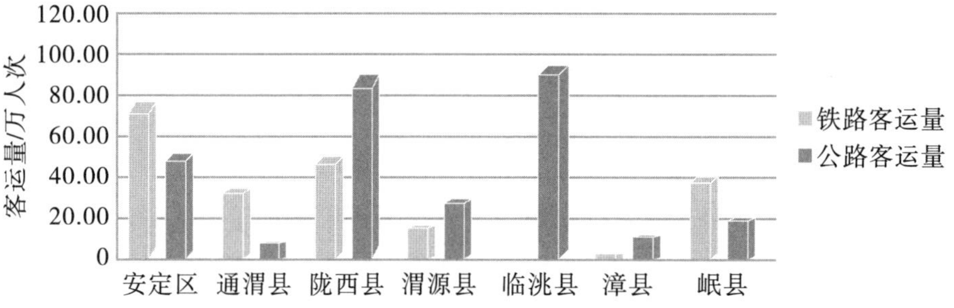

图 1　2022 年定西市各区县客运运力统计示意图

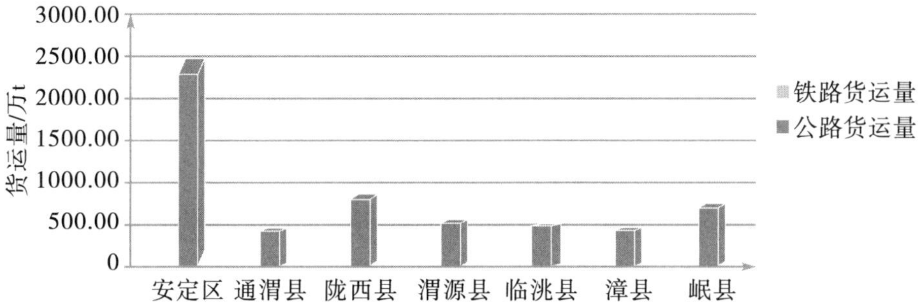

图 2　2022 年定西市各区县货运运力统计示意图

表 7　2022 年定西市各区县交通运力统计表

运力项目	安定区	通渭县	陇西县	渭源县	临洮县	漳县	岷县
铁路客运量/万人次	77.24	35.15	49.95	18.15	—	3.14	41.11
铁路货运量/万 t	1.42	—	22.85	0.07	—	—	—
公路客运量/万人次	52.31	8.62	91.16	30.06	97.48	10.73	21.17
公路货运量/万 t	2512.00	471.00	864.00	562.00	501.00	483.00	742.00

通过对运力数据进行分析，发现在客运运力方面，陇西县、安定区、临洮县的运力处于较为领先水平，而漳县的运力最为薄弱。在货运运力方面，作为市人民政府所在地的安定区遥遥领先，陇西县和岷县的运力也较为可观，其余区县货运水平相差无几。定西市北部 5 个区县路网密集，城际交通连接度较高。可以明显看出，交通运输实力越雄厚的区县，其产业融合发展水平也就越高。

交通的通畅性直接影响着农产品的运输、销售以及产业链条的延伸。铁路客运量和铁路货运量能体现铁路交通的发展水平，铁路的便利性对乡村产业与外界市场的联通、商品运输和市场开拓具有重要作用，铁路客运量的增长有利于乡村旅游业的发展。公路客运量与公路货运量则直接影响农产品和工业品的流通交换。公路交通条件不仅影响农产品的销售，而且影响加工品的流通和产业链条的完整性。

4.4.2　交通可达性分析

本文利用 GIS 技术中的空间句法模型、区域可达性分析和区域中心性分析，结合空间差值方法进行通达度分析，通过空间插值分布图展示各个区县的可达性情况。

安定区和陇西县在定西市较有控制力。临洮县由于交通比较发达，也比较有优势。但渭源县交通基础设施不完善。通渭县位于区域东边，无论是区位还是交通条件都比较落后，交通网络与其他区域交通网络割裂，导致其经济发展受到了限制。漳县和岷县位于区域南部，地形较为复杂，路网稀疏，主要的交通线路只有 212 国道，交通通达性较差。

交通发达程度对产业融合发展影响至关重要。如陇西县、临洮县这些交通较为便利的地方，其产业融合发展水平也相对较高，而岷县、通渭县等交通不太方便的地区，其产业融合发展水平就处于中低水平。

交通顺畅能为产业融合发展提供重要助力。依托便捷的交通网络，乡村产品不仅能更容易进入城市消费市场，还可通过销路的拓展获取更多资源支持。各产业环节之间的联系会更加紧密，有利于延伸和对接产业链条。良好的交通条件还能吸引高端人才和先进技术，推动创新，提高乡村产业的内部竞争力。同时，投资商也更愿意选择到交通便利的地区开展业务，为乡村产业发展注入动力。由此可见，要想推动乡村产业的融合发展，打破交通瓶颈是重中之重，提升交通可达性对产业振兴大有裨益。

4.4.3 综合分析

从交通运力统计对比乡村产业融合发展水平的情况来看，交通状况良好的地区，产业融合发展程度相对较高。反之，交通不太便利、运力较弱的地方，产业融合发展水平就会相对落后。结合前文对影响因素的分析，可以看出交通条件对于推动产业融合发展至关重要，是实现产业转型升级的重要前提之一。

因此，要为乡村产业的融合发展创造有利的环境和条件，完善交通条件无疑是当务之急，是支撑乡村产业高质量发展的重要一环。要加大对交通基础设施建设的投入，优化交通网络布局，提高运输效率，打破瓶颈，为乡村产业发展扫清障碍。只有交通状况得到持续改善，乡村产业才能充分融入市场，实现转型升级，促进乡村振兴发展。

5 定西市产业融合发展提升策略

针对乡村产业融合发展水平的优化策略需要，分别对高、中、低 3 种不同水平地区进行规划制定，本文中为每种水平地区选出一个具有代表性的县进行产业空间规划，以确保全面提升乡村产业融合发展水平（表 8）。这些策略的制定应当结合当下的政策研讨，明确实施路径，以推动乡村产业融合发展水平的具体实现。

表 8 定西市乡村产业融合发展水平分区

水平分区	区域
高水平地区	陇西县、临洮县
中水平地区	安定区、漳县、通渭县
低水平地区	渭源县、岷县

5.1 高水平地区

以陇西县为例：保持和提升陇西县中药材产业的优势地位，大力推进药材种植的规模化、规范化发展。在渭河沿岸，规划建设药材种植基地，同时引进农产品加工企业，形成产业融合发展的示范区。在陇西县城及交通干线沿线，则应配套完善物流设施，为药材产业链提供高效的运输保障。

除做大做强中药材主导产业外，还要注重发展多元经营模式，如将中药材与生态养老、休闲旅游等相结合，开拓文化旅游产业。同时，要充分发挥陇西县其他产业基础优势，提高产业多元化水平。如在渭北现代农业示范区，可发展设施农牧业、蔬菜标准化种植、食用菌加工等；在旱作农业示范区，则着力发展马铃薯种植、玉米种植等传统优势种植业。

要在巩固中药材主导地位的同时，形成以中药材产业为核心、其他特色产业共同发展的多元化产业格局，实现陇西县产业的全面振兴。

5.2 中水平地区

以通渭县为例，增强传统优势产业实力，大力推动草畜业、玉米、马铃薯、中药材等主导产业的创新升级。扶持培育苹果种植、小杂粮种植等地方特色产业，打造农产品加工业集群，延伸拓展产业链条，增强现有优势产业实力，培育特色新兴产业，构建现代农业体系。

加快推进循环农业产业体系建设，规划建设循环农业产业园区。围绕特色产业和产品，重点培育加工企业集群，吸引上下游配套企业进驻，推进循环农业产业化发展，实施以绿色有机农产品加工为主的农业产业化、生态化改造，实现全产业链高效协同发展。

在文旅产业方面，要立足通渭红色文化、书画、温泉等品牌优势资源，创新文旅融合发展模式，大力发展文化旅游产业，打造文旅名县。如重点加快陇东南国家级中医药养生保健旅游创新区、温泉水源涵养区等的建设，提升区域文旅产业融合发展水平。

5.3 低水平地区

以岷县为例：岷县农业资源相对单一，主要依赖中药材产业，其他农业资源的优势还有待发掘。岷县地形复杂，山地陡峭，在一定程度上制约了当地农业生产和产业发展。

要推动岷县农业和产业发展，首先，要加大农业基础设施建设力度，提高机械化种植比重，积极实施土壤改良和保肥措施，从而提升农产品产量。其次，要改善交通状况，提高物流效率，加快农产品流通速度，降低运输成本，增强农产品市场竞争力。

同时，要积极打造中医药产业园区，构建完整的中药材全产业链条，并以此带动地方经济发展。建设商贸物流产业园、特色食品产业园和产城融合产业园等，大力发展农产品加工业，持续增强经济活力和竞争力，进一步推动一二三产业深度融合发展。

6 结语

本文运用熵权-TOPSIS法、地理探测器模型等定量分析方法，对定西市乡村产业融合发展现状及其空间差异成因进行了深入探讨，得出以下结论。

一是定西市各区县之间在乡村产业融合发展水平上存在明显差距。2022年产业融合发展指数从高到低排序为陇西县＞临洮县＞安定区＞漳县＞通渭县＞渭源县＞岷县。

二是导致定西市乡村产业融合发展水平区域差异的有气候因素、资源因素、交通因素等。资源禀赋优劣是造成区域差异的主导因素，其次是交通状况的影响力，而地理气候条件的影响相对较弱。

三是在地理探测器模型中，资源状况为影响定西市乡村产业融合发展的关键因素。基于此，进一步分析以农业为主导的第一产业资源空间分布。农业资源是产业融合发展的基础，直接决定了当地产业融合发展的程度。地形地貌等自然环境则通过影响农作物种类和产量、制约交通设施建设等方式，对产业融合发展产生间接影响。另外，交通可达性和运力水平也是重要影响因素，交通状况越好，产业融合发展水平就越高，两者呈正相关关系。

乡村产业融合的目的在于激发乡村经济的活力、推动农民收入的稳步增长以及促进农业的高质量发展。这一过程错综复杂，受多种因素交织影响，其形式变得多元化，增加了全面评估产业融合程度的难度。鉴于数据获取的局限性，本文构建的评价体系难免存在不足之处。因此，未来的研究需进一步探索如何构建更加完善、更加系统的评价体系，以更精确地衡量乡村产业融合的实际水平。

2023年7月17日，全国生态环境保护大会再次强调了生态优先、绿色发展的理念，“绿水青山就是金山银山”。生态环境建设已成为乡村振兴不可或缺的重要组成部分。鉴于此，本文在借鉴前人研究的基础上，将生态安全因素纳入评价指标，使得整个评价体系更为全面和细致。

但值得注意的是，对于如何在生态安全的前提下推动产业的可持续发展，本文尚未进行深入的探讨。未来，我们期待有更多的研究能够探索如何推动产业融合发展的可持续性，为乡村振兴贡献更多智慧与力量。

［参考文献］

[1] ROSENBERG N. Technological change in the machine tool industry，1840—1910 [J]. The Journal of Economic History，1963，23 (4)：414-443.

[2] 姚石，吴淑莲. 城乡融合视角下杭州市产业融合水平测度研究 [J]. 城市学刊，2022，43 (3)：61-69.

[3] 王玲. 江苏省农村产业融合水平测度与区域差异分析 [J]. 农业经济，2017 (6)：21-22.

[4] 冯伟，石汝娟，夏虹，等. 农村一二三产业融合发展评价指标体系研究 [J]. 湖北农业科学，2016，55 (21)：5697-5701.

[5] 韩晓玲，李宏. 我国农村一二三产业融合发展评价指标体系构建 [J]. 安徽农学通报，2020，26 (15)：9-10.

[6] 刘宏娜，杨同毅. 三产融合评价指标体系研究 [J]. 农村经济与科技，2018，29 (17)：54-56.

[7] 位大雷. 农业高质量发展视角下巴彦淖尔市三产融合研究 [D]. 呼和浩特：内蒙古师范大学，2019.

[8] 杨建花. 基于 AHP-熵权法的甘南州旅游扶贫效果评价研究 [D]. 兰州：兰州大学，2017.

[9] HWANG C L，YOON K. Multiple attribute decision making and application [M]. New York：Springer-Verlag，1981.

[10] 王劲峰，徐成东. 地理探测器：原理与展望 [J]. 地理学报，2017，72 (1)：116-134.

[11] WANG J F，ZHANG T L，FU B J. A measure of spatial stratified heterogeneity [J]. Ecological Indicators，2016，67：250-256.

[12] 王铎，夏龙. 长江经济带全国乡村治理示范村的空间分异及影响因素 [J]. 贵州师范大学学报（自然科学版），2023，41 (3)：84-94.

[13] 高浩宁. 乡村振兴视角下定西市农产品区域品牌建设现状问题及对策 [J]. 南方农业，2023，17 (23)：17-20.

［作者简介］

谢晓玲，通信作者，兰州交通大学建筑与城市规划学院副教授。

陈佳怡，兰州交通大学建筑与城市规划学院研究生。

阮昕，兰州交通大学建筑与城市规划学院研究生。

县镇村规划与建设中的交旅融合发展策略研究

□李安领

摘要：本文立足高质量发展、城镇化建设和交通强国的时代背景，分析交旅融合的概念和内涵，并论述其相关的理论支撑，指出交旅融合是促进县镇村经济发展的重要手段、提升县镇村形象的重要途径、促进县镇村可持续发展的重要保障。同时，以交旅融合为主线，分析县镇村交通发展现状、发展趋势和面临的挑战等。本文还在结合实际案例、厘清重点、总结经验的基础上，进一步提出县镇村规划与建设中的交旅融合发展的具体策略，如跳出行政区看交旅融合、建管营运全过程思维、做足交旅融合文章、聚焦生态环保等，以期为县镇村规划与建设注入新的活力和发展动力，推动我国县镇村规划与建设。

关键词：县镇村；交旅融合；发展；策略

0 引言

我国幅员辽阔，县镇村数量庞大、分布不均，不同地域之间的经济水平和发展速度存在着明显的差异。随着我国经济的快速发展和城市化进程的加速推进，县镇村规划与建设面临许多挑战和新的机遇。区域交通作为构建“外联内畅”新格局的重要载体，在县镇村的发展中具有举足轻重的地位，发挥着不可或缺的作用。在过去，交通规划理念往往服务于城市扩张和经济发展，强调就事论事地解决问题，注重运距短捷、效率优先，重点考虑“有所为”，缺乏对沿线资源的综合研判与联动。实践证明，交通不仅是区域文旅产业发展的命脉之一，也是旅游者出游的先决条件，更是助力县域经济高质量发展的重要抓手。2019 年，“深化交通运输与旅游融合发展”被列入《交通强国建设纲要》，成为新时代做好交通工作的战略支撑。交旅融合一方面为产业融合发展提供了可行的路径和方法，另一方面其模式的落地实施将为县镇村规划与建设注入新的活力，有助于以新质生产力打造发展新优势，因此对其发展策略进行研究具有重要的现实意义。

1 研究背景

1.1 高质量发展背景

高质量发展是当前中国发展的重要理念，在县镇村层面尤其具有重要意义。2023 年，中央经济工作会议强调：“必须把坚持高质量发展作为新时代的硬道理，完整、准确、全面贯彻新发展理念，推动经济实现质的有效提升和量的合理增长。”这是以习近平同志为核心的党中央在深入分析我国发展阶段、全面把握我国现代化建设规律的基础上，对高质量发展认识的进一步拓展和深化。它强调发展的质量而非仅仅是速度，既要求保持经济增速的稳定，避免大起大落，又强调城乡区域发展的均衡性，包括经济体系内部各要素的协调发展，如实体经济、科技创新、现代金融、人力资源等，并致力构建现代化的产业体系。

1.2 县镇村规划与建设背景

2022 年，中共中央办公厅、国务院办公厅印发《关于推进以县城为重要载体的城镇化建设的意见》，指出："县城是我国城镇体系的重要组成部分，是城乡融合发展的关键支撑，对促进新型城镇化建设、构建新型工农城乡关系具有重要意义。"

2024 年，中央一号文件《中共中央、国务院关于学习运用"千村示范、万村整治"工程经验有力有效推进乡村全面振兴的意见》明确指出：以提升乡村产业发展水平、提升乡村建设水平、提升乡村治理水平为重点，强化科技和改革双轮驱动，强化农民增收举措，打好乡村全面振兴漂亮仗，绘就宜居宜业和美乡村新画卷，以加快农业农村现代化更好推进中国式现代化建设。

县城位于"城尾乡头"，是连接城市、服务乡村的天然载体。推进县城建设，既有利于满足农民日益增长的到县城就业安家的需求，又有利于辐射带动乡村发展和农业农村现代化，还有利于强化县城与邻近城市的衔接配合，构建县城枢纽连接、城乡有机互补、产业关联带动的新发展格局。

1.3 交旅融合的概念与内涵

交旅融合，即交通运输与旅游融合发展，旨在通过创新体制机制、优化资源配置、提升服务质量，将两者紧密结合，实现双方互利互惠、合作共赢的发展模式。其强调在发展交通运输的同时，充分考虑旅游服务的需求，通过交通基础设施的建设和改善，提升旅游目的地的可达性和吸引力。另外，通过旅游业的发展，增加道路断面流量，提高运营收益，进而培育运营能力和专业人才，促进交通运营企业转型升级，助力企业高质量发展。

1.4 交旅融合的理论基础

1.4.1 可持续发展理论

交旅融合的可持续发展理论是指在交通基础设施建设和旅游资源开发的过程中，遵循可持续发展的原则，实现经济、社会、文化和环境的协调发展。这一理论的核心在于平衡交通发展带来的经济效益与旅游资源保护、生态环境改善之间的关系，以交通网络化布局为基础，实现旅游业的长期稳定发展，满足社会公众对高品质生活的需求，确保在满足当代人的旅游和交通需求的同时，不损害后代人满足自身需求。

1.4.2 区域经济学理论

交旅融合的区域经济学理论强调交通基础设施与旅游资源在区域经济发展中的重要作用，以及两者融合对区域经济增长、结构优化和均衡发展的推动作用。一方面，四通八达的交通网络有助于促进地区间的交流与合作，交通基础设施的完善可以提高区域的可达性，使游客更容易到达目的地，从而吸引人流，促进旅游业的发展。良好的交通网络还有助于商品和服务的流通，降低交易成本，提高市场效率。另一方面，旅游资源作为潜在的价值因素，在交通设施不断完善的前提下，逐渐“显山露水”，成为游客聚集的目的地，将资源价值转换为经济价值，为区域经济的发展注入新的活力。

1.4.3 旅游地理学理论

交旅融合的旅游地理学理论关注的是交通与旅游业在地理空间上的相互作用和影响。这一理论框架从地理学的视角分析交通基础设施对旅游目的地的发展、旅游资源的分布、旅游体验的影响，以及旅游业如何影响交通规划和建设。一方面，通过优化交通网络，促进旅游资源的合理配置和旅游经济活动的空间集聚，从而形成旅游经济集聚区和旅游经济走廊，提升旅游目的地的整体吸引力，再通过主题游线策划，形成具有连续性的旅游空间单元，盘活旅游资源，打造高质量的旅游发展示范区。另一方面，随着旅游业迈进强体验的新阶段，游客数量的增加及个性化需求的不断涌现对交通基础设施的需求和服务水平提出了更高的要求，这为交通基础设施的升级和管理服务优化提供了新的研究方向。

2 研究意义与目的

2.1 研究意义

交旅融合是新发展环境下产业转型升级的内在要求，不仅能够实现交通功能旅游化、旅游交通便捷化、交旅产品共享化，还可以突破既有的“核心－边缘”发展模式，激活交通沿线各类价值资源，构建路衍经济发展的基本盘。时值新发展阶段，在交旅深度融合的基础上，更要聚焦社会、经济、环境、文化等多方面的统筹协调，为县镇村未来发展谋划，以实现高质量发展的愿景。

2.1.1 交旅融合是促进县镇村经济发展的重要手段

交通和旅游是经济发展的重要支柱，其融合发展可以有效促进县镇村的经济发展。一方面，便捷的交通在提高旅游目的地可达性的同时，可以吸引更多的游客前来，进而为其发展带来机遇；另一方面，旅游业的发展也可为周边居民创造更优质的就业环境，充分激活片区剩余劳动力，带动当地经济的发展。

2.1.2 交旅融合是提升县镇村形象的重要途径

在县镇村规划与建设中，通过打造本土化的旅游 IP 形象，提升县镇村的知名度和美誉度。通过发展旅游，展示县镇村独特的自然风光、历史文化和民俗风情等，借力主题活动传播，提升县镇村的整体形象。通过改善交通条件，优化游客的出行体验，进一步提升游客的满意度，为县镇村赢得良好的口碑。

2.1.3 交旅融合是促进县镇村可持续发展的重要保障

在县镇村规划与建设中，要注重生态保护和可持续发展。通过交通和旅游的融合发展，促进合理利用资源和保护环境。发展绿色交通方式如骑行、徒步等，减少对环境的影响。同时，针对旅游资源，应遵循“保护优先，永续发展”的原则，避免毫无节制地开发而造成不可逆转的生态损害。

2.2 研究目的

交旅融合作为一种跨产业、跨时空、泛领域的产业经济范畴，具有发展的前瞻性，同时也面临发展的不确定性，仅从传统产业经济学角度理解显然是不够的。本文旨在探讨县镇村规划与建设中的交旅融合的发展背景、理论基础和存在问题等，结合相关案例，提出发展策略，以期为我国县镇村规划与建设提供理论支持和实践指导，推动县镇村规划与建设的高质量可持续发展。

3 县镇村规划与建设中的交旅融合发展分析

3.1 交旅融合发展的政策环境分析

随着旅游业的快速发展，游客对交通设施及服务的需求持续增长。旅游业的转型升级和高质量发展要求更完善、更便捷、更智慧的交通服务，以满足游客多样化的需求。为应对不断变化的市场需求，国家层面出台了交旅融合相关的政策，为交旅融合项目的发展指明了方向。相关政策按时间排列如图 1 所示。

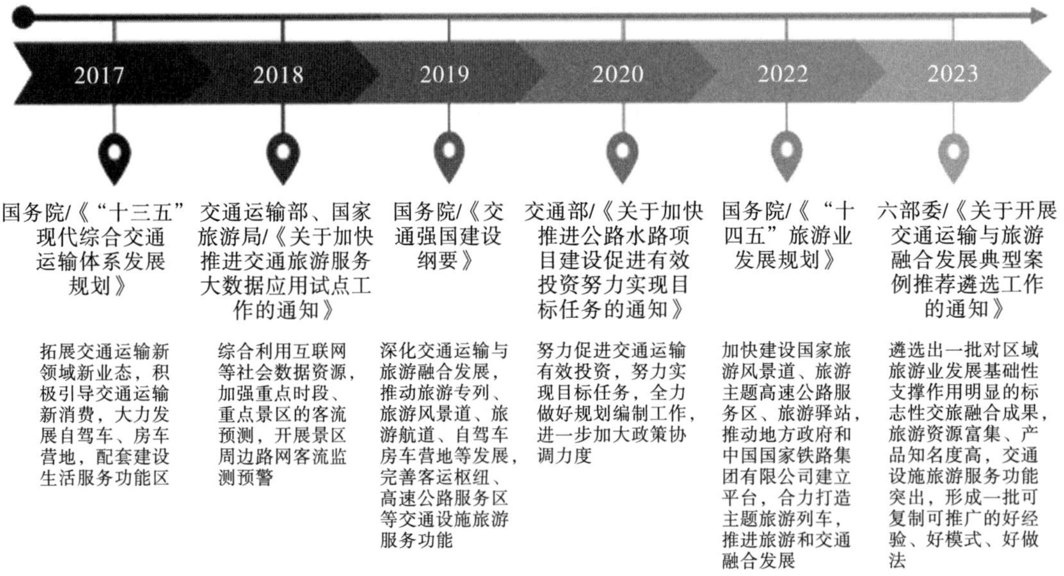

2017
2018
2019
2020
2022
2023
国务院/《“十三五”现代综合交通运输体系发展规划》
拓展交通运输新领域新业态，积极引导交通运输新消费，大力发展自驾车、房车营地，配套建设生活服务功能区
交通运输部、国家旅游局/《关于加快推进交通旅游服务大数据应用试点工作的通知》
综合利用互联网等社会数据资源，加强重点时段、重点景区的客流预测，开展景区周边路网客流监测预警
国务院/《交通强国建设纲要》
深化交通运输与旅游融合发展，推动旅游专列、旅游风景道、旅游航道、自驾车房车营地等发展，完善客运枢纽、高速公路服务区等交通设施旅游服务功能
交通部/《关于加快推进公路水路项目建设促进有效投资努力实现目标任务的通知》
努力促进交通运输有效投资，努力实现目标任务，全力做好规划编制工作，进一步加大政策协调力度
国务院/《“十四五”旅游业发展规划》
加快建设国家旅游风景道、旅游主题高速公路服务区、旅游驿站，推动地方政府和中国国家铁路集团有限公司建立平台，合力打造主题旅游列车，推进旅游和交通融合发展
六部委/《关于开展交通运输与旅游融合发展典型案例推荐遴选工作的通知》
遴选出一批对区域旅游业发展基础性支撑作用明显的标志性交旅融合成果，旅游资源富集、产品知名度高，交通设施旅游服务功能突出，形成一批可复制可推广的好经验、好模式、好做法

图 1 交旅融合国家相关政策梳理

3.2 县镇村规划与建设中的交旅融合发展现状

3.2.1 交通基础设施发展现状

截至 2023 年底，我国的县镇村交通基础设施得到了显著的改善。交通运输部数据显示，全国农村公路总里程达到了 460 万 km，其中包括在全国范围内新改建的 250 万 km 农村公路，使得具备条件的乡镇和建制村全部通上了硬化路，这是持续推动“四好农村路”高质量发展取得的成果（图 2）。

交通运输部还提出了进一步的发展目标，包括到 2025 年，进一步提升农村地区交通基础设施能力和交通运输服务品质，使全国乡镇通三级及以上公路比例、较大人口规模自然村（组）通硬化路比例、城乡交通运输一体化发展水平 AAAA 级以上区县比例、农村公路优良中等路率均达到 85%左右。

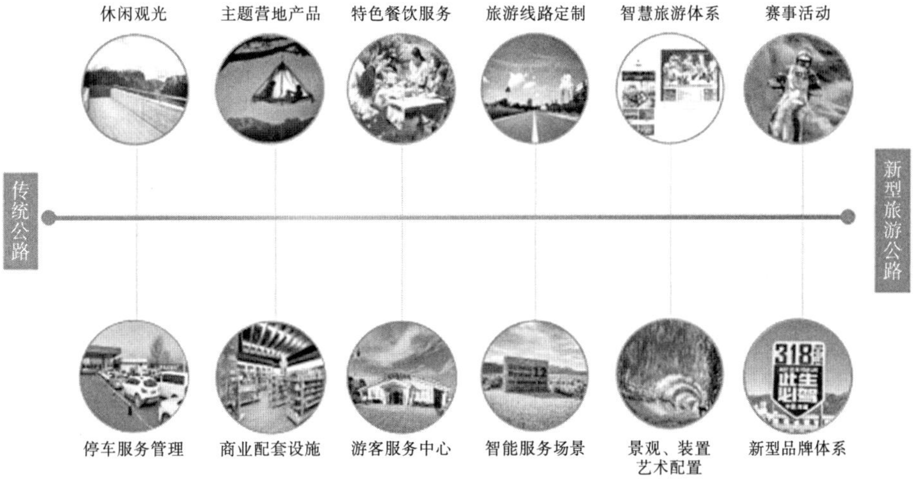

图 2　公路功能发展演变示意图

县镇村交通基础设施建设虽然取得了显著进步，但是仍存在一些不足。一是一些地区的基础设施如道路、供水设施、供电设施等建设相对滞后，影响当地居民的生活和经济发展；二是道路关联带动作用不强，旅游功能偏弱，发展不平衡，产业联动效应有待进一步加强，道路的经济价值尚未充分发挥出来；三是一些地区在快速发展的同时，忽视了生态环境保护，导致环境污染和生态破坏。

3.2.2　县镇村旅游业发展趋势

县镇村旅游资源丰富，但由于所处的客观环境不同，因此各县镇村旅游业发展水平参差不齐。一些地区在利用本地资源发展旅游业方面如发展特色乡村旅游、农事体验、生态农场等取得了一定成效。虽然县镇村交旅融合发展的概念还处于萌芽期，但是不少地方已经取得了较好的实践效果，在推动区域发展方面发挥了积极的引领作用。

例如，2024 年五一假期，热门旅游城市和景点依旧呈现“人从众”火热场面，但与往年有所不同的是，非传统热门的县域旅游展现出了极大的活力。“不是大城市去不起，而是小县城更有性价比”的旅行理念逐渐深入人心，根据携程发布的《2024 五一假期旅行总结》，在旅游订单同比增速上，县域市场高于三、四线城市，三、四线城市高于一、二线城市。具体来看，包括安吉、桐庐、都江堰、阳朔、弥勒、义乌、婺源、景洪、昆山、平潭在内的十大县域目的地的平均增长率达 36%。对比包括扬州、洛阳、秦皇岛、威海、桂林、开封、淄博、黄山、泰安、上饶在内的十大三、四线城市 11%的增长率，县域目的地已成为旅游订单同比增速的“第一梯队”。

3.3　交旅融合发展面临的主要挑战

现有的交旅融合落地运营项目更多集中在高速公路服务区领域，呈点状分散发展，空间规模相对较小且多处于独立运营状态，联动作用不强，对县镇村的旅游带动作用有限。交旅融合发展是一个复杂的系统工程，需要综合考虑资源配置、城乡发展、管理体制与运行机制等多个方面，以实现可持续发展。

3.3.1　资源配置与整合

交旅融合发展涉及面广，落地建设周期往往较长，需要有效的资源支撑及要素整合，包括旅游资源的合理利用，资金、土地和劳动力等要素的持续投入，以提高旅游目的地的可达性，实现业态多元化经营。同时，还需考虑如何通过交旅融合，实现资源的最大化利用，达到带动片区经济发展的目的。

3.3.2 城乡发展不平衡

受限于区域经济发展条件，城乡之间在基础设施、公共服务和管理水平上存在显著差距，这使得交旅融合发展面临区际间、城乡间发展不平衡的局面，对未来项目的建设与运营管理提出了一定的挑战。

3.3.3 管理体制和运行机制的挑战

交旅融合涉及多个部门和相关行业，顺畅的沟通机制与合作模式能够促进项目按计划顺利推进。因此，明晰的管理体制、良性的运行机制、统一的规划平台和标准化服务的有机衔接显得至关重要。此外，还需解决乡村文旅项目特异性不强、专业人才不足、品牌优势不明显等问题。

4 案例分析

4.1 开平邑美侨路示范路

开平文化标签琳琅满目，不仅是中国著名的华侨之乡、建筑之乡、艺术之乡、碉楼之乡，还是广东省闻名遐迩的首个县级国家园林城市。其东北连新会区，北靠鹤山市，东南近台山市，西南接恩平市，西北邻云浮市新兴县。开平邑美侨路示范路（开平塘口—赤坎段）位于世遗之地、碉楼之乡、粤港澳大湾区青年文创小镇——塘口镇，是江门市“四好农村路”和交旅融合发展的典型案例，线路全长约 21 km，由圣北线、交四线、交锅线等路段组成，全部采用双向两车道三级公路及以上技术标准，沿线配套建设 6 个结合碉楼元素建造的公路驿站，形成涵盖省道、县道、乡道等多层级顺畅衔接的环形旅游交通网。沿线生态环境优越、旅游资源丰富、人文历史浓厚，是感受侨都建筑魅力和华侨文化气息的绝佳选择。

4.2 案例启示及经验总结

邑美侨路塘口示范路依托开平市世遗廊道、碧道游线的建设，将沿线世遗点自力村碉楼群、立园、雕庄、红色教育基地——谢创故居等非常有价值的乡村、华侨文化、红色资源有机串联并融合起来，打造成丰富多彩的“四好农村路”、精品旅游路线、历史文化游径，丰富了碉楼与村落等华侨文化内涵，提升了地域文化特性和游览价值。塘口镇还以此为基础，顺势打造了青年文创小镇，成为全市乃至全省乡村振兴的典范。总的来说，这是一个将交通廊道建设、旅游发展、文化遗产保护和乡村振兴有机结合起来的成功实践，对其他地区的发展具有重要的示范意义。

5 发展策略

5.1 立足片区发展，跳出行政区看交旅融合

将不同的县镇村看作是相互关联的空间地域单元，不受限于传统行政区划管理单元，可以从更广阔的区域协同发展角度来考虑交通与旅游融合发展的策略。该策略聚焦区域内的交通和旅游资源整合，促进不同行政区域间的协作，优化资源的配置，以实现资源共享、优势互补。通过加强区域内的交通基础设施建设，实现道路、铁路、水路等交通网络的互联互通，提高区域内的交通便捷性；同时结合旅游资源的空间分布，实现交通的网络化布局和旅游资源的点状发展相得益彰。通过这种立足片区、跳出行政区的发展策略，可以更好地实现区域内交通和旅游资源的整合，推动区域经济的整体联动发展，有效提升居民生活水平。

上海市嘉定区与江苏省太仓市、浙江省嘉善县地理位置相邻、人文底蕴相近、发展理念契

合、资源禀赋互补，通过跨区域的互联互通合作，构建了便捷的交通网络，整合旅游资源、推动产业发展，实现交通和旅游资源的优化配置与利用，有效提升了整个示范区的竞争力和吸引力，为共同打造“长三角一体化发展示范区”贡献了交旅融合智慧。

5.2 统筹顶层规划，县镇村域“一盘棋”思维

在进行县镇村规划与建设时，采取整体性、系统性、前瞻性的规划方法，将县镇村视为一个相互关联、相互影响、动态发展的整体，从而实现区域内资源要素的最优配置和高效衔接。

在战略规划层面，制定全县包含镇村的综合发展规划，确保各项建设和发展计划相互衔接、协调一致；在资源整合层面，对区域内的自然资源、人文资源、基础设施等进行系统整合，以实现资源的合理分配和高效利用；在产业协同方面，推动县镇村内各产业的协调梯次发展，形成长产业链条，促进产业结构升级和经济结构优化。

海南省琼海市在美丽乡村建设中，为了更好地统筹全域建设工作，将全市划分为若干个片区，并根据片区的发展定位，结合市场发展诉求，构建系统的项目体系，植入相应的产业要素，实现“点线面”有机结合、片区之间协同联动，共同缔造美丽乡村升级版。通过“一盘棋”的思维方式，琼海市实现了美丽乡村建设工作扎实推进，乡村建设水平持续提升。

5.3 部门协同联动，建管营运全过程思维

虽然交旅融合的发展经历了从无到有、从有到精的过程，但是掣肘于体制、机制及市场等因素，交旅融合项目在实际推进过程中仍然存在跨部门沟通的障碍。基于交旅融合项目点多、面广、涉及因素众多的特点，建议加强不同政府部门间及市场化运营机构间的协作，这意味着要打破部门间既有的行政隔阂，实现信息共享和资源共享，构建从前期策划、中期落地建设到后期运营管理的全过程项目管理的发展格局，确保交旅融合项目的顺利实施及高效运营。通过这种方式，可以提高项目的运营效率，提升游客的旅游体验，促进区域内的经济发展，最终惠及县镇村的高质量发展。

作为国内首条“磁浮＋文化＋旅游”休闲观光快线，凤凰磁浮将凤凰高铁站与凤凰古城景区紧密相连，有效地解决了凤凰高铁站至凤凰古城的交通问题，并将自身融入城区，成为古城一道流动的风景线。该项目不仅涉及交通运输部门，还涉及发展改革委、自然资源及文化旅游等多个部门。基于此，在项目建设过程中，为了保证项目能顺利如期运营，多个部门间形成了协同联动的工作局面，这是项目成功的关键因素之一。在技术层面，云技术被首次应用在磁悬浮线路上，为凤凰磁浮打造了一体化的运营管理与运行控制系统。这一创新模式在提供便利交通条件的同时，还大大提升了游客的出行体验。整个项目的成功实施体现了凤凰县人民政府与多个部门之间的紧密协作，共同推动了磁悬浮列车项目与地方文化和旅游的深度融合。

5.4 保护传承文化，做足交旅融合文章

在影响旅游项目的众多因素中，文化是决定旅游项目能否成功塑造的关键和核心因素，因此在交旅融合的过程中，应重视对当地历史文化的保护和传承。一方面要将文化元素融入交旅融合项目中，丰富交通旅游产品类型，做大差异化，做强产品，以增强旅游体验；另一方面还要通过旅游促进文化的传播、传承和发展，发扬中华优秀传统文化，形成独特的旅游吸引物，让游客在旅游过程中深入地了解并体验当地文化，形成强地域文化 IP。

丽江古城的形成和发展与纳西族文化的变迁密切相关，现在的丽江古城保留了大量的传统

建筑、民俗文化和古老传统等。丽江古城在发展旅游业时，根据古城发展定位，依托当地文化传承基因，对纳西族文化进行了充分保护和传承。通过将文化元素融入旅游项目中，提升游客满意度，促进文化的传播和发展，丽江古城因此被誉为“纳西文化传播的活化石”。

5.5 聚焦生态环保，实现可持续发展

鉴于交旅融合项目对生态环境的影响，在项目开发过程中，应在国土空间规划的指导下，牢守生态环境保护红线，采取严格的生态环境保护措施，实施生态保护修复，实现经济发展与环境保护的和谐共生。在项目运营过程中，旅游交通会不可避免地产生大量二氧化碳等温室气体并对自然资源和生态系统造成直接或间接的破坏。为了最大限度地降低旅游交通对周边环境的不利影响，应积极倡导使用绿色交通工具、优化交通规划和管理、推广可持续的交通方式、促进多式联运和交通拼车、强化教育和意识宣传等，还应建立政府、旅游从业者和游客之间的合作与监督机制，实现政府引导、从业者实践、游客配合的环境保护机制。

作为“绿水青山就是金山银山”理念首倡地的浙江省安吉县，在依托环境优势发展旅游业时，始终坚持在发展中保护、在保护中发展，加强基础设施建设、提升服务品质、发展乡村旅游等，成功地将生态价值资源转化为富民发展资本。其中，刘家塘村以运营前置的思路，通过环境整治建设，把经营理念贯穿乡村规划建设全流程，充分利用其山水资源优势，发展乡村生态旅游，打造国际艺术山谷、田园乡村民宿等项目，并通过休闲绿道将公园、村庄、景点等串联起来，形成一个综合性的旅游体系，实现生态保护与旅游发展的双赢。

[参考文献]

[1] 樊建强，韩凌云，王超. 交通基础设施门槛下旅游业与区域经济联动发展的实证分析：以关中城市群为例 [J]. 西安理工大学学报，2022，38 (2)：194-200.
[2] 杨爱君，宋李毅. 县域城乡融合推进乡村生态振兴的路径研究 [J]. 农业经济，2023 (4)：37-38.
[3] 蒋伟，刘芸，高黄根. 行政区与经济区适度分离下的乡村规划体系构建：以四川省级试点丹巴县为例 [J]. 规划师，2022，38 (9)：102-107.
[4] 蔡礼. 基于交旅融合背景下旅游公路发展策略探析 [J]. 科海故事博览，2022 (33)：76-78.
[5] 奚星昊. 公路交通与旅游融合发展路径及策略研究 [J]. 中国储运，2024 (4)：112-113.
[6] 李娴，邵珏文. 新形势下路衍经济开发模式的思考与建议 [J]. 中国战略新兴产业，2024 (11)：18-20.
[7] 徐昕昕，孔亚平. 从服务区到区域服务：服务区路衍经济发展问题与对策研究 [J]. 中国公路，2022 (15)：74-77.
[8] 郭莹，吴强. 基于全域旅游视角的区域旅游发展对策研究 [J]. 焦作大学学报，2024，38 (1)：59-63.
[9] 杨明月，戴学锋. 乡村振兴视域下全域旅游促进共同富裕研究 [J]. 当代经济管理，2023，45 (3)：11-16.
[10] 柯小兵，王儒密. 全域土地综合整治助力县镇村高质量发展的机理与路径 [J]. 中国土地，2023 (9)：52-55.

[作者简介]

李安领，工程师，中交交旅投资控股有限公司项目经理。

比较优势：区县分化发展下的乡镇角色定位思考与研判

——以天津市武清区为例

□孙宗耀，任晓桐，李晋轩，曾鹏

摘要：区域高质量发展依赖各级单元的统筹分工和组织优化，主体功能区战略赋予了区县以功能类型，分化了不同单元的发展逻辑。但县域系统如何响应区县的分化发展需求尚不清晰，成为乡镇提升内生动力的瓶颈。本文针对此问题，梳理了主体功能区战略分化区县的过程并剖析其影响，归纳区县功能分化下的乡镇定位要求，用比较优势方法对乡镇功能类型和层级特征进行解析，构建乡镇角色的基本类型，以此完善县域主体功能和非主体功能的耦合协调。针对面向天津市武清区进行实证研究后分析发现的武清区存在的乡镇功能优势薄弱、主体功能过分依赖城区、非主体功能与主体功能协调不足等问题，提出一区七组团的结构优化，并针对不同片区提出差异化发展策略。

关键词：主体功能区战略；区县功能分化；乡镇角色定位；比较优势

0　引言

区域高质量发展的一大要求就是通过分工实现因地制宜和优势互补，区县在主体功能区战略推进中获得了城镇、农业和生态的开发方向定位，成为响应发展要求和推进协调统筹的基础和支撑。赋予区县以功能为标识的类型特征，既确定了基本分工方向，也将区县一级的规划任务加以区分。以往以人口规模为依据决策县域用地统筹、调整公共服务设施配置的过程中，区县角色相对统一，任务逻辑高度一致，间接制约了因地制宜的特色发展潜力。当前，在主体功能区战略和省级规划明确区县主体功能类型后，发展目标的分化升级了规划任务，对以人定地的规划思路提出了挑战。对县域内的规划实践来说，其空间系统如何响应差异化的发展目标、以主体功能为导向的镇村体系应当如何优化调整等问题亟待解决。

区县分化不仅是个体功能和发展方向的分化，更是对内部系统中乡镇角色的再定义和重组织，乡镇的分类判定和差序格局是反映县域系统结构最直接的表达。在既有研究中，中心镇扮演了关键角色，县域规划中中心镇的筛选、中心镇逐步城市化的过程、中心镇强镇扩权的实际需求等均拉大了县域镇村体系的层级差异。伴随着城乡统筹的深入，面向镇村体系的规划研究不断拓展其外沿，结点化和网络化的解构方式、规模分布和产业分类并存的联动思考、功能演变过程对镇村体系的分化影响获得热烈讨论。由此，类型越来越成为基层单元得以区分的关键，以类型引导县乡治理的方式逐渐获得认可。

本文将主体功能区战略对区县的分化作用向县域系统进行传递，探索县辖乡镇对上位分化的响应方式。

1 区县功能分化的缘起、意义和影响

1.1 主体功能区的提出和战略作用

我国主体功能区战略是在科学发展观的指导下提出的，在经历了中华人民共和国成立以来平衡发展时期、重点发展时期、再平衡发展时期的区域战略变化后，协调可持续成为发展的主要要求。主体功能区对开发方式和开发内容的定义细化了空间单元，在四大版块的全域划分下，塑造了精细的国土空间功能格局，帮助宏观政策落地实施。

主体功能区战略是我国提升区域协调、构建新发展格局的基本战略，主要用于应对以往的发展遗留问题和时代转变的新型挑战。首先，要解决的是发展模式一致带来的资源恶性竞争问题。在改革开放后的重点发展时期，开发区模式下低价土地和廉价劳动力带动产业的短效爆发式增长获得广泛效仿，催生了资源价格的恶性竞争，不利于资源成本的合理兑现。主体功能区战略正是针对这种狂热的降温剂，用来修正各区县单元的盲目跟风，从宏观上构建平衡的发展机制。其次，主体功能区战略要解决的是多样价值下可持续发展的目标问题。我国高速城镇化和工业化以来，对经济规模的追求过甚，随着可持续发展理念在全球范围得到普及和接纳，发展语义面临变革，生态价值融入发展内涵后，地区政绩的评判标准得以修正，承载力和适宜性的平衡关系成为科学发展的主要依据。主体功能区战略正是在上述考量下，回归地域特征，明确开发程度，导向可持续的价值实现。再次，战略回归规划场景，应对“多规合一”中上位缺失的问题。国家发展改革委下属原国土资源部的土地利用总体规划与住房和城乡建设部的城市总体规划之间一直存在错位问题，重视耕地保护和适应城市扩张的矛盾频发。主体功能区战略由国家发展改革委牵头，将五年发展规划诉求、土地承载力和城市开发内容进行衔接统筹的指示，可被认为是解决多规融合问题的依据。最后，主体功能区战略回归治理体系现代化的要求，是针对解决基层治理中分工意识不足的问题。从包干制到分税制，整体目标、层级体系和系统架构组合形成区域整体的基本逻辑始终存在，区域的外在表现依赖其内部运转效率，也就是所辖单元的分工组织。包干制导致的单元割据激化了发展不平衡，分税制提出加强宏观配置，成为区域再平衡的关键。但在此过程中，自上而下的分配过程受限于过长的路径关系，制约了基层资源需求和发展诉求的匹配执行。主体功能区战略的出台，给予省区市内区县的分工角色，明确向基层分配的方式，追求资源定向流动的分配效率（图 1）。

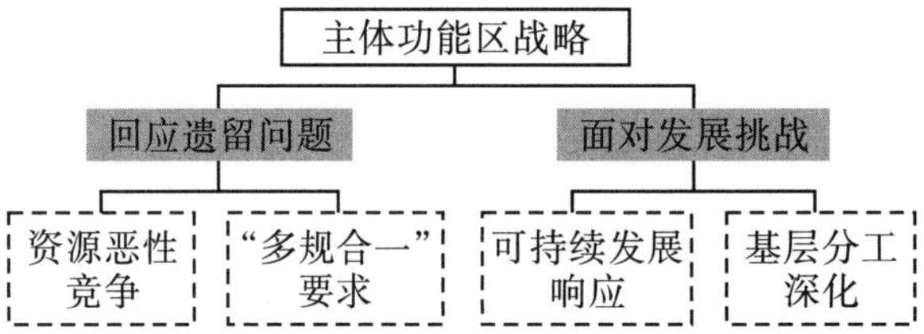

图 1　主体功能区战略的作用内容

可以认为，主体功能区战略中分类分工的思路和赋予区县单元功能角色的方式实现了对基层治理的提质增效，也为基层规划提供了依据。

1.2 主体功能区战略面向区县发展的意义和价值

主体性是主体功能区战略的基本特性，对区县所赋予的主体功能定义是标识区县的主要功能方向。城镇类型对应重点开发和优化开发的强度水平，响应城镇化和工业化目标，明确主体功能为提供工业品和服务产品，兼提供农产品和生态产品；农业类型对应限制开发的强度水平，主体功能为提供农产品，兼提供生态产品、服务产品和工业品；生态类型对应限制开发和禁止开发的强度水平，主体功能为提供生态产品，辅以提供农产品和服务产品（图 2）。

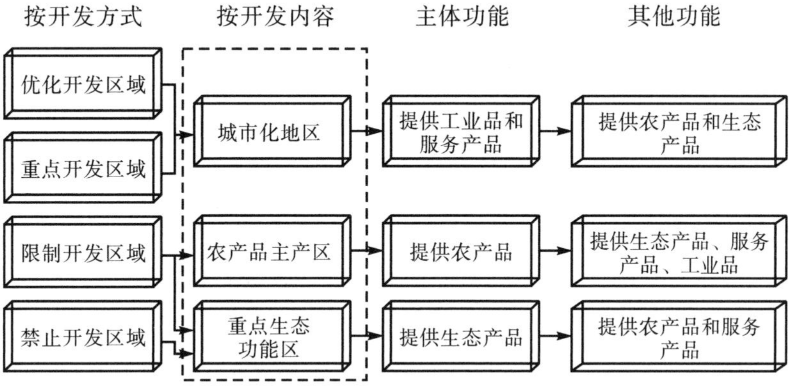

图 2　主体功能区战略的分类

该定义有效区分了区县功能体系中主体和次要的组合关系。通过区分区县单元功能目标的主体性和非主体性，明确了县域发展中的主要矛盾和次要矛盾，用于指引未来的发展任务和资源统筹。

主体功能区战略依托全国和各省区市主体功能区规划实现对全国所有区县的主体功能分类，其内容不仅包括城区范围内的区单元，也包括郊野和乡村地区的县单元。表现客观环境的土地资源、水环境容量、生态系统特征、潜在灾害风险等自然指标和表现发展水平的人口特征、经济体量、交通区位条件以及战略地位等社会指标共同纳入定位决策的考量。可以认为，面向城乡一致的评价框架构建了等价的认知基础，其主体功能定位过程突破了城乡界限，推进了城乡融合在城镇、农业、生态功能上的有机互动。

主体功能区战略为每个区县标注了未来发展的方向，并汇聚成城镇化、农产品生产和生态保护 3 个功能分支，这为区县划定了进行比较和评价的基本范围。在一定区域内，相同功能类型的区县形成了类型集合，相应地在格局中则成为按类型划分的功能域。功能域不仅是空间重组的结果，还引导了自上而下传导的尺度重构过程。省区市域范围内对区县的评价常出现倚重单一指标的情况，这间接激化了同质竞争和资源浪费，偏离了可持续发展目标。而功能域作为层级出现在省区市和区县之间，补充了同类可比的范围，也为区县的发展提供了参考依据。

1.3 功能分化对县域规划内容的影响

主体功能区战略对区县的功能定位从整体上赋予了区县未来发展的目标和角色，县域内如何通过空间组织优化的手段落实发展要求，是规划实践中需要思考的问题。

解析这一问题还要从县域规划原有模式和当前模式的差异出发。在传统模式中，县域规划侧重产业发展格局和城乡居民点布局两项任务，并以此为空间本底承担布局县域基础设施和社会服务设施、保护基本农田和生态环境等任务。其中，人、地、产的组合关系发挥着关键作用，合理选定重点发展的中心镇被认为是有效组织县域规划的关键。相比于传统模式追求产业发展和城镇化目标下的人口集聚，当前模式丰富了农产品生产和生态保护的另外两种发展思路。新思路下，县域发展的主力并不是人口集聚、产业集中、设施齐备的中心镇，而是承担农业生产和生态涵养功能的优势镇、特色镇，以这类乡镇为重心，组织县域主体功能的结构体系，支撑县域主体功能发展。

另外，主体功能区战略对区县施行功能分化的过程并非确立唯一的功能方向，主体功能和非主体功能的组合内涵应当在县域规划中得以彰显。这对于规划编制来说，不仅需要从主体功能方向上构建县域功能网络，还需要统筹多功能维度的县域组织特征，合理区分县域内各乡镇在主体功能和非主体功能上的分工角色，响应内部组织要求。

还有，传统模式中居民点等级体系作为县域发展网络的基础，依据村、镇居民点的分布特征构建组团，进而形成县域发展片区。在当前功能分化产生多功能融合的县域体系中，发展片区内相邻单元的功能关系和层级关联越发多样，所形成的县域内发展片区也将出现更加丰富的组合形式。未来对片区的科学构建和精准引导将成为深化乡镇规划编制的重要内容。

梳理区县功能分化对县域发展和规划编制的影响，可按照层次归纳为：在区县层级以上，功能域的划分有助于细化区县发展对比，提升资源利用效率；在区县层级，平衡了城镇化发展、农产品生产和生态保护三大目标的地位关系，有助于区域协调的统筹和优化；在区县以下的镇村层级，提出了解析县域内功能、层级关系的任务，要求依据主体功能优化县域空间组织。

2 区县功能分化下的乡镇定位新要求

乡镇是区县的下一行政单元，在国土空间总体规划的五级体系中承担着接续区县总体规划的编制任务。在区县功能分化的差异发展要求下，乡镇集合如何从筛选中心镇的要求中寻求改变，适应主体性和非主体性关联协同的县域发展，既是对县域空间组织优化的回答，也是探索乡镇个体发展活力的机会。本文基于主体功能区战略赋予区县的功能分类结果，面向乡镇单元定位要求进行多重思考。

2.1 面向传导的功能分类下沉

县乡规划传导是从空间视角治理县乡关系的重要方式，区县发展任务向乡镇单元的分配构成了传导的基本内容。在以往的发展阶段，识别区县内中心镇和镇村的层次关系可作为分配框架。而在当前功能分化的区县发展逻辑中，不同于区县主体功能的非主体部分获得认可，县域内主体功能和非主体功能的协调特征成为县域发展的主要特征，乡镇的潜在类型角色得以拓展。可以认为，以往识别中心镇的过程，仅是完成了当前县域发展中主体功能重心的判别环节，面向县域系统中承担非主体功能的乡镇单元识别，以及协调主体功能和非主体功能关系等后续任务还需要补充和更新。所以，乡镇应当类比省区市赋予区县单元功能定位，以获得其自身的城镇、农业或生态的主体功能类型，这样既细化了战略适用对象的单元粒度，也构建了县域传导的系统逻辑。

2.2 面向组织的比较优势决策

功能协调的系统性思路在县域内落实时，有效区分各乡镇单元参与县域主体方向还是非主体方向的发展定位成为关键。因为县域空间的地理条件和资源禀赋呈现一定程度的均质性，乡镇之间极少见可直接用于功能区分的绝对差异，所以县域系统性协调的实现更依赖对乡镇的分工决策。回归县域发展中主体功能和非主体功能的基本区分，二者之间存在巧妙的天秤式平衡，平衡的内涵在于保持非主体功能配合主体功能发展但不取代主体功能，县域主体功能不挤占非主体功能的作用空间且保持与非主体功能的互动。在相似乡镇之间统筹主体功能和非主体功能分工的需求指向了比较优势的判定的应用。将县域范围内各乡镇面向不同功能的比较优势作为衡量分工的依据，既是对县域系统协调决策的回应，也是引导乡镇明确发展定位的有效方法。

2.3 面向治理的层级属性优化

中心镇、重点镇、一般镇是按照人口或产业规模形成的乡镇等级序列，在以往县域规划中扮演着重要角色。但近年来不同特色维度的乡镇名录、推动乡镇发展的强镇扩权探索等均试图构建更加丰富的乡镇层级差异，以满足分税制后分型治理的需要。可以认为，在当前复杂的县乡情景关系下，乡镇不仅是县域下属的组成单元，其发展的腹地范围决定了其层级属性；乡镇既有面临扩权单列的特色需求，也承担着县域协调的分工需求，还存在基础薄弱带来的发展拉动需求。因此，对乡镇层级的有效分型是治理的需要。尽管类型分化的区县向下可对乡镇按照功能方向进行区分，但功能区分不能满足不同发展水平乡镇关于资源分配的层次要求。所以，有必要同时兼顾对县域乡镇的层级属性的考量，构建功能协调和层级有序的县域系统，从而更有助于推进治理体系和治理能力的优化升级。

对乡镇个体来说，功能类型和层级属性是分化发展和治理的要求；对县乡关系形成的系统来说，乡镇主体功能与区县主体功能是否一致、乡镇功能表现的层级为何、如何定义县域主体功能对乡镇分工进行优化的决策标准等，均有待探索。

3 比较优势和乡镇角色定位

3.1 比较优势方法、适用性和创新应用

比较优势理论来自经济学，是大卫·李嘉图对国际贸易中绝对优势理论的升级。该理论认为，国际贸易的基础是相对成本的差别，而非绝对差别，通过贸易体系中各国之间成本的比较形成产业优势和劣势的判断，指导产品进出口方向而获得最大利益。相比绝对优势的理想状态，比较优势的突破在于在应用场景中界定了贸易活动空间，将贸易收益最大化的目标限定在明确的边界以内，突出了比较范围的意义。比较优势凭借对个体在不同方面是否具有优势的判定，指导贸易过程中的角色分工。

将比较优势理论引入功能分化区县内乡镇的定位研究，既是基于情景的适用性，也是尝试对比较优势用于构建层级关系进行创新。从适用性角度来说，乡镇在县域系统内的功能分工过程类似于多国贸易过程，城镇、农业和生态的功能协同交织与产品的进出口过程相似，比较优势实现贸易收益最大化就近似于县域协调发展的最大效率。但比较优势的适用性仅体现在标识乡镇间的功能强弱关系，得出是否具备比较优势的结论，尚不能支撑乡镇定位的最终决策和乡镇的层级属性。

从比较优势之于绝对优势的升级中获得比较范围的认识，本文结合近年来乡镇特色发展和强镇扩权的探索认为，乡镇是否具备扩权单列发展的潜力应当以是否具有超出县域范围的功能比较优势为准。回归比较优势评价的过程，在县域内针对所辖各乡镇进行比较优势评价，仅能获得面向县域分工协调的乡镇定位；若在县域之上构建一个新的空间层次作为比较范围，则可实

现补充乡镇优势判断的层次关系，满足乡镇层级属性的定位需要，还可以在乡镇多范围比较优势结果的基础上，建立面向县域主体功能分工的决策依据，丰富功能分化区县内系统组织的科学内涵。

3.2 乡镇角色体系和定位方法

回归县域系统主体性和非主体性协调响应功能分化的发展逻辑，乡镇角色体系服务于县域系统优化的过程，将区县主体功能类型和乡镇功能类型进行对比，区分乡镇在县域内构成的主体功能组分或非主体功能组分；在此基础上，结合乡镇在超县域和县域的优势表现，定义层级属性。二者组合形成不同的乡镇角色（表 1）：县乡主体功能一致且乡镇具有超县域优势时，乡镇承担县域发展的核心角色；县乡主体功能不一致且乡镇具有超县域优势时，乡镇承担非主体功能发展的任务，并作为县域内特色乡镇进行重点发展；县乡主体功能一致但乡镇仅具有县域优势时，乡镇作为支撑县域主体功能建设的基础单元；县乡主体功能不一致且乡镇仅具有县域优势时，则仅将该乡镇看作承担非主体功能组分的构成乡镇；当乡镇不具有县域优势时，无论其主体功能类型方向如何，均将其视作参与县域发展的一般乡镇，其发展也修正为与县域主体功能一致的类型方向，归类为支撑县域主体功能建设的基本单元。

表 1　乡镇角色体系

角色定位	扩权单列的超县域层级属性（超县域优势）	统筹分工的县域层级属性（县域优势）
参与县域主体功能发展（县乡功能相同）	核心型	支撑型（包含无功能优势乡镇）
参与县域非主体功能发展（县乡功能相异）	特色型	辅助型

上述乡镇角色定位的实现依赖比较优势在县域和超县域的判定结果，结合主体功能区战略在区县以上构建了面向功能的空间重组和尺度重构，形成了功能域的中间层级，可有效匹配超县域的比较需要。所以，本文中分别设置县域和功能域两个比较范围作为实现乡镇定位的层级体系。具体定位方法如图 3 所示。

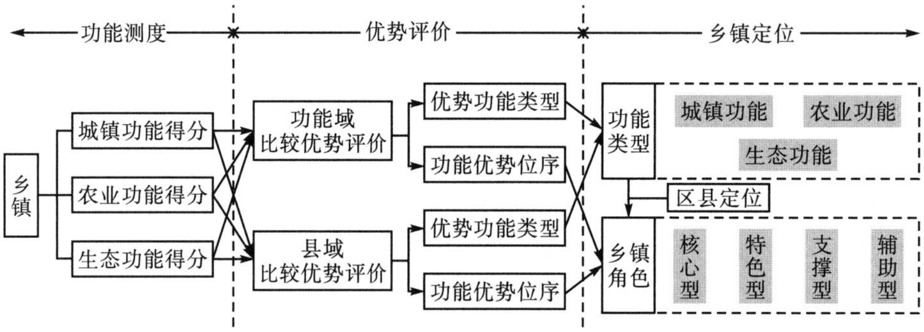

图 3　乡镇定位方法

功能测度、优势评价、乡镇定位串联构成方法体系。在功能测度中，针对乡镇不同功能方向，构建指标体系；在优势评价中，分别针对功能域和县域构建比较范围，获得优势功能类型和功能优势位序；在乡镇定位中，比较县乡功能类型并结合乡镇优势表现，实现对乡镇角色的定位。

4 以天津市武清区为案例的实证

4.1 武清区概况

武清区是天津市所辖区县，位于京津连廊上，素有“京津明珠”之称。在天津市主体功能区规划中，武清区被具体定义为优化发展区域，其空间开发的战略任务为优化布局、调整结构和建设基础设施，提升产业发展水平，改善城市环境，成为全市功能提升、空间拓展和服务周边的重要区域。作为非城市核心区的重要地区，武清区具有良好的发展空间和条件，需要加快提升产业能级，承接市区转移人口和推动城乡一体化建设，成为配套中心城区和滨海新区的功能扩展区与产业基地。在主体功能区类型格局中，武清区为城镇功能域的腹地单元，在与周围区县的对比中，非农产值规模较大，但城镇化水平偏低（表 2）。武清区下辖城区内的 6 个街道和城区外的 24 个乡镇，城区靠近天津市主城区，位于县域东南侧。

表 2　2020 年武清区与相邻区县的发展水平对比

市	区（市、县）	非农产值（位次）/亿元	城镇化率（位次）
天津市	武清区	774.94（2）	55.35%（6）
	宝坻区	323.41（6）	42.92%（7）
	北辰区	617.45（3）	90.41%（1）
	静海区	407.98（4）	56.66%（5）
北京市	通州区	1090.00（1）	74.00%（2）
廊坊市	香河县	214.33（7）	73.60%（3）
	霸州市	397.28（5）	61.30%（4）

4.2 乡镇功能测度与结果

在前人研究成果的基础上，基于科学性、代表性、可获得性原则分别构建乡镇城镇、农业和生态功能水平测度指标体系（表 3），定义武清区与相邻城镇类型区县构成局部功能域，与武清县域组合作为乡镇角色定位的多层级比较范围。对功能域内所辖 100 个乡镇的各项指标进行最值归一化，按照功能类型和指标作用方向进行正负加和，完成对乡镇单元的各方向功能评价。

表 3　乡镇功能测度指标

	城镇类型	农业类型	生态类型
功能测度指标	人口密度（+）	人均耕地规模（+）	地形起伏度（+）
	工业企业和规模商超数量（+）	粮食生产潜力（+）	到高铁站距离（+）
	建设用地比例（+）	到高铁站距离（+）	灾害风险水平（−）
	到高铁站距离（−）	夜间灯光强度（−）	建设用地比例（−）

对比武清区所在功能域内各乡镇在不同功能方向的得分，城镇功能中功能域南部和西北部乡镇得分较高，西部沿区县单元交界的口子型乡镇得分较高。在农业功能格局中，功能域东西两翼乡镇得分高，南北两端乡镇得分低。在生态格局中，除功能域南端部分乡镇功能水平较低外，中部与北部乡镇功能相对均衡，东南端个别乡镇得分较高。横向比较各乡镇城镇、农业和生态功能水平的高低，发现其中64.51%的乡镇城镇功能得分高于其他两个功能维度，说明该城镇功能域的基本功能表现指向显著。在城镇功能定位指导下推进县域分工与协调的乡镇定位研究具有现实需求。

4.3 乡镇优势评价

基于乡镇在城镇、农业、生态三个功能类型的得分，可以获得乡镇在三个发展方向上的优劣次序和最优功能类型，最大得分对应的类型方向可以作为乡镇发展的一种决策依据，但这种选择是针对乡镇个体的，是将乡镇从整体区域协调发展逻辑中孤立出来并进行探索的过程，也是当前研究中普遍出现的就乡镇论乡镇的思维误区。从主体功能区战略对区县的分类和定位中不难发现，地区在功能类型上的强度表现固然重要，但也需要同时满足地区分工的要求。所以，本文将乡镇在三个类型方向上的得分作为进行定位决策的基础资料，构建类型得分向比较有优势的概念转换，定义乡镇的相对功能长板作为依据，实现主体功能区战略引导下的定位决策。

为实现上述优化，本文引入人力资源管理专业中的竞优理论，并用于获得比较优势判断。竞优理论中的个体优势评价旨在从团队评价中发掘每位成员的长板，平等地考察成员的贡献价值和角色作用，是引导个体分工和发展施策的重要方法。从这个角度来说，此方法较为契合乡镇在三大功能类型得分基础上的分工分类要求，是理想的技术方法。本文分别按照县域和功能域定义各乡镇的比较范围，分别进行个体优势评价，获得不同比较范围下的乡镇的优势长板和优势位序，其中，优势长板对应功能类型、优势位序以是否位于前20%作为判断其是否具有该层级优势的依据。

在面向功能域的乡镇比较中，武清区仅大碱厂镇和大黄堡镇呈现出优势特征，其中大碱厂镇为城镇类型的功能域优势，大黄堡镇为生态类型的功能域优势。而在县域比较中，具有优势的乡镇数量明显增加，其中大碱厂镇和大黄堡镇延续了功能域优势，同时兼顾县域优势；东马圈镇、下伍旗镇、汊沽港镇、河北屯镇、王庆坨镇、石各庄镇、黄花店镇表现出面向城镇功能的县域优势，且均分布于武清区与其他区县相邻的边界地带；曹子里镇、泗村店镇、白古屯镇则表现出面向农业功能的县域优势；无新增生态功能县域优势的乡镇。

4.4 乡镇角色定位及片区规划

根据武清区各乡镇的优势功能类型和优势层级特征，结合区县主体功能类型，依据角色体系完成乡镇定位。最终获得核心型城镇功能乡镇——大碱厂镇、特色型生态功能乡镇——大黄堡镇、辅助型农业功能乡镇——白古屯镇、泗村店镇、曹子里镇，其他乡镇均为支撑型城镇功能乡镇。

根据所形成的县域功能和层次格局分析认为，武清区功能定位的主体性主要依托于城区，在乡镇地区城镇功能优势相对薄弱，仅靠近城区的大碱厂镇呈现出超县域的优势层级。支撑型城镇功能乡镇数量过多，乡镇地区缺少支撑主体功能建设的重点乡镇。在县域比较优势的格局中发现，武清区与周围区县相邻接的门户城镇功能乡镇承担了一部分主体功能任务，呼应城区形成了武清区主体功能方向的基本结构。分析武清区内非主体功能格局，认为存在两大突出特征：其一，武清区东侧具有超县域优势的生态乡镇与具有县域优势的农业乡镇相邻，形成了区别于本区城镇主体功能的多样化地带，具有局部协调的潜力；其二，武清区基础的非主体功能要素在城区和门户乡镇之间形成填充，作为过渡地带支撑两侧主体功能的发展。

综合主体性结构和非主体性特征认为，当前武清区面向功能分化的空间分区特征较为突出，有待对其功能协调关系进行优化和调整。基于此，可提出面向县域主体功能发展和协调融合的分区建议。

在武清区县域主体功能定位的引导下，对武清区各乡镇进行组合优化，构建面向县域发展的乡镇组团，用于丰富武清区县域层次结构、提升其系统特性表现，以此解决武清区当前腹地型乡镇数量过多，内在单元特色缺乏、均质化严重的问题。据此，将武清区所辖乡镇空间划分为一区七组团的结构，分别为武清城区、环京组团、环城组团、城东组团、城西组团、城南组团、运河东组团和运河西组团（表4）。

表4　武清区乡镇组团

组团名称	所辖乡镇
环京组团	河西务镇、高村镇、大王古庄镇
环城组团	南蔡村镇、大碱厂镇
城东组团	崔黄口镇、大黄堡镇、曹子里镇、上马台镇、梅厂镇
城南组团	汊沽港镇、王庆坨镇
城西组团	黄花店镇、陈咀镇、豆张庄镇、石各庄镇
运河西组团	白古屯镇、泗村店镇、城关镇、东马圈镇
运河东组团	下伍旗镇、河北屯镇、大良镇、大孟庄镇

环京组团由河西务镇、高村镇和大王古庄镇组成，承担武清区面向北京疏解非首都功能和承接首都产业外移的任务，区内有京滨工业园和武清商务区两大产业园区，可用于提升产业科技创新水平，打造京津连线上的宜居宜业的新模式。环城组团由南蔡村镇和大碱厂镇组成，主要承担武清城区产业规模和居住密度饱和产生的外溢，缓解城区人地矛盾，疏解城区发展压力。城东组团由崔黄口镇、大黄堡镇、曹子里镇、上马台镇和梅厂镇组成，该组团在区县主体功能方向下，融合了特色型—生态类型和辅助型—农业功能乡镇，形成了局部功能融合的格局特征；未来将以突出生态特色乡镇和区县主体功能配合为主导，打造生态良好型城镇化思路，结合武清电子商务园区，实现多功能融合的模式探索。城南组团包括汊沽港镇和王庆坨镇这两个具有县域比较优势的乡镇，乡镇产业基础较好，区位优越且对外交通发达，未来将作为承接武清城区工业化转移的重要目的地，进一步提升产业容量的同时，推进产业升级。城西组团由黄花店镇、陈咀镇、石各庄镇和豆张庄镇组成，该组团坚持区位优势，推进城镇化建设，借助东邻廊坊市的有利位置和武清区西侧生态廊道，打造宜居宜业的服务组团。运河西组团由白古屯镇、泗村店镇、城关镇、东马圈镇组成，内含两个辅助型—农业功能乡镇，组团发展当以城镇功能下的农业发展为核心，在坚守区县农业保护红线的基础上，结合机械化需求推进耕地规模化，在提升自身农业产品服务能力的同时，释放农业人口向相邻组团流动，促进区县内要素流动和协调。运河东组团包括下伍旗镇、河北屯镇、大良镇和大孟庄镇，该组团当前产业规模和功能

强度均较低，但邻近运河，生态资源潜力较大，可借助运河发展农业、生态及相关服务产业，打造运河沿线乡村振兴的发展模板。

5 结论与展望

本文从主体功能区战略推进基层发展的分化协调入手，剖析了战略的内涵目标、对区县系统和县域规划的影响，归纳在县域之上的功能域理论创新、在县域内的主体和非主体协调认识以及县辖乡镇的角色分工需要。在此基础上，进一步将区县分化的逻辑向乡镇定位过程传递，认为面向传导、组织和治理的三重要求是实现战略颗粒度下沉和推进基层协调的关键，引入功能域和县域多层级比较优势并用于回应战略任务，构建了兼顾功能类型和层级属性的乡镇角色体系和定位方法。

将上述方法应用于天津市武清区的案例实证研究中，发现武清区乡镇功能优势薄弱、主体功能过分依赖城区、非主体功能与主体功能协调不足等问题，基于其乡镇角色定位的格局特征，提出一区七组团的建议，并针对不同组团提供了差异化发展策略。

功能分化下区县不仅要满足对上的协调参与需求，还要优化原有按人、按产组织内部结构的一般思路，充分发挥内生功能主体性和非主体性互动潜力，提升对外的功能作用，实现自上而下的可持续升级。本文中创新归纳的功能域概念、引入的个体优势评价方法、构建的双层级比较优势组合等均可作为功能分化下基层发展治理的有效工具，为县域系统规划提供助力。

[参考文献]

[1] 王兴平，李志刚. 略论县域规划的中心镇战略与选择：以南京市江宁县为例 [J]. 经济地理，2000 (5)：22-25，9.

[2] 朱东风. 中心镇小城市化的理论分析与江苏实践的思考 [J]. 城市规划，2008 (3)：69-74.

[3] 黄雯. 强镇扩权：乡镇行政体制改革的新探索 [J]. 理论与改革，2016 (4)：95-99.

[4] 曾鹏，朱柳慧. 基于社会网络分析的县域镇村空间关联研究：以河北省肃宁县为例 [J]. 城市问题，2021 (6)：4-14.

[5] 何灵聪. 城乡统筹视角下的我国镇村体系规划进展与展望 [J]. 规划师，2012，28 (5)：5-9.

[6] 莫樊，黄耀福，吴昕晖，等. 建制镇功能演变下县—镇—村空间模式：以广东省两县为例 [J]. 热带地理，2023，43 (2)：308-319.

[7] 胡波洋，张蓬涛，徐磊，等. 基于 NRCA 模型的乡镇地域多功能空间特征及格局优化 [J]. 中国农业资源与区划，2020，41 (8)：100-109.

[8] 迟超月，朱道林，韩德军，等. 基于主体功能区的县域土地利用分区及模式选择：以贵州省大方县 34 个乡镇为例 [J]. 资源开发与市场，2014，30 (6)：712-716.

[作者简介]

孙宗耀，博士，昆明理工大学建筑与城市规划学院特聘副教授。

任晓桐，天津大学建筑学院城乡规划学在读博士。

李晋轩，博士后，天津大学建筑学院助理研究员。

曾鹏，通信作者，博士，教授，天津大学建筑学院副院长。

基于数字化方法的村镇聚落空间演变特征及优化策略研究

——以四川省崇州市为例

□欧婷婷，徐皓

摘要：对县域村镇聚落空间演变特征及其影响因素的研究，可以为其空间未来的高质量发展提供科学依据。本文以距离成都市主城区最近的郊区新城崇州市为例，运用景观格局指数分析、GIS空间分析及引力模型等方法，从空间分布、空间规模及空间结构三个维度对其2000年、2010年、2020年三个时期村镇聚落空间格局特征及演变规律进行识别与总结。

关键词：数字化方法；村镇聚落；空间演变；空间优化；崇州市

0 引言

党的二十大报告指出，“高质量发展是全面建设社会主义现代化国家的首要任务”，县镇村高质量发展则是这一首要任务中的重点任务，而大城市郊区县更是县镇村高质量发展的先行区和示范区。但由于长期以来区内中心城市的辐射能级有限、带动力不足，且耕地保护要求高，空间资源分散，未整合成有效的网络化发展结构，目前仍然存在较多相对贫困、人口流失严重、人居环境破败的乡村地区。实现乡村全面振兴是当务之急，同时也是实现县镇村高质量发展的基础。在县镇村高质量发展进程中，主要面临两大问题：一是耕地保护的问题，二是空间发展不稳定、不均匀的问题。为了应对这些挑战，政府、企业及村民采取了相应措施，如政府通过土地增减挂钩等政策促进用地集约和耕地保护，企业入驻带动以农业生产为主的第一产业向第二、第三产业转型发展，村民主动适应发展契机发展农家乐、特色民宿等。但在发展中，由于忽略了村镇聚落空间发展的内在规律，出现了违背村民意愿、产业同质低效发展、特色村镇聚落风貌遭破坏甚至消失、村民主体性消失等问题。由此可见，要实现空间可持续的高质量发展目标，就必须对村镇聚落空间发展的时空分异特征及影响因素进行深入分析，以期提出有针对性的可持续发展策略。

国内外对村镇聚落的研究已经形成较为丰富的研究成果，主要包括聚落空间形态、规模及空间结构三个方面，涉及村镇聚落时空分异特征、影响机理、类型模式划分、空间演变及转型重构等方面，其中对村镇聚落空间演变的研究在乡村地理学、城乡规划、景观生态学等学科领域始终保持着极高的研究热度。在研究对象上，国内大多数研究对象在经济发达的东部沿海发达地区、山地贫困地区、地质和生态敏感的西北地区及民族特色区，多集中在江苏和河南地区的广袤平原区域，对平原地区的研究关注较少，对成都平原上的这类村镇聚落的研究更少。在研究方法上，前期多以定性描述为主，随着各类基础数据的开源革新和数理模型的应用，当前多采用景观格局指数、GIS空间分析的定量研究方法对不同时期的村镇聚落空间分异特征进行分析，但大多集中在对县域聚落空间特征、类型及影响机制的研究，对县镇村不同空间尺度空间联系的研究较少。此外，多数研究集中于自然、社会及经济三个方面对聚落空间演变的影响，对政策规划层面的影响的研究较少。

1　研究区概况

1.1　区位与交通

崇州市隶属四川省成都市，地处成都平原西部与龙门山中段，位于东经 103°07′～103°49′、北纬 30°30′～30°53′之间，东接温江、双流，南邻新津，西连大邑，北靠汶川、都江堰，为天府之国的腹心，素有“蜀中之蜀”“蜀门重镇”的美誉。地域面积 1089 km^2，呈“四山一水五分田”格局。崇州市下辖崇阳街道、羊马街道、三江街道、江源街道、大划街道、崇庆街道 6 个街道及廖家镇、元通镇、观胜镇、怀远镇、街子镇、文井江镇、白头镇、道明镇、隆兴镇 9 个镇。截至 2022 年末，常住人口约 75 万。是距离成都中心城区最近的郊区新城，处在成都 1 小时经济圈内，区位交通优势明显，村镇聚落产业及空间受城镇化影响大。

1.2　社会与经济

2010 年第六次全国人口普查和 2020 年第七次全国人口普查结果显示，崇州市人口总数呈增长趋势，但各乡镇人口增幅出现空间分异现象，仅邻近崇州市中心的 5 个街道人口为增长，其余乡镇人口呈收缩趋势，尤其是位于山区的文井江镇人口减少了一半，仅余 5471 人（图 1）。对崇州市 2000 年、2010 年及 2020 年的 GDP 进行统计分析，总体呈稳定上升趋势，其第一产业经济出现小幅度回落，2000—2010 年第三产业增幅不明显，2010—2020 年第二、第三产业呈快速增长趋势，表现为第一产业向第二、第三产业转型发展趋势（图 2）。

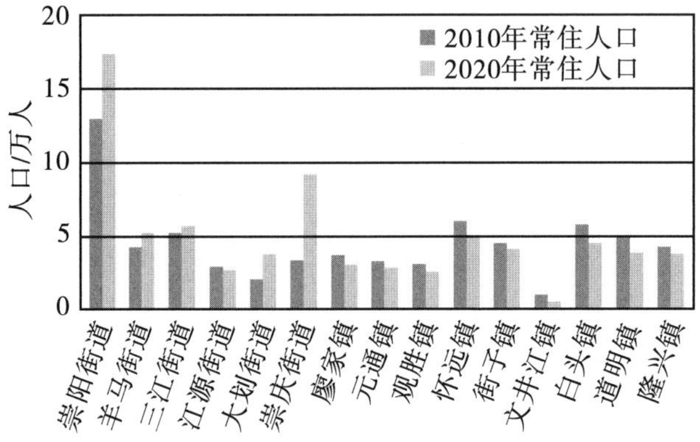

图 1　崇州市人口分析图

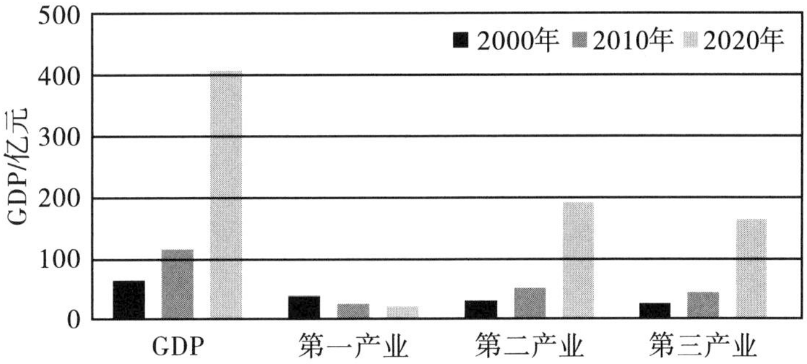

图 2 崇州市经济分析图

1.3 自然资源

崇州市处于成都市“西控”范围内，包括山地、丘陵、平坝三种地貌，其中山地、丘陵、平坝地区分别占崇州市总面积的 38.4%、8.7%、52.9%，村镇聚落基本集中在平坝和浅丘区域；水资源丰富，耕地及林地分布广泛，有西河、黑石河及金马河 3 条河流流经，并与 180 多条支流连接。受都江堰水利工程修建的影响，崇州村镇聚落空间中水系阡陌交通，故而形成了丰富的旅游资源，为村镇聚落产业转型发展提供了基础动力。

2 数据来源与研究方法

2.1 基础研究数据

基础研究数据包括两类数据：一是矢量数据。通过地理空间数据云获得崇州市 2000 年和 2010 年的 Landsat 5 遥感影像及 2020 年的 Landsat 8 遥感影像，并用 ENVI 进行解译，用 eCognittion 进行监督分类处理，将获得的分类数据导入 GIS 中进行校准处理，最终提取三个时期的县城区、村镇聚落用地和水系图斑；在 OSM 地图中获取县域边界、各镇区边界及村界、各级道路等矢量数据，结合高清历史影像图进行核对校正，确保数据的科学性。二是统计数据。崇州市经济及人口数据来源于《崇州市统计年鉴》、政府工作报告及全国人口普查数据等。

2.2 研究方法

本文基于数字化的方法对村镇聚落空间演变特征、影响因素及类型进行定量化研究，包括三种方法：一是景观格局指数。将村镇聚落看作在一定空间范围内不同大小、形状等几何属性和人文属性共同构成的斑块镶嵌体，引入聚散性指数中的斑块数量、斑块密度指标，面积指数中的斑块面积、平均斑块面积指数，形状指数中的斑块形状指数、斑块分维数（FRAC）等典型指标，相应表征村镇聚落的分布、规模和形态特征，同时利用 SPSS 工具对斑块规模数据统计进行可视化表达。二是 GIS 空间分析。选取核密度分析和空间热点分析对斑块指数表达的相关性在区域空间进行可视化表达。三是引力模型。随着交通的发展，类似于城市体系，村镇聚落体系也逐渐由原有的垂直层级结构转变为扁平化、网络化的空间组织形式，引力模型可以从空间相互作用的视角对聚落空间网络结构进行构建与解析。表达式为：

$$I_{ij}=K\frac{M_iM_j}{(G\times D_{ij})^b}$$

式中，I_{ij} 为 i、j 两地间相互作用的强度，M_i、M_j 分别为聚落 i 和 j 的质量，K 为引力经验常数，b 为距离摩擦系数，D_{ij} 为两聚落间的距离，G 为距离折减系数。

3 崇州市村镇聚落空间特征研究

3.1 村镇聚落分布特征

对前期处理的村镇聚落斑块数据，采用景观格局指数分析和GIS空间分析方法，对典型指数及其变化进行总体统计，主要包括聚散性指数、面积指数、形状指数及规模动态变化四个方面，统计结果详见表1。

表1 崇州市村镇聚落空间典型指数及变化统计表

年份	表征指数										
	聚散性指数			面积指数			形状指数		规模动态变化		
	NP	PD	ANN	PA	PA_MN	PLAND	PSI_MN	FRAC_MN	阶段	NP_V	PA_V
2000	1739	1.52	0.777539	10655.92	6.13	9.79%	1.4518	1.0691	1990—2000年	−8.7	0.26
2010	1658	1.46	0.773159	11205.03	6.76	10.29%	1.4625	1.0695	2000—2010年	−8.1	0.55
2020	1565	1.40	0.776158	11171.67	7.14	10.26%	1.4716	1.0706	2010—2020年	−9.3	−0.03

注：NP为斑块数量（个），PD为斑块密度（个/km^2），ANN为平均最邻近指数，PA为斑块面积（hm^2），PA_MN为平均斑块面积（hm^2），PLAND为斑块占县域面积比例（%），PSI_MN为平均斑块形状指数，FRAC_MN为平均斑块分准数，NP_V为斑块数量变化（个/年），PA_V为斑块面积变化（km^2/年）。

根据统计与计算发现，崇州市村镇聚落整体呈现数量多、密度大、面积小、形状相对规整及周期内整体变化不明显的特点。从2000—2020年三个时期的聚散性指数可以发现，两个阶段的村镇聚落斑块数量均减少，分别为81个和93个，幅度差距不大；随着斑块数量的减少，斑块密度值相应呈下降趋势。

通过GIS空间分析中的核密度分析工具和最近邻指数对崇州市村镇聚落空间分布特征进一步分析发现：第一，三个时期的平均最邻近指数值均在0.77上下浮动，结果表现为小集聚大分散的空间格局，属于平原型村镇聚落的典型空间分布形式。第二，受地形和土地性质影响，核密度高值主要分布在崇州市南部的平原地区，北部丘陵地区的文井江镇村镇聚落斑块密度逐年减少；核密度高值在中部的廖家镇、观胜镇及街子、怀远、元通三大古镇交会处相对集聚，其余部分相对分散。造成这种情况的原因有以下两点：一是受县城及东部成都主城区经济发展影响；二是南部有作为“天府粮仓”的10万亩精品粮田区，农田规模化明显，聚落斑块分散集聚现象明显，而中部廖家镇等片区农田呈破碎化布局，斑块聚落呈现明显的小面积、高密度的空间分布特征。第三，县城区域扩张明显，不断吞并周边的乡村，并且对邻近的隆兴镇、白头镇、羊马街道的影响明显，以上三镇（街道）均在环城周边出现了核密度低值区。

3.2 村镇聚落规模特征

面积指数与数量密度值呈现分异结果，崇州市村镇聚落整体规模先增后减，平均规模呈持续增长趋势。2000—2010年斑块总面积与斑块面积占县域面积指数均呈增加趋势，而2010—2020年均呈现下降趋势；通过对高清历史影像、土地政策及相关产业项目核实可知，2000—2010年间，随着乡村经济发展和人口数量增加，表现为城镇用地拓展、村镇聚落斑块扩张及部分斑块合并；而2010—2020年随着乡村常住人口减少，部分乡村出现空心化现象，加上土地增减挂钩等政策影响，使得崇州市村镇聚落斑块面积及数量均呈现下降趋势。

基于各时期每个村镇聚落斑块的PA值，利用GIS的渔网法和冷热点分析对三个时期村镇聚落规模的冷热点区进行划分，可以得出两个结论：第一，各时期村镇聚落规模冷热点分布结果依然呈现平原型聚落的“小集聚，大分散，均质化”的典型特征，除了丘陵区文井江镇和道明镇北部的浅丘地区，其他均表现为大部分区域未识别明显的冷热点区，较大规模聚落主要出现在县城周边及乡政府驻地区域。第二，随着城镇化及工业化的发展，2010年开始隆兴镇、白头镇、道明镇及街子镇均出现了镇区外的其他热点区，到2020年该情况更加明显。通过查阅资料和现场调研可知，由于新农村建设、乡村振兴及成都市2006年开始针对川西平原特有的林盘聚落实施的保护利用政策，以第二产业为主的隆兴镇粮油加工园区和以第三产业为主的白头镇五星村、道明镇竹艺村、街子镇康养度假区等农文旅项目的产业得以发展，使得村镇聚落规模扩大，热点区更加密集化。

3.3 村镇聚落空间结构特征

利用景观格局指数法对三个时期每个聚落斑块的规模和形状指数进行计算，并利用SPSS的散点图进行“位序—规模/形状”分析，对崇州市村镇聚落空间结构进行初步解析发现：首先，三个时期聚落斑块规模指数均呈大跨度散点分布，村镇聚落单体用地规模差距悬殊，斑块面积最大值分别为193 hm^2、271 hm^2、334 hm^2，最小斑块面积不及1 hm^2，整体呈现扩张趋势。其次，三个时期散点图均呈现“尖顶离散”和“肥尾集簇”的特征，说明崇州市大型的中心聚落数量较少，而小型的基层聚落数量较多，在空间上可能呈现单中心放射性的弱网络结构。最后，三个时期形状指数没有太大变化，均为个别高值，其余PSI值均接近1，说明崇州市村镇聚落在空间发展过程中处于相对稳定状态，与其基本为平原地貌的因素有较大关系。

对村镇聚落空间结构的研究中最具影响力的是德国城市地理学家W. Christaller提出的中心地理论，聚落的等级可以定量表示为由中心职能所决定的中心性强度，通常与聚落的人口、经济和用地规模有关，规模越大则其发挥的功能价值往往越大，等级也就越高。本文基于聚落规模冷热点区研究，将其分为热点区、较热点区、不明显区、较冷点区及冷点区5个级别，以行政村为边界，对边界区域内的聚落规模进行识别统计，并结合三个时期高清历史影像、人口及经济数据，再结合实际现状综合评估。除崇庆街道、崇阳街道所在为县城区外，最终将其他聚落规模分为5个级别，大致对应了镇区、集镇、产业集聚发展区、中心村及基层村。

采用引力模型对各聚落斑块之间的吸引力进行计算，并利用GIS的基础空间分析，最终可得到村镇聚落的空间网络结构分析图。通过分析可以发现：其一，县城区作为区域的核心，聚落具有绝对优势。2000—2020年，随着城镇化发展，县城中心对其周边村镇聚落的吸引力逐渐增强，其影响范围逐渐扩大，但由于崇州市整体呈带形发展，辐射力有限，对北部山区影响力不足。其二，除县城区外，2010年、2020年村镇聚落等级均呈现提升趋势，尤其是2010—2020年Ⅱ、Ⅲ级聚落数量增加明显，Ⅴ级聚落数量减少，其中Ⅰ、Ⅱ级聚落除镇区和集镇外，还出现在一些集中发展的产业区，如隆兴镇的粮油加工园区，农文旅产业集聚发展的白头五星村、道明竹艺村以及在怀远、元通、街子三大古镇发展下形成的文旅康养区等。其三，在第一阶段中，以县城为中心的“单核—放射状”空间结构，整体空间联系弱；在第二阶段中，呈现县城、镇区及产业点“单核多中心—强放射弱网络化”的空间结构，各级村镇聚落之间关联度有待加强。

4 崇州市村镇聚落类型划分及空间优化策略研究

4.1 类型划分

基于乡镇尺度通过耦合分析对崇州市村镇聚落类型进行划分，依据前文的研究基础对村镇聚落密度、规模及空间联系强度三类指标进行耦合，由于崇州市村镇聚落基本位于平原区，三个时期的斑块形状指数均趋于稳定，聚落斑块为规整形态，因此此类指标不纳入类型划分依据中。首先，依据各乡镇的PD值结合聚落斑块的核密度值将其分为高密度型、中等密度型及低密度型三种类型，其中高密度值集中在廖家镇和观胜镇2个镇，低密度值集中在文井江镇，其余乡镇聚落密度值差距不大，为中等密度型。其次，依据前文中得到的聚落PA值的冷热点区域，并结合各乡镇的PA _ MN值综合分析，将其分为大规模、中等规模及小规模三种类型。最后，再结合前文中各乡镇划分的4种空间结构类型，将三类指标进行空间叠加实现分类组合，形成不同的耦合类型，理论上可以形成3×3×4=36种结果，通过耦合的最终结果除县城所在2个街道外，其余13个乡镇共有8种类型。

4.2 影响因素分析

通过对崇州市地形地貌、耕地及水资源、交通路网、各镇常住人口、经济产业基础及相关政策等数据进行叠加分析发现，除位于北部山区的文井江镇外，其他村镇聚落地形地貌差距不大。而耕地及水资源、区位条件（主要指距离崇州市县城的距离）、交通条件、产业基础、常住人口及相关政策导控等存在空间差异是影响类型划分的重要因素。详见表2。

表2 各类型村镇聚落空间影响因素分析表

类型	耦合类型	包含乡镇	耕地及水资源	区位条件	交通条件	产业基础	常住人口	政策导控
类型一	中密度大规模综合联系强型	隆兴镇、白头镇、羊马街道	耕地规模大、距离水资源近，羊马街道城镇化明显，耕地减少	优	便利	农业衍生出二、三产业	仅羊马街道人口增加，其余人口呈减少趋势	白头镇、羊马街道为乡镇及片区国土空间规划的中心镇
类型二	中密度大规模综合联系一般型	道明镇	耕地资源较好，但1/3区域为浅丘地貌，内部有集中的水资源	较优	一般	农文旅产业融合发展，但融合不足	常住人口减少	受旅游规划政策影响明显
类型三	中密度中规模综合联系强型	大划街道	耕地少，有邻边界的水流经过	优	便利	无支撑产业，以基础农业种植为主	常住人口增加	无

续表

类型	耦合类型	包含乡镇	耕地及水资源	区位条件	交通条件	产业基础	常住人口	政策导控
类型四	中密度中规模综合联系一般型	江源街道、三江街道	耕地资源较多，东部边界邻近羊马河	优	便利	农业及家具产业，但家具产业规模小，污染环境	三江街道人口增加，江源街道人口减少	无
类型五	高密度中规模综合联系一般型	廖家镇、观胜镇	耕地资源破碎低质，有邻边界的水流经过	一般	一般	花卉盆景及木雕产业，但产值低效	人口减少	无
类型六	中密度中规模外部联系差型	元通镇、街子镇	耕地少，有河流经过	差	一般	依托古镇发展旅游产业，但同质低效	人口减少	受历史文化古镇政策的保护与利用
类型七	中密度大规模外部联系差型	怀远镇	耕地少，有河流	差	一般	依托古镇发展旅游产业，但同质低效	人口减少	为乡镇及片区国土空间规划的中心镇
类型八	低密度小规模综合联系差型	文井江镇	耕地极少，无河流	差	差	依托鸡冠山等风景名胜区发展旅游产业，但受资源和交通因素限制	人口减少明显	无

4.3 空间优化策略

通过对 8 种空间耦合型村镇聚落影响因素的综合分析，可以明确各类型村镇聚落空间发展的要点和难点。为对崇州市村镇聚落提出分类型的针对性优化策略，进一步将其分为综合发展优越型、农文旅融合型、产业支撑不足型、联系影响不足型、古镇文旅型及综合条件不足型 6 种类型，现分类提出以下空间优化策略。

4.3.1 综合发展优越型

空间耦合类型一中的隆兴镇、白头镇、羊马街道都属于此类型。三者都是发展阶段较高的镇区，Ⅰ、Ⅱ级聚落数量较多；三者交通条件优越，成名高速公路东西向横穿羊马街道、白头镇中部，成都第二绕城高速公路南北向经过羊马街道，成温邛快速路经过隆兴镇南部，并设有高速公路互通口，为其产业发展提供基础保障；三者产业发展，均形成镇域的特色产业，经济实力强，公共服务设施布局完善，对镇域的辐射影响力较强；从 2020 年常住人口统计也可以看出三者人口数量均处于较高水平，尤其是羊马街道人口增势明显，因此聚落规模也较大，村镇聚落之间联系密切。这类村镇聚落条件优越，发展迅速，但由于早期规划管理不足，也出现了耕地消失严重、产业功能布局混乱及生态环境遭破坏等问题，尤其是羊马街道，在建设用地快速扩张的趋势下，人均耕地面积极少。对于此类型村镇聚落，在空间优化时应注重对现状空间的整治工作，对现状耕地资源梳理，严守规划红线，对违规违建建筑进行整治，对各类产业园区的发展实行严格的审批和管理程序，杜绝影响生态环境的产业发展。

4.3.2 农文旅融合型

空间耦合类型二中的道明镇属于此类型。其文化及旅游资源禀赋较佳，依托非物质文化遗产“竹编”打造“网红”竹艺村、竹艺公园等文化旅游景点，通过旅游发展实现经济增长和乡村振兴发展。但存在产业同质低效发展、文创产品单一、民宿产业盲目跟风严重、景区停车等服务设施配套不足，以及企业、村民、游客三者矛盾冲突明显等问题。对于此类型村镇聚落，应注重农文旅产业的深度融合，实现提质增效，如完善景区配套设施和管理制度，深度挖掘空间文化要素，提升景区魅力，加强企业同村民的合作与交流，实现共同致富、完善内外部路网，加强此类型村镇聚落与其他类型村镇聚落的联系。

4.3.3 产业支撑不足型

空间耦合类型三、四中的大划街道、江源街道、三江街道属于此类型。三个街道都拥有优越的区位交通条件，同时也进行产业转型发展，但存在整体经济效益低、集聚效应不足、产业能级偏低及“散乱污”的问题，同时整体环境及基础设施较差。对于此类型村镇聚落，应注重产业升级发展、产业空间的管理与整治、完善基础设施、整治生态环境，可以探索村级产业园转型升级方式，与东部的双流协同，发展智能智慧家居产业，形成产业转型升级片区，对不符合生态环境管控要求的产业区进行整治处理，优化村镇聚落设施及风貌以提升自身吸引力。

4.3.4 联系影响不足型

空间耦合类型五中的廖家镇和观胜镇属于此类型。两镇的Ⅰ级聚落规模一般，Ⅱ级聚落数量少，整体吸引力不足，同时从2020年人口数量也可以看出，两镇虽镇域面积属于高水平，但常住人口数量均处于低水平，同时人口数量呈继续减少的趋势，聚落内外部联系都一般。对于此类村镇聚落，应注重提升聚落吸引力，可以通过提高公共服务设施水平、加强高等级聚落的建设，延长花卉种植、木雕产业链，如结合观光体验、电商平台等，以实现产业增值。

4.3.5 古镇文旅型

空间耦合类型六、七中的元通、街子、怀远三镇均为历史文化古镇，拥有历史文化资源禀赋，同时受益于旅游业影响，成为崇州市知名景点。三镇均距离县城区较远，限制了其对外的影响力，且三镇同质低效发展现象严重，未形成自身特色和空间联动发展效益。此类型聚落空间存在高度相似性，在进行空间优化时要注重聚落的特色化发展，提升聚落吸引力，可以深度挖掘各自的文化内涵，打造自身独特的古镇IP，对古镇文旅产业发展片区进行统筹规划，同时提升自身服务设施能级，完善对外交通路网，提升自身聚落等级。

4.3.6 综合条件不足型

空间耦合类型八中的文井江镇属于此类型。其村镇聚落等级低，Ⅳ、Ⅴ级聚落占比大，聚落用地及人口规模都呈收缩趋势，整个镇位于距离县城区最远的山区，基本为丘陵地形，可用耕地资源有限；聚落大多位于山间较陡峭的地带，内外交通不便，聚落之间联系也较弱。对于此类型村镇聚落，应注重对聚落的灾害防治和对聚落空间及村民发展的扶持，可以依据国土空间规划，顺应村民的意愿进行拆搬迁，对具有发展潜力的村镇聚落进行资源评估，如结合鸡冠山风景名胜区发展特色民宿等产业，以提升聚落等级，加强与周边村镇聚落的联系，如与邻近的街子古镇形成空间产业联动发展。

5 结语

崇州市村镇聚落是我国大多数大都市郊区县城的缩影，作为郊区新城的崇州市承载着成都中心城区外溢的产业要素、资源流通及人口流动，县城区域快速发展并进一步加速县域村镇聚落空间演变进程，但多数村镇聚落面临人口流失的困境，导致本应具有资源、区位优势的村镇聚落在城镇化过程中缓慢发展。本文利用景观格局指数分析、GIS空间分析及引力模型的数字化方法，将村镇聚落空间分布、规模及结构进行量化、可视化表达分析，试图总结村镇聚落空间跨时空尺度的演变规律。

研究发现：首先，崇州市村镇聚落大多为平原地区，整体呈现“小集聚、大分散”的特点；县城区规模扩张明显，但其他村镇聚落可识别的规模热点区少，且镇区规模演变不明显，表现为中心聚落数量少、基层聚落数量多，县城区极化现象明显而其他镇区呈现较弱的不稳定结构。其次，随着城镇化进程加快，崇州市村镇聚落数量、规模及空间结构都发生演变，数量减少、整体规模扩大；从原来的以县城为核心的“单核—放射状”空间结构逐渐演化成以县城、镇区及产业点为核心的“单核多中心—弱网络化”空间结构；通过耦合多维空间特征，以乡镇为单位可以分为8种聚落类型。最后，各村镇聚落仍然存在综合条件优越但空间管理不足、未形成支撑性经济产业、资源产业发展但联系影响不足、农文旅发展但融合不足、区位交通及地理环境限制发展等共性问题。

本文基于对崇州市村镇聚落空间2000—2020年周期的空间演变特征总结、空间耦合类型划分及影响因素分析，提出六类有针对性的空间优化策略，以期为崇州市及类似地区县镇村高质量发展提供研究思路及发展策略参考。

[参考文献]

[1] 季士峰. 学习党的二十大精神让高质量发展落到实处 [J]. 建筑，2022 (23)：28-29.

[2] 何仁伟. 城乡融合与乡村振兴：理论探讨、机理阐释与实现路径 [J]. 地理研究，2018，37 (11)：2127-2140.

[3] 柯小兵，王儒密. 全域土地综合整治助力县镇村高质量发展的机理与路径：以广东省为例 [J]. 中国土地，2023 (9)：52-55.

[4] HALL R. Some rural settlement forms in Japan [J]. Geographical Review，1931，21 (1).

[5] 克里斯塔勒. 德国南部中心地原理 [M]. 常正文，王兴中，译. 北京：商务印书馆，2010.

[6] SONIS M，GROSSMAN D. Rank-size rule for rural settlements [J]. Socio-Economic Planning Sciences，1984，18 (6)：373-380.

[7] 金其铭. 我国农村聚落地理研究历史及近今趋向 [J]. 地理学报，1988 (4)：311-317.

[8] 贾金慧. 黄陵县乡村聚落演变及空间重构 [D]. 西安：陕西师范大学，2018.

[9] 李旭，崔皓，李和平，等. 近40年我国村镇聚落发展规律研究综述与展望：基于城乡规划学与地理学比较的视角 [J]. 城市规划学刊，2020 (6)：79-86.

[10] 杨忍，邓颖贤. 广东省村镇聚落体系演化及其优化重组 [J]. 地理学报，2024，79 (2)：281-298.

[11] 朱小卉，李海涛，赵书，等. 基于空间基因的中国特色村镇空间基因传承与规划设计导控体系初探：以鲁南尼山丘陵西南麓地区为例 [J]. 小城镇建设，2023，41 (1)：58-67.

[12] 田甜. 西海固山地乡村聚落空间形态演变特征及影响因素研究 [D]. 西安：西安建筑科技大学，2022.

[13] 赵云娇. 傣族乡村聚落的多维空间模式及演变研究 [D]. 昆明：昆明理工大学，2021.

[14] 李红波，张小林，吴江国，等. 苏南地区乡村聚落空间格局及其驱动机制 [J]. 地理科学，2014，34 (4)：438-446.

[15] 王林，曾坚. 鲁西南地区村镇聚落空间分异特征及类型划分：以菏泽市为例 [J]. 地理研究，

2021，40 (8)：2235-2251.
[16] 张瑞娟，姜广辉，王明珠，等. 基于多维特征组合的农村居民点布局分类 [J]. 农业工程学报，2015，31 (4)：286-292.
[17] 邬建国. 景观生态学：概念与理论 [J]. 生态学杂志，2000 (1)：42-52.
[18] GROSSMAN D，SONIS M. A reinterpretation of the rank-size rule：Examples from England and the land of Israel [J]. Geographical Research Forum，1989 (9)：67-108.
[19] 杨立，郝晋珉，王绍磊，等. 基于空间相互作用的农村居民点用地空间结构优化 [J]. 农业工程学报，2011，27 (10)：308-315.
[20] 赵民，游猎，陈晨. 论农村人居空间的"精明收缩"导向和规划策略 [J]. 城市规划，2015，39 (7)：9-18，24.
[21] 焦健. 基于居民日常活动出行特征的社区公共服务设施布局研究 [D]. 西安：西安建筑科技大学，2017.

[作者简介]
欧婷婷，昆明理工大学硕士研究生。
徐皓，副教授，就职于昆明理工大学。

需求导向下乡村老年友好型社区支持体系构建及规划策略研究

□吴家威，朱景霞，李小云

摘要：当前乡村薄弱的养老环境基础难以满足日益增长的养老服务需求，建设乡村老年友好型社区成为推动乡村振兴和我国乡村老龄事业发展的重要内容。本文以江西省铅山县典型乡村社区为例，通过对社区养老环境的实地调研，结合老年群体需求进行分析，从物质环境和社会环境两大方面提出构建乡村老年友好型社区支持体系及其规划策略，以期为类似乡村老年友好型社区建设提供借鉴。

关键词：老年友好型社区；乡村振兴；需求导向；支持体系；规划策略

0 引言

老龄化是全球共同面临的社会问题，尤其是在老年人口比例较高、基础设施和公共服务设施配置较为欠缺的乡村地区，老龄化形势较城市更为严峻。由于家庭外部支持力不足、家庭结构小型化以及经济制度变化，使得传统的以家庭为主导的养老模式已不适应现今乡村老年人养老需求，亟须寻求多元化的养老模式，故发展乡村社区养老成为积极应对老龄化的重要途径之一。国外有关乡村老年友好型社区的研究开始较早，基本遵循了世界卫生组织“老年友好型城市和社区”的框架体系，内容主要包括物质环境建设和社会环境营造两方面。国内相关研究仍处于起步阶段，在借鉴国外相关研究的基础上，对城乡老年友好型社区进行相关研究，但乡村老年友好型社区的研究内容主要集中于乡村养老设施配置及住房适老化改造等单一的物质环境建设方面，缺乏对乡村社区整体环境的适老化研究，尚未形成一个完整、统一且有效的乡村老年友好支持体系。

2020 年，国家卫生健康委员会（全国老龄办）决定在全国范围内开展示范性老年友好型社区的创建工作，指出到 2035 年，全国城乡实现老年友好型社区全覆盖。2021 年 12 月，国务院印发了《“十四五”国家老龄事业发展和养老服务体系规划》，指出当前我国农村养老服务水平不高、居家社区养老和优质普惠服务供给不足。因此，加强对乡村老年友好型社区的研究，推动其建设与发展具有一定的紧迫性。基于此，本文以江西省铅山县典型集聚类乡村社区为例，探讨在需求导向下如何构建老年友好型社区支持体系及其规划策略，旨在为经济欠发达地区乡村老年友好型社区建设提供参考。

1　乡村老年人需求及社区环境现状调查与分析

1.1　研究方法与案例选择

为了解乡村地区老年群体的养老需求、老年人所居住的乡村社区为老年人提供了怎样的养老支持，以及乡村社区在提供养老支持方面面临的困境与难题，笔者采取问卷调查、实地调查及半结构式访谈的形式，从多角度对老年人的养老需求及乡村社区的建设情况进行调查与分析。

第七次全国人口普查数据显示，江西省铅山县65岁及以上老年人口占比为12.83%，远超老龄化社会的国家标准（7.00%），比第六次全国人口普查数据增加了5.90%，老龄化率持续增长，且铅山县人均GDP远低于全国人均GDP水平，可作为经济欠发达地区的典型代表。从乡村发展类型来看，各乡村之间老龄化的表现形式及解决路径都存在差异性，难以用简单的概念和标准去评判乡村之间的内部差异，在老龄化研究方面尚未有合适的用以评估乡村类型的框架。鉴于此，参考张子琪采用“乡村性”选取研究样本的方式，选择具有中高和中低乡村性的乡村社区进行调查与分析。这些乡村社区既具有一定的基础设施和经济发展水平，其生活方式又与城市地区的具有差异性，同时在产业发展特征上也有一定差异。因此，综合铅山县老龄化发展状况、乡村类型数量与分布情况、乡村社区生产力发展水平及基础设施建设情况等（表1），选取永平镇杨家桥社区、五都社区，湖坊镇西山社区、上港社区这4个乡村社区作为调查样本。这4个乡村社区在产业发展、老龄化程度以及乡村既有公共服务设施等方面均具有一定的差异性，能反映在不同社区特征中乡村老年群体需求的差异性。

本次调查主要包括问卷调查、实地调查以及半结构式访谈等3种形式。其中，问卷调查的对象为乡村社区年龄60岁及以上的常住人口，总计发放220份问卷，有效回收205份，问卷有效率为93.18%；有效问卷中男性占比约43%，女性占比约57%，60～64岁老年人占比约43%，70～74岁老年人占比约25%。访谈对象主要为村委会工作人员和村民，内容包括社区管理、养老环境、人口结构以及对老年友好型社区建设的规划意愿等。

表1　调研社区的基本情况

调查地点	产业特征	乡村性	人口规模及老龄化率	现有公共服务设施
杨家桥社区	以第一产业为主	中高	1775人/11.3%	卫生室、小学、幼儿园、室外活动场地、图书室、便利店
五都社区	以第二产业为主	中低	2071人/15.3%	卫生室（2所）、小学、幼儿园、室外活动场地（2个）、电信营业厅、综合超市、老年活动中心、老年食堂、敬老院、银行、农贸市场
西山社区	以第一产业为主	中高	1523人/12.5%	卫生室、室外活动场地、便利店、图书室、老年食堂
上港社区	以第二产业为主	中低	2427人/26.0%	卫生室（4所）、小学、幼儿园（2所）、室外活动场地（2个）、电信营业厅、综合超市、文化活动中心、老年食堂、敬老院、便民早市

1.2 乡村社区物质环境现状和老年人需求分析

调研发现，大多数乡村老年人居住在自建房，房屋整体质量较好，但是未考虑适老化设计。针对住房适老化改造方面，约23.4%的老年人认为需增加室内储物空间，17.6%的老年人认为需改善采光条件，20.5%的老年人认为需扩大庭院空间，这些都反映出老年人对于提升居住空间品质的整体需求。

乡村老年人的娱乐活动较为单一，以交友式活动为主。调研发现，老年人常去的公共场所为小卖部和广场，占比达80%以上，此类空间基本可满足其日常活动需求。但是存在个别场所位置较偏僻、设施布局不合理，缺乏运动、休憩、照明、遮蔽、无障碍等必要的空间和设施等问题（图1）。

位于草坪内的运动设施　　打牌等交友式娱乐活动

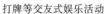

户外空间现状

图1　乡村老年人主要户外活动和空间现状

现有公共交通线路普遍存在的换乘不便、等车时间过长、乘车点距离过远等问题，降低了老年人的出行意愿。村庄内部道路大多已出现破损和坑洼，未设置无障碍设施，部分道路照明设施配置不足，难以保障老年人的出行安全，步行交通环境品质亟待提升。

各村庄较少有专门面向老年群体的服务设施。乡村老年人在社区内想要增加的设施，除老年活动中心、公交站点、老年食堂、室内外健身场地等外，对其他设施的需求量较低。不同年龄段人群对服务设施的需求有差异性，通过对乡村老年人年龄和设施需求进行交叉分析发现，随着年龄的增长，老年人对服务设施的需求整体呈下降趋势，主要集中在医疗、养老和商业设施上。总之，乡村老年人物质空间环境主要包括居住空间、户外空间、交通空间、服务设施等四部分，表现为乡村老年人对物质活动空间的需求从追求建设数量到追求品质提升的转变。

1.3 乡村社会环境现状和老年人需求分析

目前，乡村提供的养老服务仍以简单的医疗服务为主，专业化的老年人照护服务供给不足。受场地、资金等条件限制，针对老年人举办的文化活动种类、频率较少，大多为看戏、看电影等娱乐活动。调查数据显示，老年人对日常接送、再就业信息服务、上门探访、上门聊天、上门体检等服务的需求较大。

乡村老年人的经济劳动参与率较高。调研发现，一半以上的老年人要求提供就业服务，但乡村社区可提供的就业机会与老年人的就业需求之间矛盾较为突出。受经济、场地等条件限制，老年人大多参与打牌、聊天等自发性的娱乐休闲活动，其中约 55%的老年人表示可以每个月都参与，他们参与文化、娱乐活动的意愿较强。

乡村老年人对社区尊老敬老的氛围较为满意，但仍有一半以上的老年人认为需要加强宣传。近年来，乡村数字化建设水平有所提高，老年人却很难享受到信息技术带来的便利，约 54%的老年人表示仅会使用智能手机的简单功能，较少通过网络进行医疗挂号、购物、公众事务参与等，且不会上网的老年人占比高达 45%，乡村老年人在信息智能化学习和参与方面仍有较大的提升空间。

综上，乡村老年人社会环境主要包括养老服务、社会参与、尊老助老、信息技术等四部分，乡村老年群体的社会参与及其养老需求仍需得到更多关注。

2 基于“在地-需求”的乡村老年友好型社区支持体系构建

在梳理相关文献和政策的基础上，根据 4 个乡村社区的公共服务和基础设施、户外场所数量及位置分布等情况，了解乡村社区的在地养老资源及在养老过程中面临的困境和需求，初步构建包括用地空间支持、居住空间支持、户外空间支持、交通环境支持、服务设施支持等五大要素的乡村老年友好型社区物质环境支持体系（表 2）。

社会环境的研究对象与物质环境的研究对象相辅相成，主要通过为乡村老年人提供健康服务、信息技术、就业信息等要素支持，营造良好的尊老敬老社区环境，从而促进其身心健康，使其生活品质得到显著提高。2021 年，国家卫生健康委员会发布的《全国示范性城乡老年友好型社区标准（试行）》，在社会环境营造方面提出了乡村老年友好型社区的构成要素和认定标准。基于此，本文提出社会环境支持体系应包含公共政策、养老服务、社会参与、尊老助老、信息技术等要素。

表 2　乡村老年友好型社区支持体系要素及内容

框架	要素	老年群体需求	社区支持现状	社区支持体系内容
物质环境支持体系	用地空间	—	建设用地不足、用地闲置现象严重	存量用地空间利用、用地发展指标增加
	居住空间	原居住空间安老、适老化改造	住房质量得到提升，但部分居住空间不适合老年人	住房适老化、保障性住房增加、住房品质提升
	户外空间	交友活动场所、完善的配套设施	提供了场所支持，但场所配置数量、位置不合理，场所配套设施品质不高	户外空间场所适老化、户外空间场所品质提升、户外空间场所数量增加、户外空间场所包容性支持
	交通环境	完善的城乡公共交通系统、安全的慢行交通系统	城乡公共交通系统不完善，社区内部道路破损、配套设施不足	城乡公共交通系统及配套设施完善，慢行交通系统安全、舒适，照明设施完善，乘车优惠
	服务设施	增加服务设施数量、提升服务设施品质	服务设施不适老、数量不足、品质不高	服务设施适老化、服务设施品质提升、服务设施数量增加

续表

框架	要素	老年群体需求	社区支持现状	社区支持体系内容
社会环境支持体系	公共政策	—	社会保障政策支持不足、资金支持力度有限	政策法规完善、福利资金支持、监督管理完善
	养老服务	可及的养老服务	正式照护服务缺乏	多层级供给养老服务、养老服务供给品质提升
	社会参与	多样化的参与机会	社会参与机会不足	社会参与机会多样化、老年群体社会参与能力培养、主人翁意识培养
	尊老助老	营造尊老助老氛围	尊老互助氛围浓厚	尊老助老氛围营造、家庭传统孝道文化支持、社区邻里互助关系重构
	信息技术	学习数字化技术	数字化建设水平得到提升，数字化治理水平有待提升	网络基础设施支持数字化管理水平提升、老年群体数字化素养提升

3 基于社区支持体系的乡村老年友好型社区规划策略

3.1 物质环境规划策略

3.1.1 促进土地混合使用，盘活存量空间和设施

考虑社区的人口分布特征及老年人的合理步行距离，采用用地混合布局（图 2），以激发乡村社区发展活力，满足多样化的养老需求。对于社区内闲置用地和设施，根据其保存状况进行改造和再利用，转换成适合老年人活动的场所。可将闲置的集体设施出租，将租金用作乡村社区发展基金。在自愿的前提下，通过一定的补偿机制对村民的闲置住房进行回收和改造，升级成民宿、旅馆等，并鼓励老年人积极参与经营、劳动，实现增收，同时还能吸引更多的城市退休老年人到农村生活，促进乡村社区经济实现多元化发展。

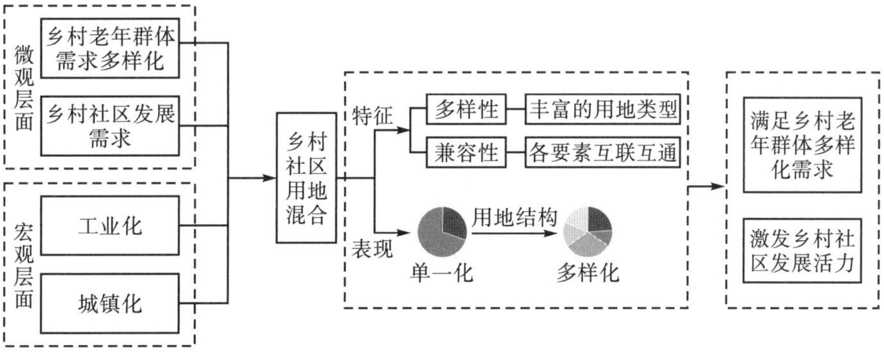

图 2　乡村用地混合利用与乡村社区发展

3.1.2 加快农房适老化改造，提供多样化住房选择

加快既有农房适老化改造，提升居住品质。整合住宅功能，合理规划空间布局，分离居住和存储空间，增加适老化的休闲及交往空间（图 3：a）。对室内楼梯两侧安装连续性扶手，台阶踏面安装防滑条，将室外部分台阶改造成缓坡，扩大台面面积，方便老年人识别和行走（图 3：b）。对重点生活空间，如卫生间、厨房、卧室等空间实行无障碍改造和通用性设计，保障老年人居家养老的舒适性与安全性。制定合理的住房保障政策，提供多样化的住房选择，调动政府、社区、居民等多方力量，安排足量的居民租赁性住房或集体住房，保障低收入老年群体的住房需求（图 4）。

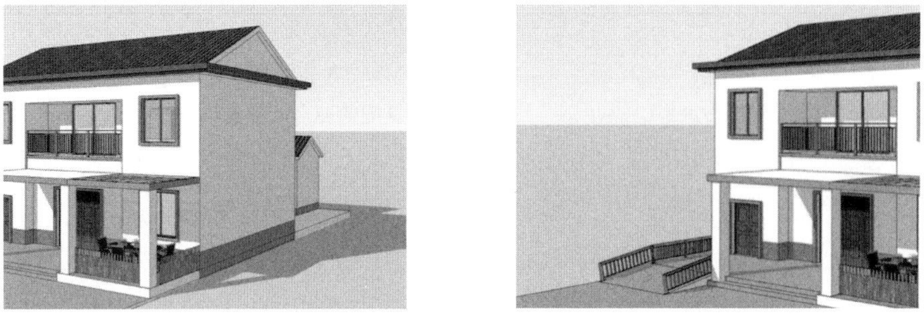

a. 老年人住宅休闲空间示意图　　b. 老年人住宅室内外坡度高差处理示意图

图 3　乡村老年人住房适老化改造

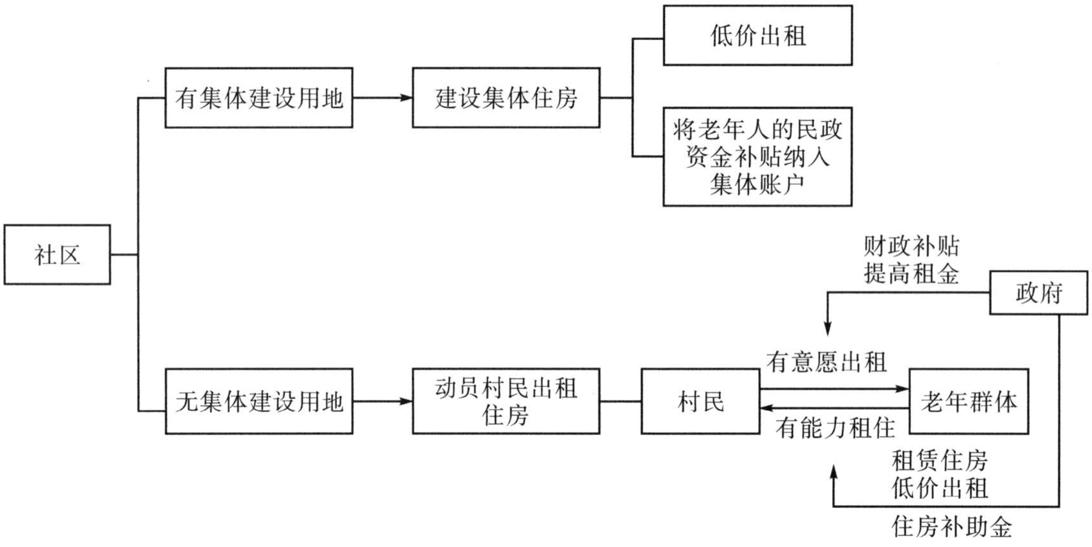

图 4　保障低收入老年群体住房措施

3.1.3 提升户外空间场所品质，满足老年人使用需求

根据老年人的生理及活动特征，完善社区既有户外场所空间，增加适老化配套设施。加强管理，定期清理场所内的杂草、垃圾等，提升空间使用舒适度与安全性。根据人口数量和整体空间布局，增设满足老年人步行可及的全时段、全季节活动使用需求的户外活动场所（图 5）。考虑到乡村社区居民以老年人和儿童为主，可规划供二者共同使用的户外活动空间，从而提高空间利用效率，促进代际融合。

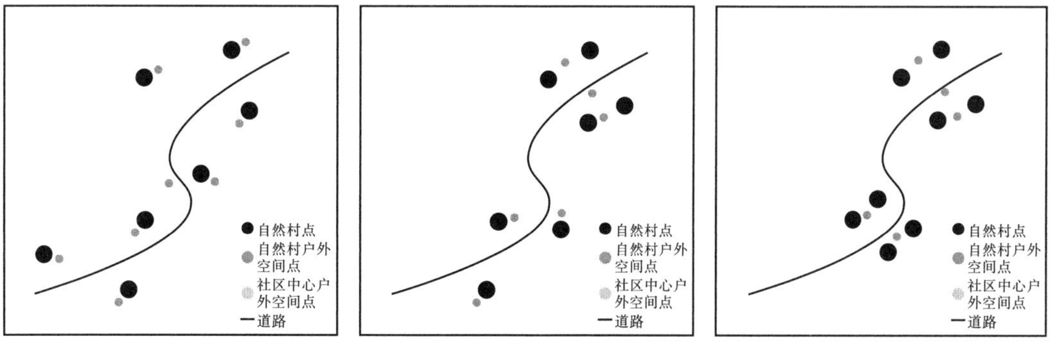

一分散+中心布局　　集中+分散+中心布局　　片区+中心布局

图 5　乡村社区户外空间布局

3.1.4　优化城乡公共交通系统，打造安全便捷的慢行交通

引入智能交通平台，收集老年群体的乘车信息，统一进行车辆、路线及人员匹配，形成“社区—镇区—县城”完整、连续的公共交通线（图 6），同时配置适老化的乘车配套设施，方便老年人上下车。对社区内道路进行平整、清理与绿化种植，并配置充足的照明设施，增设可停留的、供老年人社会交往的空间场所，营造安全、舒适、便捷的慢行交通出行环境（图 7）。

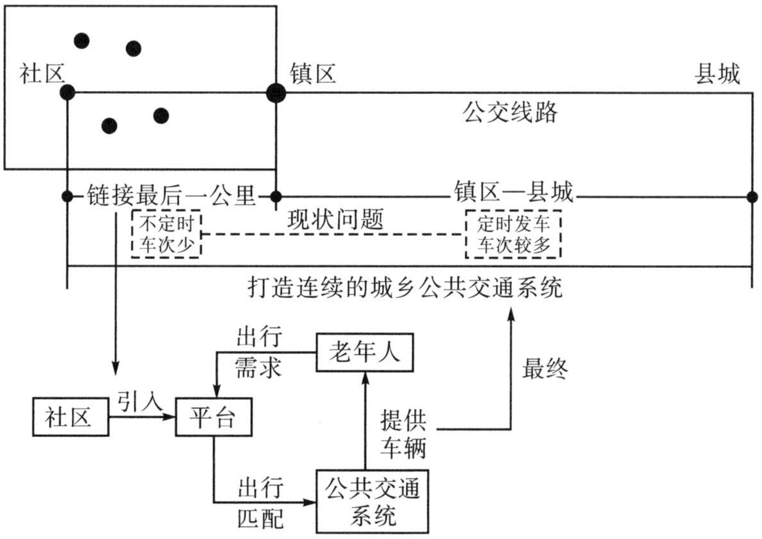

图 6　促进乡村公共交通发展示意图

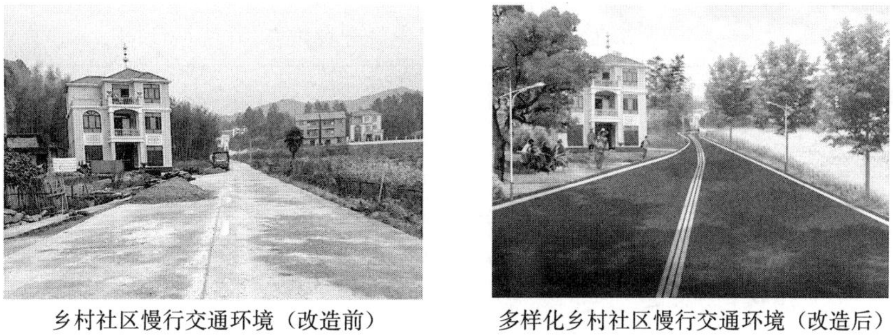

乡村社区慢行交通环境（改造前）　　多样化乡村社区慢行交通环境（改造后）

图 7　改造乡村慢行交通环境

3.1.5 促进设施功能更新，实现精准化、适老化服务供给

充分调查乡村老年人数及实际需求，根据公共服务设施建设现状，结合当前乡村规划及乡村社区生活圈等提出的乡村公共服务设施的配置建议，对既有设施增加相应的适老化服务内容，达到注入新功能、提升环境品质的目的，规划新增设施实现公平化、精准化配置（表3）。可根据功能将乡村老年人服务分为日常生活、医疗保健及精神慰藉三大类，按社区老年群体的特征，打造精准化、个性化的服务体系，实现对乡村老年人的全面照料（表4）。

表3 乡村社区既有的主要服务设施内容

设施分类	既有设施	功能更新提升内容
行政服务设施	党群服务中心	养老保险服务咨询室 医疗保险服务咨询室 就业服务办公室 邻里关系协调室
商业服务设施	便民商店	休闲娱乐室
市政交通设施	公交站点	休憩座椅 遮阳挡雨棚
医疗服务设施	卫生室	心理健康咨询 医疗保健 慢性病看护 紧急医疗
养老设施	敬老院	医疗保健
	老年食堂	增加休闲娱乐功能
文化体育设施	幼儿园	设置等候区
	小学	设置等候区
	室外活动广场	利用闲置空间改造为老年学习室 健身设施 休憩设施 照明设施

表4 乡村老年服务设施配置内容

服务设施类别	设施类型	具体设施	服务对象	主要功能
日常生活类	行政服务设施 商业服务设施 市政交通设施	党群服务中心 便民商店 垃圾收集点 公交站点 公共厕所	全体老年人	社区事务咨询、社会参与、环境卫生、交通等日常服务

续表

服务设施类别	设施类型	具体设施	服务对象	主要功能
医疗保健类	医疗服务设施	卫生室	有看病需求的老年人；有介助、介护需求的老年人；能自理、独居的老年人	住宿、膳食、起居照顾、护理、医疗卫生等服务
	养老设施	养老院 老年食堂 长者照护之家		
精神慰藉类	文化体育设施	老年学校 文化活动中心 多功能运动场 老年活动室	有运动、学习、日常休闲娱乐需求的老年人	文化娱乐、学习、健身活动、社会交往等服务

3.2 社会环境规划策略

3.2.1 出台老年友好相关政策制度，激发乡村社区发展活力

政府需进一步加强顶层设计，因地制宜地建立有关促进乡村老年友好型社区实施的政策法规与规范体系；加大财政资金投入，不断扩大其供给来源及覆盖面，鼓励多元资本流入乡村地区；出台老年人相关住房保障政策，力争做到老有所住；实现农村医疗保险与社区卫生室之间互联互通，减轻老年人医疗费用负担；呼吁多元主体加入社会养老保障事业，不断提升乡村养老保障水平；针对仍在务农的老年人，加快建立相关的农业政策支持体系。

3.2.2 构建多层级养老服务供给网络，提升社区养老服务水平

加强县—乡—村联动，构建多层级的养老服务供给网络，在乡村建立社区级居家养老服务中心，为老年群体提供正式的养老服务。充分利用社区既有的养老资源，提升服务供给品质，扩大养老服务覆盖范围，明确养老服务供给内容、供给主体及供给方式，调动政府、社区、学校和医院等多方力量，分等级、差异化丰富和完善各乡村社区养老服务体系，助推乡村社区养老事业发展。

3.2.3 促进乡村社区资源整合，丰富老年人社会参与方式和途径

经过实地调研和走访，针对社区老年人建立档案，利用技术平台优势，整合社区内外部资源，积极响应老年群体的社会参与诉求。鼓励老年人参与社区管理事务获得相应的经济补贴，引导企业、工厂积极吸纳老年人灵活就业；建立公众参与机制，对于集体事务广泛征求老年群体的意见，为其表达诉求提供合理的渠道；加强与文体部门联动，丰富老年人的精神文化生活；积极为老年人提供社交参与所需的场所及设施。

3.2.4 推动邻里互助关系重构，培育社区尊老助老文化氛围

推动乡村老年友好型社区建设进程，重视对家庭、家风及家教的建设与传承，加强各年龄群体对尊老敬老理念的文化认知，以及社区邻里之间的互帮互助关系。充分发挥社区“党建＋”的引领作用，动员党员干部同时号召社区家庭，为有困难的老年人提供帮助，设立老年人帮扶奖励机制，将尊老敬老的价值观贯穿于社会—社区—家庭各环节。

3.2.5 加强社区数字化、信息化建设，提升管理水平

全面普及宽带和数据网络，鼓励互联网公司开发符合乡村特征和老年群体生理及心理特点的产品，构建集社区政务、医疗、交通、就业、教育、社会保障等于一体的为老服务云平台，

使老年人及时了解到相关政策福利，能积极利用互联网表达自身诉求，参与社区公共事务。应不断提高社区管理服务人员的数字化思维与技术能力，加强对老年群体的数字化培训，提升其融入社会的能力。

4 结语

在我国快速城镇化和人口老龄化的发展背景下，因乡村地区特殊、复杂的社会经济环境状况，乡村老年人需求呈现出多层次、多元化特征。因此，本文提出从物质环境建设品质、社会环境营造两方面来构建乡村老年友好型社区支持体系及规划策略内容。本文考虑了老年群体在健康状况、文化水平、经济水平等方面的差异性，并在规划策略上提出了相应指导意见。然而，在当前的规划中，对于老年人个体差异所导致的在社区建设、养老服务等方面的需求差异性考虑尚显不足，尤其是对未来有返乡意愿的老年群体的养老需求更应该以动态的、发展的眼光来考量。未来可综合考虑，提出针对地域发展水平、社区特征差异的更深层次的乡村老年友好型社区规划策略。

［参考文献］
［1］石宏伟，朱研．我国农村家庭养老面临的问题及对策［J］．农业经济，2008（7）：53-55．
［2］林闽钢．我国农村养老实现方式的探讨［J］．中国农村经济，2003（3）：33-39．
［3］WHO．Global age－friendly cities：a guide［M］．Geneva，Switzerland：World Health Organization Press，2007．
［4］韩继文，王墨晗，李晋琦，等．国外老年友好社区评价体系的比较研究综述［J］．建筑学报，2024（2）：56-62．
［5］王春彧，周燕珉．发达国家住宅适老化改造的资金支持政策与实践概要［J］．国际城市规划，2023，38（5）：83-94．
［6］蒋炜康，孙鹃娟．居住方式、居住环境与城乡老年人心理健康：一个老年友好社区建设的分析框架［J］．城市问题，2022（1）：65-74．
［7］王鲁豫，谢波，王嵩．新时间地理学视角下的老年友好社区规划框架与策略［J］．规划师，2024，40（1）：42-49．
［8］裘知，张子琪，王竹．基于“在地养老”的乡村老年支持体系架构研究［J］．建筑学报，2018（增刊1）：40-44．
［9］张子琪．基于资源与需求的浙北乡村社区老年服务体系营建［D］．杭州：浙江大学，2018．
［10］万成伟，杨贵庆．式微的山地乡村：公共服务设施需求意愿特征、问题、趋势与规划响应［J］．城市规划，2020，44（12）：77-86，102．
［11］于一凡，王沁沁．健康导向下的老年宜居环境建设：国际研究进展及其启示［J］．城市建筑，2018（21）：14-19．
［12］张艳霞，吴佳宝，刘远冬，等．县乡村三级养老服务网络构建路径研究：基于江苏省的调查［J］．中国农业大学学报（社会科学版），2022，39（1）：167-179．
［13］王成玉．赋权增能视角的老年人社会参与研究［J］．现代交际，2021（15）：245-247．
［14］陈滔，卿石松．中国孝道观念的代际传递效应［J］．人口与经济，2019（2）：55-67．
［15］曹海晶，杜娟．农村人居环境治理数字化平台建设的三个维度［J］．理论探索，2022（2）：71-78．

［基金项目：国家自然科学基金项目“基于日常生活圈的欠发达地区乡村老年宜居生活环境研究——

以江西省为例”（51968027），江西省社科基金项目“健康导向下江西省全龄社区规划建设研究”（22SH04）。]

[作者简介]
吴家威，江西师范大学城市建设学院硕士研究生。
朱景霞，通信作者，就职于江西省中核测绘院有限公司。
李小云，博士，江西师范大学城市建设学院教授、硕士研究生导师。

秦岭生态环境保护约束下西安市蓝田县高质量发展策略及路径探索

□辛兰，孙衍龙，苏琬，毕晋祥

摘要：本文直面西安市蓝田县目前的发展困境，总结提炼存在问题并剖析背后原因。在秦岭生态环境保护战略及国土空间总体规划要求下，探索蓝田县未来高质量发展的策略与路径。立足蓝田县发展阶段，结合其资源禀赋，在生态保护战略目标下提出构建以康养休闲产业为主导的发展战略框架。首先分级分类构建康养休闲产业体系，按照“三级四类”分别确定整体空间结构框架，其次从操作层面提出优化城镇开发边界整合用地、新增集体建设用地补充辅助、产业片区主题方向化升级改造、美丽乡村建设加速落实等措施，探索适合蓝田县自身发展的高质量路径，以期为其他县发展提供借鉴与参考。

关键词：秦岭生态环境保护；蓝田县；康养休闲；高质量发展；策略路径

1 秦岭生态环境保护要求及蓝田县发展困境

1.1 蓝田县概况

蓝田县是西安市辖区内两个远郊的涉农县之一。2022 年，蓝田县地区生产总值为 157.01 亿元，占整个西安市地区生产总值的 1.37%，在西安市各区县中排名倒数第一。经济总量低、整体发展滞后已经成为蓝田县的客观现实。在目前整体经济环境发展放缓的背景下，蓝田县如何发挥自身资源优势，探索出一条适合自身的高质量发展道路则显得更为紧迫。

依据人口普查数据，2010 年第六次全国人口普查至 2020 年第七次全国人口普查期间，蓝田县人口为负增长，人口总量减少 2.2 万多人，是西安市仅有的两个人口减少的县份之一。人口流向主要为距离蓝田县较近的灞桥区、雁塔区和长安区。人口的持续流失，反映出蓝田县的吸引力下降明显。

2022 年，蓝田县常住人口规模为 49.48 万人，其中城镇人口为 17.45 万人，城镇化率仅为 35.27%，与全市 79.60%的城镇化率平均值相比非常低，反映出蓝田县域内人口向中心城区聚集的速度非常缓慢。

经济总量低，城镇化率低，人口自然增长率为－0.75‰，人口持续流出，以上指标均反映出近年来蓝田县整体发展较其他县滞后，综合竞争力排名倒数。

1.2 生态环境保护约束及绿色发展高要求

蓝田县南侧为秦岭山区，东北侧为骊山，县域总面积为 2006 km^2，其中位于秦岭生态环境保护区及建设控制地带的面积为 1666 km^2，剩余新型城镇化发展区面积为 340 km^2，新型城镇化发展区面积占整个县域面积比例仅为 16.95%。新型城镇化发展区还包括白鹿塬（与县城高差为 200 多米）及北侧横岭，蓝田县实际可集中建设的区域仅为“两山一塬夹一川”的狭长空间，面积为 57 km^2，长约23 km，最窄处仅为 1.8 km，最宽处为 4.6 km，建设发展空间极为有限。

依据《陕西省秦岭生态环境保护条例》《西安市秦岭生态环境保护条例》《西安市秦岭生态环境保护规划》等相关要求，“在秦岭建设控制地带：严格控制建设活动的空间范围和规模，除国家、省重大项目和能源、交通、水利、国防等重大基础设施建设，以及规划布局的教育、医疗、村镇污水垃圾处理设施，秦岭保护修复配套设施等民生项目、环保项目、生态项目、农业项目外，不得进行其他开发建设”，可见管控之严格。在一般保护区、重点保护区及核心保护区以生态环境保护为导向，对各类建设活动严格限制，对重点保护区、一般保护区实行产业准入清单制度。

依据《西安市国土空间总体规划（2021—2035 年）》草案，对蓝田县新型城镇化发展区的要求为：以县城为重要载体，城乡统筹、城乡一体、产城互动，发挥地域生态和文化优势，优先发展文化旅游、休闲康养等绿色产业；对秦岭生态保护区的要求为：重点做好秦岭卫士，守好我国的中央水塔，探索生物多样性保护与可持续发展新路径。按照上位规划要求，蓝田县未来发展方向为在生态环境保护的基础上，走绿色发展、高品质发展的路径，在文化旅游、休闲康养等方向上寻求新突破口。

1.3 传统扩张式发展路径的空间制约

蓝田县地处秦岭山区与关中平原过渡带，地形地貌复杂多样，山、川、塬、岭兼备，东南秦岭群山环绕，北部横岭黄土丘陵起伏，西部白鹿塬为典型的黄土台塬地貌，灞水斜穿塬岭峡谷，整体形成独特的自然地理格局。同时，蓝田县地质灾害防御治理任务艰巨，地质灾害高易发区占县域总面积的 32.09%，共有在册地质灾害隐患点 95 处，主要分布于南部秦岭、辋川流域、白鹿等塬坡。县域内城镇建设适宜区面积为 336.75 km^2，占县域面积的 16.79%。1988 年、2003 年及 2021 年蓝田县发生洪水灾害，河流防洪体系不健全，水灾害防御仍存在短板。

依据市级及县级国土空间规划，按照底线管控等思路，蓝田县划定城镇开发边界面积为 42.04 km^2，占西安市开发边界总量的比例仅为 2.60%，其中纯新增空间规模为 6.20 km^2，占全市新增空间的比例为 2.30%。一方面，可以看出蓝田县受地形地貌等条件影响，确实不适宜进行大规模扩展；另一方面，按照上位规划对蓝田县的职能定位要求，未来蓝田县发展受到空间环境制约，可利用空间极为有限。

从分布上看，对蓝田县整体可利用空间（包含新增空间及已批未建空间）进行梳理分析，可利用空间呈现破碎化特征且分布分散。蓝田县可利用土地的总规模为 9.4 km^2，其中新型城镇化发展区（平原地区）规模为 7.8 km^2，秦岭地区为 1.6 km^2。平原地区主要分布在华胥、洩湖、县城及西部通航小镇等重点项目，各个片区内新增空间分布依旧呈现出分散且破碎的特征，集中连片、边界规整的用地较少，对未来重点项目发展形成一定制约，空间保证较难实现。

1.4 主导产业发展方向不明晰，后劲乏力

2022 年 3 月，蓝田县工业园与西北家具园合并为蓝田工业园，园区 2022 年地区生产总值为 31.25 亿元，总产值 78 亿元，其中规模以上工业企业产值 45 亿元，总税收 2.2 亿元。现有入园企业（生产企业）385 家，其中规模以上工业企业 50 家。园区共涉及 21 个产业门类，初步形成

了以先进制造、食品加工、家具制造产业为主导，以生物制药、电商物流、机械加工为辅的产业体系。主导产业引领性较弱，主导产业企业数量占园区比例为 29.1%，规模以上企业数量仅占园区企业数量的 15.9%。大部分企业规模小、税收低，以产业链下游的应用型产品生产为主，面临低效同质化竞争问题。同时，产业用地产出效率整体不高，亩均地区生产总值 56.22 万元，亩均税收 3.60 万元，均低于陕西省省级标准 840 万/亩和 38 万/亩的要求。

蓝田县由于特殊的地理位置（位于灞河上游），具有刚性的生态环境保护底线要求，蓝田县已制定了一套符合高质量发展的标准体系，包括产业准入负面清单和门槛，并且严禁对生态环境有破坏性影响的负面产业落地。环境准入负面产业清单包括煤炭开采和洗选业、有色金属矿采选业、烟草制品业、纺织业等 14 个大类 38 个中类。同时，对企业进行全面动态绩效评价，其中生态效益为核心考核指标，包括单位工业产值能耗、单位工业增加值废水排放量、单位工业增加值固废产生量等，严格执行生态环境保护的高标准、严要求。目前产业整体准入门槛高，以现有发展条件和预期，招商引资较为困难。

产业升级过程中存在土地倒挂现象。蓝田县工业园区范围内低效用地主要为低效产业用地（面积为 342.18 hm^2）和村庄建设用地（面积为 389.41 hm^2），计划采取“腾笼换鸟”的方式，按照园区产业发展定位及规划，招引优质企业入驻，实现园区“二次腾飞”；针对村庄建设用地，计划通过城镇更新、村民楼房安置，腾挪更多产业用地空间。结合市场现状，蓝田县低效产业用地成本约 150 万元/亩，结合当前拆迁安置补偿标准，村庄建设用地拆迁安置成本约为 500 万元/亩，工业土地出让价格仅为 30 万元/亩，存在较为严重的土地倒挂现状，难以落实土地收支平衡，未来城镇更新及产业升级后劲乏力。

2 以康养休闲产业为主导的新型城镇发展战略框架

2.1 康养休闲产业符合上位规划，战略方向

依据《西安市国土空间总体规划（2021—2035 年）》草案，蓝田县的职能定位为：西安都市圈东部城市组团、文旅康养胜地；《蓝田县国土空间总体规划（2021—2035 年）》确定蓝田县的战略定位为：西安都市圈节点县城、绿色循环农业示范区、全省生态文明建设示范县、生态康养宜居示范区。

在功能体系与布局规划中，蓝田县涉及新型城镇化发展区（蓝田）和秦岭生态保护示范区，新型城镇化发展区需落实“新型城镇化和美丽乡村建设的有机融合，城乡统筹和新型工业化发展”目标，承担新型城镇化发展区、新型工业化发展区、县域经济集聚带动及农业科技研发功能；秦岭生态保护示范区需落实“做好秦岭卫士、守好我国中央水塔和中华文明传承标识地”的目标，承担秦岭北麓生态屏障、活化生态资源的功能。

从政策导向、资源整合、市场研判等方面分析，本文提出将康养休闲产业作为蓝田县未来战略发展主导产业。客观原因在于，蓝田县域自然资源丰富，汤峪老牌康养产业具有发展经验，相关基础产业具备转型和升级条件；主观原因在于，落实上位规划相关职能定位，寻求差异化、特色化的改革和发展意愿。构建以“康养＋休闲”为主体的产业体系，整合以“城镇＋乡村”为载体的全域空间，成为未来蓝田县面向高质量发展的城市战略首选。

2.2 充分发挥生态环境资源优势

蓝田县生态资源禀赋优异，境内河流水库众多，水资源丰富，灞河横贯全县，是渭河水系

的一级支流，境内灞河上较大的一级支流6条，浐河上较大的一级支流4条，中小型水库16个。气候条件温和，四季分明，年平均气温13.1℃，年平均降水量720.4 mm。动植物物种多样，生态功能显著，是秦岭“生物基因库”和秦岭生态屏障的重要组成部分。森林覆盖率达50.52%，被誉为“中国天然氧吧”。另外，文化底蕴深厚，旅游资源丰富，是人类文明最早的发祥地之一。作为中国著名的“美玉之乡”“温泉之乡”“厨师之乡”“白皮松之乡”，蓝田县已成为西安的生态屏障、水源涵养地和美丽后花园。独特的资源环境优势也为蓝田县打造西安康养休闲中心提供了有力支撑。

中国候鸟式养老栖息地适宜度指数评价，包括自然指标及社会经济指标（表1）。其中，自然指标主要包括平均最高气温、空气相对湿度、气压适宜度、空气质量指数、全年优良天数及水体质量等指标，社会经济指标主要包括三甲医院数量、每千人口医生人数、每千人口病床数、A级景区、交通便捷度、平均预期寿命等指标。综合评判后，蓝田县冬季适宜度指数排名第45位，夏季适宜度指数排名第18位。与国内其他康养强县案例进行对比，蓝田县的区位条件、自然生态环境、资源禀赋等优势较为明显。

表1　中国候鸟式养老栖息地适宜度指数评价表

类型	冬季候鸟式养老栖息地适宜度指数			夏季候鸟式养老栖息地适宜度指数		
	项次	类别	赋分	项次	类别	赋分
自然指标	1	一月日平均最高气温		1	七、八月日平均最高气温	
	2	一月气温月较差		2	七、八月气温月较差	
	3	一月空气相对湿度（%）		3	七、八月空气相对湿度（%）	
	4	气压适宜度		4	气压适宜度	
	5	一月空气质量指数（AQI）		5	七、八月空气质量指数（AQI）	
	6	全年优良天数		6	全年优良天数	
	7	水体质量		7	水体质量	
社会经济指标	1	三甲医院数量		1	三甲医院数量	
	2	每千人口医生人数		2	每千人口医生人数	
	3	每千人口病床数		3	每千人口病床数	
	4	A级景区		4	A级景区	
	5	区域整体自然风光和人文景观		5	区域整体自然风光和人文景观	
	6	交通便捷度		6	交通便捷度	
	7	文明城市		7	文明城市	
	8	人均消费支出		8	人均消费支出	
	9	养老社会环境		9	养老社会环境	
	10	平均预期寿命		10	平均预期寿命	

第七次全国人口普查显示，蓝田县60岁及以上人口占比23.33%，远高于西安市16.02%的平均值，人口老龄化较为明显。近些年，以“白鹿溪谷”为代表的蓝田县康养休闲产业发展进入快车道，其标志性的产品“白鹿溪谷国际颐养中心”更是打出了品牌，获得了众多西安老年

人的青睐。在建的白鹿塬杏花上林郡项目、白鹿春晓苑、白鹿塬文化村、桃李春风项目，均以大健康休闲为主题，已经立项的白鹿溪谷失智村，更具有专门面对阿尔茨海默病的康复照料项目，同时蓝田县中医医院迁建等相关配套项目也已完成立项。加之白鹿塬影视基地及白鹿仓景区等成功项目的影响带动，康养休闲产业在蓝田县已经奠定了较为坚实的基础。

2.3 构建“三级四类”康养休闲产业体系框架

在总体战略目标下，分级分类构建蓝田县康养休闲产业体系框架。以机构养老为引领、社区养老为纽带，居家养老全覆盖，探索发展新模式，实现内部资源的充分利用和康养服务的品质提升，营造全域健康氛围，构建“三级四类”康养休闲产业体系（图 1）。

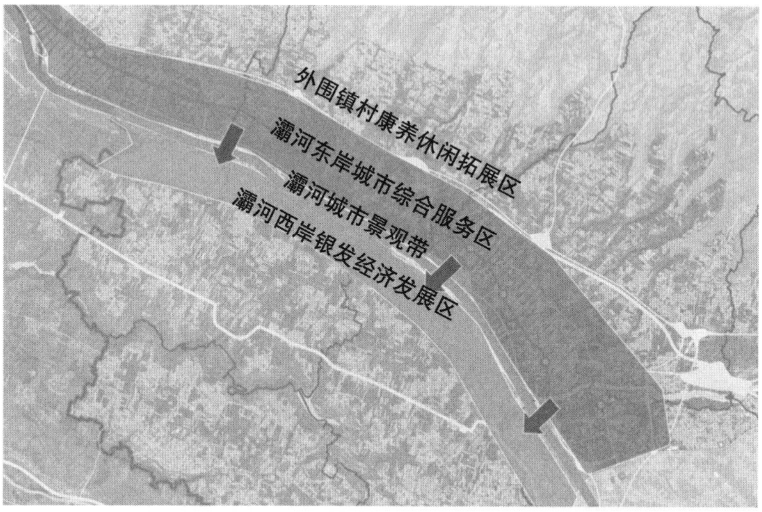

图 1　蓝田县“三级”康养体系示意图

“三级”指从三个层面入手，包括重点片区的龙头带动、县城腹地的配套服务及县域外围镇村的补充与支撑。

重点片区带动：划定灞河左岸为康养休闲产业重点龙头带动片区，借助已有项目资源，将片区重新梳理，实现各个项目之间的联动发展。基础设施、公共服务设施等内容共享共用，产品定位及类型互相补充，合力打造基于康养休闲的全年龄段大健康产业的起步区。作为承载休闲康养功能的核心集中区，通过同一主题、不同产品的聚集效应，打造蓝田休闲康养的名片。该片区服务对象主要为西安市及周边地级市的老年人口，以独特的自然山水环境、优美安逸的社区特色、完善的康养服务、丰富的公共配套及健康的老年生活为吸引点，将被打造为西安市的后花园和休闲康养中心。

县城腹地配套：县城与重点片区仅一河之隔，空间距离较短，灞河一方面保证了西侧片区的相对独立性，另一方面为两岸提供了绝佳的景观休闲带。通过便捷的交通联系，重点片区可利用县城现有的医疗卫生资源、教育资源、文化资源、体育资源等，县城整体作为灞河左岸银发经济带的支撑腹地。同时结合县城更新，对部分老旧社区进行适老化改造，以点状触媒的方式逐步扩大并带动家庭式康养产业发展，主要服务蓝田县本地老年人，作为灞河左岸功能的延伸和补充。在传统房地产行业下行的总体趋势下，社区微改造既能满足社区居民的生活需求，同时也避免大拆大建造成的高成本负担，能够很好地实现社区自更新和自循环，促进县城自发式存量更新。

外围镇村支撑：在总体定位及功能要求下，外围镇村围绕核心定位，发展休闲康养延伸产业，作为前两者的重要补充。结合外围一般镇，赋能各镇相应的特色康养主题，补充和完善蓝田县康养休闲产业的整体链条，丰富产业业态，同时促进镇区发展。由于蓝田县整体城镇化率相对较低，外围还存在较大规模的镇村，一方面，依托第一产业的规模化和绿色生态化转型，大力发展无公害绿色产品，为康养提供健康绿色的食材，同时结合蓝田县烹饪文化优势，在健康饮食方面深入挖潜，从传统旅游景区、单一农业生产基地转变为有养生文化与服务特色的康养旅游综合片区；另一方面，依托现有白鹿塬影视基地文化品牌效应及民宿基础，通过康养产业植入的方式，探索盘活农村存量用地的方式方法，拓展蓝田县的生态旅游、人文旅游与乡村旅游发展新路径。

蓝田县具有森林、谷地、温泉等优势资源，为打造全域康养提供了强有力的支撑。依托不同资源，分别构建康养＋森林探索、康养＋旅游居住、康养＋人文体验、康养＋温泉养生等不同主题功能片区，实现蓝田县全域康养战略的总体空间布局。依据四大主题方向，与空间特征相结合，形成各具特色的四类主题功能片区。

康养＋森林探索区：结合自然生态优势，在秦岭及骊山片区以森林体验、户外运动等为主题，打造以家庭为单元的“微度假”服务区。其中，森林康养依托自然资源条件，发展以民宿、森林健步、野外运动等为主的大健康产业。“微度假”即以康养为主题的家庭度假，是依托镇区及乡村构建康养产业的延伸。

康养＋旅游居住区：利用河谷地形，依托县城的公共配套服务，打造康养集中服务区。具体包括两大部分：一是灞河西产业带，以养老公寓、养老社区、康养中心、康养住区等功能为主导的核心养老功能区；二是县城康养服务中心，以医疗照料服务、餐饮服务、文化服务、体育服务及老年人大学等配套服务为主的服务区。

康养＋人文体验区：依托白鹿塬的自然环境和文化资源，提供健康、养生、休闲的活动和服务。其中，历史人文方面，白鹿塬拥有深厚的文化积淀，历史文化资源丰富；自然资源方面，如鲸鱼沟风景区，集白鹿塬文化特色的农业生产、休闲观光功能于一体的白鹿塬现代农业示范园，樱桃谷旅游区等，均构成独特的自然人文特色优势。

康养＋温泉养生区：依托温泉资源，进一步明确主题，打造特色康养品牌。温泉养生以温泉药浴、养生浴为主，打造温泉康养品牌区，拓展文化、休闲、娱乐等功能。康养食疗依托白鹿塬等的种植条件，以绿色健康蔬菜、粮食种植等观光农业为主，为康养提供健康食材。

3 高质量发展创新空间布局策略及路径探索

3.1 依托开发边界优化整合用地

依托开发边界调整优化工作，针对蓝田县开发边界不规整、破碎化等特点，以保障重点项目为目的，对开发边界进行局部优化和调整（图 2）。将原开发边界中的边角地、低效用地及不可利用地等依据规则进行调整，将土地指标集中在未来重点项目中，进一步整合土地资源，发掘土地利用效率与经济价值。

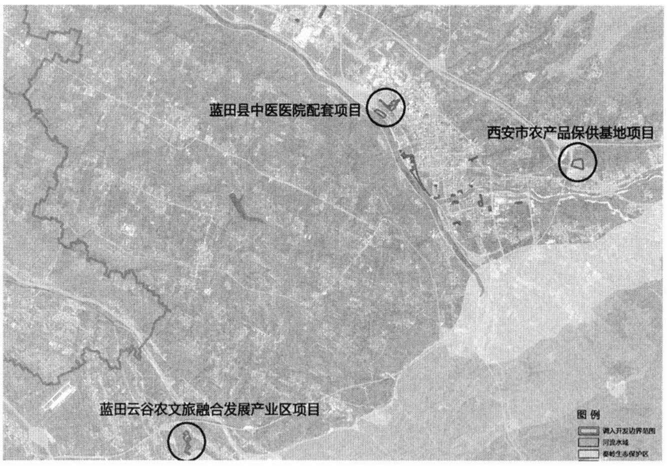

图 2　蓝田县开发边界重点项目调入示意图

本次重点调入的项目包括以下三个项目。西安市农产品保供基地项目，规模为 9.44 hm^2，坚持绿色、有机、安全的发展理念，依托县域特色农林畜资源优势，突出生态农产品特色，打造区域性生态农产品示范基地。发挥蓝田特色农产品、生物医药等产业优势，整合进口肉类、冰鲜水产品、水果指定航空口岸资源等，融入区域冷链物流市场，完善冷链物流节点网络，大力发展冷链物流，打造以航空运输为主体的高端、高附加值的冷鲜食品集散中心，为发展绿色健康的粮食蔬菜产业提供保障，带动蓝田县第一产业的规模化及无害化发展。

蓝田县中医医院配套项目，规模为 9.03 hm^2，包括县中医医院的安置用地及配套服务，该用地符合片区功能要求，且为蓝田县近期重点打造的示范片区，对于提升片区综合服务功能具有举足轻重的作用。同时，作为县城医疗卫生配套的重点项目之一，能够支撑蓝田县中医医院项目落地，为大力提升蓝田县医疗卫生服务水平与品质提供保障。

蓝田云谷农文旅融合发展产业区项目，规模为 7.30 hm^2，主要建设康养社区、农庄别院、温泉度假酒店、现代文化商业街、农产品仓储物流区、农业观光园、农业种植养殖基地、国际医养中心、文旅休闲度假区、岱峪河生态休闲观光带等，同时包括精品民宿、乡村振兴产业基地、高标准农田等。该项目符合康养休闲的总体定位要求，能够带动周边村庄发展，借助距离西石高铁蓝田站较近的优势，成为蓝田县文化宣传的又一窗口，属于示范带动类项目。

重点项目通过开发边界优化调整的方式，一是保证土地及空间的供应，二是集约高效利用指标，使空间供给、产业发展、项目带动相匹配，保证一定的弹性空间，为蓝田县发展提供自由度与可选择余地，助力高质量发展。

3.2　新增集体建设用地补充

按照陕自然资发〔2023〕5 号文意见：全省安排 2020 年度变更调查现状村庄用地面积的 12%作为新增农村建设用地指标，重点保障农村产业发展用地。县级国土空间总体规划应落实市级规划要求，合理布局农村建设用地并明确管制规则。

由于蓝田县总体城镇建设指标有限，因此规模相对较小。为进一步支撑康养休闲产业发展，同时带动镇村发展，采用新增集体建设用地的方式作为补充与辅助。依据市级要求，蓝田县新增集体建设用地规模为 10.17 km^2，在指标分配及布局中，综合考虑产业发展带动要求，优先在产业发展片区进行集体建设用地的增补，同时对原开发边界的天窗及缝隙进行增补，使用地更为规整，便于项目落地。

本次蓝田县共划定新增集体建设用地 10.17 km^2，落实了市级指标要求。优先增补区主要分布在三处：一是华胥产业片区东侧，规模为 41.9 hm^2，连接产业片区内两个组团，使用地更为聚集、连片，易于形成规模效应；二是洩湖产业片区北侧，规模为 51.7 hm^2，位于 312 国道以西，扩大产业发展片区规模，使其更为集中；三是普化镇北侧，规模为 57.2 hm^2，位于西安市农产品保供基地项目东侧，作为该项目未来拓展的腹地支撑。

3.3 基于产业升级转型的更新改造

基于康养休闲战略方向的确定，对蓝田县工业园提出产业转型升级、明确康养主题的策略，打造产城融合核心示范区，完善新功能。按照康养需求，对不同产业类型进行细分，包括食品、饮品、中药制造，健康用品、器材与智能设备制造，医疗仪器设备及器械制造，适老化智能家具制造等。

整合工业园区土地资源，培育新业态；提高工业园区的质量和效益，吸引龙头企业落地。构建涵盖生态、经济、土地、社会和市场等多维度产业用地绩效评估体系，综合评估每宗地、每个企业产业用地的产出绩效。精细化盘点，探索“分类处置、综合施策”的更新路径。对低效产业用地进行“腾笼换鸟”，工业园区提质增效要以适老化智能家居、医疗器械、药品等龙头产业为主，未来以产业升级为主。

保留：共保留 71 家企业，占地规模约 170 hm^2，工业园范围 24 家、家具园范围 47 家；以西安汉丰药业有限公司、陕西蓝通传动轴有限公司等为代表，多为装备制造、家具制造、生物医药相关产业。

整治：共整治 81 家企业，多为家具制造业和食品加工业相关企业，合计可腾退建设用地约 94 hm^2。对策为统一安置至多层标准化厂房。腾退用地用于招引高效益、高附加值、绿色生态的康养类制造产业。

清退：共计淘汰 70 家企业，以家具制造业和食品制造业为主；腾退用地总规模约 62 hm^2。清退后为未来产业发展预留空间。

3.4 主题化美丽乡村建设加速落实

依托蓝田县独有的自然生态条件，通过康养休闲产业植入的方式，探索盘活农村存量用地的方式方法。具体包括：结合全域土地综合整治，通过建设用地增减挂钩指标周转方式，盘活农村集体建设用地；通过入市实现集体经营性建设用地的盘活利用；通过制度创新推动闲置宅基地的盘活利用。

例如蓝田县将军故里·疙瘩村，以乡村振兴为核心，以农旅融合发展为基础，运用城市资本重塑乡村发展动力，已成为探索城乡融合、循环共生的典型案例（图 3）。通过规划全局、深挖场域文化历史以及自然生态，为将军村创造新场景、构建新产业，打造蓝田全域旅游形式的民宿驿站。利用村子原有废弃宅基地，通过公司统一运营、与村集体签订租赁合同的方式，对农村集体用地进行二次利用，影响面积约 3500 m^2，同时带动村庄环境整治与美丽乡村建设。通过示范与带动效应，村庄自身更新也逐步加快，在总体规划设计框架下，村庄建设更为规范，同时民宿收益能够反哺村庄建设发展，吸引了部分青年返乡创业，为乡村增添了新的活力，探索了乡村振兴的新路径。

图 3　将军故里·疙瘩村实景照片

蓝田县的发展具有一定代表性，涉及生态环境保护的县城未来如何发展是共性问题，如何平衡生态环境保护与县城自身发展成为难点。日益严峻的老龄化及近几年康养产业的快速发展为县城发展提供了一种新的思路。依托总体规划层面对各县区的职能定位，参考全国康养强县的发展经验，最大限度发挥蓝田县自身资源优势，全盘谋篇布局未来发展方向，康养休闲这一赛道成为蓝田县在高质量发展道路上破局的重要探索。

［参考文献］

[1] 张文，左平利. 城镇化 2.0 时代下的县级国土空间总体规划响应：以湖南醴陵为例 [J]. 中国名城，2023，37 (5)：53-60.

[2] 王新哲，钱慧，刘振宇. 治理视角下县级国土空间总体规划定位研究 [J]. 城市规划学刊，2020 (3)：65-72.

[3] 陈川，徐宁，王朝宇，等. 市县国土空间总体规划与详细规划分层传导体系研究 [J]. 规划师，2021，37 (15)：75-81.

[4] 陶德凯，杨晨，吕倩，等. 国土空间规划背景下县级单元新型城镇化路径 [J]. 城市规划，2022 (6)：25-36，76.

[5] 叶小军，雷诚，范凌云. 中国式现代化县域新型城镇化路径 [J]. 中国名城，2024，38 (1)：9-15.

[6] 王垚. 以“流”促“留”：长三角县域新型城镇化的空间模式与规划策略 [J]. 城市规划，2024，48 (3)：13-23，64.

［作者简介］

辛兰，高级工程师，西安市城市规划设计研究院秦岭与新型城镇化分院院长。

孙衍龙，高级工程师，西安市城市规划设计研究院秦岭与新型城镇化分院副院长。

苏琬，工程师，就职于西安市城市规划设计研究院秦岭与新型城镇化分院。

毕晋祥，工程师，就职于西安市城市规划设计研究院秦岭与新型城镇化分院。

推进涉农项目落地的郊野地区规划实践探索

——以广东省珠海市斗门区详细规划为例

□黄祯，向守乾，武海娟

摘要：郊野地区的国土空间用途管制是国土空间规划的重要内容，涉及比城镇集中建设区更复杂的规划要素和人地关系。同时，在新一轮农村宅基地制度改革中，城乡二元结构矛盾凸显。然而，目前的郊野地区详细规划编制内容和方法难以保障涉农项目的有效推进及精准发挥其宏观调控能力。鉴于此，本文以珠海市郊野地区详细规划为例，从强化职能、统筹布局、刚弹结合提出郊野单元详细规划编制优化思路，完善“城市—片区—基本城市组团—邻里”四级框架体系，细化规划实施方法。力图优化郊野地区详细规划编制方法与传导实施路径，以满足国土空间综合化、精准化以及高质量的发展需求。

关键词：国土空间；郊野地区；详细规划；涉农项目；精准化管理

1　我国郊野地区详细规划编制的发展趋势分析

1.1　国土空间战略导向下对郊野地区详细规划的新要求

我国自2019年起开始建立“五级三类”的国土空间规划体系，城乡建设正式步入强化国土空间规划宏观调控的高质量发展新语境。郊野地区相较于城镇集中建设区，是以生态、生产为主导功能并汇集生活功能的城乡过渡区域，涉及更加复杂的底线控制要素和人地关系。面对快速城市化进程中的城乡二元结构矛盾，习近平总书记对三农工作作出重要指示，即要“学习借鉴浙江‘千万工程’经验”，大力推进乡村振兴。本文研究的涉农项目主要分为依附于耕地、园地、商品林、草地和设施农用地的农业生产型项目；使用宅基地、庭院、闲散的景观与绿化等用地的建设型项目；针对林地、水域的生态环境综合开发和利用类项目。涉农项目在土地、空间、经营主体等方面均有别于城镇地区的项目，因此研究保障涉农项目引进的国土空间用途管制方法是我国目前推进乡村振兴的重要突破口。

新时期郊野地区的详细规划需要综合农业发展观和生态系统观，将空间规划和土地管理集于一体，统筹全域全要素，分类型、分层次、分深度地进行编制，向综合化、精准化、高质量、实用性规划进行需求导向转型延伸。

1.2 推进郊野地区涉农项目实施的规划选型和做法启示

郊野地区是城镇开发边界以外的其他区域，郊野地区与城镇开发边界范围互为底图，共同组合实现市域范围的全覆盖。我国能够指导城乡用地规划行政许可的法定规划有控制性详细规划和村庄规划两类。其中，城镇开发边界以内编制控制性详细规划，以外编制村庄规划，但考虑到大多数城市的城镇开发边界形态零碎，难以通过“一刀切”的规划选型实现全域全要素的管控。鉴于城乡建设用地的规划行政许可存在制度差异，为支撑涉农项目的落地引进，针对项目的区位关系、用地规模、土地拟入市或流转的路径以及规划目的等因素，上海、广东、浙江等地探索了用地规划条件论证和郊野单元规划的规划类型。

自各地国土空间总体规划和“三区三线”划定陆续取得批复和实施后，对比以上各地在郊野地区规划的做法，发现各地均聚焦于耕地保护、集体经营性建设用地入市、点状供地、设施农用地布局、农民建新安置。规划主要包含目标指标、规划用地布局、土地综合整治、空间管控、设施和产业规划、生态保护、文化提升、实施保障、行动计划等内容。规划成果以图示、文字通则的形式进行表达。

2 郊野地区详细规划落实涉农项目存在的问题解析

各地基本已形成相对稳定的规划编制技术路线，能够支撑上下规划的约束性目标传导、指标分解、区域要素落图定位，但针对涉农项目如何结合详细规划进行便捷实践的探索依旧相对薄弱。

2.1 国土空间分级调控显力不足

我国的国土规划体系、城市化以及相应的农业化和生态安全战略格局逐渐明晰，但由于缺少规划传导制度和更细化的国土空间调控规则，郊野地区的涉农项目难以精准发力，大部分资源要素长期处于静态管控，新的涉农项目往往需要通过将详细规划和土地综合整治、增减挂钩、近期建设等实行“多规联合”方能推进实施。其间如有涉及土地征拆补、农转用等事项，大幅度的规划协调和部门联动周期则成为涉农项目实施的核心桎梏。

2.2 人地空间关系难以协调平衡

在全国建设用地减量化发展的背景下，我国农村住房资源的配置并不均衡，住房供需及涉农项目用地能效矛盾突出。根据国家统计局第三次农业普查，全国农户共计 23027 万户，一户一宅农户为 20029 万户，一户多宅农户为 2874 万户，拥有商品房的农户为 1997 万户。我国 93.5%的村庄有空心化现象，现实农村住房供需与我国的“一户一宅”制度管理尚有差距且存在供需品质不对位现象。在户均宅基地规模控制方面，以岭南地区的两类聚落为例，疍家水乡地处沙田，围堤造田的历史原因导致建设用地稀缺，多为 50～80 m^2/户；广府岭南地处陆域平坦区域，梳状格局、明字屋、井字楼居多，用地宽松，多为 90～200 m^2/户。地方性的标准宅基地规模的制定，往往忽略了不同地域文化的差异与当代人对高品质生活同频向往的人地社会矛盾。针对涉农项目，在极严格的耕地保护制度下，岭南地区的渔业养殖规模是良田耕种规模的 1.25～4 倍。土地管控制度与产能差异，单位土地的人均收益不平等造成了人地经济矛盾。综合以上人地关系在社会、空间和经济方面的矛盾，涉农项目长期需要政府财政支持，难以引进市场动能。

2.3 涉农产业项目准入条件粗放

我国明确了“三区三线”是最严格的空间管控底线。传统详细规划只关注建设空间，缺乏对农业配置、生境生态位的考虑，规定动作完成度高，空间要素的使用率不高。针对农业和生态空间，“一刀切”禁建使控制保护区沦为“问题区”。新时代的规划编制强调对农业现代化和对环境友好型产业的引进，但目前我国对郊野地区管控并不成熟，尤其是对农业生产和旅游配套设施缺少指导标准，涉农产业项目在项目准入和选址过程管理方面相对粗放。

2.4 规划效用有限和维护成本高

根据《自然资源部办公厅关于进一步做好村庄规划工作的意见》（自然资办发〔2020〕57号），村庄规划原则上以五年为周期开展实施评估，在不突破约束性指标和管控底线的前提下，鼓励各地探索村庄规划动态维护机制。我国自2018年起国土空间规划数据初步成型，动态维护尚处于起步阶段，规划调整往往需要通过原规划审批程序来实现，缺少系统的评估和局部微调的简化工作体系；高额和高频的传统维护方式一方面对属地政府造成了财政压力，另一方面也降低了涉农项目引进和实施的积极性。考虑国土空间底线具有一定的时间属性，因此迫切需要结合规划审批管理体系和空间管制底线要求，推动出台便于规划动态维护的详细工作规程。

3 珠海市推进涉农项目实施的详细规划编制优化策略

珠海市斗门区作为全国宅基地制度改革试点、国家级农村集体经营性建设用地入市试点、国家级农业生态园和国家级田园综合体所在地，是广东省郊野地区详细规划的重要实践地，为推进涉农项目实施，总结优化策略如下。

3.1 单元统筹：分级分类国土空间规划的调控职能

3.1.1 建立与事权相匹配的规划编制体系

我国鼓励郊野地区以乡镇为基本实施单元编制综合性的规划。珠海市把城市作为一个有机生命体，将“身体—器官—单元细胞—组成细胞”的生物学理念运用到城乡管理中，以“管什么批什么，批什么编什么”为导向，明确“一级行政一级事权”，将中心体系建设分解至各级政府和行政主管部门，构建了与“市—行政区（功能区）—镇街—社区（村）”行政管理架构相对应的“城市—片区—基本城市组团—邻里”四级空间架构，形成“两级规划，四层传导”的规划编制和管理逻辑（图1）。针对郊野地区，在详细规划层面首先对15万～30万人的郊野型基本城市组团进行总体统筹；对不足15万人的地区，近郊地区划定城镇邻里单元，远郊地区则划定以行政村为主体的乡村邻里单元。

3.1.2 综合土地权属和用途选型规划类别

针对涉农项目的区位、使用城乡建设用地类别，可灵活对启动的规划类别进行选型。基于基本城市组团，编制详细规划导则，由市级财政支持和审批；对涉及城镇开发边界的邻里单元，

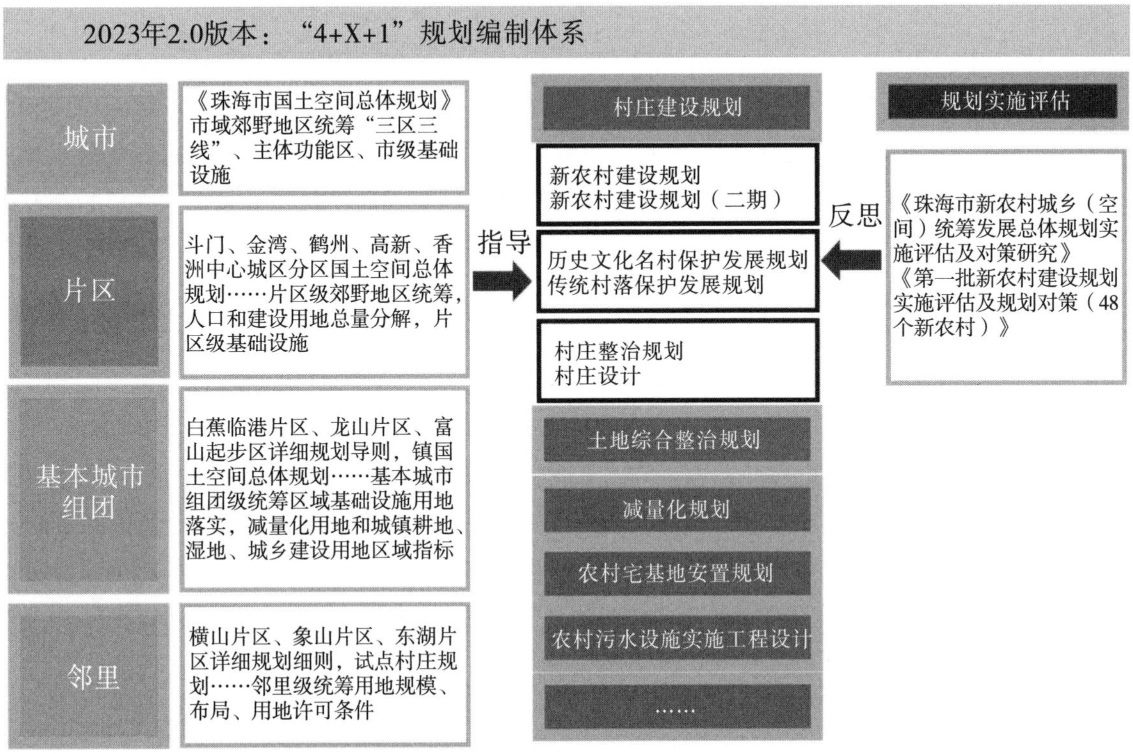

图 1　珠海市"4＋X＋1"规划编制体系

编制控制性详细规划细则，由区级财政支持、市政府审批；对规划范围内包含村庄建设用地的，经市政府审批同意后，对村庄建设用地的规划管理审批权限进行下放；对完全位于城镇开发边界外的邻里单元，编制村庄规划，由乡、镇级财政支撑，区政府审批。

3.1.3　统一适配"一张图"平台的成果内容

详细规划成果应满足入库的要求。针对国有用地，规划成果应达到控制性详细规划深度；针对村庄建设用地，规划成果应达到村庄规划深度。对于涉农建设型项目，应出具详细的规划用地条件，两类深度的成果在地类上应能够实现地类转换，保障共同纳入县、镇（乡）级国土空间规划"一张图"，并作为村庄建设用地参考国有用地的地价入市经营的工作基础。

3.2　分类管控："控制边界＋指标"优化资源配置

3.2.1　"四级架构"分解人口和用地规模指标

在"四级架构"的空间体系下，珠海的全市和分区总体规划结合现状条件、市域统筹的空间功能，对"城市—片区—基本城市组团—邻里"的规划人口和建设用地指标进行四级分解，提高资源配置的合理性，作为详细规划编制的刚性要求落实。

3.2.2　划定与区域适应性发展的空间边界

郊野地区以农业生产和生态保育为主，生态属性高于社会属性，需要加强对各类生态要素细化颗粒度的评价。规划编制中可引入基于 InVEST 模型构建的生态空间分级、基于电流理论的生态廊道分析、人流热力大数据支撑的乡村旅游产业等分析技术作为涉农项目引入的底线空间选址边界的支撑。

珠海市总体规划与“四级空间”架构相对应，在基本城市组团内，重点加强对红线、蓝线、黄线、绿线、紫线、橙线、工业控制线、权属范围线、区域线型工程等要素在各层级规划的统筹，并确定出对邻里级法定规划的传达要求（图 2）。

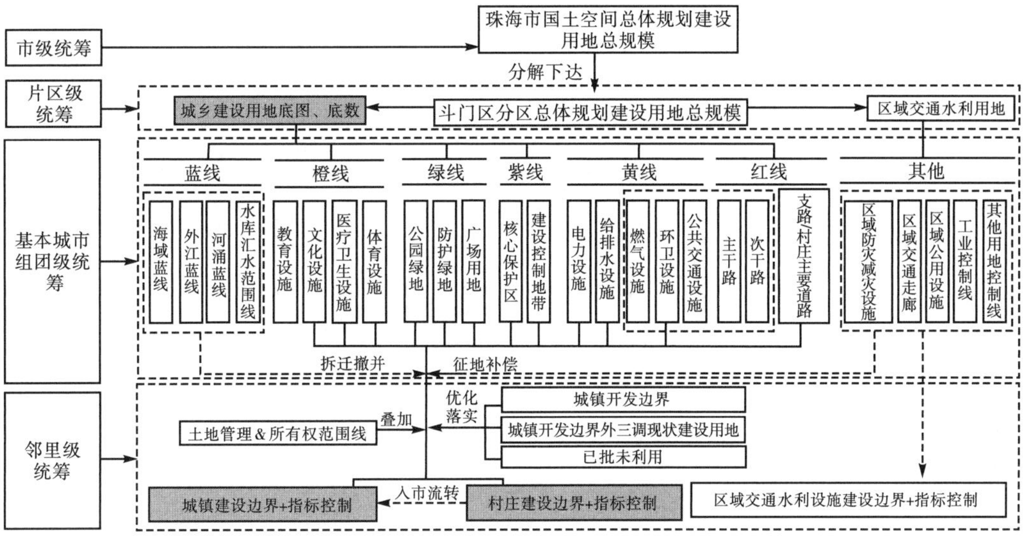

图 2　珠海市空间边界衔接要素框架图

3.2.3　指标预留生产和生活的建设供需弹性

巩固对城乡建设用地实行规模总量控制，对区域交通水利用地实施预防性控制。加强对用地权属和土地治理计划的对接，通过底数、底线、用地、指标四种控制方式优先保障公益性和安全保障性设施用地，提高国土空间管控的精准水平。针对农业型和生态型涉农项目，结合经批复的全域土地综合整治方案，通过设计先行、用地条件论证、“规模控制＋条件准入”的方式，建立项目供地保障的绿色通道。针对建设型涉农项目，践行宅基地制度改革行动，以自然村或生产小组等土地权属单元为依托，摸清农房供需情况，对涉及区域基础设施建设需要征拆农房的情况加强统筹，按照进城镇开发边界内集中安置、在开发边界外归并平移、就近补偿和资金补偿四类方式进行处理。

3.3　分区准入：涉农项目精准化条件制定

随着我国城镇化进程不断加快，郊野地区从早期的农业生产空间转变为向城市提供优质农产品、生态环境和休闲游憩空间的重要地区。珠海市对三生空间管控要素进行全面梳理，将农业、生态空间细分为严格控制区和一般控制区，严格控制区原则上禁止改变土地用途和开展城乡建设；一般控制区需在保障基本城市组团内各控制要素规模不减、不突破既有管理规定的基础上，论证项目引进的必要性和可行性，与法定详细规划程序合并，并同步完成规划调整、方案设计、行政审批等事项，最终以图则更新的形式进行落地。

3.4　升级效用：“六大工程”和“一评估”的行动统筹

珠海市“六大工程”行动计划，包含特色产业发展工程、环境宜居提升工程、民生改善保障工程、特色文化带动工程、社会治理建设工程和固本强基工程，强调以行政村为单元的“一村一品”建设，为百县千镇万村高质量发展奠定了良好基础。珠海市强化乡镇联城带村的节点功能，依托从自然村、行政村到地方政府的行政架构，精确均等配置公共服务设施。通过建立五年一评估和动态维护的工作机制，重点评估规划实施目标、城乡设施统筹、农村推进时序统筹、农村配建设施标准统筹、农村发展方向统筹、满意度共六个方面，该评估结论可作为分析详细规划调整必要性和调整时序的有力依据（图 3）。

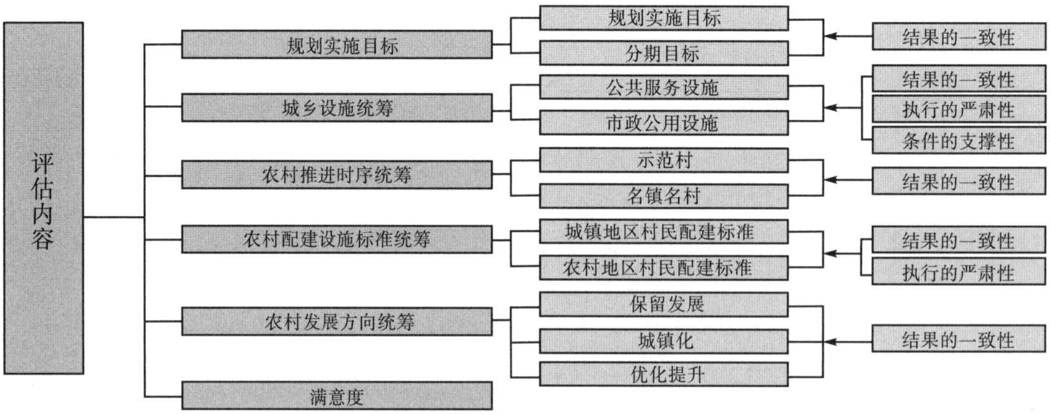

图 3　珠海市郊野地区规划实施评估框架

4　珠海市详细规划推进涉农项目实施的实践探索

4.1　创新国土空间“4＋X＋1”规划编制体系

珠海市自 2012 年开展美丽乡村创建工作，2013 年总结建立了“3＋1＋1”规划编制体系，2015 年实现全市村庄规划全覆盖，2022 年将“城市—片区—基本城市组团—邻里”四级空间架构纳入全市国土空间总体规划。通过对近两年的试点村庄规划和郊野地区新编控制性详细规划的实践，迭代更新形成“4＋X＋1”规划编制体系，进一步巩固了各级事权对规划的上下传导和对空间要素控制力的把握。近年来，斗门区先后启动 1 个分区总体规划、2 个典型镇总体规划、1 个跨城镇开发边界的控制性详细规划、32 个国土空间村庄规划、8 个乡村振兴产业重点项目的规划用地条件论证的规划编制，建立起与事权相匹配的单元传导规则。郊野地区详细规划向上对接片区级空间传导落实要求，向下对接建设规划，从而保障了乡镇地区高质量的发展建设。对同一规划区范围内的用地，城镇开发边界以内的用地及需要参照国有用地推进经营权入市的村庄建设用地编制至控制性详细规划深度，城镇开发边界以外地区编制至村庄规划深度，最终成果统一纳入“一张图”系统平台。

4.2　“项目为王”和边界引导协调人地关系

4.2.1　农民公寓住房和就地就业安排

珠海市全市总体城镇化率为 90.72%，全市 122 个行政村中有 119 个村位于距离城镇开发边界 15 分钟车行范围内，是新型城镇化的典型试点地区。针对疍家水上村落户均用地面积低于广府民居的实际情况，斗门区政府率先以疍家水乡福安村作为示范，在分区总体规划层面统筹

0.51 hm^2新增村庄建设用地保障村民公寓建设项目，并结合村庄规划制定规划用地条件。在村民集资首付的基础上，探索以人均每年4000元左右的村民股权分红作为质押申请银行贷款，最大限度集中集约利用土地，降低农民建房成本，保障村民住房需求。

莲洲镇全镇有5697 hm^2农业生产空间，第一产业预计能够解决1.14万人的就业，但实际务农人数为2.03万人，户籍人口为4.67万人，适龄务工人员约为2.89万人，存在农业劳动力剩余和就业岗位不足的现象。莲洲镇作为国家生态农业园的核心区，近年来市域统筹预下达274.52亩城乡建设用地，依托市乡村振兴重点产业项目启动编制规划用地条件论证和村庄规划，成功推动国家岭南大地田园综合体、停云小镇、十里莲江等项目引进，带动全镇0.44万人就业。

4.2.2 InVEST模型优化空间发展边界

通过引入InVEST生境质量评价模型，计算全市郊野地区生境质量水平，识别出需要保育和重点修复的空间，对具有通山达海重要河湖沟渠的廊道强化生境设计。结合详细规划导则或细则，在莲洲镇基本城市组团范围内，纳入上下传导规划内容，作为生态保育空间边界划定的技术支撑，在邻里单元层面由控制性详细规划或村庄规划进行细化和落实。

4.2.3 “刚弹结合”的用地管控层次

珠海市启动新一轮国土空间详细规划，针对生态空间和生产空间，从管控要求层面、区域统筹的视角进一步梳理了约束要求和准入许可，将全域要素刚性控制和弹性控制予以规范。

其中，横山片区控制性详细规划加强生态系统观和农业发展观，考虑其跨城镇开发边界的特殊属性，强调区域生态系统连续性和农业生产规模性。该规划的约束性控制内容包含目标控制、规模控制、底线约束、路网骨架、城乡设计、环境保护、历史文化、海绵城市、城市安全、土地用途结构、配套设施等，弹性管控内容包含规模指标控制规则、点位控制设施、三生空间开发保护利用策略、产业准入要求、图则动态更新维护规则等。

4.3 精准化分区准入涉农产业项目

4.3.1 设计先行的点状生产供地保障

珠海市将建设准入许可予以明确，点状供地的许可项目类型为现代种养业、农产品加工流通业、乡村休闲旅游业、乡土特色产业、乡村信息产业、乡村新型服务业等乡村产业项目及其配套的基础设施和公共服务设施建设等，并提出实行“农业+”混合用地，混合用地出让最低价不得低于相应地段各用途对应级别基准地价乘以其比例之和的70%。其中，岭南大地田园综合体以点状供地方式支撑产业发展，提高对环境质量保障的相关技术要求，规划中对低环境影响建设进行了细化控制。支持将点状供地整合为旅馆业、娱乐康体和商业等混合用地功能，控制容积率不低于1.0，建筑高度不超过24 m。同时，明确各类农业用地比例和设施配套要求，在建筑退让、建筑风格、环境保护、停车配套方面对点状供地实行区别于城镇的空间管控，对农业设施细化在布局、规模、设施类别、结构、层数、层高、单体占地面积、设置条件等方面的控制。在详细规划中，还预留不超过规划总建设用地规模5%的弹性建设空间，在符合区域发展和规模覆盖的基础上，允许准入符合基本城市组团级统筹的“六线”城乡建设类项目。鼓励在生态和农业的一般控制区通过点状供地的方式，开展能够维护安全、促进三产融合的城乡建设项目。对未明确项目，待有实际建设需求时，通过编制村庄规划调整方案，以增补图则的形式进行落地；或通过编制乡村项目实施方案，将建设工程设计方案与规划调整方案的编制内容、程序合并，同步完成规划调整、方案设计、行政审批事项，以图则更新的形式进行落地。

4.3.2 践行宅改的示范生活供地保障

对于城乡建设用地明显难以满足新增人口分户需求的，支持采用“上楼”策略，经属地政府同意，在宅改实施方案详细规划中制定能满足消防安全和市政管线敷设要求的规划用地条件。对未明确宅改实施方案的，在控制性详细规划阶段以规模框、选址框、未落图指标三种方式进行弹性预留。其中，规模框为图数一致的空间落实方案；选址框仅确定大概空间布局，并明确建设用地覆盖比例，具体范围在后期实施建设方案中予以明确；未落图指标不得超过规划总建设用地的5%。对于选址框和未落图指标，允许在后期明确方案后设计前置，简化报批程序。

4.4 巩固规划效用评估和提高规划编制效用

珠海市以村容村貌整治提升为抓手，更加侧重综合性系统性的谋划，宏观层面通过统筹、指引、建议的方式整合资源、避免重复建设；中观层面围绕统筹协调、抱团发展、互利共赢的核心理念，推进新农村协调发展，整合各地区新农村旅游优势资源，以点带面推动各地区新农村规划实施；微观层面提出“6＋1”工程，从而有效地提升了镇、村设施共建共享共用，提高空间活力和资源使用率。

基于珠海市四级中心体系，郊野地区应结合实际城乡建设用地情况，以15分钟有效步行路径建立乡村邻里单元的15分钟生活圈及城镇15分钟生活圈，着重加强老年和儿童友好型设施建设，促进镇村共建共享的设施配置，在提升规划效用的同时，降低建设投入成本。

珠海市历来强调镇域“一盘棋”、镇村联动，建立起“市局—分局—镇规划管理所/镇农村建设管理服务中心”的三级乡村规划管理体系以及“分管领导—负责科室—联络员”的相关单位三级负责制度。实践期间珠海市积极推出促进城乡区域协调发展、加强村民建房风貌管理、加强农村留用地管理指导意见、乡村振兴战略实绩考核等政策文件和技术规范。在保障乡村振兴产业引进和重点民生工程建设方面，珠海市开通了使用预下达规模支持乡村振兴产业项目引进的绿色通道，并在推进国土空间土地用途管理方面取得良好成效。

5 结语

郊野地区详细规划，是破除我国城乡二元化结构的实用性工具，是涉农项目引进和实施的核心依据，是加强耕地和生态保护、发扬传统文化、创新农业附加产业、制定高质量发展方案的行动计划。新时期国土空间规划必然是一个系统规划，详细规划需要巩固纵向衔接和横向扩展，只有通过判断和分解好国土空间规划的调控力，搭建好行政管理的分级架构，才能不断激发郊野地区高质量发展效益的乘数效应。

［参考文献］

［1］李滔．国土空间规划背景下郊野地区详细规划编制探索：以广州市郊野单元规划推进路径研究为例［J］．房地产世界，2021（6）：23-27.

［2］杨秋慧．镇村域国土空间规划的单元式编制与管理：上海市郊野单元规划的发展与探索［J］．上海城市规划，2019（4）：24-31.

［3］何微丹．广州市郊野单元分类评价划示和规划策略研究［C］//中国城市规划学会．面向高质量发展的空间治理：2021中国城市规划年会论文集．北京：中国建筑工业出版社，2021.

［作者简介］
黄祯，工程师，珠海市规划设计研究院规划分院规划师。
向守乾，注册城乡规划师，正高级工程师，珠海市规划设计研究院副总工程师。
武海娟，通信作者，工程师，珠海市规划设计研究院规划分院规划师。

循环经济背景下静脉产业园区规划策略研究

——以沈阳再生资源产业园（B 园）为例

□曲明姝，周慧

摘要：静脉产业园区作为循环经济的具体实践形式，通过改造传统的线性经济模式，实现废弃物的再利用和资源的循环利用，具有重要的战略意义。本文以沈阳再生资源产业园（B 园）为例，探索循环经济背景下，静脉产业园区的规划策略。首先阐述了静脉产业园区的相关政策背景和静脉产业在辽宁省的发展现状，分析了其发展的必要性和重要性。然后结合沈阳再生资源产业园（B 园）的实际案例，详细阐述了园区的规划原则、空间结构和产业结构，并提出静脉产业园的规划策略。研究的开展不仅有助于推动沈阳再生资源产业园（B 园）的健康发展，也为我国其他静脉产业园区的规划建设提供有益的参考和借鉴。

关键词：再生资源；静脉产业；低碳环保；循环经济

0 引言

党的二十大指明新时代发展新方向，将“绿色环保产业”确定为未来发展新的增长引擎之一。在国家新时代循环经济的大背景下，发展静脉产业是转变发展方式、引领绿色发展的重要手段，是实现碳达峰、碳中和，保障国家资源安全的有效抓手。

习近平总书记对东北振兴、沈阳担当提出新部署，在辽宁考察期间强调：“辽宁要在东北振兴上展现更大的担当和作为，沈阳市要当好东北振兴的‘跳高队长’。”

辽宁省的环保产业经过 30 年的发展，近年来呈现蓬勃发展的良好势头，已成为门类基本齐全、具有一定规模的产业体系，近 10 年来保持了产值年均 30%的增长率。辽宁省环保产业主要分布在大连和沈阳两市。两市环保企业总数、总收入分别占辽宁省环保产业的 46%和 63%。辽中区作为沈阳都市圈内的县域地区重要战略节点，应借势积极融入圈内产业分工体系，深化推进城乡高度融合和一体化发展，形成“自发光、高聚能、强吸附”的恒星式县域发展模式。

沈阳市目前已形成了废旧资源综合利用、固体废物（包括危险废物）处置和环境服务等环保产业集聚区，大连、丹东沿海经济带环保装备（产品）制造业集聚区，辽北清洁能源、节水环保产业、生态修复产业集聚区的发展格局。

随着沈阳都市圈、国家中心城市的建设，沈阳市发展新型战略性产业、加快推进传统制造业向绿色制造业转型的步伐不断加快，产业发展新格局逐步搭建。沈阳市新型环保产业已初步形成“一带一环”的发展格局，周边产业簇群发展结合紧密，产业协同特征明显。其中，近海环保产业园及再生资源产业园（B园）集聚于“一带”，成为西部重要新型环保产业引领轴带。

沈阳再生资源产业园（B园）规划建设是辽中区深化发展再生资源产业，强化沈阳市西部新型环保产业带构建，推动区域产业板块协同发展，重塑辽中产业新格局的重要举措。

1 沈阳再生资源产业园（B园）规划

1.1 区域位置

沈阳再生资源产业园（B园）位于辽宁省沈阳市辽中区近海经济区南部，北至沈辽公路，西邻近海核心板块，东接公铁海联运物流枢纽产业园，总用地面积约 2.6 km^2。该区域是辽中近海崛起发展的重要组成板块。

1.2 规划原则

在循环经济背景下，静脉产业园区的规划应遵循以下原则。

资源循环利用原则：充分利用废弃物的资源价值，通过技术创新和产业升级，实现废弃物的最大化利用和资源的持续利用。

环境友好原则：在园区规划和运营过程中，应注重环境保护，减少污染物的排放，提高资源利用效率，降低环境负荷。

经济高效原则：在保护环境的基础上，力求以最小的资源投入实现最大的经济效益和社会效益。

1.3 空间结构

形成“一轴、一廊、一核、两区”的空间结构体系（图1）。“一轴”：园区中部，是连接公铁海、综合保税区等产业板块的产业发展轴。“一廊”：沿规划区东侧东环街绿化带构成贯穿园区的绿色生态走廊。“一核”：综合性服务核心，融入研发、服务等功能，延伸产业链条，提升功能品质。“两区”：低碳循环产业聚集区、高端环保产业示范区两大核心产业集聚区。

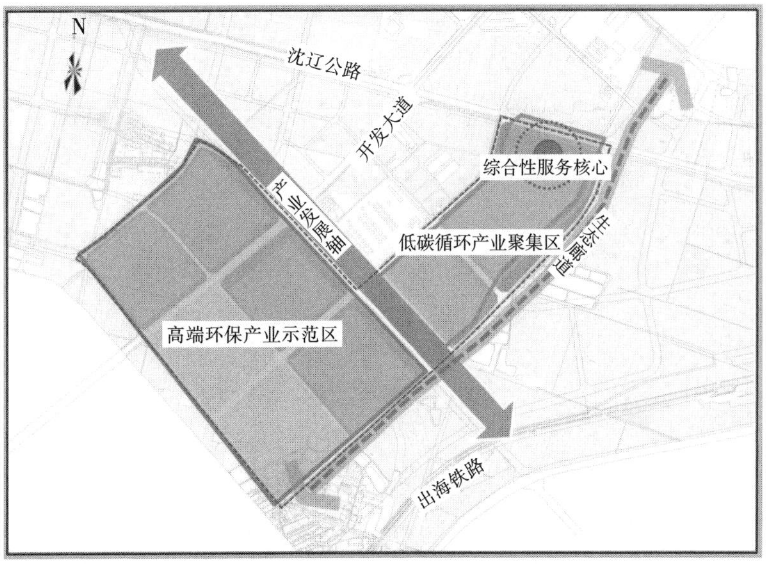

图1 沈阳再生资源产业园（B区）空间结构图

1.4 产业构成

沈阳再生资源产业园（B 园）以绿色与科技为导向，紧抓低碳循环产业战略环境，借势周边已有产业板块，建设环保低碳产业示范区（图 2）。

着力打造固体废物综合利用、废弃物资源化利用、绿色生态能源利用、环保物流、粪污处理、环境咨询服务六大核心产业，延伸产业链条，完善产业体系，推进园区高质量发展。

生产研发兼容板块为科创研发基地，包括污染治理设备研发、环保机械设备研发、环保监测分析仪器研发等功能。

生活性综合服务中心功能包括为园区及周边片区提供的生活配套，如零售、餐饮、购物等。

环保产业示范区主要为环保设备（产品）生产与经营、粪污处理产业等。

循环产业聚集区主要聚焦于资源综合利用，如废弃资源回收产品与废渣综合利用、废液（水）综合利用、废气综合利用和废旧物资回收利用。

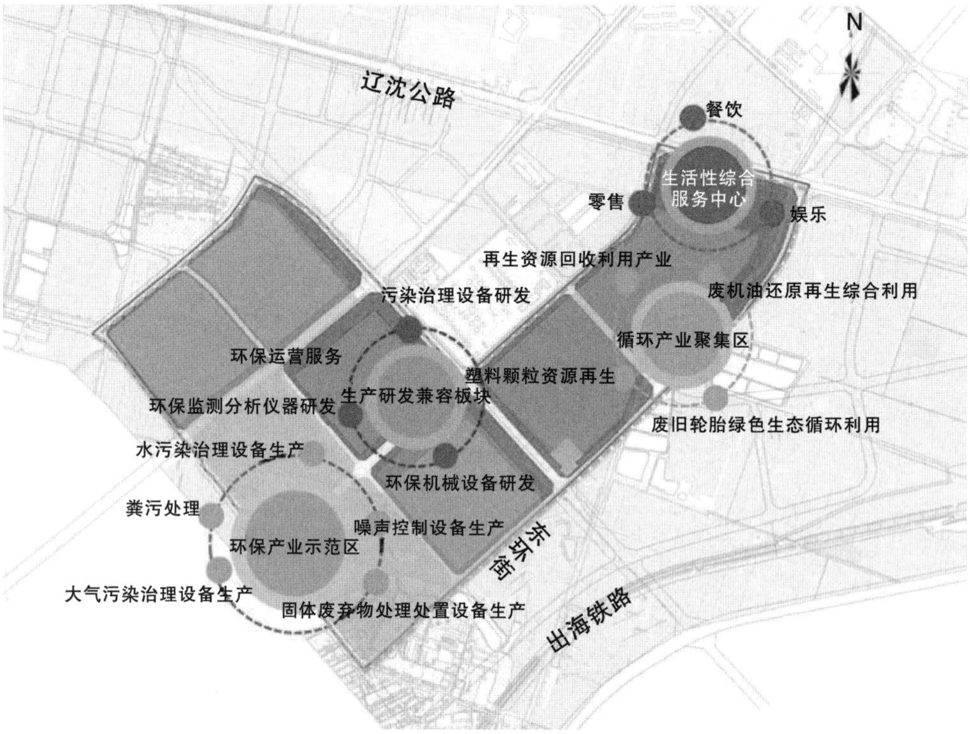

图 2　沈阳再生资源产业园（B 园）产业构成示意图

2　规划策略

2.1　产业布局策略：簇群共生，区域协同

根据园区的资源优势和产业特点，合理规划产业布局，形成产业间的良性互动和循环链条，实现废弃物的就地利用和资源共享。通过引进先进的废弃物处理技术和设备，提高废弃物处理的效率和资源化利用率。同时，加强与其他园区的合作，构建废弃物处理与资源化利用的联动机制，实现资源的最大化利用。

积极推动规划园区与周边其他产业板块区域协同，积极融入沈阳都市圈产业格局分工协作，以实现区域范围内经济利益共赢的最大化和公共设施及信息共享的最有效化。

2.2 技术创新策略：生态低碳，产业循环

技术创新是推动沈阳再生资源产业园（B园）持续发展的重要动力。园区应加大科研投入，引进和培养专业人才，推动废弃物处理技术和资源再生技术的创新。通过与高校、科研机构等合作，共同开展技术研发和成果转化，提升园区的核心竞争力。

加强节能环保技术、工艺、装备的推广应用，全面推行清洁生产；加强技术创新和研发，推动废弃物处理技术和资源利用技术的升级，提高废弃物的利用效率和资源利用价值；发展循环经济，提高资源回收利用效率，构建生态、绿色的制造体系，走生态文明的发展道路。

2.3 空间布局策略：人性尺度，模块组合

环保产业区地块的划分应充分体现用地规模化，具有高度的适应性，小尺度的地块可分可合，打造多种标准厂房模块及不同的布局组合，满足不同规模的企业需求，推进空间集约集聚。

合理划分园区的功能区域，优化空间布局，确保不同功能区之间的顺畅衔接和高效运转，提高园区的整体运营效率。

根据园区的产业特点和资源流动情况，合理规划空间布局和功能分区。将废弃物处理区、资源再生区、技术研发区等功能区域进行合理划分，确保各区域之间的协调与互补。同时，注重园区的绿化建设和生态修复，提升园区的整体环境质量。

2.4 政策支持策略：搭建平台，服务专业

从满足地区环境保护、企业升级及市场需求出发，建立整合信息、技术、标准、产品、人才、管理等一系列资源的服务功能，推进产业园区高质量建设。

发挥市场机制作用，吸引社会资本参与沈阳再生资源产业园（B园）的建设和运营。通过制定合理的价格机制、税收政策等，促进资源的循环利用和废弃物的减量化；同时，政府应制定和完善相关政策，为静脉产业园区的建设和发展提供有力保障，包括财政支持、税收优惠、人才引进等方面。沈阳再生资源产业园（B园）各平台类别和服务功能详见表1。

表1　沈阳再生资源产业园（B园）平台类别和服务功能

平台类别	服务功能
孵化器平台	注重国家级孵化器能力建设，借助国家级孵化器平台，帮助园内企业申报科技项目，以获得政府支持和风险投资、担保公司等中介力量的资金扶持
咨询服务平台	定期走访在孵企业，寻找加快企业发展的切入点，适时给予辅导、咨询及提供相关部门对接的服务
国际化战略平台	有力支撑我国环保产业国际化发展，促进园区内企业的升级转型，为中国环保产业“走出去”探索模式、提供示范
网络直销平台	在会展中心，通过动态屏幕展示全球数千家企业或区域对环保设备和技术的需求，当场进行科技交易

3 结语

静脉产业园区的规划策略旨在实现废弃物的有效处理、资源的循环利用以及产业的可持续发展。在规划静脉产业园区时，建议充分考虑当地的经济、社会和环境条件，结合实际情况制定切实可行的规划策略。同时，加强与其他地区的交流与合作，共享成功经验和技术成果，共同推动循环经济的发展。此外，还应注重人才培养和引进，提高园区的创新能力和竞争力，为循环经济的长远发展提供有力保障。

通过以上规划策略的实施，沈阳再生资源产业园（B 园）将实现废弃物的有效处理、资源的循环利用和产业的可持续发展。未来，随着循环经济的深入发展和技术的不断创新，静脉产业园区将在推动绿色发展和实现可持续发展中发挥更加重要的作用。同时，我们也需要不断探索和完善规划策略，以适应不断变化的市场环境和资源条件。

总之，循环经济背景下的静脉产业园区规划策略应以资源循环利用为核心，通过优化空间布局、加强技术创新、完善市场机制和社会参与等手段，推动园区可持续发展。沈阳再生资源产业园（B 园）作为典型案例，其规划策略的实施将为其他园区提供有益的借鉴和参考。

［参考文献］

［1］王幼学．深化改革开放与创新，破除体制机制障碍，实现东北全面振兴［J］．辽宁经济，2022（11）：10-12.

［2］刘越，钟义见．坚定不移推进新时代东北振兴［N］．中国社会科学报，2023-11-24（002）.

［作者简介］

曲明姝，工程师，注册城乡规划师，就职于沈阳市规划设计研究院有限公司。

周慧，高级工程师，注册城乡规划师，就职于沈阳市规划设计研究院有限公司。

基于传统村落空间分布的省域乡村风貌分区及特征研究

□徐鹏，杨栗，薛冠宇

摘要：乡村建筑风貌整治工作是“千万工程”的重要组成部分。山西省在学习运用“千万工程”经验中开展了“山西省乡村聚落建筑风貌特征与提升研究”的课题研究，旨在推进全省的乡村建筑风貌整治工作。本文基于该研究课题，通过总结分析相关结论，结合山西省农业生产和方言文化等空间分区，从全省历史文化名镇名村和传统村落的空间分布入手，运用最邻近点指数、核密度和点密度分析等方法，识别山西省传统村落的空间集聚特征作为全省乡村建筑风貌分区的划定依据，分析总结提炼每个分区独特的建筑文化和建筑风貌特色。研究成果指导了《山西省乡村建筑风貌整治提升技术导则和图集》的编制，并在山西省“千万工程”工作推进中，为山西省乡村建筑风貌的保护与提升提供了理论依据和实践指导。

关键词：传统村落；乡村建筑风貌；建筑风貌分区特征；千万工程

0 引言

2024年，山西省一号文件提出学习运用“千万工程”经验，加快建设宜居宜业和美乡村，提升乡村建设水平，强化乡村空间设计和风貌管控。为此，省级层面开展了“山西省乡村聚落建筑风貌特征与提升研究”的课题研究，旨在对山西省乡村建筑风貌的特征识别和整治提升进行研究，从而形成具有指导意义的全省乡村建筑风貌整治导则和图集，科学引导全省的乡村建筑风貌整治工作。

山西省表里山河的地貌特征导致不同地区的乡村建筑具有鲜明的地域特色，从省域宏观层面整体研究乡村建筑风貌并提出管控引导存在很大的挑战。因此，本文从山西省乡村地区的自然地貌、资源禀赋、地域文化、生活方式和建设技术等方面入手，分析山西省的传统村落空间分布，研究乡村建筑风貌分区，提炼总结建筑风貌分区特征，从而可以对不同分区的乡村建筑风貌进行差异化引导。

1 山西省乡村建筑风貌现状分析

山西省历史悠久，拥有丰富的历史文化资源，是北方地区传统村落分布较为集中的地区。独特的自然资源和人文历史造就了山西省乡村建筑风貌的独特性和多样性。

1.1 乡村建筑风貌多样性成因分析

1.1.1 自然因素

位于黄土高原的山西省地貌以两山夹一川为特点，吕梁山和太行山之间的丘陵与盆地构成了重要的南北通道，丰富的地形地貌赋予了乡村建筑风貌的多样性。平川地区的村落以四合院或单体建筑为主，被道路和农田环绕，结构规整；山地丘陵地区的村落以窑洞为主，依山而建，展现独特的立体层次感。

山西省四季分明、雨热同步的气候条件影响了建筑的朝向、间距、院落形制和屋顶形式等。北部地区气候寒冷，建筑通常较低矮，以减少热量流失并抵御寒风；南部地区气候较热，降水量大，建筑多为2～3层，顶层用于储藏，以利于通风和防潮，屋顶设计为尖顶，加速雨水排放，防止积水损害。

1.1.2 资源禀赋

山西省丰富的木材、煤炭、铁矿等自然资源是乡村建筑材料的重要来源。在森林覆盖较为丰富的吕梁山区、晋东南沁河流域及晋北忻定盆地等地区，木结构建筑更为普遍；丰富的煤炭资源保障了砖瓦和陶瓷等建筑材料的生产与应用，提升了建筑的保温和耐久性；发达的冶铁业促进了铺首、屋脊、门钉等铁制建筑构件的应用，增添了建筑的坚固性和艺术性。

1.1.3 文化因素

山西历史上的人口迁徙、战争防御、商贸活动、民族融合，以及自然崇拜、多神信仰体系，共同塑造了乡村建筑的多元化风貌。晋中地区的传统聚落，受军事防御、商业贸易和宗族宅邸建造影响，形成了以晋商文化和家族居住为主的堡院型村落集聚。晋北地区在长城边塞文化的影响下，建立了众多卫所、堡寨，发展形成注重坚固性的军事型寨堡聚落。

1.2 乡村建筑风貌存在问题

1.2.1 城乡风貌融合欠佳

城镇化快速发展的过程中，城市周边的乡村地区存在土地转让、建筑拆迁以及新建建筑采用现代城市设计元素等情况，面临城乡风貌融合的挑战，破坏了乡村的整体风貌和山水格局。城镇化的辐射效应导致乡村风貌呈现由城市中心向外递增的趋势，即乡村地区越接近城市，其建筑和环境越现代化，而远离城镇的村庄则更多保留了传统特色。

1.2.2 乡村风貌特征趋同

传统建筑风貌和文化特征逐渐淡化，独特性和地域特色被现代元素所取代，集中化、城市化、样板化的建设，降低了乡村面貌的可识别度。现代建筑材料，如红砖、预制混凝土构件和水泥，因其经济、施工快捷及维护简便等优势，在乡村建设中被广泛采用，乡村风貌特征不断同化。

1.2.3 传统文化传承缺失

乡村中丰富的传统建筑是山西历史文化资源的重要组成部分。由于乡村空心化现象，传统建筑因缺乏维护而老化、损毁，资源遭受破坏。部分乡村建设中僵化套用传统样式，新建大量不能体现历史价值和文化价值的仿古建筑，导致乡村的传统风貌和文化特色逐渐丧失。

2 基于传统村落集聚度分析的省域乡村风貌分区划定

2.1 山西省传统村落空间分布研究综述

薛林平教授指出："山西人居遗产的分布格局从全省整体来看，历史文化名镇名村及大量的传统村落分布在汾河、沁河、黄河三线及长城边关一带，概括为三河一关。""三河一关"四大区域有着不同的自然环境和文化特点，对该地区古村镇风貌的形成发挥了重要作用。何依教授从山西省在中国历史上特殊的地理环境和地缘政治出发，在九边重镇和开中飨边的国防政策下，在防守与流通的区域格局中，分析山西古村镇的历史成因和特殊类型，整体上呈"四片＋两线"的乡村文化遗产单元，主要为长城沿线军屯集群、晋中盆地家堡集群、泽潞商贸村镇集群、河东文化遗址集群，以及黄河沿线商渡、太行八陉关隘两线。古村镇在省域范围内的分布与地理空间关联耦合，有着空间集聚度高、文化关联性强、地域特征明显的区域特征。

郭文炯教授提出："山西传统村落呈集聚型分布特征，地域上相互毗邻，文化与景观特征相似。其区位特征上表现出省域南部、东南部、中部、西部与北部明显的地域差异性。"王金平教授依据山西民居的内部结构和外部表现特征，以山西的历史、地理、农业区划和方言为线索，根据建筑的特征，将山西分为 6 个区，即晋北、晋西、晋中、晋东、晋南、晋东南。受到自然及人文条件的影响，山西民居也随其所处的区域不同而呈现不同的建筑形态。

2.2 数据来源

2.2.1 历史文化名镇名村和传统村落数据

历史文化名镇名村和传统村落数据来源于住房和城乡建设部、文化和旅游部以及山西省住房和城乡建设厅公布的国家级历史文化名镇名村、中国传统村落和省级历史文化名镇名村、传统村落名录。通过整理合并其中的相同村庄，得到包含 741 个国家和省级历史文化名镇名村、传统村落的山西省古村落名单。

2.2.2 山西省村级地理信息数据

利用山西省城乡规划设计研究院有限公司大数据平台内的村级地理信息数据，将合并整理的 741 个历史文化名镇名村、传统村落名单进行空间矢量化数据处理，得到山西省的历史文化名镇名村及传统村落空间分布。

2.3 分析方法

为科学划定山西省域乡村聚落建筑风貌分区，总结归纳不同分区的风貌特征，结合前人研究结论，使用最邻近点指数和核密度、点密度分析全省传统村落空间分布特征。

2.3.1 最邻近点指数

郭文炯教授提出"传统村落属于点状要素，点状要素的空间分布类型有均匀、随机和集聚三种"。研究传统村落空间分布类型可以使用最邻近点指数（Z）来进行鉴别，其公式为：

$$Z=\bar{r}_i/r_e \tag{1}$$

$$r_e=\frac{1}{2\sqrt{m/A}}=\frac{1}{2\sqrt{D}} \tag{2}$$

式中，$\bar{r}_i$ 代表每个点与其最邻近点距离的平均值；r_e 为点状要素随机分布时理论上的最邻近距离；m 代表点要素数量；A 代表研究面积；D 代表单位面积点要素数量。当 $Z=1$ 时，点状要素趋于随机分布；$Z>1$ 时，点状要素趋于均匀分布；$Z<1$ 时，点状要素趋于集聚分布。

2.3.2 核密度和点密度分析

参考郭文炯教授对山西传统村落的空间分布集聚性分析，使用核密度和点密度进行 GIS 运算。通过核密度分析可计算每个输出栅格周围的点要素密度，能够直观反映传统村落的集中离散程度，其公式为：

$$f(x)=\frac{1}{nh}\sum_{i=1}^{n}k\left(\frac{x-x_i}{h}\right) \tag{3}$$

式中，$k\left(\frac{x-x_i}{h}\right)$ 为核密度函数；h 为带宽；n 为阈值范围内的点数；$(x-x_i)$ 表示估值点 x 到观测点 x_i 处的距离。

2.4 分析过程

使用 ArcGIS 系统工具箱/Spatial Statistics Tools 工具内分析模式中的平均最近邻工具对整理后的 741 个传统村落空间对应地市进行集聚程度统计分析（表 1）。

表 1　山西省及各地市传统村落集聚程度分析统计表

地区	Z 值	最邻近比率	类型
朔州市	2.426006	1.327428	均匀
太原市	1.276000	1.192544	随机
运城市	−0.68588	0.936621	随机
阳泉市	−0.76825	0.947719	随机
大同市	−0.7703	0.923906	随机
忻州市	−3.10439	0.763301	集聚
临汾市	−4.64959	0.669260	集聚
长治市	−5.28822	0.698395	集聚
晋城市	−8.04346	0.708472	集聚
吕梁市	−8.83779	0.520961	集聚
晋中市	−8.97118	0.571917	集聚
全省	−16.7627	0.680476	集聚

从全省来看，Z 值得分为−16.76，传统村落呈现高度集聚分布特征。朔州市 Z 值为 2.42（大于 1），传统村落分布特征为均匀；运城市、阳泉市、大同市 Z 值在−1～1 之间，传统村落分布特征为随机；忻州市、临汾市、长治市、晋城市、吕梁市和晋中市 Z 值小于−3，传统村落分布特征为集聚。

使用 ArcGIS 系统工具箱/Spatial Analyst 工具中的密度分析对整理后的 741 个传统村落空间位置数据进行统计分析，研究分别采用核密度分析和点密度分析，分别生成相应的传统村落空间集聚分布图。

山西省历史文化名镇名村和传统村落等传统村落主要形成了晋中、晋南、晋东南、晋东和晋西 5 个明显的空间聚集区域。而晋北地区的传统村落则呈现相对分散的分布特征，与大同市、朔州市传统村落均匀、随机分布特征的分析结论相吻合。

添加山西省 DEM 地形数据辅助分析，传统村落的空间聚集区域主要分布于沿汾河流域的太原盆地和临汾运城盆地，沿滹沱河流域的忻定盆地，沿桑干河流域的大同盆地，以及晋城沁河河谷、阳泉桃河河谷和吕梁西部沿黄古渡口等。乡村聚落选址沿流域分布，呈现传统村落居民点亲水的重要特征。

2.5 分区结论

根据传统村落空间集聚分布特征，参考前人的研究结论，并结合山西地形地貌、农业生产和方言文化等其他因素进行分区归类，提出具有指导意义的山西省域乡村聚落建筑风貌分区（表 2）。

表 2 山西省乡村建筑风貌分区与县级行政区统计表

区划名称	地市	涉及区、县
晋北风貌区	大同市	平城区、云冈区、云州区、新荣区、阳高县、天镇县、广灵县、灵丘县、浑源县、左云县
	朔州市	朔城区、平鲁区、山阴县、怀仁市、应县、右玉县
	忻州市	忻府区、原平市、繁峙县、代县、定襄县、五台县、神池县、五寨县、岢岚县、偏关县、河曲县、保德县、宁武县
晋西风貌区	吕梁市	离石区、兴县、临县、柳林县、石楼县、岚县、方山县、中阳县、交口县
	临汾市	永和县、大宁县、汾西县、蒲县、隰县
	忻州市	静乐县
晋中风貌区	太原市	小店区、迎泽区、万柏林区、杏花岭区、尖草坪区、晋源区、清徐县、阳曲县、娄烦县、古交市
	晋中市	榆次区、榆社县、寿阳县、太谷区、祁县、平遥县、灵石县、介休市
	吕梁市	交城县、文水县、汾阳市、孝义市
晋东风貌区	阳泉市	城区、矿区、郊区、盂县、平定县
	晋中市	昔阳县、和顺县、左权县
晋南风貌区	临汾市	尧都区、曲沃县、翼城县、襄汾县、洪洞县、古县、安泽县、浮山县、吉县、乡宁县、侯马市、霍州市
	运城市	盐湖区、永济市、河津市、绛县、夏县、新绛县、稷山县、芮城县、临猗县、万荣县、闻喜县、平陆县、垣曲县
晋东南风貌区	长治市	潞州区、上党区、潞城区、屯留区、襄垣县、平顺县、黎城县、壶关县、长子县、武乡县、沁县、沁源县
	晋城市	城区、泽州县、阳城县、沁水县、陵川县、高平市

3 山西省乡村建筑风貌分区特征

从自然环境、营建模型、建筑及院落样式、建筑材料、建筑构件等方面分析归纳各个空间集聚分布的传统村落的建筑风貌特点，总结提炼相应的分区建筑风貌特征。

3.1 分区特征总结

晋北地区的传统建筑风格质朴、形式丰富、保暖实用，多为高墙阔院，布局较为舒展。在平川地区，传统建筑多以院落为主，典型的院落形制有“阔院”“纱帽翅”“穿心院”等。为保证冬季日照，民居建筑较为开敞，院墙较高以防风拒沙，房间开间数从三间至七间不等，当地俗称多开间的房屋为“排排房”；院落正房有时三间（一明两暗），有些在明间凸出两侧开间，而形成“抱厦”，正房左右常各带两间耳房；建筑以砖木结构为主，土坯与黄土夯实也较为常见，单双坡硬山顶、卷棚屋顶是主要屋面形式，屋面平缓；为保暖御寒，建筑墙体较其他分区建筑更厚。在山地丘陵地区，则有“枕头窑”“筒子窑”等窑洞形式的建筑，也有结合山坡地形的土木混合结构的吊脚房，形态十分丰富，西部地区也分布有砖石锢窑等窑洞形式。

晋西地区地处黄土高原，沟壑纵横，其传统建筑大多依山傍谷，层层叠叠而成立体交叉、错落有致的布局形态。若房屋垂直于等高线布置，则形成规模较大的台院格局；若房屋平行于等高线布置，则形成敞院。院落往往较为方正，窑洞正房开间从三间至七间不等。传统建筑风格较为粗犷朴实。黄土高坡中各类窑洞建筑最具代表性，其中以生土窑、接口窑、靠崖窑等最为普遍，也存在土坯、砖石建造的锢窑；部分在窑洞之上建造木结构的房屋，形成“下窑上房”的居住院落形式。砖木房屋面舒缓柔美；门窗花格雕饰精美，上端多为圆弧曲线；窑脸前常加有小坡檐，檐下明柱或无柱。

晋中传统村落的选址与自然地理环境关系密切。一般住宅建筑基本以院落形式组织空间，民居院落以群体组合为特色，各类合院串联相套，形制严整，形成商住结合的模式；传统建筑以晋商的商号宅院最具代表性，建筑格局规整、形制精美，是三晋文化的典型代表；主院正房最高大，外观雄伟，内院秀丽；坡屋面建筑常见单坡以及长短坡形制，长短坡即前坡长、后坡短，前坡出檐，举架较陡，雨天形成“四水归院”的景象；建筑细部刻画讲究，砖雕、木雕和石雕等雕饰艺术精美；建筑类型包括砖木结构和锢窑等，青砖灰瓦墙体较厚。山地丘陵地区还有大量的堡寨聚落，由聚族而居逐渐形成，多个宅院连成一片，堡前设置大门，建筑群体依山就势，具有较强的防御性。

晋东地区地处太行山腹地，多山且寒冷，传统建筑对环境气候有着清晰的回应。传统聚落以农耕为基础，建筑多聚集向阳、因地制宜、质朴亲和，并表现出军事型聚落与商业型聚落的特点。民居院落常依坡而建，开间数多在三至五间，建筑类型以砖土木房及各类锢窑为主，并围合形成了层次分明的合院建筑形式；院落正房位于最高处，以三孔窑洞为主，坡屋瓦房往往用于厢房，坡屋面建筑屋顶曲线优美，比例协调。太行山沿线的院落多以青石为主要材料建房，墙内填充黏土碎石，混合搭建。

晋南地区地处汾河下游，地理位置优越，资源丰富，历史悠久，社会生产力水平较高，商业发达，家境殷实的家族建造了许多大院，院落规划严整、规模宏大，被称为“阔院”。建筑多为二层宅院，开间以三至五间为主；普通民居院落则建造狭长的窄院，即整体开间小，进深大。平川地区建筑类型多为砖木房，院门精美，院落深邃，房屋建筑讲求美观，注重通风与保暖。五花山墙是晋南中部砖砌民居的一大特色，集防火、防盗及装饰三大优点于一身；建筑屋顶以硬山屋顶为主，屋面陡峭，利于排水。地区南部常见挖地为院的地窨院（地坑院），在下沉空间中再横向挖掘窑洞，形成了独特的居住空间形制，其正窑一明，侧窑两暗。

晋东南地区由于受地理阻隔，基本形成相对独立的地理文化单元，传统建筑多以院落形式组织空间。在平川地区，建筑形式以砖木结构的楼房为主，民居院落以常规的纵向分布及横向串联为主，形成“棋盘院”，一般采用“四大八小”“簸箕院”“插花院”等形式；院落多呈方形或接近方正的矩形，开间多为三间，砖木结构；院中建筑以二层为主，有时正房为三层，较少为三层。高大的建筑既有利于增强院落的防御性，又有利于在相对炎热的夏季获得较为凉爽的室内环境；讲究精美的传统建筑在二层设木廊，在明间和次间设廊，四周的廊可以相互贯通。在山地丘陵地区，就地取材用石块砌墙，石板盖顶，形成了独特的石头房。

3.2 分区特征提炼

总结提炼各个分区的名称和风貌精髓，使各地区在操作中易于理解并掌握其中的关键风貌要素（表3、表4）。

表3 山西省乡村建筑风貌分区名称及风貌总结表

区划名称	分区名称	风貌提炼
晋北风貌区	晋北长城边塞风貌区	内外边关处要塞，砖木建造善营建 敞院阔窗屋面缓，墙厚驻车争暖阳
晋西风貌区	晋西沿黄商渡风貌区	黄土高原东端截，各色窑院层层叠 上房下窑置院终，明柱厦檐筑圪台
晋中风貌区	晋中晋商家堡风貌区	晋商故里人杰灵，建筑形态多样型 砖木坡顶分布广，砖土窑洞亦可见
晋东风貌区	晋东太行关隘风貌区	太行如龙游其间，砖石锢窑土木房 选料用材地域性，师法自然乡土情
晋南风貌区	晋南河东根祖风貌区	耕读传家世代袭，砖木构造善营建 窑楼相依用途广，纳凉储物兼顾之
晋东南风貌区	晋东南仕族商贸风貌区	自古工商名远扬，院落方正筑高楼 防御体系固而稳，四大八小座其间

表4 山西省乡村建筑风貌分区建筑特征分类总结表

区划名称	院落	建筑样式	建筑结构	屋顶特征	其他样式
晋北风貌区	阔院、纱帽翅、穿心院	排排房/耳房、三至七间、抱厦	砖木结构、土坯	单双坡硬山顶、卷棚屋顶	枕头窑、筒子窑
晋西风貌区	台院格局、敞院、方正	下窑上房、三至七间	土坯、砖石	屋面舒缓柔美、窑脸前小坡檐	生土窑洞、接口窑、靠崖窑
晋中风貌区	晋商、堡寨聚落	主院正房高大、青砖灰瓦	砖木结构、锢窑	坡屋面、单坡/长短坡，前坡出檐、举架较陡	砖雕、木雕、石雕
晋东风貌区	合院层次分明	三至五间、三孔窑洞	砖土木房、锢窑	厢房坡屋瓦房	青石
晋南风貌区	阔院、窄院	二层宅院、三至五间	砖木房、五花山墙	硬山屋顶、屋面陡峭	地窨院、正窑一明、侧窑两暗

续表

区划名称	院落	建筑样式	建筑结构	屋顶特征	其他样式
晋东南风貌区	纵向分布、横向串联，棋盘院、簸箕院、插花院	二层建筑、三层正房、三间	砖木结构、石块砌墙、石板盖顶	四廊贯通	四大八小、二层木廊

4 结语

山西省在学习“千万工程”经验的工作中，各地都在传承乡村历史文化脉络、改善人居环境质量、提升传统建筑风貌特色等方面积极落实政策要求。但在实际工作中，由于对本地区乡村风貌特征理解不足，农村建筑风貌整治并不符合当地特色，因此从省级层面开展乡村建筑风貌分区特征和整治提升研究，编制整治导则和图集，可以为乡村风貌的保护、传承与发展提供科学的指导和实践路径。乡村建筑风貌的保护与提升是一个动态过程，需要在尊重传统的基础上融入现代元素。本文聚焦于传统村落的空间分布和传统建筑风貌的特征总结，下一步将加强传统风貌与现代生活方式融合等方面的研究，持续探索更多适应山西省地方实际的乡村建筑风貌整治提升的技术方法，实现山西省学习“千万工程”经验中提出的“提高美丽乡村建设品位、激发乡村活力”的目标要求。

［参考文献］

［1］中华人民共和国住房和城乡建设部．中国传统建筑解析与传承：山西卷［M］．北京：中国建筑工业出版社，2017.

［2］王翼飞．黑龙江省乡村聚落形态基因研究［D］．沈阳：哈尔滨工业大学，2021.

［3］李锦生．山西古村镇历史建筑测绘图集［M］．北京：中国建筑工业出版社，2013.

［4］何依，邓巍，李锦生，等．山西古村镇区域类型与集群式保护策略［J］．城市规划，2016，40（2）：85-93.

［5］郭文炯，吕敏娟．山西传统村落区位特征研究［J］．中国名城，2016（11）：51-59.

［6］王金平，李会智，徐强．山西古建筑：上册［M］．北京：中国建筑工业出版社，2015.

［7］胡金龙，滕耀宝，樊亚明，等．广西壮族自治区传统村落空间分布及影响因素分析［J］．桂林理工大学学报，2021，41（3）：580-588.

［8］王金平，王占雍，徐强，等．山西聚落［M］．北京：中国建筑工业出版社，2022.

［作者简介］

徐鹏，高级工程师，就职于山西省城乡规划设计研究院有限公司。

杨栗，高级工程师，就职于山西省城乡规划设计研究院有限公司。

薛冠宇，正高级工程师，山西省城乡规划设计研究院有限公司乡村所所长。

乡村规划设计及其治理实践

镇村共建共治共享：美丽乡村建设的规划联编体系探析

□何晓妍，李扬

摘要：建设宜居宜业美丽乡村，是建设美丽中国的重要组成部分，需要政府、市场、社会、村民的多元参与、协同行动，这就要求乡村内部形成共建共治共享的发展理念与推进体系。基于此，本文将美丽乡村建设的推进层级确定为乡镇一级，并依托镇村联编规划的实施明确共建共治共享的主要目标与建设路径。本文以吉林省X镇作为分析对象，具体分析了美丽乡村建设中镇村联编规划的治理目标、角色明晰、内容划分及策略规范。其中，镇村联编规划需要明确共建共治共享的治理目标，并在此目标的指引下发挥重要的统率、统筹、统管的角色建构，实现领导、协调、保障功能。在规划内容上，镇村联编规划以农业的集聚分片发展、农村的土地有效利用、农民的生活舒适便利为目标，对共建共治共享形成了重要支撑。对此，应构建起打造民主协商体系、建立规划协作平台、完善发展协理机制的策略规范，以推动美丽乡村建设中共建共治共享的治理目标实现。

关键词：共建共治共享；镇村联编规划；美丽乡村建设；协商统筹；协作推进

0 引言

建设宜居宜业美丽乡村，是建设美丽中国的重要组成部分。2023年3月5日，习近平总书记参加十四届全国人大一次会议江苏代表团审议时指出，“要优化镇村布局规划，统筹乡村基础设施和公共服务体系建设，深入实施农村人居环境整治提升行动，加快建设宜居宜业和美乡村”。对此，我国近年来积极推进美丽乡村建设，从规划建设管理、基础设施建设、公共服务供给、政策要素保障等方面进行探索，实现了乡村建设的新时代新发展。可以看到，美丽乡村建设的推进以规划为先，即把乡村规划做在前面，适应乡村人口变化趋势，优化提升乡村空间布局，统筹安排各类资源，引导农民有序建设新家园。在此过程中，乡村规划发挥着重要的指导约束作用，能够确保各项建设依规有序开展。

针对“乡村规划”这一重点议题，学界展开了深入的探讨与论述。学者指出，乡村规划是基于乡村既有的内外部资源，按照一定且可预见的发展趋势，优化配置乡村所有发展要素的一项综合性计划或政策，为推动乡村全面健康发展、科学持续振兴提供路径，起着引领性、战略性、管控性作用，既指引建设活动有序开展，又保障发展目标顺利实施。在2019年国土空间规划制度改革后，乡村地区由“多规”分管模式，转向以乡村空间为对象的全域、全要素规划治理模式。精心设计的规划方案因缺少当地村民的参与而难以实施。在此过程中，一些学者关注到“治理”这一概念对于乡村规划的理论性意义，包括乡村空间要素背后的社会组织关系研究、社会治理导向的乡村规划实践研究、国家整体治理下的地方规划运行机制研究。如果能构建与乡村治理体系有效协同的乡村规划体系，形成参与式规划，就能够激发乡村社会治理活力，发挥乡村规划在乡村建设中的统筹和协调作用。

事实上，乡村规划不仅仅是空间治理的问题，其内在核心更在于多元主体对于美丽乡村建设的认知统一、行动统筹。如果没有各方力量的共建共治共享，那么乡村规划难免会沦落为“没有灵魂的文字堆砌”，对美丽乡村建设不能产生任何的指导性、规范性作用。当然，学界也已经关注到共建共治共享对乡村规划指导美丽乡村建设的重要性，但以何种范围、何种层级进行共建共治共享尚未明确。

基于此，本文将这一范围明确到乡镇一级，着重探讨镇村联编规划的共建共治共享对于美丽乡村建设的重要意义，并以吉林省 X 镇镇村联编规划作为具体的案例分析对象，建立起“治理目标—角色明晰—内容划分—策略规范”的规划体系建设思路（图 1）。首先需要明确的是，镇村联编规划是近年来我国多地进行的乡村规划创新探索，有效整合了乡镇与村庄各自的发展需求与规划内容，具体指立足乡镇整体发展现状特征，整合各个村庄的优势资源，联动区域，统筹安排全镇各项建设活动，推动镇村集聚发展和资源节约利用，促进镇域范围内社会经济全面、协调和可持续发展。期望本文的讨论能够为中国美丽乡村建设中共建共治共享目标的实现提供有益的规划思路，推动镇村联编规划这一乡村振兴的重要规划文本有效发挥作用。

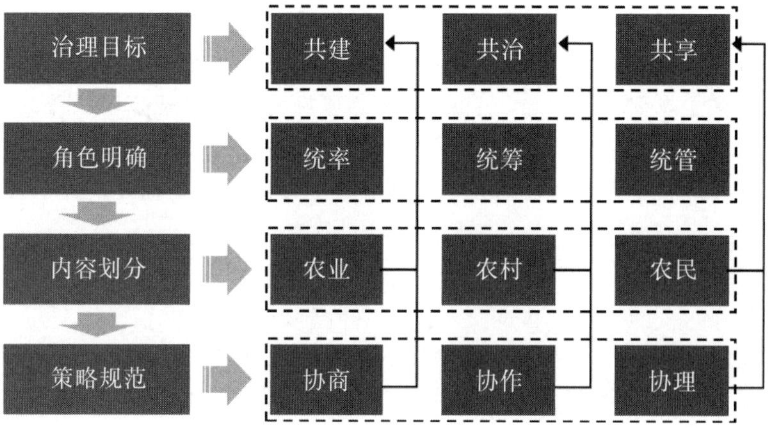

图 1　共建共治共享的镇村联编规划体系

1　共建·共治·共享：美丽乡村建设的镇村联编规划治理目标

以镇村联编规划推进美丽乡村建设，共建共治共享是核心路径。其中，共建需要以人民为基础，做到团结人民、依靠人民；共治通过制定有效的制度，保障人民权益能够得到落实；共享则指社会发展成果需要人民共享，实现共同富裕。面向未来，实现由内生力、政府力、市场力协同的规划共同体建设，形成以内生力为先行基础、以动态调整政府力与市场力的关系为互动规律的共建共治共享规划治理目标。

1.1　共建：夯实组织性底盘

共建是基础，就是要坚持人民主体地位，充分发挥全体人民的智慧和优势，激发全社会活力，人人参与、人人负责、人人奉献。但当前大部分农村老龄化、空心化问题突出，民众参与的实效性不高，如何在此情况下推进共建，从乡镇政府到村支两委的社会动员是重要基础。由此，应夯实组织底盘，通过乡镇政府、村支两委的动员体系，带动村民积极参与镇村联编规划的编制及实施过程。在吉林省X镇镇村联编规划中，主要由X镇政府负责规划实施，并建立政府负责、部门协同、公众参与、上下联动的工作机制，制定规划的实施措施、年度工作安排和监督检查办法。不仅如此，镇政府还积极联络区域内重点企业、社会组织参与镇村联编规划的实施，以高质量的社会资源积极推进镇域内基础设施与公共服务的建设。而村支两委是镇村联编规划的主要实施组织，负责联系群众进行意见收集、落实具体规划内容。此外，X镇一些村支两委还积极联络在外工作的农村人才回村参与镇村联编规划的编制与实施，切实将共建思路落实到位。可见，推动镇村联编规划实现全社会的共同建设，需要以乡镇政府、村支两委作为重点的组织动力。

1.2 共治：创新策略性框架

共治是关键，就是要坚持“创新、协调、绿色、开放、共享”的新发展理念，使政府有形之手、市场无形之手、市民勤劳之手同向发力，加快形成绿色生产方式和生活方式，实现高质量发展和高品质生活。在美丽乡村建设过程中，镇村联编规划起到了联合各类主体共治的作用，但如何实现共治，则需要通过规划构建完整的治理内容，创新共治的策略性框架。政府应发挥引导作用，提供政策支持和指导；企业应积极参与乡村建设，提供资金、技术和市场等方面的支持；社会组织可以发挥桥梁纽带作用，促进各方之间的沟通和合作；乡村居民则应积极参与到规划的实施和监督中来，确保规划真正落地。可见，通过策略性框架的创新，能够推进镇村联编规划，有效发挥镇域范围内多方联动的作用，实现共治的主要目的。

1.3 共享：树立公平性理念

共享是目标，就是要确保全体人民共同享有与日益增长的美好生活需要相适应的美丽中国建设成果，让人民群众有更多获得感、幸福感、安全感。通过镇村联编规划的共建共治，美丽乡村建设必然会取得一系列成果，而这些成果应该由所有参与者共同分享。在X镇镇村联编规划的编制和实施过程中，共享理念一直贯穿其中。针对村民这一核心主体，主要就经济发展成果、生态环境改善、社会和谐稳定等多方面进行共享。例如，在规划编制过程中，重点关注村民的产业发展，着重实现产业规划覆盖全体村民的生计发展，逐步实现共同富裕。由此，实现规划的公平和可持续，确保乡村居民能够公平地分享到发展成果，并实现乡村的可持续发展。针对参与乡村建设的各类市场、社会主体，镇村联编规划建立起“谁参与、谁得利”的共享理念，在首先保障村民利益的同时，逐步推进镇村企业、公益组织的成果共享，推动乡村的全面进步和发展，实现乡村繁荣和振兴。

2 统率·统筹·统管：美丽乡村建设的镇村联编角色明晰

在农村地区如何进行共建共治共享，乡镇政府是极其重要的中介主体。它既承接着中央与地方对乡村建设的统一要求，又是乡村社会发展诉求与建设问题的关键倾听者、解决者。进一步而言，镇村联编规划能够作为乡镇政府的规范性文本巧妙地解决自身的角色冲突问题，在镇域范围内的乡村建设过程中，有效地实现统率、统筹、统管。

2.1 镇村联编统率各项建设活动，实现领导功能

镇村联编规划是在乡镇政府领导下编制的规划，在编制过程中，乡镇政府能够依托规划广泛吸纳各方意见，实现镇域范围内市场、村民等主体在发展方向、思想认识上的统一，并以此统领各项建设活动。例如，吉林省X镇镇村联编规划有效地承接上位国土空间规划，传导规划管控要求，严格落实规划指标、控制线、设施、重点项目等，为各类主体指明发展底线。同时，镇村联编规划还对镇村关系、定位与目标、分区与用途管制、用地结构调整、镇村体系、产业发展与空间安排、国土综合整治与生态修复、基础设施、景观风貌、重点项目落实、管控传导要求等方面作了具体规定，明确了各项建设活动的内容，使得各类主体的共建共治共享拥有明确的建设载体。由此，通过镇村联编规划，可以确定以镇为主体、村为组成部分的发展体系，并构建起发展目标、功能分区、土地利用方式等主要内容，为各项建设活动提供明确的依据和指导，避免盲目建设和资源浪费。

2.2 镇村联编统筹各类发展资源，实现协调功能

“镇村统筹编制”模式下的国土空间规划既要满足镇区的发展需求，又要满足村庄的发展需求，发挥全域统筹作用，对全域资源和要素进行统筹安排和布局，推动城乡融合，实现“多规合一”。例如，吉林省X镇镇村联编规划编制过程中，现状调研范围覆盖了镇区和镇域内的20多个村庄，通过座谈交流、现场踏查、调查问卷等方式，提高镇、村及回乡能人规划参与程度，积极听取各方面对乡村产业、设施、用地布局的发展诉求，引导多方参与乡村振兴，形成单独的调研报告。基于以上的共建共治共享过程，镇村联编规划进一步统筹全域资源和要素，充分考虑交通、水利、电力、通信等基础设施的建设需求，以及教育、医疗、文化等公共服务设施的布局，从而确保镇村居民的基本生活需求得到满足。值得注意的是，在规划编制及实施过程中，还能进一步形成以镇为主导的协调体系，针对各个村庄、各类村民群体的发展诉求和利益需要进行镇域范围内的调整，既能有效化解村支两委与村民之间的矛盾，又能提升资源统筹的效率。

2.3 镇村联编统管各类建设问题，实现保障功能

镇村联编规划的编制与实施，不仅是镇域范围内单纯的发展方向的指导与发展内容的安排，还是长期美丽乡村建设过程中各类建设问题的解决方案，有效实现了保障功能。在吉林省X镇镇村联编规划编制过程中，通过广泛地征询村民意见和实地调研，对乡村建设当下及未来可能发生的问题进行了充分考量，考虑到乡村的自然条件、历史背景、经济基础等多方面因素，从而制定符合乡村实际的发展策略。例如，通过镇规划和村规划的联合编制，为全域土地综合整治、集体经营性建设用地入市、增减挂钩、点状供地等政策落地提供依据。在规划编制完成后，还会进行合法的公示程序，如通过村庄公示、乡镇公示，以及乡镇人大审议和村民意见征询，进一步提升了共建共治共享的民主性，而且在意见反复充分征询的前提下，将乡村建设过程中的发展问题进行全面审视与讨论，有力增强了镇村联编规划的科学性。通过科学、合理的规划，可以推动乡村可持续发展，实现乡村经济的繁荣、社会的和谐及生态环境的优美。

3 农业·农村·农民：美丽乡村建设的镇村联编内容划分

乡镇规划的根本目的在于求发展，而劳动力、土地和产业是乡镇发展的三大要素，因此人口、用地和产业是乡镇总体规划的三大目标。从现实情况来看，镇村联编规划的主题也是不断

谋求乡镇及村庄的可持续发展，逐步推动美丽乡村建设，特别是在共建共治共享的路径引导下，逐步实现农业、农村、农民的协同发展，这也成为镇村联编规划的主要内容。

3.1 以农业的集聚分片发展实现发展成果共建

农业是乡村建设的基础，是保障村民获得发展成果的核心。这就要求镇村联编规划在“镇一村一园”的推进模式下，形成城乡一体的产业空间“辐射带动一腹地支撑”的良性循环，强化乡村内部的特色资源形成集聚效益，以政策、资金、人才等发展要素支持带动乡村产业，同时重点构建分片发展的特色产业体系。吉林省X镇在农业发展中重点规划镇村“一核、两心、三片区”的产业总体格局。其中，“一核”指依托镇区，打造综合服务核心，促进产城融合发展；“两心”指依托两个中心村，分别打造农业发展中心和城郊融合发展中心；“三片区”包括现代特色农业片区、休闲农业片区、战略工业片区，即在镇域中部打造以种养结合、农牧循环体系为基础的现代特色农业板块，促进现代农业绿色可持续发展，在镇域南部打造农旅融合的休闲农业板块，引领农业转型升级，促进休闲农业蓬勃发展，在镇域北部和东部打造城郊融合的战略工业板块，引导产业集聚，为医药产业发展预留空间。通过镇村联编规划的产业谋划，为乡村建设提供发展基础，并有效联合各类主体实现发展成果的共建。

3.2 以农村的土地有效利用实现发展成果共治

农村的土地有效利用是确保农业可持续发展、提高农民收入和保护农村生态环境的重要措施，也是美丽乡村建设与乡村治理的关键。从现实情况来看，镇村联编规划的空间治理，重点就在于村庄的土地治理，实现土地的有效利用。这不仅关乎乡村的空间发展问题，也成为镇域范围内实现发展成果共治的重要手段。吉林省X镇在土地有效利用方面深化细化存量建设用地盘活，将村庄建设用地由分散式布局向集聚集约化布局引导，腾退村庄用地，盘活闲置的存量用地，构建“两减两增”的增减体系，优化用地布局。实施用地“两减”：一是村庄减量化，通过实地踏勘，对自然灾害频发村屯进行迁屯并点，对村庄内部闲置地进行盘活优化；二是废弃土地减量化，推动工矿用地、其他村庄用地等废弃地复垦。实施用地“两增”：一是产业升级，保障农村一二三产业融合发展空间，做好近郊产业用地预留，促进村庄种养殖业发展，做好农业设施建设用地预留；二是镇村品质提升，补足城镇设施短板，安置易地搬迁居民，适度增加村庄宅基地。

3.3 以农民的生活舒适便利实现发展成果共享

农民是乡村振兴的根本，也是镇村联编规划共建共治共享的核心，其中发展成果共享应以农民为主，这是镇村联编规划编制与实施的重要内容。需要指出的是，在城镇化发展过程中，发展成果共享除了生产收益的公平分配，还在于生活质量的提升，这成为建设宜居宜业美丽乡村的应有之义。吉林省X镇在镇村联编规划编制和实施过程中，重点强化基础设施与公共服务体系的建设完善。例如，城镇区域规划配置的公共服务和公用设施在满足城镇发展需要的同时辐射一定范围的乡村地区，向乡村覆盖延伸，强化城镇区域基础设施及医疗、文化、体育等各类独立用地公共服务设施建设，引导乡村地区建设完善的道路、给排水、电力电信、环境卫生等配套设施，有力提升了镇域范围内基础设施的现代化水平及公共服务能力。由此，形成了农村的三级生活圈（图2）。其中，镇区级生活圈：覆盖范围为车行15分钟（10 km），设施布局主要为全镇居民服务的中小学、中心医院、文化活动中心、养老院、体育中心、社会服务中心等；

中心村级生活圈：覆盖范围为车行 10 分钟（7 km），设施布局主要为满足一定范围内居民生活所需的幼儿园、小学、托儿所、托老所、室外健身场地、文化活动中心、卫生站等；一般村级生活圈：覆盖范围为步行 15 分钟，设施布局主要为满足一般村民基本需求的老年活动室、文化活动室、健身广场、村务室等。通过提升农民生活的便利度和舒适度，有效实现了发展成果的共享。

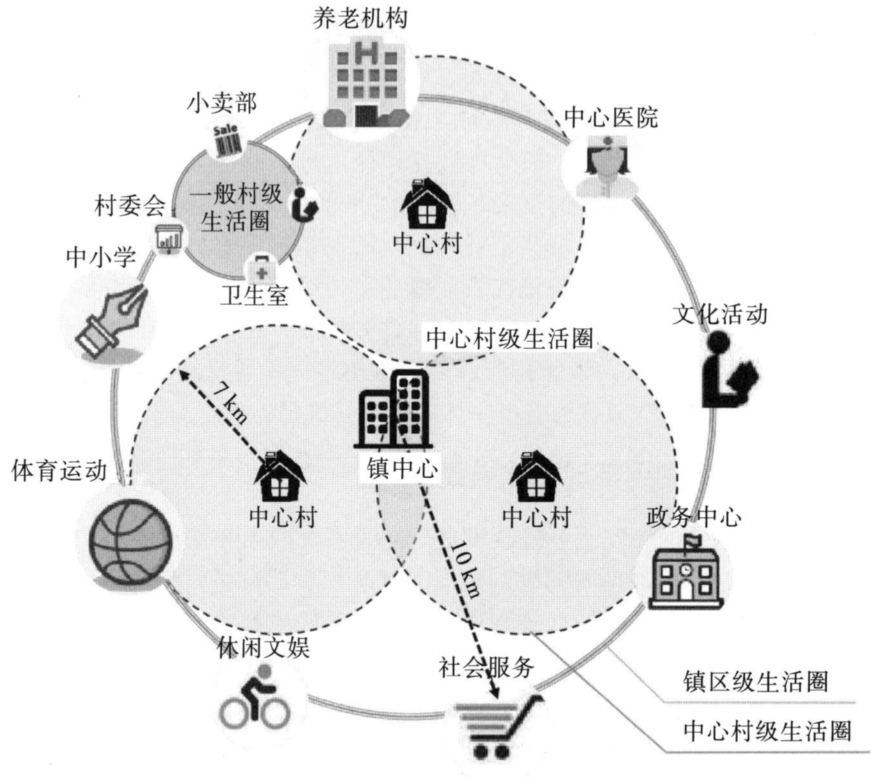

图 2　吉林省 X 镇三级生活圈

4　协商·协作·协理：美丽乡村建设的镇村联编规划策略规范

美丽乡村建设的共建共治共享并不是空口而谈，而是需要具体的镇村联编规划策略规范，建设起具体的制度体系。由此，应依托镇村联编规划着重推进多元主体的协商、协作、协理，实现共建共治共享的具体推进。

4.1　打造民主协商体系，形成共谋发展的共建格局

协商的本质是共谋，而共谋则能有效促成共建，体现了协商治理中自治与行政一体延续的机制整合。值得注意的是，在协商过程中，蕴含着政府、市场、村民等各类主体的平等地位，并有效促进各类主体的合法性参与。而平等地位和合法性也会激发潜在利益相关者的参与意愿，有助于捕获各方无形的和冲突的价值动机并争取达成一致。由此，应依托镇村联编规划着重打造民主协商体系，推动各方主体利益协调，共谋乡村建设未来发展。吉林省 X 镇在推进镇村联编规划过程中，完善了多元主体协商制度，贯穿规划编制、实施、监督及乡村治理全过程。其中，搭建了村民与政府、专家之间的协商平台，定期开展协商会议，为各方提供充分的交流和讨论空间。同时，在镇村联编规划实施过程中定期与村民进行沟通与反馈，拉动村民参与规划

实施，依托规划对村内产业、生态进行共同建设。

4.2 建立规划协作平台，形成协同有力的共治格局

镇村联编规划的编制与实施，需要依靠多元主体的整体协作，强化多元参与既是适应多元主体利益协调的要求，也是破解机械式自下而上的村庄规划的突破点。多元参与应注重协同乡村治理，尊重农民意愿，贴近农村实际，注重村民的本体地位，切实考虑村民利益。因此，应建立统一有效的规划协作平台，为各类主体共治提供有效渠道。具体而言，通过促进政府部门、专家学者、村民代表、企业及其他利益相关者之间的交流与协作，使各类主体共同参与到乡村规划过程中来。吉林省X镇镇村联编规划全面寻求各方力量的协助，如镇政府发挥自身重要的领导作用，在政策支持和资金协调方面，引导农村地区的发展方向，确保规划的合法性和有效性；企业作为市场主体，通过投资、技术转移、提供岗位和产业链整合等方式，参与乡村规划和建设；而农户则是乡村规划实施的主体，积极参与产业发展、生态修复与环境整治，为美丽乡村建设提供内生动力；还有科研机构与社会组织，为乡村建设提供必要的技术、人才和资金支持。

4.3 完善发展协理机制，形成保障有效的共享格局

协理指协同管理，主要针对镇村联编规划的编制与实施过程，进行多元主体的共同监督、管理，确保镇村联编规划的合法、合理实施，实现发展成果共享。例如，吉林省X镇在规划编制和实施过程中，完善了规划实施动态监测、评估、预警和考核机制，重点将国土空间规划实施情况纳入自然资源执法督查内容，提升规划实施的有效性、合法性。完善规划决策体制和制度，建立重大问题政策研究机制和专家论证制度，完善重大建设项目公示制度，提高决策的科学性，推动政府有形之手发挥重要作用。强化村民的监督力量，选举村民代表协助管理乡村规划项目，包括项目立项、进度跟踪、质量监控等，确保规划项目能够按照既定的目标和要求顺利实施。充实规划管理力量，推行乡村规划师制度，拉动市场主体参与镇村联编规划管理，协同市场无形之手参与美丽乡村建设共管。

5 结语

美丽乡村建设是一项系统工程，需要政府、市场、社会、村民的多元参与、协同行动，这就要求乡村内部形成共建共治共享的发展理念与推进体系。基于此，本文将美丽乡村建设的推进层级确定为乡镇一级，并依托镇村联编规划的编制实施明确共建共治共享的主要目标与建设路径。本文以吉林省X镇作为研究对象，具体分析了美丽乡村建设中镇村联编规划的治理方向、重要角色、内容划分及策略规范，明确在共建共治共享的治理目标指引下，镇村联编规划发挥着重要的统率、统筹、统管作用，以农业、农村、农民作为主要的规划内容，对共建共治共享形成了重要支撑。基于此，应构建起协商、协作、协理的策略规范，推动美丽乡村建设中共建共治共享的治理目标实现。

[参考文献]

[1] 吴春宝. 规划下乡：改革开放以来村庄规划的发展脉络及其实现逻辑 [J]. 探索，2023 (4)：64-75.

[2] 杨春华. 努力提升乡村建设水平 [J]. 红旗文稿，2024 (5)：28-31.

[3] 万成伟，宋代军. 可持续的乡村振兴规划建设模式：基于海峡两岸的案例比较 [J]. 城市规划，

2022，46（6）：90-102.
[4] 冯旭，王凯，毛其智．我国乡村规划的技术演进与理论思潮：基于“三农”政策及城乡关系视角［J］．城市规划，2023，47（9）：84-95.
[5] 许世光，魏建平，曹轶，等．珠江三角洲村庄规划公众参与的形式选择与实践［J］．城市规划，2012，36（2）：58-65.
[6] 孙莹，张尚武．中国乡村规划的治理议题：内涵辨析、研究评述与展望［J］．城市规划学刊，2024（1）：46-53.
[7] 刘天竹，李京生．外出精英参与的村庄规划：动因、价值与形式：基于多元主体参与视角的村庄规划研究［J］．城市规划学刊，2019（增刊 1）：76-81.
[8] 赵之枫，杨帆．乡村治理视域下的乡村规划：基于“项目制”的分析［J］．中国农业资源与区划，2023，44（4）：125-131.
[9] 张笑菡．共建共治共享理念下的农村社会发展路径［J］．人民论坛·学术前沿，2020（17）：116-119.
[10] 李雯骐．从自治走向共治：新时代“乡村共同体”的理论建构［J］．城市规划，2023，47（4）：93-100.
[11] 陈小辉，邱白嫣．乡镇总体规划中的“囚徒困境”及脱困之道：兼论乡镇总体规划逻辑系统还原与重构［J］．城市发展研究，2017，24（4）：1-6.
[12] 王蒙．产业振兴下的乡村产业空间特征及规划策略：以武汉市东西湖区都市田园综合体为例［J］．城市规划，2023，47（3）：105-114.
[13] 赵益晨．议行协同：乡村协商治理的共谋共建机制［J］．学习与实践，2023（9）：30-41.
[14] 王健，刘奎．论包容性村庄规划理念：融合管控与自治的治理［J］．中国土地科学，2022（8）：1-9.
[15] 周国华，吴国华，刘彬，等．城乡融合发展背景下的村庄规划创新研究［J］．经济地理，2021，41（10）：183-191.

［作者简介］

何晓妍，工程师，就职于长春市规划编制研究中心（长春市城乡规划设计研究院）。
李扬，讲师，就职于长春工业大学公共管理学院。

面向高质量发展的村庄规划传导、编制与实施机制探索

——以福建省厦门市为例

□蔡莉丽

摘要：在国土空间规划体系建构和乡村振兴战略实施的双重背景下，村庄规划作为乡村地区的详细规划，在乡村振兴中发挥着重要作用，同时也面临着推动乡村地区高质量发展的更高要求。本文通过回顾传统村庄规划主要问题，梳理新时期村庄规划的地方探索与学界研究，并分析研究当前阶段厦门市村庄规划编制管理体系的实践路径。厦门市村庄规划工作着重于规划传导、编制技术与实施管理的机制构建，包括总规指引、专项管控、详规衔接、村规分层的传导衔接体系，全域统筹、分类编制、激活产业和注重适用的编制技术指引，以及定期评估、动态更新的实施管理机制。针对当前实践的不足进行反思，本文还提出了深化完善建议。

关键词：村庄规划；传导体系；技术指引；动态管理；厦门市

1 村庄规划编制管理的新要求

1.1 新时期村庄规划的要求

村庄规划是乡村地区建设和管理的直接依据，既是乡村振兴战略实施的重要基础性工作，也是国土空间规划体系的重要板块，关系农民切身利益、农业高效开发、农村可持续发展，在新时期面临着更高要求。

一是国土空间规划体系构建背景下的乡村地区详细规划完善。2019 年，《关于建立国土空间规划体系并监督实施的若干意见》明确“多规合一”实用性村庄规划成为详细规划的重要部分。之后，陆续出台的政策规范进一步明确了国土空间规划体系下村庄规划的定位、要求与任务。例如，2024 年《关于学习运用“千万工程”经验提高村庄规划编制质量和实效的通知》提出，在县域统筹、政策融合、宣传解读、实施保障等方面强调村庄规划编制要求。综合有关政策规范可以发现，国土空间规划体系对于村庄规划的要求，既重视上位规划的落实、全域全要素的空间管控，又强调统筹性与地方性、长期性与灵活性，满足村民需要、村庄动态发展实际。

二是乡村振兴背景下的国土空间治理体系优化。2018 年，《国家乡村振兴战略规划（2018—2022 年）》强调了空间治理是乡村治理的重要路径，并提出编制实用性村庄规划。2021 年，《中华人民共和国乡村振兴促进法》要求依法编制村庄规划，分类有序推进村庄建设。回顾近五年来的中央一号文件，可以发现村庄规划一直被作为乡村振兴的重点工作；乡村振兴需要村庄

规划发挥发展引导、空间管控、共识凝聚的作用，以推动相关政策与资源的精准投放，实现以村民为主体的乡村治理能力的提升。

1.2 新背景下村庄规划的探索与研究

在地方实践方面，省级层面以村庄规划全覆盖为导向统筹推进村庄规划编制工作，通常由省自然资源厅下达工作方案，明确工作任务、计划安排，并通过列入督办、进度抽查来推进，如福建、广东、宁夏、河北等省份；各市县落实省级层面要求，纷纷推进村庄规划编制、批复与报省入库。此外，安徽、湖北、福建、江苏等省份，以及天津、合肥等城市，先后出台指导村庄规划编制的指南指引、技术规程、汇交手册、审查指引、入库标准等技术文件。村庄规划的实践丰富与规范完善，为推动乡村地区国土空间管控、政策资金落地、建设项目批复提供重要依据。但是，在赶任务、追进度的工作要求下，村庄规划内容与深度的差异容易被忽视，影响其适用性、实用性。

在学界研究方面，理论研究类关注新背景下的村庄规划编制的价值导向、内容重点、编制思路、传导实施等，实践总结类集中于对特定类型村庄的规划路径研究，如城郊融合类村庄、旅游类村庄规划编制；或者单领域的专业研究，如产业发展、公众参与、土地整治、生态适应等；此外，还有针对各地村庄规划政策规范、技术标准的解读剖析。各类研究为当前村庄规划提供了重要资讯，但关于如何构建城市层面的村庄规划传导、编制与实施体系的研究相对较少。

2 传统村庄规划的问题

我国的村庄规划工作源于中华人民共和国成立后，在 20 世纪 90 年代才开始有所系统性发展。在“多规分立”时期，形成了以村庄建设规划、美丽乡村规划等各类型规划各自为政的局面，《村庄和集镇规划建设管理条例》也已出台超过 30 年，难以适应当前规划管理的实际需求，村庄规划存在统筹不足、技术薄弱、实施不强等问题。

2.1 统筹规划不够，缺少适应协同的传导体系

传统村庄规划像一个个斑块，散落在城镇开发边界外区域，缺少总体规划的宏观指引、专项规划的中观传导。例如，市县总体规划或村庄空间专项规划中对乡村地区多是仅有分类管控，缺少村庄建设边界的划示引导、村庄建设用地指标的传导。统筹规划的不足容易导致村庄规划目标偏移、建设低效，影响了乡村振兴政策资金落地。围绕“一张蓝图干到底”的传导理念，需要纳入全域国土空间规划体系框架，构建传导衔接体系，统筹总体目标，推进具体项目实施。

2.2 技术规范薄弱，缺少适应实际的编制方法

一是规划内容偏失。乡村地区规划“多规分立”，目标、内容、标准等互存差异。例如，村庄建设规划侧重村民住宅、基础设施和公共服务设施等村庄建设活动的安排，美丽乡村规划侧重物质空间环境的打造提升。同时，各类规划均较侧重于农村居民点建设管控，而对于生态和农业空间往往较少涉及，村庄发展需要的覆盖全域、统筹全要素、把控全过程的指引尚有不足。

二是技术方法不足。首先，由于规划实践、政策法规、技术标准等更多在城市地区，乡村地区规划技术相对欠缺，技术人员又往往缺少较为深入的田野调查，容易简单套用城市规划方法，难以把握乡村特点、理解问题矛盾，导致规划编制“千村一面”。其次，村庄规划缺少产业谋划与用地保障，乡村振兴产业项目落地面临空间与指标均缺乏的问题，难以切实落地。再次，

乡村地区管控难以像城市地区般精细，但在用地布局、管控规则等方面村庄规划又缺乏适应实施的弹性。

三是规划成果复杂。不论是传统村庄建设规划等，还是当前各地村庄规划探索，成果往往内容过多、偏于复杂，难以让村民理解，村支两委普遍反映实用性不强、只有刚性管控边界起到实际推动发展的作用。①

2.3 动态管理不足，缺少适应发展的优化机制

作为详细规划的重要构成部分，落地实施是村庄规划的重要目标，但传统村庄规划更多强调的是成果编制，而忽视了批复后的动态管理。一是未建立定期评估优化机制。在城市地区，中长期规划的五年评估工作已有一定基础，近年来也在积极推进城市年度体检等评估工作，并不断完善依托信息平台的动态实施监测。但同样作为中长期规划的村庄规划，缺少相应的评估、体检机制。二是未明确动态实施调整机制。控制性详细规划不仅规划编制技术更为成熟，在实施过程中也形成了更系统的调整机制。例如，厦门市控制性详细规划可以通过修改、局部修正和勘误实现调整，2020 年全年调整成果维护入库达 137 件，较好地支撑城镇开发边界内建设项目落地。但是，经批复的村庄规划往往只能通过规划修编进行调整，周期长、流程烦琐，涉及宅基地审批时容易产生社会矛盾。

3 厦门市村庄规划传导、编制、实施路径与机制

厦门市全域国土空间面积约 1912 km^2，截至 2022 年 8 月，厦门市有集体资产的行政村（“村改居”社区）319 个、自然村 1318 个。其中，989 km^2城镇开发边界外的陆域国土空间共涉及行政村（“村改居”社区）92 个②、自然村 607 个。

在村庄规划方面，厦门市结合全市“三级三类”国土空间规划体系建构，参考开发边界内详细规划的编制管理方式方法，结合地方村庄实际与管理基础，推进村庄规划管理面向全域、统筹全要素、把握全链条的改革，重点探索了编制传导体系、编制技术指引与动态实施管理的新机制。

3.1 编制传导体系

3.1.1 加强总体规划指引

厦门市明确了不同层级国土空间总体规划对村庄的指引与传导要求，将全市的目标指标与策略层层落实到村庄规划。

一是明确向下传导的路径。市级总体规划，明确乡村地区的发展目标与总体规模；分区规划，划定乡村单元、细化指标传导要求、优化村庄布局；镇级总体规划，明确镇村等级体系与规模体系、行政村与自然村分类体系，初步划定村庄建设边界，提出村庄规划建设指引。二是明确规划承接的要求。村庄规划需要严格落实总体规划提出的刚性控制线（生态保护红线、永久基本农田等）、约束性指标（村域建设用地总面积等）及安全防灾要求；可以优化细化上位规划提出的定位目标、用地布局、实施计划等。

3.1.2 完善专项规划管控

一是加强自然村、行政村的分类管控与引导。2019 年，在“岛内大提升、岛外大发展”的背景下，制定了《厦门市村庄空间布局规划（2018—2035 年）》，对全市自然村进行适建、限建、禁建的分类管控、拆迁排期③；该规划在引导农民住宅依法依规建设、支撑新城指挥部等进

行重点片区村庄拆迁方面取得较好成效。2023 年，根据征迁量大幅减少的现实情况，启动了规划修编，调整部分自然村管控分类，满足村民建房需要。2024 年 1 月，按照《福建省村庄分类工作指南（试行）》提出的村庄分类最新要求，厦门市以区为主体，推进村庄基础调查，识别行政村类型，分类确定村庄规划编制要求，明确建设用地需求，并在公共服务配套方面进行优化指引。二是丰富村庄专项领域的发展指引。在不同专业领域方面出台细化的专项规划、导控政策。例如，2023 年厦门市制定了《厦门市加快推进农村高颜值五年专项规划（2023—2027 年）》《厦门市村庄建筑风貌管控导则》，针对村庄“颜值提升”、风貌塑造等主题细化发展管控与指引。

3.1.3 推动详细规划协同

近年来，厦门市积极推进详细规划体系的改革创新工作，并于 2024 年发布了《厦门市关于加强国土空间详细规划工作的实施意见》，该文件成为全国首个城市层面制定的国土空间详细规划的指导性文件。文件明确厦门市详细规划包括城镇开发边界内详细规划、村庄规划、特殊管控区规划及海域详细规划（图 1）。

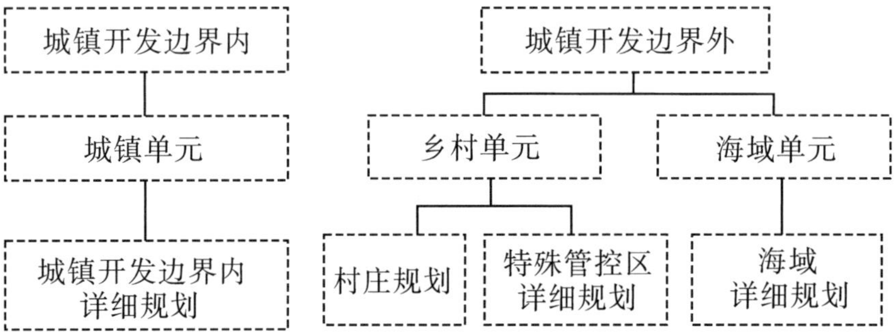

图 1　厦门市详细规划体系架构示意图

村庄规划与其他详细规划的协同。一是实现全覆盖，在基本实现开发边界内详细规划全覆盖的基础上，厦门市于 2020 年完成开发边界外 92 个行政村的村庄规划编制；对开发边界内的自然村，通过编制城中村整治提升规划，纳入详细规划进行法定化管理；对开发边界与村庄规划均未覆盖的陆域地区，研究特殊管控区详细规划编制。二是衔接技术标准，2023—2024 年厦门市陆续出台除海域以外详细规划的编制导则，形成各类区域详细规划互有差异、相互协同的编制技术体系。

3.1.4 探索村庄规划分层

针对村庄规划成果复杂的问题，从更有利于推动规划实施的角度出发，相关研究也在尝试进一步简化村庄规划编制，提出不同村庄有针对性地编制非法定规划，如国土整治、生态修复、项目建设等，将规划调整纳入村庄规划，兼顾村庄规划刚性统筹、行动规划动态实施，形成互促机制。

3.2 编制技术指引

2020 年，厦门市按照《福建省村庄规划编制指南（试行）》的要求，高效完成全域“多规合一”实用型村庄规划编制。基于实践基础，结合规划批复后的实施情况，2023 年 11 月出台《厦门市村庄规划编制导则（试行）》，形成适应村庄特点与管理实际的技术指引。

3.2.1 分类编制

作为较发达的沿海丘陵城市，厦门市既有临海渔村又有高山乡村，既有外来人口庞大的“城边村”，也有规模紧缩的移民村，这对如何统筹分类差异化编制提出挑战。

一是制定行政村、自然村规划要点。明确不同资源条件行政村的规划重点、规划方向，如转型融合推动城郊村庄与城镇设施联通共享，保护开发特色村庄推动历史文化资源和乡村特色景观的保护、盘活、利用；结合厦门市农村宅基地和村民住宅管理的有关规定，前置自然村规划建设指引，便于后续村民住宅建设审批。二是明确“基本完整”叠加“内容可选”。将村庄规划分为基本内容和可选内容，推动根据村庄条件（如类型、特色、经费等）开展选择性规划编制（表1）。例如，拆迁撤并类村庄可以简化目标定位等发展性内容，而重点关注整治修复、安全防灾、管制规划等底线性内容。三是增加更多可选方法。建设需求小的非重点发展村庄，可简化编制，明确管控边界、用地布局、整治修复等基本内容即可，成果以“一图一表一库一规则”的形式予以简化表达，以提高规划效益；未来将结合村庄规划分层探索，进一步优化该路径。

表1　村庄规划内容建议表

序号	规划内容	村庄分类			
		集聚提升中心村庄	转型融合城郊村庄	保护开发特色村庄	搬迁撤并衰退村庄
1	目标定位	●	●	●	○
2	管控边界	●	●	●	○
3	布局结构	●	●	●	○
4	村庄建设用地布局	●	●	●	○
5	历史文化保护与传承	○	○	●	○
6	国土综合整治与生态修复	●	●	●	●
7	安全防灾减灾	●	●	●	●
8	人居环境整治引导	○	○	○	○
9	近期将实施项目	●	●	●	○
10	规划管制规则	●	●	●	●

注：●表示需编制内容，○表示不需或不强制编制内容。

3.2.2 全域统筹

一是进行全域布局，强化村域内的统筹。从仅重视村庄居民点规划，扩展到全域用地用海的布局要求，尤其是对村庄集中建设区外围耕地、林地的梳理统筹，并提出国土整治与生态修复要求。二是探索多村联编，加强村庄间统筹。例如，针对在地理生态空间、基础设施等方面均具有较强关联的莲塘村和琼坑村，探索两村联编，从区域视角统筹两个村发展资源、定位特色与空间布局，如统筹两村生态水系综合整治，实现错位协力发展。

3.2.3 激活产业

激活乡村产业活力是村庄规划的重要目标。2023年9月，《厦门市保障和规范农村一二三产业融合发展用地实施方案》提出策划农村一二三产业融合发展项目清单、形成项目库，进行动态实施。衔接该项政策，村庄规划需要进一步明确纳入清单项目的要素保障，包括落实一二三产业融合发展项目的边界、土地用途、建筑指标等。

在市区镇国土空间总体规划已无规划村庄建设用地指标约束性要求的情况下，村庄普遍面临人均村庄建设用地超指标、新增建设用地优先保障村民住宅建设的现实，厦门市乡村振兴产业用地当前还难以获得切实保障。目前，按照“项目跟着规划走、要素跟着项目走”的思路，厦门市正在探索以区为统筹主体的乡村振兴产业用地保障路径，如通过编制乡村振兴产业专项规划、在年度土地利用计划中单列乡村振兴产业项目指标，作为村庄规划调整依据，支撑乡村振兴产业项目审批落地。

3.2.4 注重适用

一是提高村庄规划的弹性和适用性。村庄规划可采用用途、点位、指标等的留白形式，增强对未来发展不确定性的适应能力；划定村庄集中建设区与弹性发展区，在弹性发展区内的建设不视为规划调整；强化用地兼容，尤其是农村社区服务设施、公共管理与公共服务用地和农村宅基地强兼容，满足村庄服务设施落地的需要。

二是结合厦门市实际优化地方管控要求。例如，厦门市房价高企，村民建房热情普遍高涨，违建问题时常出现，加大了村庄规划管控的难度。因此，在建设用地规模预测方面，厦门市并未采用省指南的复杂测算方法，而是根据厦门市多年建设管控实践达成的共识，明确原则上按照不超过户籍人口人均村庄建设用地 120 m^2 规模进行引导控制。又如，在村庄建筑风貌管控方面，根据《厦门市村庄建筑风貌管控导则》明确建筑风格的风貌类型，并在住宅建设审批时根据《厦门市农村住宅建筑风貌手册》选取户型参考图。

三是加强村民参与，增强规划实际性。明确编制过程中驻村调研要求，调研记录表需由镇（街）、村支两委共同确认，以推动技术团队充分调研现状、掌握村庄诉求。规划成果需包括管理版和村民版两个版本。其中，村民版包括村民手册、规划展板、村规民约等，用通俗易懂、图文并茂的方式，公示、公开村民关心的宅基地建设位置、报批流程、公用公共设施及近期项目等内容，提升公众参与度。

3.3 实施管理机制

遵循《福建省村庄规划编制审批和评估管理办法（试行）》要求，借鉴城市体检评估做法，以及城镇开发边界内详细规划调整机制，通过制定相关办法和规定来优化村庄规划的实施评估管理。

3.3.1 开展规划体检评估

2023 年 6 月，厦门市发布了《厦门市国土空间专项规划、详细规划技术审查和体检评估标准（试行）》，推动村庄空间管控专项规划、村庄规划等在批复后进行近期评估和年度体检。一是近期评估，由区政府负责，每五年开展实施评估，主要包括环境适应性评估（如上位政策与规划调整对村庄规划实施的影响）、目标一致性评估（如规划指标、近期项目的执行情况）等。二是年度体检，重点梳理年度规划任务与项目的执行进展情况，比对目标发现差距；分析规划批复后的年度调整情况；评估技术单位资质、团队专业能力、规划审批程序，以及驻村服务、村民满意度等。

3.3.2 实施动态更新维护

2023 年 4 月，厦门市发布了《厦门市村庄规划指导意见》，明确了村庄规划动态维护的适用情形、维护程序及相应的审批要求，并简化了审批流程（表 2）。例如，针对上位规划或重大项目等的调整，需按照原程序开展规划修改；针对错漏信息，仅需进行成果勘误，经市资源规划部门审查同意后即可纳入信息平台；符合条件的用地调整，可由镇街委托，通过编制村庄规划修正论证报告，执行相对便捷的修正程序。

表 2　村庄规划调整适用情形与程序表

	修改	修正	勘误
适用情形	(1) 因国土空间总体规划、分区规划等上位规划或专项规划发生变化，对村庄规划产生重大影响，确需修改的； (2) 因基础设施、公益性公共设施、国家或省市重大（重点）项目建设对村庄规划产生重大影响，确需修改的； (3) 经评估，原村庄规划确需修改的； (4) 法律法规规定的其他情形确认需要修改的	(1) 因永久基本农田、生态保护红线、生态控制线、水系蓝线、生态公益林、历史文化保护线（含文物和历史风貌建筑）等调整引起村庄规划用地调整的； (2) 因村庄公共服务设施、公用基础设施等用地位置调整引起村庄规划用地调整的； (3) 因土地整治、工程方案、道路设计等项目引起村庄规划用地调整的； (4) 因村域非建设用地用途转换导致村庄规划用地调整的； (5) 因村庄发展需要，已批复村庄建设用地边界周边零星地块需纳入村庄建设用地边界内，村庄总建设用地面积不变的； (6) 除规划修改、勘误以外的其他需要规划修正的情形	村庄规划在实施过程中发现的信息错漏等需要更正的情况，应对村庄规划成果进行勘误
调整程序	(1) 镇街对规划修改的必要性进行论证，并经村（居）民会议或村（居）民代表会议同意； (2) 镇街向区人民政府提出村庄规划修改的论证报告，经区人民政府同意后方可编制修改方案； (3) 镇街委托具有相应资质等级的规划编制单位，开展编制村庄规划的修改方案； (4) 修改后的村庄规划应当按照原审批程序报批、公告和备案	(1) 镇街对村庄规划修正的必要性、可行性进行论证，并经村（居）民会议或村（居）民代表会议同意； (2) 镇街将规划论证报告提交市资源规划部门技术审查； (3) 市资源规划部门对规划修正方案审查同意后，纳入国土空间信息平台，由镇街提交区人民政府进行备案	(1) 镇街向市资源规划部门提出申请和规划勘误方案； (2) 市资源规划部门对规划勘误方案审查同意后，纳入国土空间信息平台，由镇街提交区人民政府进行备案

4　结语

经过近几年的探索实践，厦门市村庄规划在统筹传导、技术指引与动态管理等方面已经形成一定的工作基础，部分做法也具有创新特色。但是，筚路蓝缕，仍有大量需要提升的内容。本文从以下四个方面提出思考建议。

一是当前厦门市级国土空间规划未批复、区国土空间规划在编制、镇国土空间规划刚起步，村庄规划作为自上而下传导的底层环节，面临较大不确定性，后续可能会产生规划修编调整，需要进一步评估调整标准、优化调整程序，使得规划既适应要求又相对稳定。二是对于非建设用地的规划，存在部分技术团队简单地将土地利用变更调查的现状直接作为规划内容的问题，导致产业结构调整、耕地占补平衡等技术内容虚化，需要进一步加强技术把关、明确规划要求。三是关于乡村单元划定与多村联编。虽然鼓励多村联编、镇村联编，但是当前实践仍以单个村庄为主；厦门市正在探索划定新的详细规划单元，需要思考乡村单元多村联编的重点，如解决弹性指标多村统筹等问题。四是创新实用性规划编制。例如，可借鉴南京市的做法，探索在乡村地区编制空间规划指标预支方案，以重点保障乡村振兴产业项目的指标需求；借鉴上海市郊野单元村庄规划专项，以及海南省“开发边界外项目准入目录＋开发边界外独立地块控制性详细规划”，保障村庄内部分项目建设。

[注释]

①反馈信息来自作者在镇级国土空间规划编制中的村庄走访调研。

②不同部门的认定标准不一。厦门市自然资源部门以空间为基准，将整体或基本位于城镇开发边界外的村庄认定为乡村；农业农村部门将有集体资产的社区认定为“村改居”社区，认定行政村147个、“村改居”社区172个。

③适建类允许新批宅基地进行农房建设，限建类允许翻改建或使用存量土地进行村民住宅建设，禁建村不得新建村民住宅。

[参考文献]

[1] 卢梦，汪领杰，李玉明，等．乡村振兴与空间规划体系改革双重背景下对村庄规划的思考[J]．农业资源与环境学报，2023，40（5）：1053-1062.

[2] 李保华．实用性村庄规划编制的困境与对策刍议[J]．规划师，2020，36（8）：83-86.

[3] 张静，莫玉华，韩明东，等．河北省村庄规划编制中的问题与对策研究[J]．石家庄理工职业学院学术研究，2023（101）：66-69，61.

[4] 袁源，赵小风，赵雲泰，等．国土空间规划体系下村庄规划编制的分级谋划与纵向传导研究[J]．城市规划学刊，2020（6）：43-48.

[5] 季正嵘，李京生．论多规合一村庄规划的实用性与有效性[J]．同济大学学报（自然科学版），2021，49（3）：332-338.

[6] 余鹏．乡村振兴背景下山南市旅游型村庄规划策略研究[D]．荆州：长江大学，2020.

[7] 陆映梅．注重村庄规划实用性的编制路径探索：以昆明市六个试点村庄为例[J]．区域治理，2022（21）：205-208.

[8] 吴紫迪．泉州乡村振兴村庄规划编制中的公众参与研究[D]．泉州：华侨大学，2021.

[9] 蔡瀛，叶红．城乡一体化背景下的村庄规划：基于《广东省村庄规划编制指引》的思考[J]．南方建筑，2014（2）：4-8.

[作者简介]

蔡莉丽，厦门市城市规划设计研究院有限公司主创规划师。

人口减少背景下乡村建设现状、困境及对策研究

——基于2023年沈阳样本县乡村建设评价

□李迎秋，李彻丽格日，高文博

摘要：2020年以来，住房和城乡建设部在全国28个省份持续开展乡村建设评价工作，分析乡村建设发展状况，查找农民群众急难愁盼的问题，沈阳新民市（县级市）作为省级样本县开展了评价工作。本文基于新民市农村人口减少的现实背景，以2023年乡村建设评价数据为依据，重点从经济发展、农房建设、村庄环境、县镇村公共服务设施等方面阐述乡村建设现状特征，分析乡村建设面临的三大困境，并从产业发展、公共服务、建设实施、乡村治理、资金筹措等方面提出对策建议。

关键词：人口减少；乡村建设；现状；困境；对策

0 引言

人口密度对乡村地区公共服务设施布局、基础设施建设等有重要影响。长期以来，在经济发展和城镇化背景下，我国大量乡村地区人口流向城镇，尤其是北方地区人口减少幅度明显。受土地、户籍等政策因素影响，农村外流人口及其家庭的宅基地、耕地依然保留在原籍，造成“空心村”、人口老龄化等现象，乡村建设和管理面临很大挑战。2023年5月，按照住房和城乡建设部及辽宁省住房和城乡建设厅要求，笔者所在单位团队以新民市为样本县开展乡村建设评价工作。新民市位于辽宁省中部、沈阳市西北部，国土空间总面积3297平方公里，常住人口56.6万人①，户籍总人口64.1万人②。2010—2020年，新民市乡村户籍总人口由484287人下降至347593人，乡村人口减少136694人③，人口减少趋势明显。因此，研究其乡村建设特征并寻找应对策略，对于其他人口减少区域具有重要参考意义。

1 对乡村建设评价的理解和认识

1.1 总体认识

2021年10月，中共中央办公厅、国务院办公厅印发《关于推动城乡建设绿色发展的意见》，提出“以持续改善农村人居环境为目标，建立乡村建设评价机制，探索县域乡村发展路径”。2022年5月，中共中央办公厅、国务院办公厅印发《乡村建设行动实施方案》，明确“实施乡村建设评价，查找和解决乡村建设中的短板和问题”。乡村建设评价是落实乡村振兴战略总体要

求，推动乡村建设有的放矢，指导乡村建设的重要基础性工作。通过县、镇、村三级指标体系评价，全面掌握乡村建设真实境况，系统发现和梳理乡村建设成就与短板，推动各地集中力量解决突出问题，实现乡村振兴。

1.2 评价内容

2023年度乡村建设评价共设定农房建设、村庄建设、县镇建设、发展水平四个方面共47项指标，采集数据时间节点为2022年底。其中，农房建设重点评价质量安全、功能品质和建设管理水平，尤其是低收入家庭住房保障；村庄建设评价主要针对乡村基础设施完备度、公共服务便利度、人居环境舒适度和村庄治理水平；县镇建设评价重点是县城和乡镇对农村的辐射带动作用；发展水平评价经济发展水平和县城对人口的吸引力。

1.3 数据采集方式

数据采集主要采用五种方式：一是政府部门数据采集，由新民市城乡建设局、新民市农业农村局等部门提报农村黑臭水体治理率、农村饮用水水质合格率、乡镇商贸中心覆盖率、行政村5G通达率等指标；二是村民问卷调查及访谈，详细了解村民生活水平、家庭构成、农房与配套设施情况、村庄人居环境、公共服务设施、村庄治理及农业生产等情况和满意度；三是村干部问卷调查及访谈，详细了解村庄的人口、产业发展、农房质量安全、人居环境、公共服务、村庄治理等情况；四是乡镇干部访谈，重点调研乡镇住房建设管理、人居环境整治方式、基础设施运行及公共服务设施的分布情况等；五是镇、村影像采集，通过无人机航拍、人视角拍摄等方式获取新民市28个乡镇环境整洁度及总体风貌。

本次评价工作收回村民有效调查问卷2583份、村干部有效调查问卷41份，访谈镇村干部10名、村民33名，采集村景照片1955张、航拍村庄鸟瞰照片50张、镇村街景视频13份。

1.4 评价方法

评价方法包括对比分析法、满意度评价法和专家打分法三种。

对比分析法是将样本县各项指标与行业规范、政策文件要求及辽宁省和全国样本县平均水平进行对比，客观分析存在的差距和问题。

满意度评价法是根据问卷调查结果，了解乡村居民急难愁盼的问题。评价中设计具体评价值的计算方法，对选项的总体满意度 Qt 评价统一采用公式，即 $Qt_i=(C_i\times100+D_i\times80+E_i\times60+F_i\times40+G_i\times20)/I_i$。其中，$Qt_i$ 为第 i 个指标的满意度评价分值，$i=1$，2，…（分别代表问题选项）；C_i、D_i、E_i、F_i、G_i 分别表示针对第 i 个选项的全部有效问卷中选择非常满意、比较满意、一般、比较不满意、非常不满意选项的样本数；100，80，…，20表示很满意、满意……不满意所代表的分值。I_i 为调查总样本数。

专家打分法是在乡村建设评价系统平台中，各省专家随机抽取村景照片进行村庄风貌和整洁度打分，满分为10分，系统通过加权方式给出最终得分。

2023年，样本县乡村建设评价研究框架如图1所示。

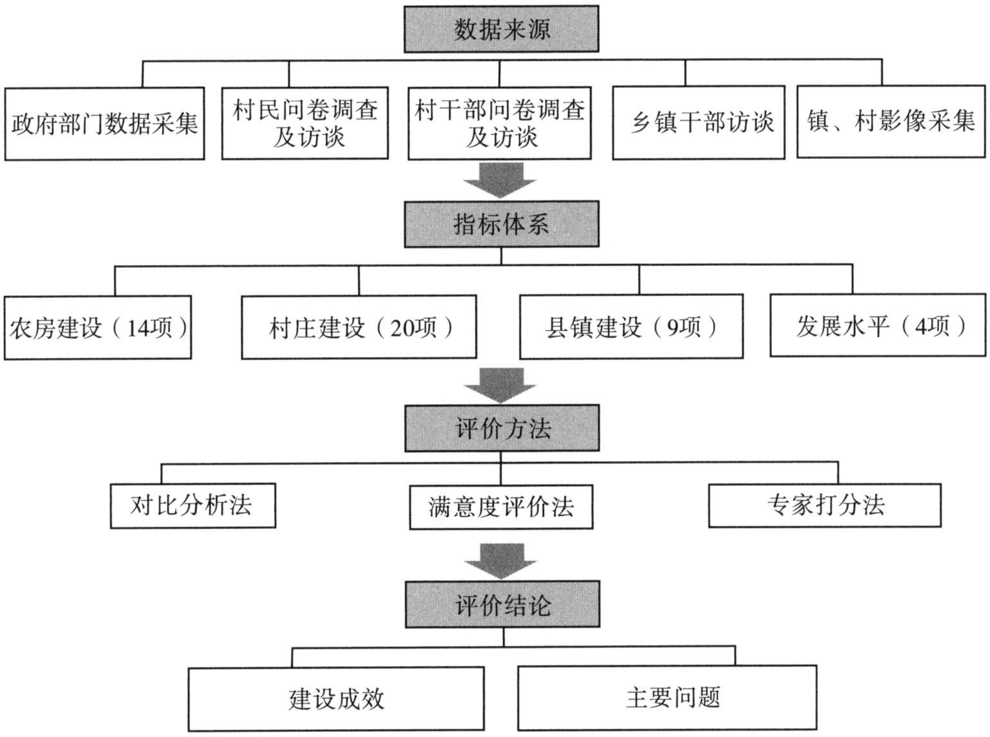

图 1　2023 年样本县乡村建设评价研究框架

2　评价主要结论

2.1　人口数量下降，人均收入有所提升

新民市乡村人口流失现象明显，在选取的 10 个样本村中，仅有 2 个村庄常住人口占户籍人口的比例超过 80%，2 个村庄占比超过 60%，其余 6 个村庄均为 50%。农村居民人均可支配收入从 2020 年的 19749 元增加到 2022 年的 22434 元④。新民市在县城购房者中农村居民占比 49.9%，远超辽宁省样本县平均水平（图 2）。农村家庭年收入 6 万～10 万元及 10 万元以上（不含 10 万元）家庭占比均超全国和辽宁省样本县平均水平（图 3）。

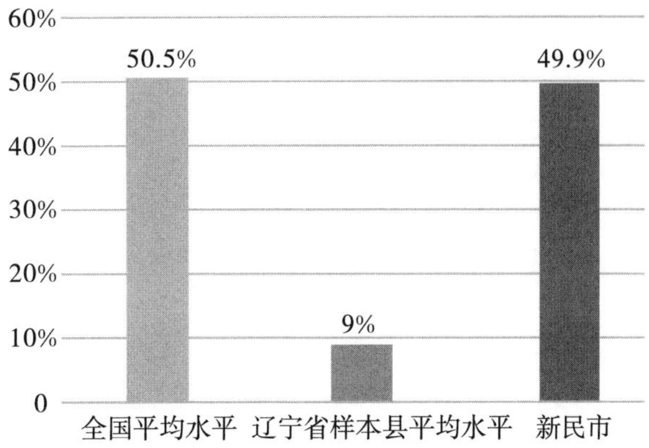

图 2　新民市在县城购房者中农村居民占比

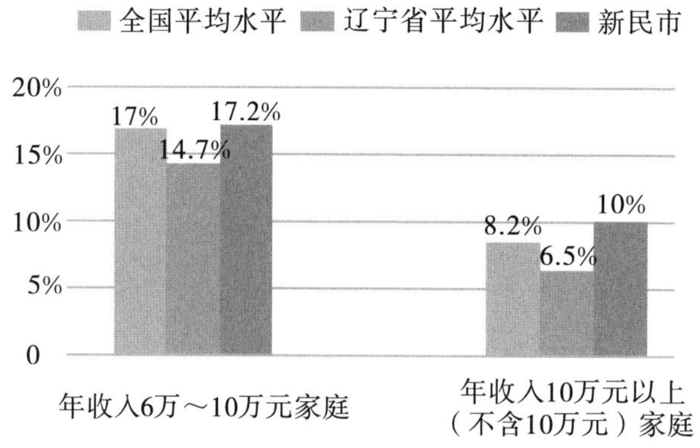

图 3　新民市农村家庭年收入情况

2.2　农房质量较高，功能齐全

经济增长和收入提高促进了农民对自建房屋的改善。2022 年新民市农村危房整治成效显著，排查出的 C 级和 D 级农村危房采取工程措施完成整治的占比达到 100%。农房抗震能力较强，达到抗震设防标准的农房占 74.6%。农房内部功能日益完善。调查问卷显示，新民市自来水、独立厨房、热水淋浴室等 13 项农村住房配套设施配建水平均高于辽宁省样本县平均水平。

2.3　人居环境提升缓慢，品质欠佳

新民市村庄整体满意度得分远低于全国及省样本县平均水平，村民对道路质量、河流水塘水质、生活污水处理、垃圾收集转运处理等方面的满意度较低（图 4）。对污水进行处理的农户占比仅为 19.70%。污水处理设施短缺是影响乡村环境质量和制约水冲式卫生厕所改造的主要因素，23.70%的村民对厕所条件表示不满意或较不满意。实施垃圾分类的村民小组占比仅为 61.70%，垃圾收集点各类垃圾混杂，环境欠佳。

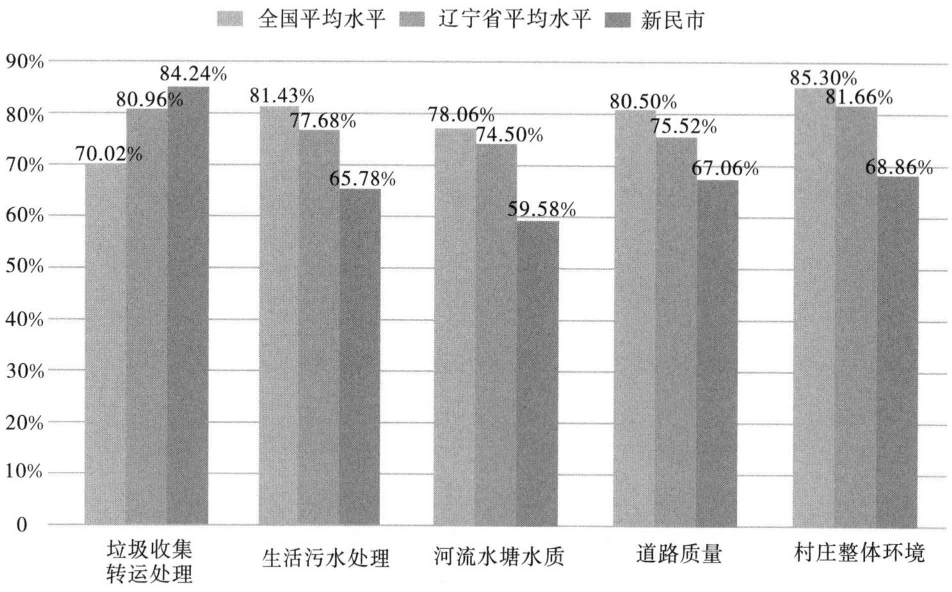

图 4　新民市村庄人居环境满意度情况

2.4 镇区承载乡村基本公共服务职能

受人口数量下降影响，新民市村级公共设施覆盖率低，村级养老服务设施覆盖率仅为6.3%，村民生小病时首选村卫生室的仅占21.8%。村级寄递物流服务站覆盖率为11.3%，与村民迅速增长的网购需求不匹配（图5）。

新民市县城受省会沈阳市虹吸效应等因素影响，医疗、教育服务设施辐射能力不强。村民生大病更倾向于市级或市级以上医院（图6），高中阶段44.6%的学生在沈阳市区入学。

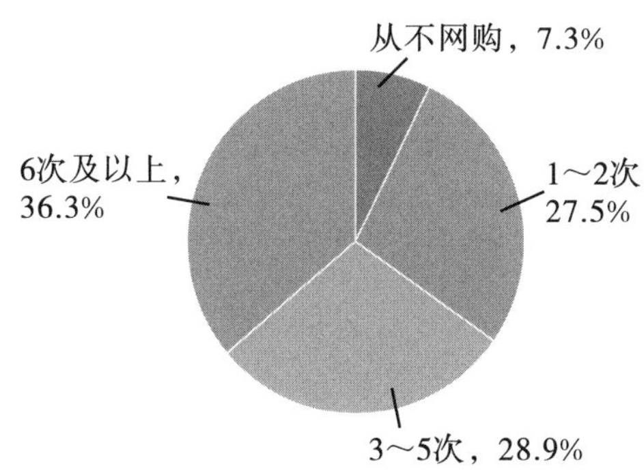

图5　新民市家庭平均每月网购次数

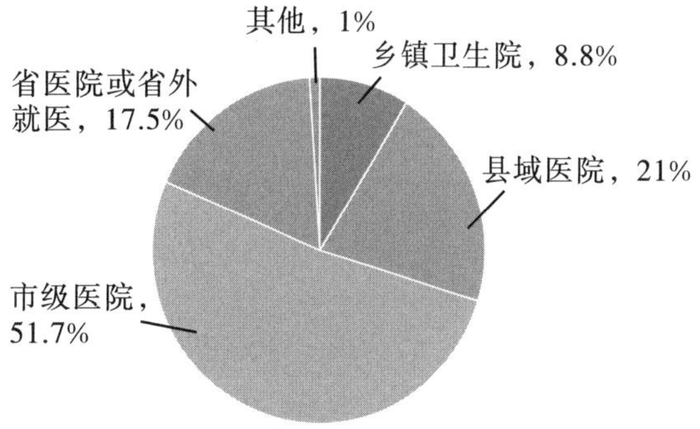

图6　新民市村民生大病首选医院类型

镇区承载乡村公共服务的主要职能（图7）。在新民市乡村小学基本合并撤销的背景下，15分钟内可到达幼儿园和小学的行政村占比均超过全国和省样本县平均水平。乡镇寄宿制学校建设达标率为100%。乡镇商贸中心覆盖率为82.1%，高于全国样本县68.7%的平均水平和辽宁省样本县32.6%的平均水平。有消防队的乡镇占比100%，有急救服务功能的乡镇卫生院占比100%。镇区基本满足村民的日常购物需求，62%的村民在15分钟之内可购买到蔬菜、水果、生肉、水产等生鲜食品。

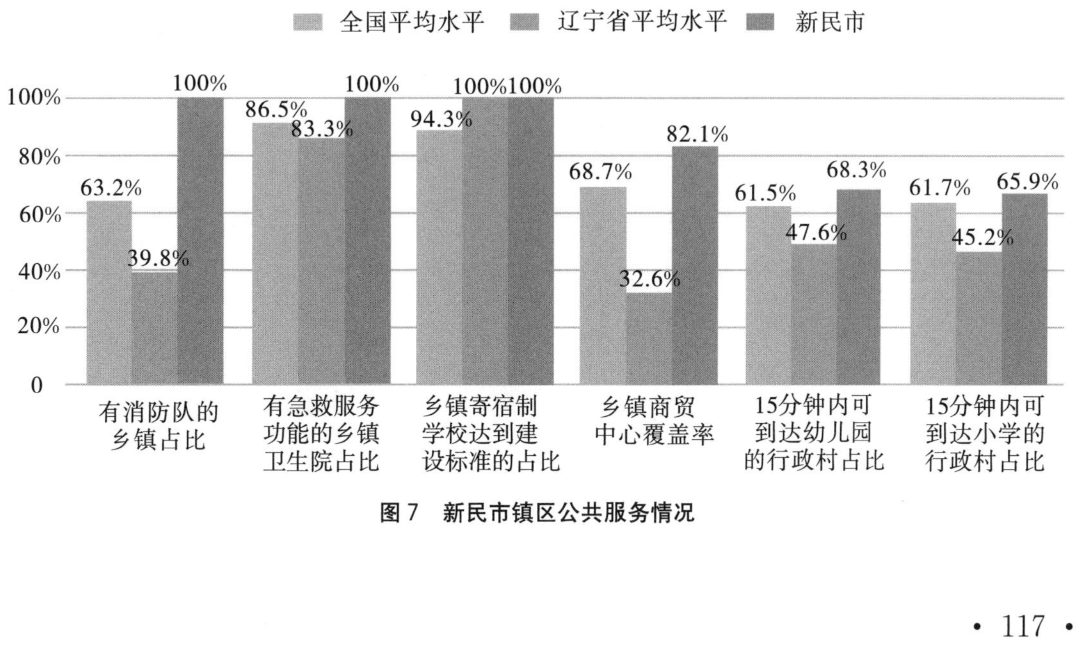

图7　新民市镇区公共服务情况

3 人口减少背景下乡村建设面临的困境

3.1 建设成本增高

村庄建设密度远远低于城市，人口减少更增加了村庄供暖、改厕、排污等基础设施建设成本和难度。我国东北地区村庄人均耕地面积较大，村庄密度较低，村庄之间距离近则一二公里，远则三五公里，基础设施管线连接距离较长，户与户之间距离也较长，加上房屋闲置等因素，投资和运营成本较高；而村级公共服务设施也面临使用率低、服务辐射范围大等问题。

3.2 建设人才短缺

一是留守村民老龄化严峻。新民市 3 个样本镇的 41 个行政村中，31 个村 60 岁及以上老龄人口超过 30%，占调研总数量的 75.6%，其中 18 个村老龄人口超过 40%，占调研总数量的 43.9%；8 个村老龄人口超过 50%，占调研总数量的 19.5%。二是人口的文化水平偏低。在参与问卷调查的村民中，小学及以下文化水平的占 10.41%，初中文化水平的占 68.87%，中职或高中及以上文化水平的占 20.8%。三是村民对村庄建设的积极性不高。只有 24.7%的村民表示非常熟悉或比较熟悉村内的各项事务。经常或偶尔参与乡村建设活动的村民占调查总数量的 22.4%，11.9%的村民表示很少参加，58.6%的村民表示不清楚有这些组织和互动活动。新民市在农房管理、垃圾分类推广、乡村风貌和环境建设等方面缺少有效措施。

3.3 建设经费不足

乡镇财政和村集体收入是村庄建设的主要资金来源。新民市乡镇政府税收来源较少，在 3 个样本镇中，兴隆堡镇在新民市工业重镇中财政收入最高（图 8）；周坨子镇和前当堡镇分别以瓜菜、淡水鱼等第一产业为主，加工转化水平偏低，工商业基础薄弱，乡镇政府税收来源少，为乡村建设提供的财力有限。新民市村集体收入主要来源为附加值比较低的荒山、荒田等机动土地发包或租赁。在 3 个样本镇 41 个行政村中，集体收入平均值仅为 11.6 万元，有 9 个村集体收入几乎为 0。目前，新民市乡村建设基本依赖于上级政府投资，建设项目集中在道路、绿化、基础设施等类别，缺少与乡村功能定位、产业发展及景观特色相结合的建设计划。

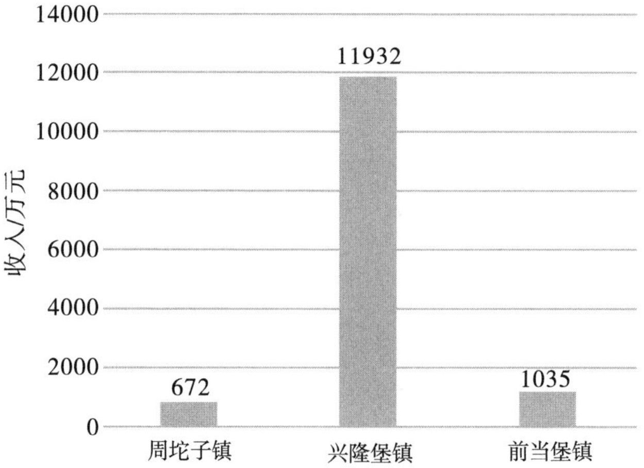

图 8　新民市样本镇 2022 年财政收入情况

4 人口减少地区乡村建设对策建议

4.1 提升乡村产业发展水平

产业发展水平的提升是增加农民收入、扩大农村就业及促进农村建设水平的最有效措施。在乡村人口规模和技能水平短时期难以提升的前提下，农业技术提升及管理改进是助推农业产值提升的有效手段。加大科研投入，加强本地农产品规划和信息指导，站稳市场。发展数字农业，降低气候、市场等因素影响下的产业风险，促进生产效率与收益的提高。推广机械化、规模化耕种模式，代替以户为单位的生产单元，提高农业生产效率。升级乡村服务业，推动涉农经营主体直播基地、电商平台等的应用，拓宽农产品销路。策划生态观光、农业科普、冰雪娱乐、特色民宿等旅游项目，拓展农民增收渠道，增加政府税收来源。

4.2 促进城乡基本公共服务均等化

建立城区优质学校与乡镇学校发展联合体，统筹城乡师资，在教学理念、学校管理、教育科研等方面提升内涵和质量。推动市级优质医疗资源扩容下沉，加强县乡医疗机构建设，实现一般疾病在县镇层级解决。针对乡镇医疗机构，推行远程诊疗、对口帮扶、医联体建设等多种方式，满足农村居民医疗卫生需求。建立县—镇—村三级养老服务网络，县级层面加强高品质、区域性养老机构的建设，乡镇应完善现有养老院饮食服务、医疗保健、文化娱乐等功能，建成综合性养老服务，行政村利用村委会、搬迁小学校址等公共建筑推动村级幸福院、日间照料中心建设。

4.3 探索人口分散地区的实施路径

一是从空间布局上，结合居民点人口数量、村庄特色等因素，以中心村为核心，以步行15分钟距离为半径，按照常住人口规模，划分多个生活服务单元。各生活单元共建共享幼儿园、文化站、幸福院、商业服务等公共服务设施，以及配备充电桩、冷链物流、寄递配送等基础设施。二是研究推广灵活、可操作的分散式基础设施，减少大规模的管网建设投资及能耗，如在有条件的村庄建设湿地污水处理系统、几户为一组共建一套分散式污水处理设施及卫生厕所。

4.4 创新乡村治理方式

在严峻的乡村老龄化背景下，产业致富带头人、驻村第一书记、复员军人是最优质的乡村建设和管理人才，应充分调动其积极性和在本村的组织能力，做好乡村治理工作。同时，通过每村一个“荣誉村民”等形式，吸引科技、文旅、教育等方面有一定影响力的企业家、行业专家，为乡村发展出资、出策。推行村级事务阳光工程，通过积分制、奖励制等措施调动村民参与乡村治理的积极性，通过宣传、引导等手段实现村庄环境共治机制。

4.5 拓宽建设资金筹措渠道

一是主动衔接各类政策资金。国家支持乡村建设的政策性资金包括中央预算内资金、地方政府专项债、政策性银行贷款等，支持方向包括产业发展、基础设施、冷链物流等，应根据资金支持方向，提前策划好乡村建设项目。二是引导社会资本下乡。三是遵循市场规律，做好政府配套服务和制度保障，在农村土地流转、高标准农田建设、物流加工等领域用好社会资本。

[注释]
①数据来源于《新民市第七次全国人口普查公报》。
②数据来源于《二〇二二年新民市国民经济和社会发展统计公报》。
③数据来源于《新民市第七次全国人口普查公报》。
④数据来源于《二〇二二年新民市国民经济和社会发展统计公报》。

[参考文献]
[1] 张鸣鸣，杨理珍，刘钰聪．农村人居环境整治的农民参与水平及影响因素研究［J］．农村经济，2024（1）：133-144.
[2] 林帅君．乡村振兴背景下温州市乡村未来社区建设评价体系设计与实证研究［J］．浙江农业科学，2023，64（7）：1609-1616.
[3] 陈前虎，孙莹，洪明，等．浙江省乡村建设成效的总体评价与发展思考：基于三个样本县的调查研究［J］．小城镇建设，2022，40（11）：5-16.
[4] 李裕瑞，刘彦随，龙花楼．中国农村人口与农村居民点用地的时空变化［J］．自然资源学报，2010，25（10）：1629-1638.

[作者简介]
李迎秋，高级工程师，就职于沈阳市规划设计研究院有限公司。
李彻丽格日，高级工程师，就职于沈阳市规划设计研究院有限公司。
高文博，工程师，就职于沈阳市规划设计研究院有限公司。

面向实施的乡村建设规划许可管理探索

——以深汕特别合作区为例

□马宝成，陈家进，古海波

摘要：乡村建设规划许可是落实国土空间资源要素管控、推进乡村振兴、实现城乡统筹高质量发展的重要抓手。经过10多年的发展，我国乡村建设规划许可制度框架虽已基本建立，但在许可适用范围、办理程序、申请材料等方面仍存在许多难点和问题。本文以深汕特别合作区乡村建设项目管理为例，针对实施过程中的问题和挑战，提出通过法制化明确管理模式及部门职责分工、标准化规划审查要点、规范化简化项目许可审批流程、信息化推进全流程网办等管理链条联动措施，实现规划、实施、管理全过程的技术延伸，希望能为其他地方乡村建设规划许可管理提供参考。

关键词：村庄规划；乡村建设规划许可；全流程网办；深汕特别合作区

0 引言

随着城乡统筹发展的深入推进，乡村建设规划许可管理在促进国土空间资源要素合理配置、助力乡村振兴和实现高质量发展方面扮演着日益重要的角色。然而，当前我国乡村建设规划许可制度在实际操作中仍面临诸多挑战，如适用范围不明确、程序烦琐、申请材料多样等问题，在一定程度上制约了乡村建设的发展。

深汕特别合作区（简称“合作区”）承载着打造区域协调发展示范区、乡村全面振兴示范样板的使命担当，其在乡村建设规划许可管理方面的探索和实践具有重要的示范意义。本文以合作区乡村建设规划许可管理实际为例，剖析其如何针对现状管理问题及挑战，通过明确部门职责、规范村庄规划审查要点、出台乡村建设项目审批操作指引、推进乡村建设规划许可全流程网办等制度设计来构筑乡村建设管理体系，以期为我国其他地区乡村建设规划许可管理提供参考。

1 研究背景

1.1 乡村振兴是新时期重大国家战略

乡村地区是中国文化的根基，是全面建设社会主义现代化国家最广泛、最深厚的基础。自党的十八大以来，国家多次召开中央农村工作会议，部署“三农”工作，从“脱贫攻坚”到

"美丽乡村"，再到"百千万工程"，经过持续不懈的奋斗，我国取得了令世界瞩目的卓越成就，并在这一过程中积累了宝贵而丰富的经验。在新时代背景下，党的十九届五中全会从全面建设社会主义现代化国家的全局出发，作出了实施乡村振兴战略的重大决策部署。随着我国城镇化进程的深入，城市发展逐渐放缓，乡村也迎来了前所未有的发展机遇。乡村地区拥有近 5 亿人口，其发展的好坏直接关系到全民共同富裕和社会主义现代化国家建设的成功与否。

1.2 国土空间背景下全域全要素管理

2019 年 5 月，《中共中央、国务院关于建立国土空间规划体系并监督实施的若干意见》（中发〔2019〕18 号）正式发布（表 1），标志着国土空间规划体系的构建工作在全国范围内正式启动并全面推进。此举致力于将原有的主体功能区规划、土地利用规划、城乡规划等空间规划进行有机融合，从而构建一个统一、协调的国土空间规划体系。这一转变不仅有助于提升规划的效率与效果，更有利于增强国土空间规划对各专项规划的指导作用与约束效果。同时，《自然资源部办公厅关于加强村庄规划促进乡村振兴的通知》（自然资办发〔2019〕35 号）进一步明确了村庄规划的法律地位，指出其是国土空间规划体系中乡村地区的详细规划，也是开展国土空间开发保护活动、实施国土空间用途管制、核发乡村建设项目规划许可、进行各项建设等的法定依据。这一规定为村庄规划的实施提供了坚实的法律保障，同时也为乡村振兴战略的推进提供了有力的技术支撑。

表 1 新时期乡村规划建设相关政策文件统计

层级	序号	政策名称
国家及部委	1	《中共中央、国务院关于建立国土空间规划体系并监督实施的若干意见》（中发〔2019〕18 号）
	2	《自然资源部办公厅关于加强村庄规划促进乡村振兴的通知》（自然资办发〔2019〕35 号）
	3	《中共中央、国务院关于做好 2022 年全面推进乡村振兴重点工作的意见》（中发〔2022〕1 号）
	4	《乡村建设行动实施方案》（2022 年 5 月 23 日）
	5	《中共中央、国务院关于做好 2023 年全面推进乡村振兴重点工作的意见》（2023 年 1 月 2 日）
	6	《自然资源部关于加强国土空间详细规划工作的通知》（自然资发〔2023〕43 号）
广东省	1	《关于印发贯彻落实省委省政府工作部署实施乡村振兴战略若干用地政策措施（试行）的通知》（粤自然资规字〔2019〕1 号）
	2	《广东省自然资源厅办公室关于村庄规划有关问题回应意见及注意事项的函》（2020 年 7 月）
	3	《中共广东省委、广东省人民政府关于全面推进乡村振兴加快农业农村现代化的实施意见》（2021 年 3 月 31 日）
	4	《广东省发展改革委、广东省自然资源厅、广东省农业农村厅关于印发村庄建设项目施行简易审批实施意见的通知》（粤发改农经〔2021〕146 号）
	5	《广东省关于建立国土空间规划体系并监督实施的若干措施》（2021 年 4 月）
	6	《广东省村庄规划全面优化提升三年行动计划》（2021 年 5 月）

2　乡村建设规划许可实施的难点及研究进展

2.1　乡村建设规划许可实施的难点

2.1.1　乡村治理难度加大

乡村振兴战略是我国现代化建设的关键任务，对新时代“三农”工作起着引领作用。为实施这一战略，除了国家政策的扶持和加大农村基础设施投资，更需重视并激发乡村治理的多元主体协同作用，以提升乡村社会治理效果。乡村治理在当前国家治理体系中扮演重要角色，它不仅关系农村社会的和谐稳定与持续发展，更是乡村振兴战略实施中不可或缺的关键环节。而乡村规划管理作为乡村治理的基石，其重要性日益显现。作为一种公共干预手段，乡村规划不仅致力于改善乡村人居环境，更是推动乡村治理现代化的重要工具。

随着城乡融合的发展推进，城乡要素交流更加密切、频繁，多元化因素的介入，乡村治理不再是简单的“村庄—农民”关系，而是面临着更为错综复杂的利益关系和发展诉求，包括村落空心化、公共设施老化、建设经费不足、管理机制不全和社会冲突出现新特点。原有“熟人社会”的松解、原有宗族关系的逐步弱化，村规民约等乡村地区内部自我约束和管理机制也日渐式微，乡村治理面临巨大挑战。

2.1.2　审批规划依据缺失

2014 年，住房和城乡建设部发布了《乡村建设规划许可实施意见》。该意见明确指出，在乡村规划区内进行农村村民住宅、乡镇企业、乡村公共设施和公益事业建设等建设项目时，必须依据经依法批准的城乡规划来申请办理乡村建设规划许可证。新时期国土空间规划体系背景下，自然资源部进一步明确了村庄规划是乡村建设规划许可的法定依据，为国土空间规划体系下的乡村发展提供了明确的指导。

然而，长期以来我国在规划领域存在着“重城市、轻乡村”的现象，导致了乡村领域在规划上的不统一和多样性。风貌规划、建设规划、居民点规划、环境整治规划等多样化的乡村规划类型应运而生，但这些规划编制工作往往在短时间内“运动式”推进，大量是为了编而编，忽略了乡村自身发展需求，缺乏对规划实施可行性的探讨。同时，这些规划难以符合国土空间规划体系的管控要求。目前，各地对于实用性村庄规划的编制标准仍在探索阶段，尚未全面推广实施，这进一步加剧了乡村建设许可法定依据缺失的问题。

2.1.3　审批管理机制不清

2008 年，《中华人民共和国城乡规划法》颁布实施，我国乡村建设规划许可的管理机制得以正式确立。该法律明确规定在乡村规划区内建设项目的申报流程及许可受理部门，为乡村建设的规范化、有序化提供了法律保障。尽管《中华人民共和国城乡规划法》确立了乡村建设规划许可的大体框架，但在宅基地村民住宅建设项目管理上，却赋予了各省市较大的自主权。这种分权式的管理模式，虽然在一定程度上体现政策的灵活性和适应性，但也导致在实际操作中的困境，如各地对于乡村建设规划许可的边界模糊、部门权责不清等问题，客观上造成乡村建设规划许可管理的混乱。尤其是在省级城乡规划法规中，往往缺乏与之配套的管理实施细则，进一步加剧了乡村建设规划许可管理的复杂性。在权责不清、监管缺位下产生的村民违建等历史遗留问题，也为国土空间规划“一张图”管理带来难度。

以广东省为例，《广东省城乡规划条例》中明确规定，城乡规划主管部门有权委托镇人民政府核发乡村建设规划许可证。这种管理事权的下放，虽然在一定程度上提升了管理效率，但也模糊了各地乡村建设管控的边界。例如，珠海、清远等地授权属地乡镇人民政府核发宅基地建房项目的规划建设许可，而佛山、惠州则仍由区规划管理部门负责。管理事权向基层下沉的做法需结合乡镇基层的业务能力和经验考虑，否则会加剧基层治理的难度。乡镇一级往往缺乏对应的专门部门和配备专业技术人员，无疑会对乡村建设规划许可管理的质量产生负面影响。

2.1.4 申请主体热情不高

长期以来，我国“城乡二元”治理结构的存在，以及乡村地区建设管理机制的不足，使得乡村地区的规划建设大多沿袭了传统方式。村民习惯性认为在集体用地上建房只需得到村集体的同意，而无需履行任何许可手续，导致未批已建、批少建多等行为的频发。同时，由于村民普遍缺乏产权意识，且乡村建设项目无法出售交易，继而村民缺乏申请办理建设项目规划许可的主动性。此外，各地乡村建设项目许可受理要求提交的申请材料繁多，这无疑加大了乡村建设项目办理的难度。

以广东省为例，广州市需要提交 11 项材料、清远市 10 项，汕尾市更是多达 19 项（表 2）。其中测绘、安全检测等多项材料需要聘请第三方机构出具，加重了申请人办理建设许可的经济负担，同时也与提高审批效率、简化办事流程的审批制度改革精神相背离。乡村建设规划许可在一定程度上也要立足于乡村业已形成的建设习惯，否则不利于制度的推行。

表 2　广东省相关城市乡村建设规划许可申请材料

序号	广州市	清远市	汕尾市
1	立案申请表	立案申请表	立案申请表
2	建筑设计方案图	××区行政村村民建房申请审批表	××区行政村村民建房申请审批表
3	实测现状地形图及电子报批文件：（1）提供 1∶500 现状地形图；（2）实测现状地形图标绘有拟建项目用地范围和拟选址界点坐标（2000 国家大地坐标及拟建设项目用地面积）	××区行政村村民建房申请审批表	村经济联社或村民委员会盖章及负责人签名的公示情况报告
4	具有相应资质的单位提供的《广州市建设工程放线测量记录册》	××区行政村村民建房申请审批表	建筑设计方案图
5	申请人身份证明文件	村委（或村集体经济组织）出具的村民会议意见	有资质的房屋安全鉴定机构出具的房屋安全鉴定报告
6	镇人民政府（街道办）、村委会同意建设的批复文件	镇人民政府（街道办）、村委会同意建设的批复文件	建设项目批准、核准、备案文件
7	农民建房“一户一宅”承诺书	绘制在 1∶500 现状地形图上的村民住宅建设用地四至图	农用地转用证明
8	××区行政村村民建房申请审批表	村经济联社或村民委员会盖章及负责人签名的公示情况报告	实测现状地形图及电子报批文件：（1）提供 1∶500 现状地形图；（2）实测现状地形图标绘有拟建项目用地范围和拟选址界点坐标（2000 国家大地坐标及拟建设项目用地面积）

续表

序号	广州市	清远市	汕尾市
9	村委（或村集体经济组织）出具的村民会议意见	建筑设计方案图	授权委托书
10	绘制在 1∶500 现状地形图上的村民住宅建设用地四至图	有资质的房屋安全鉴定机构出具的房屋安全鉴定报告	建筑构筑物工程设计方案图（含规划总平面图）
11	土地（或房屋）管理部门核发的关于复建房户数核定书或复建面积的核定文件	—	新（修扩）建房屋四邻协议凭证
12	—	—	申请人身份证明文件
13	—	—	土地合法权属证明文件
14	—	—	农民建房“一户一宅”承诺书
15	—	—	村委（或村集体经济组织）出具的村民会议意见
16	—	—	镇人民政府（街道办）、村委会同意建设的批复文件
17	—	—	土地（或房屋）管理部门核发的关于复建房户数核定书或复建面积的核定文件
18	—	—	绘制在 1∶500 现状地形图上的村民住宅建设用地四至图
19	—	—	实测现状地形图及电子报批文件

2.2 研究进展

近年来，我国乡村建设规划逐渐受到重视，学术研究也取得了一定成果。中国知网可检索的与乡村有关的核心文献近 1.4 万篇。综合来看，目前乡村领域的研究主要集中在三个方面：国土空间规划体系下的规划编制技术、社会治理视角下的乡村治理和全域全要素覆盖的乡村规划管理。例如，陈小卉提出应建立镇村布局规划与村庄规划相结合的乡村地区规划体系，并以全域土地综合整治等政策工具推动规划实施；梅耀林强调以“人、地、产、居、文、治”作为核心要素体系，完善实用性乡村规划的编制方法；戈大专关注于乡村空间治理在国土空间规划体系下的内在机制和可行路径；文剑钢结合国内外经验提出“民生为本，化城入乡、多元驱动”的乡村治理与规划改革新思路；耿慧志基于上海规划经验提出了乡村地区全域空间管控的分区分级分类策略；张立认为乡村规划要区分管控、发展与建设，提出差异化的编制方法和成果体系。

相比之下，新时期下关于乡村建设规划管理机制的研究才刚刚开始。中国知网可查询的乡村建设规划许可的核心学术文献仅有 2 篇：耿慧志认为需从编制体系、许可范围、审批权责、申请程序和批后监管五个方面来完善乡村建设规划许可管理；潘裕娟认为完善的政策体系、实用性村庄规划、“三级”管理架构、畅通报建渠道等是推行乡村建设规划许可制度的有效措施。国土空间规划体系下随着对规划实施的认识进一步加深，乡村规划管理除了理论和技术研究外，也亟待加强乡村建设规划许可等实施管理机制的议题研究，特别是对各地打通编制与实施之间阶段壁垒的案例经验研究。

3　深汕特别合作区乡村建设规划许可实施面临的挑战

合作区距深圳市中心约100 km、距深圳市行政边界约60 km，是由深圳市主导建设管理的中国首个特别合作区，也是粤港澳大湾区向粤东沿海经济带辐射的重要战略增长极。合作区陆域总面积469.01 km^2，其中建成区约26.58 km^2，村庄用地8.87 km^2，包括鹅埠、小漠、赤石、鲘门 4 个镇 34 个行政村，内有 187 个居民点。

3.1　“飞地”模式下深圳的乡村地区

合作区隶属广东省汕尾市海丰县，发展历程充满了变革与创新的色彩。其前身是深圳（汕尾）产业转移工业园，于 2011 年正式转型为深汕特别合作区。2017 年 9 月，广东省委、省政府为加快合作区建设发展，将合作区的建设管理全面委托给深圳主导，使合作区成为深圳的第 11 个区。过去 10 年间，合作区经历了从深圳单向转移到深汕合作共建，再到深圳全面主导的演变过程。这一独特的“飞地”管理模式，与传统的行政辖区有着本质的不同，它更多地表现为一种经济功能区的管理模式。因此，它既无法沿用既有的行政管理模式，又因其体制机制始终处于不断地调整与优化之中，使得对于合作区事务的管理机制及决策逻辑仍处于探索与完善过程中。合作区城乡建设管理机制也有待完善。

3.2　刚刚纳入深圳管理的乡村地区

深圳作为改革开放的先行示范区，于 2004 年成功转型为全国首个没有农村地区的城市，这标志着其全面城市化的里程碑式成就。历经近 40 年的迅猛发展，深圳不仅是国内城市建设的模范先锋，更成为全球新兴城市建设的典范。然而，相较于其在城市建设领域的辉煌成就，深圳在乡村建设领域的经验还相对匮乏，特别是国土空间规划背景下的乡村建设管理，对深圳而言尚属工作的“盲区”。为了推动区域均衡发展，实现粤东地区乡村振兴的伟大目标，深圳被赋予全面管理合作区的重任，这也意味着合作区的乡村振兴工作将交由深圳来引领和推进。

3.3　乡村建设管理的权责仍未清晰

目前，合作区的规划建设工作尚处于起步阶段，相关权责的界定及管理体系的过渡与重构势必需要经历一段时间的调适。而乡村地区受到多个行政部门的垂直管理（图 1）。一个村镇往往需同时遵循国土空间规划、乡村振兴产业规划、居民点建设规划及其他多个部门的专项规划指导，乡村规划领域的“九龙治水”导致规划交叉、多头管理、相互掣肘的工作局面。特别是在乡村建设项目的管理上，权责界限模糊，导致难以有效监管和控制乡村建设行为。而要实现乡村建设的高质量发展，必须明确各部门的权责，确保职责清晰、任务明确。

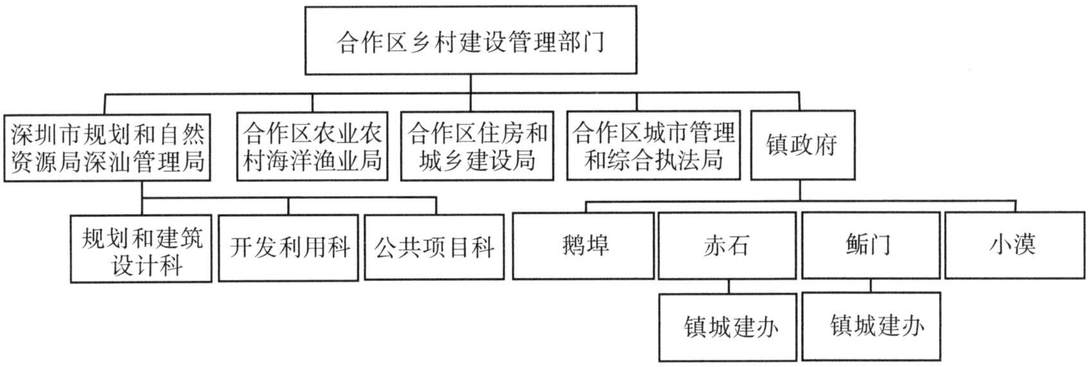

图 1　深汕特别合作区乡村建设管理架构现状

3.4　国土空间规划背景下的村庄规划编制初始试点

自 2017 年起，合作区在乡村领域启动了具有前瞻性的规划研究，致力于推动乡村发展的科学布局与可持续发展。合作区先后编制了《深汕特别合作区农村居民点规划研究》和《村庄片区发展规划》，并在 2021 年选取红罗村和南香村为试点编制村庄规划。然而，至今仅有红罗村和南香村 2 个村庄完成了村庄规划编制工作。这背后的原因是多方面的，不仅涉及转型期规划体系的调整，还受到广东省《村庄规划编制技术指南》修订的影响。此外，合作区的管理权责也在逐步梳理推进中，乡村规划建设的政策依据、技术标准及培训指导等方面仍存在一定的欠缺。

3.5　全面深圳化背景下乡村建设需求旺盛

随着 2021 年深汕比亚迪汽车工业园、小漠国际物流港等重大项目的落地与推进，合作区的乡村建设领域亦展现出巨大的发展潜力。为进一步引领乡村发展，合作区适时提出“五光十色”都市乡村示范带项目。面对这一发展契机，村民也想在城市化过程中实现资产增值，导致激增了一批手续不全的自建房。据统计，合作区存在“一户多宅”的现象，户均宅基地数量为 1.59 宗。尽管合作区整体宅基地数量较多，但仍有 2586 户无房户，约占农村户口总数的 20%。这一现象揭示了合作区在乡村住房建设方面的挑战，超规模建设和保障型住房需求在合作区同时存在（图 2）。

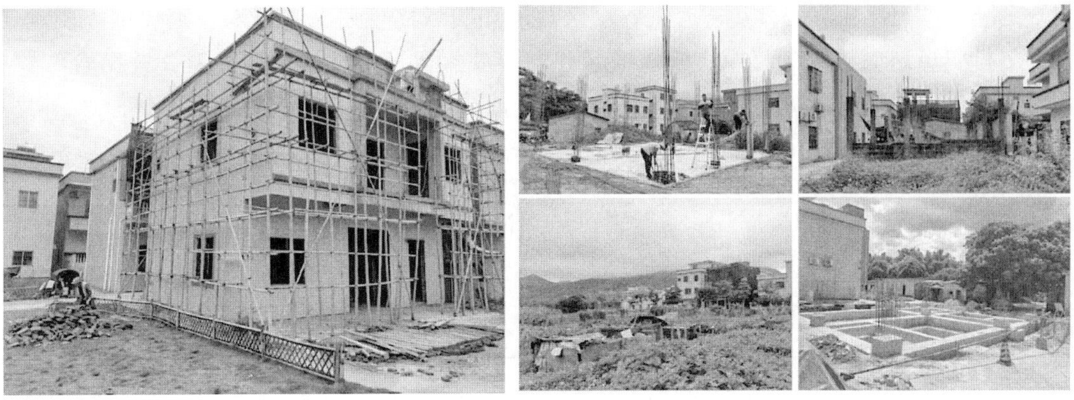

图 2　深汕特别合作区乡村建设现状

4　乡村建设规划许可实施的完善策略

为强化合作区乡村建设管理、促进乡村建设高质量发展，针对合作区现状存在的机制体制问题，通过明确部门权责、完善审查要点、理顺办理流程、搭建“不见面”网办等全过程制度设计，优化简化乡村建设许可管理机制，实现合作区乡村建设高质量发展。

4.1　立法明确乡村建设规划许可的规划管理职责

为解决合作区发展的体制机制难题，加快补齐发展短板，有效推进合作区改革探索，2023年9月27日，广东省人大常委会审议通过了《广东省深汕特别合作区条例》。作为全国首部“飞出地”地方性法规，其中“第十三条　合作区管委会协同深圳市人民政府自然资源主管部门组织编制合作区国土空间总体规划和相关专项规划，报深圳市人民政府批准后实施，纳入深圳市国土空间规划管理体系。合作区管委会组织编制详细规划，报深圳市人民政府审批”，明确了合作区规划报深圳市人民政府批准，深圳以所属经济功能区的标准和要求，负责合作区开发建设管理工作。这为深圳规划管理部门对合作区乡村规划建设项目的管理提供了法律依据。

同时，合作区也积极完善自身管理制度，理顺部门职责。先后颁布《深圳市深汕特别合作区村民非商品住宅建设工作指引》（深汕办〔2021〕16号）、《深圳市深汕特别合作区农村宅基地审批管理实施细则（试行）》（深汕管〔2023〕102号）等文件，进一步理顺了规划管理部门、住房建设部门、农渔部门及乡镇在乡村建设管理中的职责分工。其中，住建部门负责提供村民建房设计图集、农渔部门负责农村宅基地管理、规划管理部门负责建设许可、乡镇政府负责宅基地用地批准。同时，在“一户一宅”的基础上也明确了乡村宅基地的用地面积必须小于100 m^2，村民自建房建筑规模不超过300 m^2。并将原来分属于住房和城乡建设部门与乡镇政府的乡村建设项目审批权统一调整至市规划和自然资源局派出机构（深汕管理局）负责。这就确保了乡村建设项目审批权的统一和建设规划许可制度的推行。

4.2　制定在地化实用性村庄规划的编制审查要点

村庄规划肩负乡村地区国土管控与建设许可的使命，乡村规划的好坏也决定后续的建设质量和发展水平，所以高水准的村庄规划也是乡村高质量发展的决定因素。为此，合作区从确保村庄规划编制成果的高标准、高质量入手，在对接《广东省村庄规划编制指南》及相关政策要求的基础上，参照广西、安徽及云南三省（区）的相关村庄规划编制技术导则和审查要点（表3），提出村庄规划应从编制程序、成果格式和内容要素等三个方面进行审查，并结合红罗村、南香村两个村庄规划的编制成果，起草形成了《深汕特别合作区村庄规划编制审核要点》。

表3　案例地区村庄规划审查要点对照

审查内容		广西	安徽	云南
1	审查组织	√		√
2	完整性	√	√	√
3	底图数据	√	√	√
4	约束性指标	√	√	√

续表

审查内容			广西	安徽	云南
5	规划内容	村域管控	√	√	√
6		建设用地布局	√	√	
7		发展定位目标	√	√	
8		规模预测		√	
9		产业		√	
10		较大自然村（居民点）	√		√
11		历史文化保护	√		√
12		特色风貌	√	√	√
13		村庄安全与防灾减灾		√	
14		人居环境和土地整治	√		√
15		近期计划	√	√	√
16	其他		程序性审查、规划示意图		村民版成果（规划读本）审查

其中，内容要素也贯彻了自然资源部有关村庄规划坚持“八统筹，一明确”的要求，提炼了13项审查内容，即村庄发展目标、底线管控审查、村域综合整治与生态修复、村域用地布局、村域基础设施和公共配套、历史文化传承与保护和风貌引导、村庄建设用地布局、基础设施和公共配套、整体空间格局、建筑设计与风貌引导、村庄安全和防灾减灾近期实施项目、产业发展及配套设施和其他（表4）。为提高村庄编制的有效性和针对性，将规划内容又分成两大类，即必要内容和选做内容，具体需结合村庄实际情况选择性纳入审查和区别审查深度。同时，对于审查内容也预留了调整弹性，将产业发展及配套设施布局、经营性建设用地控制等列为可增补内容，具体根据村庄的发展需求及阶段特征来确定是否纳入规划审查内容，其余内容均为通用性编制内容。在提高规划审查业务标准化的同时，也将引导村庄规划编制内容有的放矢，更有助于引导规划编制内容注重实用性。

表4　深汕特别合作区实用性村庄规划行政管理版成果审查

序号	规划内容		法定文件	技术文件	响应程度
基础内容					
1	村庄发展目标		村庄规划总图	规划说明（现状分析及发展目标）	●
2	村域管控要求	底线管控审查	村庄规划数据库	规划说明、村域底线管控图	●
3		村域综合整治与生态修复	—	村域土地综合整治规划图	●
4		村域用地布局	—	村域综合现状图、村域综合规划图	●
5		村域基础设施和公共配套	—	村域基础设施和公共服务设施布局图、村域基础设施和公共服务设施配置表	●
6	历史文化传承与保护		—	历史文化保护规划图	○

续表

<table>
<tr><th>序号</th><th colspan="2">规划内容</th><th>法定文件</th><th>技术文件</th><th>响应程度</th></tr>
<tr><td>7</td><td rowspan="4">较大自然村规划审查</td><td>村庄建设用地布局</td><td>—</td><td>村庄建设边界管控图、
村庄居民点土地利用图</td><td>●</td></tr>
<tr><td>8</td><td>基础设施和公共配套</td><td>—</td><td>村庄基础设施和公共服务设施布局图、
村庄基础设施和公共服务设施配置表</td><td>●</td></tr>
<tr><td>9</td><td>整体空间格局</td><td>—</td><td>村庄规划建设布局示意图</td><td>○</td></tr>
<tr><td>10</td><td>建筑设计与风貌引导</td><td>—</td><td>建筑风貌整治引导图及户型指引图</td><td>○</td></tr>
<tr><td>11</td><td colspan="2">村庄安全和防灾减灾</td><td>—</td><td>防灾减灾规划图</td><td>●</td></tr>
<tr><td>12</td><td colspan="2">近期实施项目</td><td>近期建设项目表</td><td>规划说明（实施计划）、
近期建设项目分布图</td><td>●</td></tr>
<tr><td>13</td><td colspan="2">其他</td><td>村庄规划管制规则</td><td>村庄发展需求台账、村庄意见征集材料、
村民参与规划记录等</td><td>●</td></tr>
<tr><td colspan="6">可增补内容</td></tr>
<tr><td>14</td><td colspan="2">产业发展及配套设施布局</td><td>—</td><td>规划说明（产业发展策略）、产业布局
规划及配套设施布局图</td><td>○</td></tr>
<tr><td>15</td><td colspan="2">经营性建设用地控制</td><td>—</td><td>经营性建设用地控制图</td><td>○</td></tr>
</table>

注：●为必要内容，○为选做内容（历史文化传承与保护内容可根据是否存在上位国土空间规划确定的历史文化资源选做，其中位于城镇空间内的村庄可选做村庄整体空间格局内容；滨海风貌类、滨水风貌类村庄应编制村庄整体景观风貌内容，农业发展类、旅游发展类可选做）。

结合合作区发展特征，审查要点明确了村庄规划的编制对象为城镇开发边界外的保护开发类和提升发展类村庄，其余按通则或纳入城镇详细规划统一管理。在约束性底线要素管控的基础上，重点核查是否适应合作区历史文化底蕴，开展有针对性的历史文化传承和保护研究，针对村民自建房热情是否明确村庄建设用地的用地安排、空间格局及风貌引导。通过制度设计来规范村庄规划的编制内容，提高项目编制质量。这有助于减少设计成果及设计表达深度的波动，避免不可逆的设计行为发生，提高行政审批效率。

4.3 建立“两类四项”的乡村建设项目审批路径

乡村建设规划许可是依法引导和规范城镇开发边界外乡村建设活动，保障村庄规划实施、保护乡村风貌、促进乡村可持续发展的制度保障和工作抓手。《住房城乡建设部关于印发〈乡村建设规划许可实施意见〉的通知》（建村〔2014〕21号）明确指出，乡村建设规划许可分为村民住宅、乡镇企业、乡村公共设施和公益事业三类项目。但对于乡村建设项目的具体审批办法，则需要各地自行规定。为此，笔者对比分析了上海、南京及广东省内其他地市的经验做法（表5），发现各地建设项目分类具有一定的自主差异性，且案例地区对村民住宅另行出台管理政策。在总结各地经验做法的基础上，依据《中华人民共和国城乡规划法》《广东省城乡规划条例》等法律法规，以及广东省内有关设施农业用地管理和村庄建设项目施行简易审批的文件要求，结合合作区现有乡村建设类型和部门职能分工，起草拟定了合作区乡村建设项目审批指引，以此来规范乡村建设规划许可项目的审批流程和具体审查要求。

表 5　相关地区乡村建设规划许可类型统计

建设项目类型	上海	南京浦口	惠州惠阳	佛山	清远	广州
	上海市乡村建设项目规划资源审批制度改革实施细则（试行）	小型村庄建设项目简易审批说明	惠州市惠阳区乡村建设规划许可实施细则	佛山市乡村建设规划许可管理办法	清远市村庄规划建设管理条例	广州市乡村建设规划许可证实施办法
乡镇企业	√	×	√	√	√	×
乡村公共设施	√	√	√	√	√	×
乡村公益事业	√	√	√	√	√	×
农村村民住宅	√	×	×	×	×	√
简易审批类项目	√	√	×	×	×	×

合作区乡村建设项目审批许可分为许可项目和备案项目两大类，其中许可项目细分为一般流程、简易流程和免许可三条路径：对于用地面积（在 200 m^2 以下）符合标准的零星项目及场地型设施农业项目可以免于办理乡村建设规划许可证；对于已纳入相关规划、投资额在 100 万元以内的政府投资项目和宅基地建房项目施行简易审批，即无需办理用地预审；其他公共设施、乡镇企业及乡村产业项目按照一般审批流程执行。对于符合农村一二三产业融合政策要求的项目施行备案制度（表 6）。在项目分类的基础上，同步明确规定了各类项目的审批流程及办理要求。以此完善了乡村各类建设项目审批许可的制度设计，确保各类项目审批办理有章可循。同时，为提高审批效率，也简化了申请材料要求。以宅基地建房为例，村民只需要提供乡镇人民政府和村委会同意批复、确认的用地坐落平面位置图即可办理建设工程规划许可，对设计方案图纸并不做强制性材料提交要求。在满足法律法规的基础上，最大化便利了村民报建办理手续。

表 6　深汕特别合作区乡村建设规划许可项目类型和路径分类

项目类型	路径分类	
	许可项目	免许可
一般流程	公共服务设施和公益事业、农村一二三产业融合发展项目、乡村旅游项目及其他乡村产业项目	
简易流程	宅基地建房，对已纳入经批准的相关规划且建设内容单一、技术方案简单、总投资 1000 万元以下的农村公路和村内巷路、小型农田水利、种养类设施、农村供排水、农村生活垃圾污水处理、厕所粪污处理、村容村貌提升、移民后期扶持、古驿道修复、村级社会事业等政府投资的村庄建设项目，以及建设内容以设备购置为主的政府投资的村庄建设项目	
免许可	用地面积（200 m^2）和建筑面积较小的厕所、污水处理、垃圾储运、供电、供气、通信等零星公共服务设施和公益事业项目、农业种养设施项目及场地型设施农业项目	设施农业项目、农村一二三产业融合发展用地符合设施农业用地条件及临时建设项目

4.4 开通乡村建设规划许可全流程网办业务

为贯彻落实党的十九届五中全会关于建设网络强国、数字中国的精神，合作区运用“互联网+政务服务”和大数据的技术方法，推行行政审批全流程互联网“不见面审批”（“全程网办”）改革要求，建设工程规划许可业务也在积极推进全流程网办业务建设。为推进建设工程规划许可普及、方便百姓申请许可办理，合作区大胆创新、积极推进深汕乡村建设规划许可的全流程网办业务开通，并以村民宅基地建房为试点，印发了《乡村建设规划许可证新发（宅基地建房）政务服务事项全流程网办规则及五表一图》，明确了办理条件、办理流程、申请材料要求及审核标准。该业务于2024年4月在广东政务服务网正式上线。此举是深汕乡村建设项目管理的里程碑，标志着合作区乡村建设管理制度已基本建立。其他类型乡村建设项目的规划许可全流程网办业务上线也在筹备推进中。

在合作区规划许可全流程网办机制搭建过程中，坚持以依法依规、方便村民为原则，认真解读既有政策要求，对接信息化管理要求和许可网办业务规则，确定将建设许可与用地批准相对独立审批、不互为前置，在村委会及乡镇政府同意的基础上即可申请规划建设许可。以宅基地建房为例，明确规划管理部门重点核查用地坐落平面位置图是否符合国土空间规划、是否与现状农村居民点相邻成片、申请用地和建筑面积是否符合村民建房相关规范指引和标准等。同时，明确建设单位或者个人应当自取得乡村建设规划许可证之日起一年内取得施工许可，逾期未取得施工许可或者逾期未办理延期手续的，乡村建设规划许可证自行失效。未来，乡村建设管理也将探索合并乡村建设规划许可证和用地批准书申请业务，进一步推进“多审合一”改革在合作区的实施。

4.5 跟进开展乡村建设规划许可的基层宣讲

随着城乡发展一体化的深入推进，传统的乡村建设模式已难以满足现代乡村建设高质量发展的需求。乡村建设规划许可制度的确立有助于推进乡村建设法治化、规范化和高质量发展。乡村建设规划许可制度作为乡村建设领域的一项创新实践，其目的在于通过规范乡村建设活动，保障乡村土地资源的合理利用，促进乡村经济、社会、生态的协调发展。然而，新制度的推行往往面临着认知不足、接受度不高等挑战。因此，如何有效地进行制度宣传与培训，提高相关利益主体的认知度和接受度，也是推动乡村建设规划许可制度有效落地的关键。

乡村建设规划许可制度的推广与实施是一项系统工程，需要政府、村民及社会各界的共同参与和努力。乡村建设规划许可机制的实施也需要通过有效的宣传策略与培训，向乡镇政府和村民宣传乡村建设项目审批制度的政策措施、工作进展和成效，增进社会公众对乡村建设项目审批工作的了解和支持，及时回应群众诉求。工作从启动伊始，就保持了与基层部门的高频沟通对接，工作人员多次前往基层部门开展工作内容宣讲和意见沟通，充分采纳有关部门的意见，并结合工作进展进行详尽的解答，确保有关部门在整体了解的基础上能掌握后续具体业务的操作方法（图3）。

图 3　深汕特别合作区乡村建设规划许可机制工作宣讲

5　结语

本文系统分析了深汕特别合作区在乡村建设规划许可实施过程中的问题与挑战，提出了通过管理链条全流程梳理、整体联动来强化乡村建设规划管理能力，包括法制化明确管理模式及部门职责分工；标准化规划审查要点，把控村庄规划编制质量；简化项目许可机制流程，提高审批效率；信息化推进全流程网办，开展便民服务等，实现向规划、实施、管理全过程的技术延伸，以期提高乡村建设规划许可管理的效能。

乡村建设规划许可管理的有效性直接关系到乡村发展的质量与可持续性。通过合作区的案例分析，笔者发现面向实施的乡村建设规划许可管理需要综合考虑地方特色、管理模式和发展目标。未来，应进一步加强理论与实践的结合，探索更加符合乡村实际的乡村建设规划许可管理模式，推动乡村地区的可持续发展。本文的研究虽然取得了一定的成果，但仍存在诸多不足，未来需进一步加深研究。

[参考文献]

[1] 孙莹，张尚武．城乡关系视角下的乡村治理变迁与发展［J］．城市规划学刊，2022（1）：89-95.

[2] 夏青，罗彦，张兵．乡村建设为农民而建：传统村落保护的治理路径研究［J］．规划师，2021，37（10）：26-33.

[3] 梅耀林，汪晓春，王婧，等．乡村规划的实践与展望［J］．小城镇建设，2014（11）：48-55.

[4] 郐艳丽，郑皓昀．传统乡村治理的柔软与现代乡村治理的坚硬［J］．现代城市研究，2015（4）：8-15.

[5] 耿慧志，胡淑芬，徐烨婷，等．乡村建设规划许可实施的难点、问题和完善策略［J］．城市发展研究，2020，27（2）：46-53.

[6] 何汇域，罗明，江汶静，等．城乡融合视角下乡村管理技术规定框架探究：以重庆市为例［J］．城市建筑，2021，18（21）：19-24.

[7] 陈小卉，闾海．国土空间规划体系建构下乡村空间规划探索：以江苏为例［J］．城市规划学刊，2021（1）：74-81.

[8] 梅耀林，许珊珊，杨浩．实用性乡村规划的编制思路与实践［J］．规划师，2016，32（1）：119-125.

[9] 戈大专，陆玉麒．面向国土空间规划的乡村空间治理机制与路径［J］．地理学报，2021，76（6）：1422-1437.

[10] 文剑钢，文瀚梓．我国乡村治理与规划落地问题研究［J］．现代城市研究，2015（4）：16-26.

[11] 耿慧志，李开明．国土空间规划体系下乡村地区全域空间管控策略：基于上海市的经验分析[J]．城市规划学刊，2020（4）：58-66.
[12] 张立，李雯骐，张尚武．国土空间规划背景下建构乡村规划体系的思考：兼议村庄规划的管控约束与发展导向[J]．城市规划学刊，2021（6）：70-77.
[13] 潘裕娟，章征涛，王朝晖．面向村民住宅的乡村建设规划许可实践研究：以珠海市农村地区为例[J]．城市规划，2020，44（7）：46-51.
[14] 徐碧颖，张晨，程海青．北京市规划综合实施方案的思路创新与实践探索：以丽泽金融商务区为例[J]．城乡规划，2024（1）：34-42.
[15] 张衔春，栾晓帆，岳文泽，等．区域治理框架下的土地发展权空间重构研究[J]．城市规划，2023，47（8）：21-28.
[16] 张和强，盛鸣，詹飞翔．区域链接：飞地新区的弹性空间治理模式研究：以深汕特别合作区为例[J]．城市发展研究，2022，29（4）：102-109.
[17] 王建辉，甘晓辉，伍婷，等．乡村振兴战略下实用性村庄规划编制的探索：以江西省编制“多规合一”实用性村庄规划实践为例[J]．中国国土资源经济，2023，36（12）：60-66，74.
[18] 熊健，林华，黄普，等．国土空间规划编制技术标准制定的关键问题与主要思路[J]．城市规划学刊，2022（6）：80-87.

[作者简介]
马宝成，注册城乡规划师，就职于深圳市规划国土发展研究中心。
陈家进，深圳市规划国土发展研究中心规划师。
古海波，深圳市规划国土发展研究中心副总规划师。

基于需要与主体性理论的村庄规划协同参与

——以广东省云浮市为例

□雷雪姣，朱寿佳

摘要：需要与主体性是驱动村庄建设，促进“多规合一”实用型村庄规划实用性的关键因素。当前，村庄规划面临需求表达不足、主体性不足的双重困境。基于需要与主体性相关理论概念，村庄规划应面向村民的真实需求和发挥村民的主体性，实现全层次人群、全过程、决策型公众参与，且应整合乡镇干部、规划师、社会资源等力量，多方推进村庄规划与乡村振兴。广东省云浮市开展村民自主规划的探索，通过政策、技术、群众的联合，形成村民主导、自主编制可落地村庄规划的云浮模式，促进经济效益与社会效益的发挥。因政府服务型转变、村民的意识和主体性回归、规划师的价值转向，协同参与规划具有其可行性，是重要的发展方向。

关键词：需要与主体性理论；村民自主规划；公众参与；村庄规划；云浮市

0　引言

当前，我国社会主要矛盾是人民日益增长的美好生活需要和不平衡不充分的发展之间的矛盾。党的二十大报告提出推进中国式现代化，坚持以人民为中心，促进全体人民共同富裕。中国式现代化是人口规模巨大的现代化，坚持以人民为中心，关注处于边缘弱势群体、欠发达地区的发展。长期以来，对欠发达地区、边缘弱势群体的扶贫和帮扶从“输血式”走向“造血式”发展。在中国式现代化背景下，如何以人民为中心、满足美好生活需要，如何以需要为本、激发主体性，值得深入探讨。我国经历了长期的城乡二元发展，自 21 世纪初重视新农村建设以来，村庄规划经历了多轮发展，从解决单个问题，走向“多规合一”实用型村庄规划，强调规划管理和可实施性。《中华人民共和国乡村振兴促进法》提出“坚持农民主体地位，充分尊重农民意愿，保障农民民主权利和其他合法权益，调动农民的积极性、主动性、创造性，维护农民根本利益”。人民主体性的表达是我国国家治理体系和治理能力现代化的内在要求。公众参与可以归纳为“不是参与的参与”“象征性的参与”“有实权的参与”三类，而我国公众参与规划处于“象征性的参与”阶段，属于被动参与。本文选取广东省云浮市作为研究对象，通过梳理乡村规划建设的实践历程和存在问题，借用需要与主体性理论，探索乡村规划中的协同参与，特别是村民自主规划，为当前高质量发展要求下的乡村规划建设提供参考。

1 需要与主体性理论概述

需要的无限扩张及其与主体性的关系是现代社会批判理论的重要论题。马克思主义关于主体问题的批判性讨论中考察了现代社会个人主体性生成的困境，主体首先被理解为需要的主体或欲望的主体，需要的历史性扩张被资本无限增殖的欲望所代替，资本篡取了主体的位置，成为一种“没有主体性的主体”。由于资本增殖的需要，基于“劳动力商品化”，劳动者的主体性被消解，劳动者成为生产工具，并随着城市的发展和空间商品化，资本权力的规训力蔓延至整个城市空间中，个体成为资本权力重塑的新主体。现实环境中重新审视需要与主体性关系，主体非常关键，应当辨别“谁是主体”“谁的需要”，围绕主体的需要，发挥其主体性，从而驱动发展。

1.1 需要理论

不同学者研究的需要理论可以从宏观、中观、微观三个层面去理解，其中宏观层面偏向社会层次，微观层面偏向个人层次，中观层面则是介于个人与社会之间。

一是宏观层面。马克思认为“人的需要”体现人的生存状态与社会的发展状态，并随着生产力的发展，发展生产力是满足需要的条件之一。同时，以科学的唯物史观为根本指导，“需要”也是考察分析全部历史活动的根本出发点和逻辑起点，人的本性需要是主体人的内在价值尺度。西方学者在研究马克思需要理论的基础上，产生了一些具有代表性的理论如马尔库塞的“虚假需要”理论、鲍德里亚的“需要体系”理论和阿格妮丝·赫勒的“激进需要”理论，分别批判了资本主义追求利润的“虚假需要”、资本主义构建消费规制的“需要体系”、资本主义支配导致异化需要斗争的“激进需要”。新时代美好生活需要与马克思需要理论也表现出内在契合性，以人民为中心，要满足人民日益增长的美好生活需要。

二是中观层面。英国学者 Bradshaw 在社会福利政策领域提出社区需要的类型为四种：第一种是规范型需要，即专业人员、行政人员或专家学者依据专业知识和现有的规定或规范指出在特定情况下所需的标准；第二种是感觉型需要，即当个人被问及是否需要某一特定服务并做出回应时感觉到的需要；第三种是表达型需要，即为个人把自身的感觉型需要通过行动来表达和展现；第四种是比较型需要，即基于与某种事物所作的比较而产生的需要。

三是微观层面。心理学家更多地从个人视角研究需要，著名的有马斯洛需要层次理论、克雷顿·奥尔德弗“生存—关系—成长”的 ERG 需要理论、麦克利兰三种需要理论（成就需要、权力需要、亲和需要）等。

1.2 主体性理论

黑格尔提出主体性即“具有坚强的主体性格的自由自在的（尽管只是形式的）个性”，即一种主体形式。马克思、恩格斯还论述了人民的主体性，即人民在物质生产中推动国家历史发展，是社会进步的主要力量，恩格斯国家观的人民主体性思想阐明了国家社会管理职能履行与人民公共利益需求之间的紧密联系。

乡村村民往往被认为缺乏主体性，其问题被描述为知识（无效）问题、行动（无力）问题、理性（无德）问题，被认为“非科学”“不专业”“非理性”而被排除在讨论甚至决策过程之外，被成为村庄建设的旁观者，但实际上，只有理解村民的主体性才能为乡村振兴提供发展动能。激活村民主体性的既有议题，循着“谁来激活”和“如何激活”两条进路展开，以利益牵引为动力、还权赋能为主线的牵引式治理激活了村民主体性。

2 当前村庄规划的需要与主体性问题

广东省是改革开放前沿阵地，其乡村规划建设实践可以总结为三个阶段：一是2004—2012年的村庄规划探索阶段，二是2013—2017年的村庄建设优化提升阶段，三是2018年以来的乡村振兴发展阶段。在“美丽乡村”概念下，新农村建设落实到乡村风貌的整体提升中。广东省从2011年开始，在增城、花都、从化等市（县）率先启动美丽乡村建设行动，探索了“一村一品”的从化经验、“蓝图＋行动”式规划方法等。参考浙江省的成功经验，资源、特色较好的地区已通过多轮村庄规划，以产业培育为重点，建设成为美丽乡村、特色小镇。然而，大量资源一般的乡村仍然面临诸多规划困境。

2.1 需要困境：程序简化导致村庄规划需求表达不足

2.1.1 规划调研中存在摸查不充分的问题

从需求调查来看，许多村庄规划的调研不够充分，未能充分体现村民的发展诉求。许多村庄规划编制以全镇或者多个镇整体打包到一个规划设计单位，一个规划设计单位同时面临十几个甚至几十个村庄，在有限的时间、有限的经费里，往往将工作的侧重点放置到按照村庄规划相关规范、指引的要求生成相应的成果，每个村庄调查的时间可能不到半天。在这样的情况下根本没有办法深入调查，更无法发现村庄的真正需求。面向村庄的需求是根本，忽视了村庄内生的需求，转而追寻成果版面效果，实在是本末倒置。村庄规划项目在村庄调研时间少，调研对象也不可能全面，主要调研村“两委”成员及各村小组组长，参与人员不足，忽视了全体村民的共同需求。

2.1.2 规划编制过程中缺乏需要的表达

从规划编制过程来看，编制过程中未能充分考虑需要的表达。公共服务设施、市政基础设施等内容的制定，较多地根据规范型需要或比较型需要来确定建设内容。一方面是编制过程缺少与村民的对话，更多的是单方面进行决定，缺乏对规划的深入了解，如规划该项设施对村庄有何益处，需要村民做些什么。根据“上传下达”、标准规范、“规划专家”制定的规划，与实际的需要不匹配。这种需要的不匹配往往产生许多问题，造成公共资源的浪费，如浙江省民政部门要求每个村都建一个村活动中心，但走过一村又一村，村村都闲置；又如广东省按照农村污水处理全覆盖的目标推进农村污水设施建设，由于污水总量未达到处理要求及进水不足而无法运作，许多污水设施废弃。另一方面是编制程序上公众参与的深度不足，除了村“两委”成员，村民代表主要通过村民代表大会表决，其他被代表的村民更多的是置身事外。根据珠三角地区的经验，公众参与主要体现在调研阶段对村“两委”的调研会、村民的意见收集，规划编制阶段征求村“两委”和村民代表意见，规划审批阶段的公示，厘清乡村民主与城乡规划管理之间的脉络需要进行深入探讨，规划师以何种态度面对是关系到村庄规划时效性和可操作性的关键点。

2.2 主体困境：照搬城市规划无法适应村庄规划实施

2.2.1 规划决策中村民的主体性不足

在一般的村庄规划中，村民参与的形式较为简单，主要是村民代表大会投票，未能充分发挥村民的主体性，村民只是被迫接受规划方案，而且一般情况下，如果规划技术团队不存在明显纰漏，村民代表大会均予以通过。对于部分村民而言，村庄规划的重点在于是否保证其未来的宅基地需求，而对于是否增加了其他设施，是否总体上对村庄有利，一般不会提出反对意见。

村庄规划过程完全由外来的规划技术人员指导，村民也秉承“多一事不如少一事”的原则，既不了解规划的政策属性，也不愿意参与村庄治理，完全将主动权交给规划师，使得规划缺乏可落地性或是规划实施后面临新的问题。经调研发现，广东省的一些村落在建设后期缺乏管护问题非常突出，如村庄保洁不到位、设施破败等。许多村庄规划的资金来源于财政支持，抱着“有好过无”的态度，村民的参与感不足，设施建设后村民缺乏主体意识，因而难以积极承担管护责任。

2.2.2 规划实施过程中村民缺乏自主性

村庄规划滞后于城市规划，作为乡村建设管理的重要一环，村庄规划往往按照城市规划的思维和方法编制，面临着规划实施的困境。城市规划一经批复，由多个部门联合促进实施，包括招商部门招商、发改部门促进立项、规划部门组织编制详细规划、住建部门组织竣工验收等，涉及一系列配套的支撑政策，促进规划实施落地。村庄规划则由村集体、村民申请，如果村民缺乏自主性，则规划难以实施落地。村庄规划编制成果难以指导村庄地区村民建房和公共服务设施建设。

台湾等地区的实践越来越多地表明，村庄规划建设要取得实效，必须以村民的全面参与和村庄自主发展能力的提升为前提，乡村地区应倡导自下而上的自治式规划、参与式规划。参与式规划实现对村民的“赋权”，村民意见被采纳，能够产生正向促进作用，建立起村庄建设的主体性意识，有利于村庄自主发展。

3 发展对策：需求自主、多方支持的村庄规划

3.1 多方协同参与策略

在传统村庄规划中，尽管有村民、规划师、乡镇干部、帮扶队等不同力量参与，但未能以村民为主体充分整合。对于乡镇而言，村庄规划作为基层空间治理的重要治理手段，是约束管理村民建设的重要管理工具。对于村民而言，村庄规划是对村集体用地的保护与发展格局做整体的规划，村集体作为拥有所有权、使用权和经营权的主体，也应该作为规划编制和实施的主体。规划师、帮扶队等其他社会资源则作为指导者、咨询者、协调者、支持者等角色参与，形成四方共创、共同缔造的协同参与格局（图 1）。

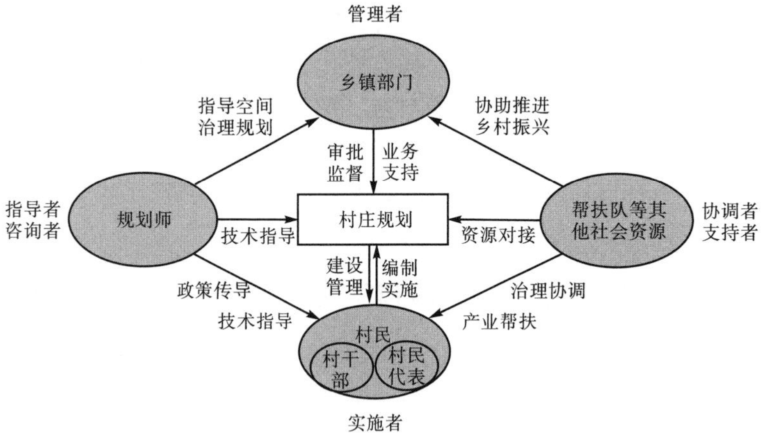

图 1 多方协同的村庄规划参与模式

3.2 不同主体在村庄协同规划中的角色分析

3.2.1 村民发挥自身主体性，强化参与度

发挥村民主体性和强化参与度，要从全层次人群参与、决策型公众参与等维度考虑。

缺乏全层次人群参与的规划过度关注功能主义，忽略了社会公平。以村民需求为本，应充分考虑不同村民的需求，村民的公共参与应尽可能覆盖，而不仅仅是村“两委”成员和村干部代表。实际上，全年龄人群参与公共事务并非鲜有，在许多地区，已有妇女、儿童、老年人参与公共事务的先例。在妇女参与乡村建设方面，广州从化乐明村即是很好的例子。在社会组织的帮助下，乐明村留守妇女成立旅社妇女小组，打造妇女之家公共空间，推动村庄公共事务发展，并建立公益基金，推动村庄的治理。儿童友好社区建设相关政策要求推动儿童参与社区治理，健全其参与公共活动和公共事务机制。在长沙、深圳等城市采用工作坊的形式推进儿童参与公共事务。老年人参与村庄规划则相对常见，村庄中的乡贤及乡贤理事会在公共事务发展中发挥了非常重要的作用。

缺乏决策型公众参与的规划最终忽略了可实施性，中看而不中用，最终是“墙上挂挂，纸上画画”，沦为形式。以村民需求为本，村民参与乡村规划不应停留在表决等象征性参与的层次，而应探索决策型参与。以村民自建房为例，村民是房屋的使用人，技术工人不可能完全代替使用人来设计方案，尽管他们能提供更专业的建造方面的建议，但最终仍需以符合使用人的需求为准。缺乏决策的参与意味着村民不得不被动接受规划的结果，未能深究规划背后的意图和可行性，最终要么不知道怎么落实规划，要么规划可能不符合自己的期望而无法落实（图 2）。

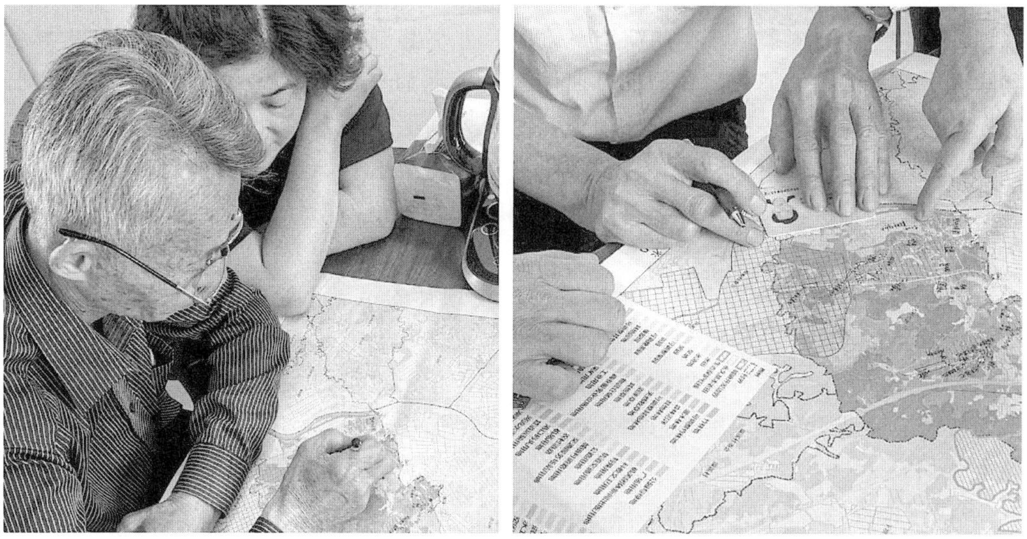

图 2　调研中村民自主绘制用地需求

缺乏决策型公众参与的规划最终忽略了本土性，成为放之四海而皆准的“假大空”规划。公众参与不应停留于规划公示及表决阶段，而应贯穿规划编制“前一中一后”的全过程（图 3）。规划应当在编制阶段加强公众参与，“没有调查就没有发言权”，没有经过编制阶段深入的公众参与便不可能形成好的规划，可能只是规划编制人员在经验层次的照搬照抄，难以因地制宜地针对村庄的具体问题进行深入分析和提出解决对策。

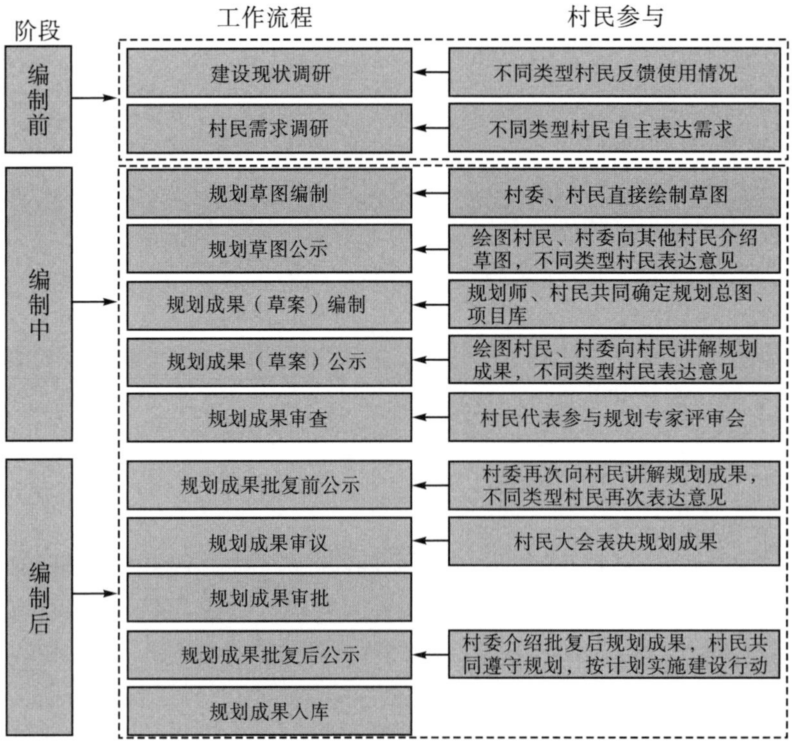

图 3　村民参与村庄规划模式

3.2.2　规划师培训指导，全过程技术协同

规划师作为专业技术人员，在前期调研阶段、方案编制阶段全过程技术协同和指导参与规划，共同促进规划编制的形式。在前期调研阶段，规划师与村民建立信任关系，互为导师。村民向规划师普及当地生活经验和地方性知识，使规划师更了解乡村；规划师则向村民普及村庄规划政策背景、要求、作用及具体关注要点，使村民从更宏观、更长远的视角了解乡村，了解自己。通过建立微信群等方式，建立村民与规划师咨询渠道，增强村民参与感，培育社区共同意识；通过村庄美景照片展览，组织美丽乡村考察对比，村庄公共空间集体清扫等方式，让村民对自身发展诉求和意愿有更明确的认识，并在规划师的指导下绘制草图。在方案编制阶段，规划师指导村民将方案草图转化为村庄规划图纸和表格，通过开展工作坊的形式与村民共同探讨项目的合理性，充分发挥村民集体合作社等组织作用，鼓励村民积极发言，协助村民与政府相关部门协调，逐渐明晰建设用地范围和村庄发展经济用地范围，明确村庄规划发展建设项目并落图上表。

3.2.3　乡镇干部支持，推进政策服务落地

乡镇基层政府需要通过政策扶持乡村，促使国家乡村振兴战略落地。因此，乡镇干部应与村民保持紧密联系，适时传达政策要求，鼓励村民主动参与建设、了解村庄需求，将政策与需要、村集体物质性资源和人力资源等有机结合，通过良好的治理和合作方式，形成规划并转化为集体行动，从而实现村集体、政府共赢。

乡镇干部应发挥组织业务指导和部门工作支持作用，特别是部门乡村建设资金支持的作用，实现村镇工业和乡村旅游等多样化发展。此外，乡镇干部还可以通过策划村庄文化活动、集体劳动等方式，提升村民凝聚力，促进村民参与村庄建设，如有效组织村庄中的老年人和妇女参

与集体组织，为集体利益代言，推动村庄良性建设。

3.2.4 帮扶队驻场赋能，链接社会资源

2021年6月，广东省印发《广东省乡村振兴驻镇帮镇扶村工作方案》，提出结合实施乡村建设行动，开展驻镇帮扶、分类分级帮扶、组团帮扶，有机整合“党政机关＋企事业单位＋农村科技特派员”、“三支一扶”人员、志愿者、金融助理等多类专业人才队伍，配套财政帮扶资金及相关政策，全面实施乡村振兴。驻镇帮镇扶村工作队驻镇，同步帮扶好镇、村两级，发挥乡镇上连县、下连村的纽带作用，促进镇村统筹发展。驻镇帮镇扶村工作队成员驻扎在镇和村，每三年轮换一次，充分发挥联结作用，镇层面联动政府相关部门、群团组织等各类资源，村层面吸纳乡贤能人、坊长、组长及热心群众等，推进镇村规划落地及基层社会治理（图4）。

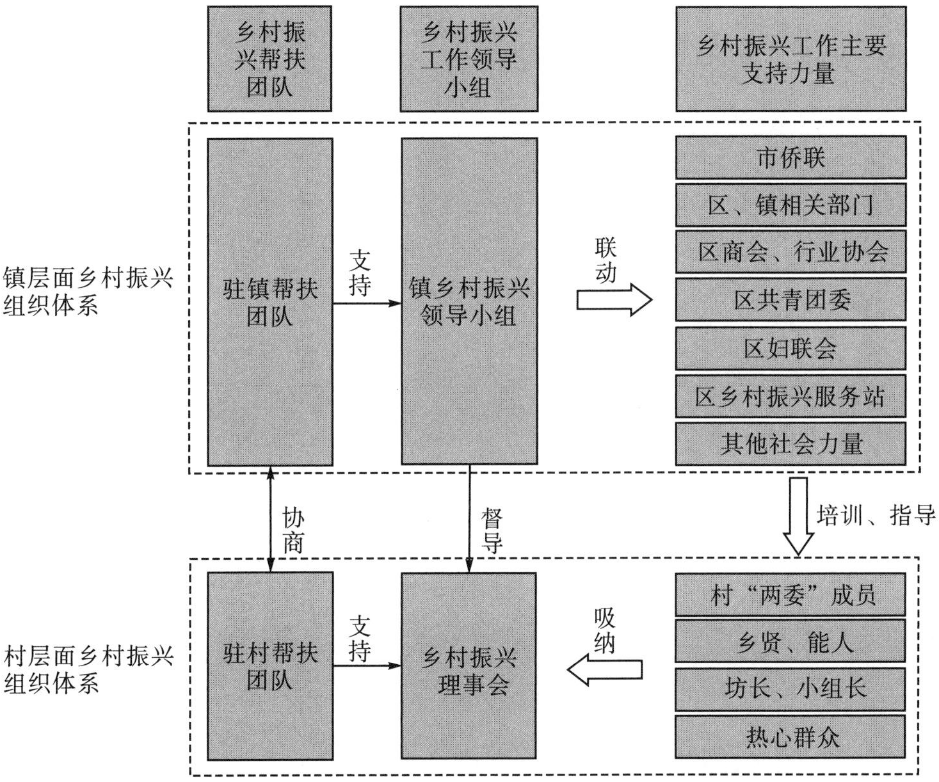

图4 乡村振兴组织体系建议

3.3 村庄规划协同参与转向的可行性

3.3.1 服务型政府定位转变，政策资源传导到村

通过水利、交通、能源等相关项目资源传导到村庄，带动村庄发展，从而让村民能更好地支持村庄规划编制和实施。同时，大量参与式的社区动员、政府主动作为，能让村庄内部成员关注村庄发展的决策和实施，通过家族、亲朋好友等网络资源，实现共享式的发展，有意向地投入资金和技术，主动回报村庄发展，参与村庄项目建设，促进村庄良性发展。

3.3.2 村民的意识觉醒与主体性回归

面对中国的乡村问题，20世纪末乡村建设运动即重视乡村教育和村民的自主能动性，而当下大学生志愿服务乡村振兴计划、结对帮扶、乡村振兴学院、乡村振兴大擂台等，既重视外部

人才的引进，也重视内部村庄人才的培养，以促进村民的意识与主体性提升。在主体性回归理论大潮下，从行动社会学进入日常生活叙事，人们作为行动者具有主体性，并且其反思能力始终贯穿在日常行为中。随着国家教育、政策的普及，村民建设乡村意识不断提升，基层管理人员不能将村民简单地视为文化水平不高，而应当将村庄规划的主体性回归村民，实现村庄规划、建设的主体合一，这有利于规划实施落地。

3.3.3 规划师的价值取向与村庄规划模式转型

规划师以维护公共利益、整体利益为已任，在实际工作中受到利益、权力的冲击，应树立良好的职业道德。规划师作为社会政策的实践者，应当遵循公众利益的原则，从村民的立场出发。规划师的角色应由“独裁”的决策者或者个别领导的“御用文人”向村民的指导者、村庄规划的协调者转变，尊重村民自主需求的探索、自主选择的权利，帮助村民参与规划建设。

4 村庄规划协同参与的云浮实践探索

为克服采用传统形式购买村庄规划编制技术服务的弊端（村庄“被规划”、村民看不懂、落地不适用），云浮市探索乡村规划从委托规划设计单位编制的“被规划”转变为以当地村民、镇（街）为主编制的“自规划”，通过培育镇（街）、村层面本土乡村振兴建设队伍（乡村建设管理工程师、村民规划师、乡村工匠等），充分发挥镇（街）、村委会和村民的主体与核心作用，有效实现村民主导、自主编制可落地的村庄规划（表1）。

表1 传统村庄规划与云浮市村民自主规划比较

类型	传统村庄规划	云浮市村民自主规划
编制主体	规划设计单位	自然村—村集体、行政村—规划设计单位
编制流程	规划编制—规划审批	技术培训—规划编制—规划审批
村民角色	被动参与者	主动参与者
政府投入	资金投入多，人力投入少	人力投入多，资金投入少
规划效用	完成行政任务，可实施性差	村民自主参与，指导后续建设

4.1 政策保障和技术团队支撑

4.1.1 政策先行，强化实施保障

依据《广东省村庄规划编制基本技术指南（试行）》，云浮市制定了《云浮市加快推进乡村规划编制工作实施方案》《云浮市分类编制村庄规划工作指引》《云浮市编制“多规合一”实用性村庄规划工作指引》及系列配套管理政策。以共同缔造为方法，通过自下而上、上下结合，群众共谋、共建、共管、共评、共享，在加强对行政村规划建设统筹的基础上，编制让村民易懂、村委能用、镇（街）好管、便于实施的村庄规划。《云浮市村庄规划建设管理条例》为村庄建设管理提供依据，强调了村民委员会自治组织的作用和村民依法参与的原则。《云浮市新时代农房规划建设和风貌管控试点工作方案》《云浮市乡村振兴农村农房设计方案参考图集》为强化农房风貌引导、规范农房设计提供依据。《关于实行竞争性“以奖代补”激发群众参与乡村振兴的指导意见》提供奖励政策，鼓励乡村自主参与村庄规划。

在工作组织方面，云浮市已经建立了领导小组和多级联动制度。通过成立工作领导小组，

完善处级领导干部联系各县（市、区）的机制，多次分片带队到各地开展座谈交流及实地踏勘，督促和指导加快编制进度，确保高效完成村庄规划编制。

4.1.2 外强内联，提升技术水平

一是建立云浮市乡村规划技术指导服务专家库，聘请外部专家团队，为规划编制工作提供技术保障。云浮市聘请专家驻场提供技术服务，有针对性地解决各镇、村庄在规划编制中遇到的难题；搭建村庄规划编制信息平台，指导各地利用平台获取地图影像数据和规划成果上图。

二是市、县联动，多次举办县（市、区）、镇分片培训班，通过开展规划讲坛和乡村规划培训班，提升规划整体技术水平。参与培训的人员覆盖规划编制、管理相关业务人员，包括县（市、区）自然资源局、住房和城乡建设局分管领导及工作人员、各镇（街）村庄规划工作分管领导及规划管理人员、各地村庄规划编制单位（或个人）、云浮市乡村规划技术指导服务专家库部分专家。培训内容为云浮市村庄规划编制信息平台的具体操作方法、村庄规划工作指引等相关政策解读、编制村庄规划步骤等，为各镇村庄规划编制工作提供详细指导。

4.1.3 立足群众，加强规划宣传

在规划编制过程中，坚持遵循实用、节约、群众参与的原则，以问题为导向，以农村人居环境整治为村庄规划重点，编制村民易懂、村委能用、乡镇好管的规划成果。注重对群众的政策宣讲，采用动漫等形式解读《云浮市村庄规划建设管理条例》等内容，用本地方言讲解乡村规划有关知识，方便村民理解和体会。加强政策宣传，通过省、市主要媒体等多种渠道进行政策宣传，让乡村规划知识广泛传播。

4.2 组织编制与规划实施创新

4.2.1 规划编制前期培训

以罗定市为例，罗定市乡村规划从委托设计院编制的“被规划”转变为以当地村民、镇街为主编制的“自规划”，全市各镇召开村民自主编制村庄规划培训班，镇相关部门人员、驻村干部及各行政村“两委”干部、村民小组组长参加培训班。培训后专家团队驻镇（街）开展后续技术服务指导，为规划提供有效的技术支撑。

4.2.2 规划编制过程共谋共建

在规划编制过程中，村民主动参与规划编制初稿，并经过两轮意见征求。第一轮征求意见为规划草图，确定自然村类别后，各自然村发动本村村民研究讨论，结合自然村分类，利用国土部门提供的工作底图，手工描绘并标注项目形成规划草图和项目表。与传统规划编制不一样的是，规划方案并非由规划人员完成，而是由村“两委”干部、村组长、村民代表等完成，充分发挥村民的自主性和决策力，推动实用型村庄规划编制。

第二轮征求意见为录入空间规划信息平台的正式图纸，规划单位对各自然村收集到的村民意见进行分析研究，并对规划内容及管控要求进行把关，登录云浮市“一图一库”空间规划信息平台，直接在系统上标图制成，并联动行政村村委会署名。征求意见的对象不仅包括村民、行政村村委会，还有外出乡贤。

4.2.3 规划编制成果分类实用

依据《云浮市分类编制村庄规划工作指引》因地制宜考虑村庄实际，立足全市自然村散、小、多和发展不充分、不平衡的实际，以自然村为单位编制规划，以人居环境整治和住房建设为重点，在加强对行政村规划建设统筹的基础上，根据村庄的类型，按照实际需求编制村庄规划（表2）。

表 2　不同类型自然村的规划成果要求和审批主体

<table>
<tr><th rowspan="2"></th><th rowspan="2">村庄特点</th><th colspan="4">村庄规划成果要求</th><th rowspan="2">审批主体</th></tr>
<tr><th>图</th><th>书</th><th>表</th><th>公约</th></tr>
<tr><td>第一类</td><td>除城郊融合、特色保护类村庄外，地处偏远、常住人口在 100 人以下的村庄</td><td>—</td><td>—</td><td>—</td><td rowspan="4">村庄规划建设管理公约</td><td>村民小组</td></tr>
<tr><td>第二类</td><td>具有一定基础和基本条件的村庄</td><td>用地规划图、整治项目布局规划图</td><td>—</td><td>村庄整治项目表</td><td>镇人民政府（街道办）</td></tr>
<tr><td>第三类</td><td>有基础、有条件和有需求的村庄</td><td>用地规划图、整治项目布局规划图、建设项目布局规划图</td><td>—</td><td>村庄规划建设项目库</td><td>镇人民政府（街道办）</td></tr>
<tr><td>第四类</td><td>城郊融合类村庄、特色保护类村庄</td><td>用地现状图、用地规划图、建设项目布局规划图、农房建设总平面图</td><td>规划说明书、公众参与报告书</td><td>村庄建设需求台账、村庄规划建设项目库</td><td>县（市、区）人民政府</td></tr>
</table>

5　结论与思考

5.1　结论

缺乏镇村深层次参与的规划难以落地，特别是村层面，村民缺乏对村庄规划知识和政策的认知，规划最终也无法回应村民的需要。当前乡村地区规划中，除了村民会议，公众更多的是依赖规划技术团队。然而，由于时间紧、任务重、经费有限、人手投入不足等诸多原因，更多的村庄规划被短平快处置，按照标准查漏补缺，忽视了一个个具有不同特色的乡村背后的真实需求。在传统村庄规划的编制模式下，由于市场的经济理性，规划设计单位难以不计成本地考虑村民的理想蓝图，从而产生因主体性缺失造成规划难以实施的问题。广东省村庄规划经历多轮实践，通过不断改进方法和优化提升，在技术上不断探索实用型村庄规划的编制方式。

本文试图从理论溯源、对策建议、案例解读、实践反思等不同层面，回应当前村庄规划面临的现实困境，论证协同参与的可行性。面对村庄规划实施难题，“授人以鱼不如授人以渔”，关键是要发挥村民的主体性，寻找村民自身的需求，从“要我改”到“我要改”，内驱式推动村庄规划编制与实施。

5.2　思考

在全面推进乡村振兴战略背景下，规划先行，做好村庄规划尤为关键。面对组织、资金等各种难题，联动资源、多主体协同利于资源整合和综合效益的发挥。特别是对于落后地区而言，应通过有效地组织，减少冗余的成本，让村庄规划回归实用性。

当下“多规合一”实用型村庄规划要求规划建设管理的精准性，需要的不匹配和主体性将影响村庄规划的实用性。作为自治单元，村庄从规划到实施落地难题的解决，与需要和主体问题关系密切，一方面是能真正满足村民的需要，另一方面是能基于村民需要，发挥村民的主体性，从村庄规划走向村庄治理。在国土空间规划背景下，村庄规划编制面临更高要求，村民主动、协同参与仍是重要的发展方向。

［参考文献］

［1］刘永青．国家治理现代化进程中人民主体性的制度彰显［J］．理论导刊，2021（9）：91-95.

［2］王敏．城市规划中的“本位”问题［J］．城市问题，2002（3）：50-53.

［3］任劭婷．社会哲学视阈中的需要与主体性：卢梭、黑格尔与马克思［J］．教学与研究，2022（5）：53-62.

［4］王雪，张盾．资本的权力与主体性的消解：马克思政治经济学批判中的一个政治问题［J］．东南学术，2021（2）：47-55.

［5］唐海波，郭颖芳．马克思需要理论研究综述［J］．西部学刊，2020（19）：45-47.

［6］姚进忠．福利治理中的需要理论：内涵、类型与满足路径［J］．学习与实践，2019（2）：90-100.

［7］赖怡芳，张国启．恩格斯国家观的人民主体性思想及其当代价值：以《家庭、私有制和国家的起源》为例［J］．华侨大学学报（哲学社会科学版），2022（3）：12-21.

［8］王进文．带回农民“主体性”：新时代乡村振兴发展的路径转向［J］．现代经济探讨，2021（7）：123-132.

［9］关庆华，吴晓燕．牵引式治理：乡村振兴背景下产业发展与农民主体性［J］．华南农业大学学报（社会科学版），2022，21（3）：49-58.

［10］魏剑丹，郭素萍，邹伟勇．从新农村建设到乡村振兴的广东省实践探索［J］．南方建筑，2019（2）：62-67.

［11］张京祥，张尚武，段德罡，等．多规合一的实用性村庄规划［J］．城市规划，2020，44（3）：74-83.

［12］许世光，魏建平，曹轶，等．珠江三角洲村庄规划公众参与的形式选择与实践［J］．城市规划，2012，36（2）：58-65.

［13］孙莹．以“参与”促“善治”：治理视角下参与式乡村规划的影响效应研究［J］．城市规划，2018，42（2）：70-77.

［14］郑中玉，李鹏超．超越“被简单化的民众”：历史街区改造中民众主体性视角的研究［J］．社会学评论，2021，9（2）：173-198.

［作者简介］

雷雪姣，城市规划设计工程师，研究方向为城乡规划实施。

朱寿佳，城乡规划高级工程师，研究方向为城乡规划。

共建共治共享下城郊村“三生”融合路径研究

——以辽宁省新民市胡台镇杜板牛村为例

□皮翔宇，周慧，曲明姝，王金溪

摘要：本文在深入剖析乡村振兴背景下城郊村共建共治共享理论的基础上，研究城郊村生态、生产、生活“三生”融合的创新发展路径，并以杜板牛村为例进行共建共治共享下“三生”融合的实践。首先，通过对乡村振兴背景下共建共治共享理论、乡村“三生”融合发展理论的研究，明确共建共治共享作为乡村振兴战略的核心要素，其在乡村“三生”融合中具有重要的指导意义。其次，深入分析城郊村“三生”空间的独特性，探讨共建共治共享背景下城郊村实现“三生”融合的发展策略及实施路径。再次，以典型城郊村——杜板牛村为例，详细阐述了该村在“三生”融合路径实践中的探索过程与取得的显著成效，并提出针对性的“三生”融合实施策略。最后，对研究内容进行总结，并展望未来城郊村在共建共治共享框架下的发展前景，以期为推动乡村振兴提供理论支撑与实践参考。

关键词：共建共治共享；乡村振兴；“三生”融合；城郊村

0 引言

根据党的二十大报告中“健全共建共治共享的社会治理制度，提升社会治理效能”以及2023年中央一号文件中“坚持以党建引领乡村治理”“提升乡村治理效能”传达的重要精神，新时期党的“三农”工作的重点就在于乡村振兴。共建共治共享理念逐步融入乡村振兴发展的各个领域，向村庄探索建设“共享社区”新模式，重塑乡村发展格局，开创乡村治理新局面。

“千万工程”是习近平总书记在浙江工作时亲自谋划、亲自部署、亲自推动的一项重大决策，全面实施二十年来深刻改变了浙江农村的面貌，探索出一条加强农村人居环境整治、全面推进乡村振兴、建设美丽中国的科学路径。乡村振兴时刻把握浙江“千万工程”经验的精髓，坚持农业农村优先发展，按照产业兴旺、生态宜居、乡风文明、治理有效、生活富裕的总要求，以示范引领梯次推进为思路，创造性推进乡村实践，打造宜居宜业和美乡村。

目前，我国已迈入新发展阶段，经济社会发展已经从高速增长阶段迈向高质量发展阶段，正处在经济发展方式转型升级、产业结构提质增效、增长动力转换的关键时期。城郊村地处城市与乡村衔接的过渡区域，在城市向外扩张、带动乡村地区发展等方面都有着重要的价值，对推动城郊新农村地区城乡融合有着重要的现实意义。

深入理解城郊村在经济、社会、文化等方面的发展现状，分析城郊村在城乡一体化进程中面临的挑战和机遇。在“三生”融合的视角下，探索和构建适用于城郊村发展的共建共治共享的实践路径。选取典型城郊村作为案例，通过实证研究，分析共建共治共享实践中的经验，提出促进城郊村“三生”融合发展的政策建议和实施策略，为相关决策提供理论和实践依据。研究城郊村在共建共治共享下的“三生”融合路径，不仅具有理论上的创新意义，也对实现社会经济可持续发展、推动城乡和谐共进具有重要的现实意义。通过研究探索适合城郊村发展的新模式，为城郊村的发展规划做出指引，有助于促进城乡资源的优化配置，推动城乡融合发展，缩小城乡发展差距。在生态保护和建设方面，研究城郊村如何实施有效的生态保护措施，推动绿色发展，构建和谐的人与自然关系。

1 共建共治共享下城郊村研究要点与路径

1.1 共建共治共享与“三生”融合理论研究

1.1.1 乡村振兴背景下共建共治共享理论

在乡村振兴的大背景下，共建共治共享理论作为一种应对传统农村生产方式与现代市场经济不匹配的综合性治理模式，核心在于搭建一个政府、资本和农民三方合作共赢的平台，旨在推动乡村产业的繁荣、实现治理的高效以及资源的均衡共享。

共建层面提倡政府、资本与农民共同努力，利用政策引导、技术资金支持与农业生产优势，促进产业结构升级和农业规模化经营，为乡村振兴提供动力和支持。政府在此过程中扮演着规制与引导的角色，资本通过输入带动产业进步，农民则是变革与升级的直接实施者。

共治层面强调在乡村治理过程中吸纳多元主体力量，推崇多中心和协同治理模式，通过对话与合作解决利益冲突，确保治理的公平性和有效性。这种方式有助于平衡各方利益，防止单一主体控制导致的不平衡和矛盾。

共享层面则关注于乡村振兴的终极目的，即资源、机会和成果的公平分配。它主张在充分利用市场机制的同时，坚持农民土地集体所有制，保护农民基本利益，特别是注重弱势群体的权益，旨在逐步推进社会的共同富裕。

1.1.2 乡村“三生”融合发展理论

“三生”融合理论主张将农村视为一个整体，目的在于平衡和协调农村的生产、生活、生态三方面，使之紧密相连、相互作用，深入融合。这一理论基于对生态环境的重视，以产业推进为驱动力，以提升居住服务为核心，旨在实现一个集生产空间高效集约、居住空间舒适宜人、生态空间清新美丽于一体的目标。在这种“三生”融合的农村规划策略下，关键是要从农村现存的资源出发，促进生产、生活、生态三个方面实现和谐共生、共同发展，引导农村社区沿着可持续发展的路径前进。

1.2 共建共治共享下城郊村“三生”融合路径研究

1.2.1 城郊村“三生”空间的独特性

城郊村作为城市与乡村的缓冲区域，展现出其“三生”空间独有的特质。与远郊乡村相比，这里人口更为密集，交通更发达，文化环境更丰富，且农业和生产活动较为先进，显示出较高的农业城镇化和工业化水平。而在与城市的对比中，城郊乡村拥有更多的自然资源和鲜明的地域文化，其生产、生活和生态的空间边界更加模糊不清，生产与生活的空间互相容纳和协作关系更为紧密，生产与生态的空间重叠更显著，生活与生态的空间融合度也更高。

1.2.2 共建共治共享下城郊村“三生”融合策略

城郊村的“三生”融合旨在寻求生产、生活、生态三者的有机结合，实现乡村的全面可持续发展。基于共建共治共享的理念，城郊村“三生”融合策略主要聚焦于筑牢生态屏障、优化产业结构、共治和谐社区三个核心方面。

生态方面，筑牢生态屏障，重视生态保护和恢复。通过绿化景观塑造、水体保护恢复等措施，构建稳定的生态系统，包括提高绿地面积、保护生物多样性、采用生态友好型农业以及加强对自然资源的可持续管理等。生态屏障的建设有利于提高乡村的自然吸引力，同时对抗和适应气候变化。

生产方面，优化乡村产业的发展结构，推动产业逐步向绿色、循环、低碳方向转型。这涉及发展生态农业、乡村旅游、绿色能源和其他地方特色产业，以此作为乡村经济发展的新引擎。产业结构的优化调整不仅能为村庄提供更多的就业机会，提高村民收入水平，还能有效减轻对环境产生的负面影响。

生活方面，共治和谐的乡村社区，提高农村公众参与水平，增强参与热情并提升居民素质。通过完善乡村社区公共服务、加强社区安全、提升居民生活质量等方面，鼓励村民参与决策过程，增强村民幸福感、归属感、责任感，构建和谐共生的乡村社区环境。

2 共建共治共享下杜板牛村“三生”融合路径实践

2.1 研究区域概况

杜板牛村位于沈阳市西部城郊的胡台镇，紧邻新民市胡台镇中心城区，东侧靠近沈阳市四环路，距离沈阳市中心约25 km，沿西北方向约30 km可至新民市区，位于沈阳市20 km交通圈内，距离北李官高速口、张士高速口10 km，国道230穿境而过，交通便利。

杜板牛村位于新民市县域经济增长极胡台新城中心城区西侧，能够分享胡台镇产业外溢带来的机遇和优势；周边区域文旅资源丰富，北侧临近蒲河生态廊道，距离溪溪湖湿地公园5 km，位于胡台镇多彩稻香旅游环线上，承担胡台镇工业后花园的作用。

杜板牛村现状用地以工业用地、农村宅基地、耕地、坑塘水面为主。村内土地肥沃，鱼塘众多，种植业、养殖业资源基础好。杜板牛村依托胡台镇家具制造产业优势，形成一定的家具制造业产业规模，居民点内宅基地与厂房、仓库交织，初步形成了“前村后厂”的家具生产模式，木制品家具加工、床垫加工、板材加工等种类的家具制造类小微型企业28家，可以为村民提供就业岗位，企业扩建升级需求较大。

本研究选取杜板牛村中部核心区域（即杜板牛村、前公太村两处居民点及周边区域）作为研究范围，面积约1.62 km^2。

2.2 杜板牛村“三生”融合路径探索

2.2.1 筑牢城镇后花园生态屏障

全域统筹、系统谋划“两路两带”景观环线，塑造不同等级小城镇后花园式景观节点，以“巾帼鲜花铺路、滨水蓝绿串联”为主题，打造组团式、环抱式、互联式绿化等级体系。强化生态保护、推广生态农业、加强水体和湿地保护、增加绿化和生物多样性、加强环境教育，以促进可持续发展，打造宜居、美丽、和谐村庄。

村级景观围绕村庄主路、湿地公园、坑塘水面、老旧废弃厂房等现有资源空间，打造多重主题景观节点，围绕巾帼鲜花路、郊野垂钓路、鲜花水岸游览带、稻香环线景观带形成村庄特色景观环路。组级景观围绕交通干路、巾帼花路及村庄景观环路沿线的闲置地、闲置庭院等小规模的闲置空间，打造口袋公园等休憩开敞空间，供组内村民游憩活动。

2.2.2 打造多元互补的产业结构

结合城郊村产业发展定位，通过系统谋划“一带两轴三组团多板块”的产业结构，探索三产融合发展体系，推动乡村经济的均衡增长和产业的高效协同。以乡村产业发展带作为核心，串联各个产业集群，形成一条既能促进地方产值增长又能盘活乡村资源的经济带，实现资源共享、优势互补、联动发展的产业格局，推动整体乡村经济的提档升级。

乡居文化体验轴和产业融合示范轴两轴协同发展，加强乡村产业发展，促进文化与旅游、生产与生活之间和谐发展。乡居文化体验轴旨在挖掘并展示乡村的文化特色，通过提供原汁原味的乡土文化体验活动，吸引游客并增加乡村文化的知名度与影响力。产业融合示范轴则旨在打造示范现代农业、文创研发、休闲旅游等产业的融合发展方式，为村镇发展提供新的思路和模式。

乡村家居会客组团、家具生产研发组团和休闲度假体验组团相结合，打造组团间多板块三产联动，创造互为支撑的产业集群，进一步促进三产融合发展，构建经济发展新格局。乡村家居会客组团关注提升乡村的居住环境与接待功能，改善农村居住配套条件，提升乡村旅游接待水平；家具生产研发组团侧重提高乡村生产力，在家具制造业领域加强产品的研发与创新能力，推广家具产业的现代化和市场竞争力；休闲度假体验组团通过结合本土自然环境和文化资源，开发乡村休闲度假产品，融入家具展销游一体化模式，提高旅游经济效益。通过这种多维度、高度集成的产业集群发展方式，既能充分利用乡村的各类资源，又能吸引更多的投资和游客，进一步促进农村经济的全面发展。

2.2.3 构建和谐共治的社区生态

梳理“村—组团”两级公共服务需求，激活服务职能，提升公共服务水平。村级公共服务设施从行政、文化、医疗、老幼、产业、文体六大职能进行功能的重组与提升。组团级公共服务设施注重邻里空间的便捷性，从便民超市、快递站点、活动场地三个方面选择性布置，满足村民日常生活需求。

从村民实际需求出发，加强庭院立体化空间利用，探索杜板牛村集文创村落、产业观光、精品民宿、农产品加工于一体的庭院经济，对有意愿从事特色经营的农户给予相关优惠政策并建立以奖代补机制，提升村民投入建设的积极性。

编制村民共建手册，构建完善的村庄运营管理体系，明确各建设项目的责任归属，提供农业生产、集体产业推进、日常管理维护。实施有针对性的产业发展激励政策，解决农户在生产建设中遇到的实际问题，制定包含多种参与主体的合作机制，建立公平的利益共享及分配体系，规划企业与村集体之间的合作框架，以促进村庄经济社会发展。

2.3 杜板牛村“三生”融合实施策略

2.3.1 基础设施治理行动

围绕乡村道路系统规划、乡村公用设施规划及数字乡村智慧平台建设三个方面开展基础设施治理行动，致力于改善中心村基础设施的状况，提升乡村居民的生活质量和企业发展环境。

村庄道路系统层面，对道路宽度、路面状况、交通流量等方面进行全面评估，识别关键路段和瓶颈区域，优先进行改造拓宽工程，确保主要通道畅通无阻。加强交通安全设施建设，设置必要的交通标识、速度限制标志和行人过街设施，确保居民安全出行。

村庄市政公共服务设施层面，保障村庄的水、电、气稳定供应，对老旧供水电网进行升级改造。建立和完善生活污水处理设施，推广生态污水处理技术，以改善村庄生态环境。根据村民需求，建设或升级图书馆、文化活动中心等公共设施，加强乡村医疗卫生设施建设，提升医疗服务能力。

数字乡村智慧平台应用结合未来乡村、智慧乡村建设的趋势，探索数字化平台应用方法。这样的探索旨在助力乡村建设、规划编制、日常服务等工作的智慧化管理，通过高效利用信息技术手段，提升乡村治理能力和居民生活质量。

2.3.2　公共服务配套行动

以村委会及周边空间为主要载体，形成乡村文化活动中心；以厂房仓库及周边公园广场形成产业文化服务中心；以结合公共空间打造的邻里中心为载体，两级公共服务均与公共空间、景观空间结合，搭建人与自然的交融空间。

村级公共服务设施方面，提升乡村文化活动中心功能设计，完善村委会功能，建设养老、托幼及智能服务设施，打造现代化农村服务中心，改造村委会运动场地，为村民提供活动休憩的空间。创新产业文化服务中心改造设计，促进家具产业链上下游的交流与合作，完善行政、文化、管理、医疗等农村公共功能，为村庄南部片区提升公共服务配套。

组团级公共服务设施方面，邻里中心规划设计，结合景观空间来布置，设置便民商店、菜鸟驿站、活动场地、公共厕所四大功能，满足村民小组的基本生活需求。

2.3.3　人居环境整治行动

以建筑风格的管控、围墙色彩形式的统一、水田林草等乡村元素的融入为抓手，以村内的生态绿楔、绿环、水系为基底，构建杜板牛村特色体系，促进乡村风貌的整体提升，塑造“蓝绿相融、素墙灰瓦、清新雅致”的城郊村特色风貌。

以生态治理为手段，提升乡村整体环境，统筹保护水林田湖草，硬化破损泥泞道路，修复完善坑塘岸堤，生态场景与村容村貌完美契合；以风貌提升为指引，点亮乡村形象名片，缝合村庄风貌拾零为整、清洁有序，统一围墙、建筑立面、色彩等元素。增添符合传统风貌的景观休闲设施、公共空间、景观节点等，打造有亮点、有温度的乡村形象（图1）。

图1　人居环境整治行动方案图

2.3.4　产业发展突破行动

围绕三大产业组团进行产业策划，构建多元化农业产业体系、工业产业转型升级、综合型多功能休闲度假模式产业体系（图 2），实现一二三产业优化升级和融合发展，吸引外部消费者和游客，推动当地经济的发展和增加就业机会，促进农村旅游和乡村振兴。

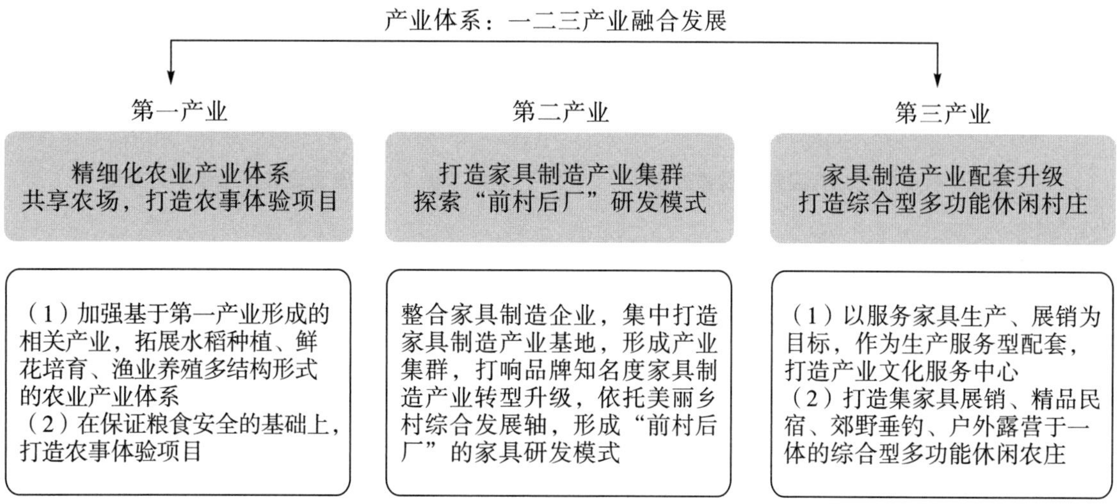

图 2　三产融合产业体系图

乡村生活会客组团打造以乡村会客厅为引流核心的乡村邻里项目，完善农产品展示项目，改造湿地公园，建设模范企业园区，将一二三产业相融合。以乡居会客为聚焦点，改造滨水湿地公园，打造模范企业园区和农产品体验区，将生态景观与村庄文化相结合，探索乡村生活会客新模式。

家具生产研发产业组团依托胡台镇核心板块产业区，促进杜板牛村产业技术升级，将科研和技术转化为高价值产品进行推广，通过向家具研发、终端产品设计、品牌塑造、物流等环节延伸，使得产业微笑曲线的底端向两侧延伸，打造东北家具产业第一村，进一步整合上下游产业链，打造完整的家装全套产业链，建立“前村后厂”的研发模式，提高区域内家装产业的竞争力。

休闲度假体验组团打造以休闲度假为核心，结合现有宅基地和废弃厂房，改造垂钓乐园，建设特色农庄和精品民宿，结合精品家具生产展销，共同打造休闲度假体验组团。打造一个集家具展销、休闲娱乐和农产品体验于一体的综合型多功能休闲农庄，在提供旅游和休闲服务的同时促进家具销售与农产品直销，实现产销结合的一体化商业模式。

2.3.5　乡村基层治理行动

坚持党建主航、群众主体，从村庄产业共谋、共建共管、文明共享等多个方面入手，探索“共同缔造”可推广、可复制的北方乡村版本（图 3）。以共建共管促进人居环境改善，持续聚焦精神文化需求，建设文明乡村，重视文化传承与保护利用，积极融合文化习俗与现代生活。

结合杜板牛村庭院经济三产融合模式的探索，构建以共建共治共享为主要特征，集产业服务、文创展销、农事体验、休闲住宿功能于一体，让农民充分参与和收益的“企业一合作社一村民”共同缔造的乡村振兴综合经营发展模式 。根据村民技能成立分工小组促进村民参与，日常管护建立评比奖励机制，提高个人清洁责任区和公共区域管理成效（图 4）。

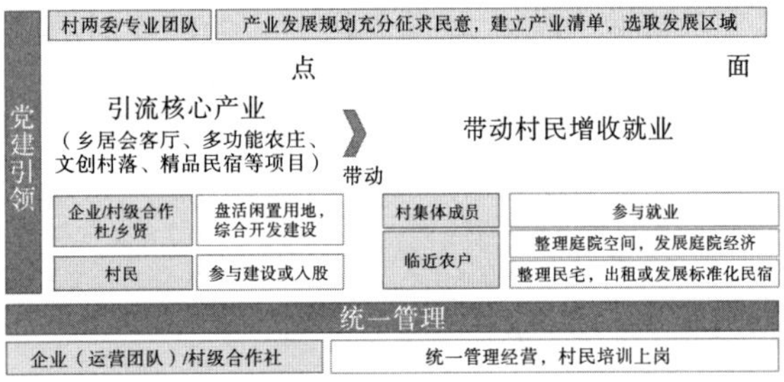

图 3　村庄振兴综合经营发展模式图

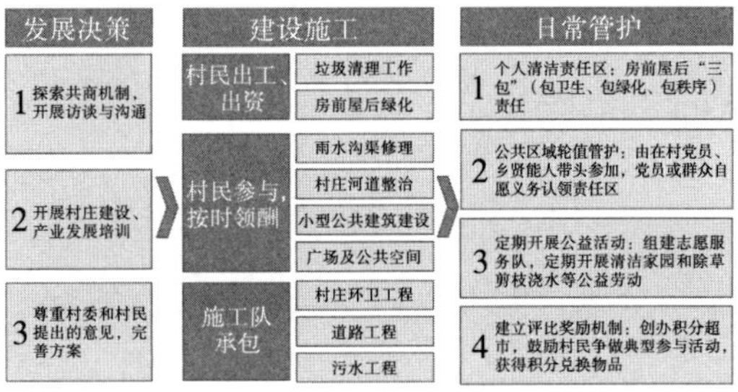

图 4　村庄建设与日常维护方案图

3　结语

本文通过对城郊村在乡村振兴背景下的共建共治共享理论及“三生”融合理论的深入研究，提出城郊村中生态、生产、生活“三生”融合的创新发展路径。城郊村作为乡村振兴的重要一环，其独特的地理位置和资源优势为其实现共建共治共享下“三生”融合提供了有利条件。杜板牛村作为城郊村的代表，通过强化村民参与、优化资源配置、推动产业转型等举措，实现了生态、生产、生活的深度融合，为乡村的全面振兴奠定了坚实基础，其在“三生”融合路径实践中的探索与成就，为其他城郊村提供了宝贵的经验和启示。

展望未来，城郊村在共建共治共享框架下的发展前景广阔。随着乡村振兴战略的不断深入，城郊村应继续发挥自身优势，加强与其他地区的合作与交流，共同探索更加科学、有效的乡村振兴路径。同时，政府和社会各界也应给予城郊村更多的关注和支持，为其提供更多的政策扶持和资金投入，推动其在共建共治共享中实现更高质量的发展。

本研究不仅为城郊村的乡村振兴提供了理论支撑与实践参考，也为推动整个城郊地区乡村的全面振兴提供了有益的探索和启示。在未来的研究中，将继续关注城郊村的发展动态，深入剖析其面临的新问题和新挑战，为乡村振兴贡献更多的智慧和力量。

［参考文献］

［1］王微，姜卓娅．新时代我国农村社区共建共治共享治理格局探析［J］．农村农业农民（B版），2023（2）：25-27.

［2］黄祖辉，傅琳琳．我国乡村建设的关键与浙江“千万工程”启示［J］．华中农业大学学报（社会科学版），2021（3）：4-9，182.

［3］姚树荣，周诗雨．乡村振兴的共建共治共享路径研究［J］．中国农村经济，2020（2）：14-29.

［4］宋子行．“三生融合”理念下的乡村景观规划设计研究：以长春市友好村为例［D］．长春：吉林农业大学，2021.

［5］丁陈颖，唐根年，纪烨楠，等．美丽乡村“三生空间”融合发展的路径研究：以浙江省为例［J］．乡村科技，2021，12（24）：99-103.

［作者简介］

皮翔宇，工程师，就职于沈阳市规划设计研究院有限公司。

周慧，高级工程师，注册城乡规划师，就职于沈阳市规划设计研究院有限公司。

曲明姝，工程师，注册城乡规划师，就职于沈阳市规划设计研究院有限公司。

王金溪，工程师，就职于沈阳市规划设计研究院有限公司。

国土空间规划背景下城市近郊村管控与发展策略研究

——以江苏省徐州市马庄村为例

□杨龑，徐玥

摘要：在国土空间规划背景下，城市近郊村要素管控与建设发展之间的矛盾日益突出。如何在落实全域要素管控的基础上，制定符合该类村庄特征的发展策略，是本文研究的主要问题。本文分析城市近郊村特征，结合村庄层面全域要素的管控要求，提出刚弹结合，实现全域要素管控、融合发展，促进产业全面振兴、城乡统筹，集约配置公共服务设施、优化用地，保障建设项目落地的发展策略。在此基础上，结合江苏省徐州市马庄村进行实证研究，以期为国土空间规划背景下城市近郊村的建设与发展提供经验。

关键词：国土空间规划；城市近郊村；全域要素管控；建设发展

1　背景

长期以来，我国村庄层面的规划呈现多规并存的特点，村庄建设规划、土地利用规划及乡村振兴规划等多种规划共同指导村庄的管控与发展，导致各类规划在实际执行过程中衔接不畅，并间接激化村庄要素管控与建设发展之间的矛盾。城市近郊村毗邻城区，相较于其他类型村庄，该类村庄发展诉求更为强烈、管控要素更为复杂，要素管控与建设发展之间的矛盾在该类村庄中更为突出。

2019 年 5 月，中共中央、国务院印发《关于建立国土空间规划体系并监督实施的若干意见》。该文件的印发标志着国土空间规划体系的建立。文件指出，村庄规划是管理村域国土空间保护、开发与建设等行为的法定依据。文件从政策角度提出村庄层面因各类规划并存而引发系列问题的解决方案，尝试在村庄规划中妥善解决村庄管控与发展的问题。

当前，关于国土空间规划背景下村庄全域要素管控的研究，已从关注单一管控内容向架构管控体系的方向发展。例如，耿慧志、程茂吉、方瑾等人结合实际案例，对城市近郊村全域空间的管控内容、管控方式、管控策略及管控体系进行研究；邓淞文对国内各市出台的村庄规划编制技术导则进行对比研究，归纳总结了村庄规划层面的管控内容及改进措施。同时，国土空间背景下村庄未来如何发展也是学者重点关注的领域。例如，刘鑫宁、何光环、荣玥芳等人结合江苏、浙江、北京等地城市近郊村发展的实际案例，提出了国土空间规划背景下乡村增量扩张、精明收缩和存量更新的发展路径。通过对相关研究进行总结，发现当前研究侧重于国土空间规划背景下村庄如何管控或发展的单一层面，并未将村庄管控与发展作为统一的整体进行综合考虑，而将研究对象聚焦于城市近郊村的相关研究则更为匮乏。

本文以城市近郊村为研究对象，归纳该类村庄基本特征，梳理村庄全域要素的管控要求，探索国土空间规划背景下城市近郊村的管控与发展策略，尝试形成可复制、可推广的城市近郊村发展路径。

2 城市近郊村基本特征分析

2.1 村庄发展方向受城市影响较大

城市近郊村是城乡空间相互渗透转化的重要地段。随着城区发展空间更加拥挤，同时对农作物的需求不断增加，凭借着较为优越的区位和农业资源条件，城市近郊村承担了大都市农业体验、休闲度假和健康养生等部分功能。城区的经济、产业和空间等发展战略，均在不同程度上对近郊村庄未来用地规划、设施布局和产业结构的发展产生较大影响。

2.2 公共服务设施呈现城乡一体化的趋势

当前，城区与城市近郊村之间要素呈现双向流动的趋势，两者循环互动的局面开始显现。在双方要素资源交换的过程中，近郊村庄既能便捷地享受到城区的各种配套设施，也能承担城区远郊公共服务设施。城市与乡村公共服务设施的边界逐渐被打破，城乡公共服务设施配置整体呈现一体化的发展趋势。

2.3 村庄发展与管控之间矛盾突出

城市近郊村作为介于城市与乡村之间的地域综合体，是社会经济发展相对活跃、土地利用矛盾相对突出的地带。城市近郊村在生态环境、农业产品和区位条件上拥有较大的资源优势，吸引大量城区的企业前来投资，极大地促进了村庄的发展。与此同时，受城镇开发边界、永久基本农田及生态保护红线等条件的约束，城市近郊村内可供发展所用的建设空间极为有限，村庄发展与管控之间的矛盾成为制约村庄经济、产业、设施建设与发展的瓶颈。

3 国土空间规划体系下村庄全域空间管控内容

2019 年 5 月，自然资源部办公厅发布《自然资源部办公厅关于加强村庄规划促进乡村振兴的通知》。文件指出，在国土空间规划体系下，村域范围内全域要素管控应聚焦在落实上位规划传导要求，并制定农业、生态及建设三类空间的管控措施。

3.1 落实上位规划传导要求

3.1.1 落实边界传导

按照中共中央办公厅、国务院办公厅《关于在国土空间规划中统筹划定落实三条控制线的指导意见》的文件精神，村域范围内应落实上位规划确定的永久基本农田、生态保护红线等刚性管控要素的管控范围。与此同时，还应按照上位规划确定的村庄用地规模，划定洪涝灾害和地质灾害等风险控制线、河湖水库管理范围线、乡村历史文化保护线、饮用水水源地保护范围等管控边界。

3.1.2 落实设施传导

村庄作为国土空间全域要素管控的基本空间单元，需与上位规划和各类专项规划做好衔接，传导落实市（县）层面统筹布局的重大公共服务设施、重大市政基础设施、重大交通设施、重大跨域邻避设施的空间布局。

3.2 制定三类空间管控措施

3.2.1 农业空间管控

农业空间是农业生产功能占主导地位的国土空间，其类型分为永久基本农田及一般农业空间。针对永久基本农田的管控，应严格执行永久基本农田相关管理规定；而一般农业空间内的各类土地使用，要符合现行林地、园地、一般耕地用途管制的相关规定，并严格控制各类开发活动的占用、破坏。

3.2.2 生态空间管控

生态空间是以提供生态产品或生态服务为主要功能的国土空间，包括生态保护红线内的生态空间及其他一般生态空间。在生态保护红线范围内的生态空间应严格执行国家关于生态保护红线方面所制定的相关管理规定；而其他一般生态空间内各类土地使用，要符合各省（区）生态空间管控区保护要求，具体体现在应严格控制各类开发活动占用、破坏一般生态功能区。

3.2.3 建设空间管控

建设空间是以居住、生活为主体功能的国土空间，根据建设空间用地的属性划分为居住用地、公共服务和公用设施用地及集体经营性建设用地。针对居住用地的管控，应明确新增宅基地户均用地标准、建筑高度、建筑层数等相关控制指标，以及建筑风貌、农房布局等规划引导要求，严格执行“一户一宅”的政策要求；针对公共服务和公用设施用地的管控，应明确具体位置，提出用地边界、建设规模、建筑高度、安全防护等相关规划控制要求；针对集体经营性建设用地的管控，可增加规划管控图则，明确用地性质、位置、边界、容积率和建筑高度等开发控制指标，有条件的地方可提出集体经营性建设用地入市的规划安排。

4 国土空间规划体系下城市近郊村管控与发展策略

4.1 刚弹结合，实现全域全要素管控

在国土空间规划背景下，可从指标、边界、规则、清单四个方面着手，以刚弹结合为管控原则，实现对城市近郊村农业、生态和建设三类空间的全域要素进行管控。

4.1.1 指标管控

确定发展目标是承接上位规划要求、引导村庄发展建设的重要前提。应严格落实上级规划要求，遵循城镇化和城市近郊村发展客观规律，按照镇村布局规划的村庄分类，合理预测村庄人口规模，制定村庄发展、国土空间开发保护等目标，落实永久基本农田保护面积、生态保护红线、村庄建设用地规模、耕地保有量等约束性指标及相关预期性指标。约束性和预期性指标控制体系的建立，涵盖了农业空间、生态空间、建设空间及社会经济等内容，实现了全域全要素管控。

4.1.2 边界管控

落实上级规划要求，在不改变上级规划强制性内容和约束性指标的前提下，根据城市近郊村发展目标，按照“把每一寸土地都规划得清清楚楚”的要求，优化调整村域用地布局，明确各类土地规划用途。在落实永久基本农田、生态保护红线、历史文化保护等各类底线管控约束的基础上，根据城市近郊村实际发展需求，适当细化居住用地、集体经营性用地、公共服务和

公用设施用地、道路交通用地等建设用地，以及农林用地、自然保护与保留用地等的规划布局。

4.1.3 规则管控

依据村庄规划用地布局，按照“农业空间规模高效、生态空间山清水秀、建设空间宜居适度”的总体原则，确定各类空间的用途管控要求。生态、耕地和历史文化等空间管控规则以上级要求为准，同时结合城市近郊村自身发展需求，进一步细化如配套设施、农村居住用地等各类建设用地管控要求。

4.1.4 弹性管控

在不突破永久基本农田、生态保护红线和村庄建设用地总规模等相关约束性指标与管控底线的前提下，可采取点位预控、留白管控、机动指标管控等弹性管控方式，以达到在落实底线约束的基础上，满足城市近郊村庄合理有序发展的目标。例如，在不突破规划建设用地规模、不占用永久基本农田和不突破生态保护红线的前提下，村庄规划中可预留一定比例的建设用地机动指标，用于农民居住、农村公共公益设施、乡村文化旅游设施等农村一二三产业融合发展项目。

4.2 融合发展，促进产业全面振兴

在村庄产业振兴方面，从融合发展的角度出发，促进城乡产业一体化、村庄内部产业融合化发展。一方面，需充分利用乡村土地、生态景观等资源，与城市之间形成资源互补、各取所需的良性合作关系，充分发挥城市的带动作用，实现城乡产业融合；另一方面，要通过拓展延伸乡村既有产业的产业链条，打造从农产品生产、加工、销售到衍生产品开发一体化的内生产业体系，进一步提高农产品附加值，实现村庄三次产业的全面融合。

4.3 城乡统筹，集约配置公共服务设施

在公共服务设施配置方面，立足城乡公共服务设施一体化发展的特征，以节约集约配置公共服务设施为原则，对城市近郊村的公共服务设施进行合理配置。在村域范围内落实上位规划中布局的区域性重大公共服务设施，结合村庄既有基础设施的配置情况，根据村域范围内各村的人口规模，合理确定村域范围内各类公共服务设施的配置与布局，并通过新建与改建相结合、功能复合配置、存量空间再利用等方式，集约高效配置乡村公共服务设施，实现城乡公共服务设施共建共享。

4.4 优化用地，保障建设项目落地

落实村域范围内刚性管控要求是城市近郊村用地调整的前提条件，而优化调整用地则是保障城市近郊村发展的必要支撑。针对底线空间以外的建设用地进行优化，具体可通过存量建设用地功能转化、适当布局增量建设空间的方式来保障村庄在产业发展、设施配置、居民点建设方面的用地需求。当仍无法满足村庄建设所需用地时，可将村域范围内农业空间、生态空间转化的用地调整为建设用地。

5 江苏省徐州市马庄村规划策略研究

5.1 马庄村基本概况

马庄村位于江苏省徐州市贾汪区西南部，距中心城区约8 km，是典型的城市近郊村。随着

城乡要素之间持续双向的流动，城市与乡村在公共服务设施及产业发展方面呈现一体化的发展特征。同时，受永久基本农田及生态保护红线空间等刚性管控要素的制约，村庄产业发展、设施配套和居民建房所需的用地无法在村域内找到适配空间，村域要素管控与建设发展之间的矛盾较为突出。

5.2 马庄村发展策略

5.2.1 强化底线管控要求，廓清村庄发展红线

在谋划村庄发展蓝图时，应严格落实村域范围内各类底线的管控要求，为村庄发展廓清红线。马庄村范围内拥有永久基本农田保护区、潘安湖生态保护红线、铁路安全控制区、110 kV高压线廊道控制线等底线管控要素，应明确以上不同底线管控要素的管控要求，并将此作为保障村庄发展的前置条件。

5.2.2 划定用途管制分区，强化用途管制规则

马庄村范围内拥有农业、生态及建设三类空间，通过划定三类空间用途管制分区和制定相应用途管制规则的方式，实现对三类空间的用途管制。在农业空间管控方面，严格落实永久基本农田保护、耕地保护、农民建房“八不准”、引导有序流转及费耕农用地管理等要求；在生态空间管控方面，落实《江苏省河道管理条例》《徐州市河湖管理条例》《中华人民共和国森林法》《江苏省生态公益林条例（草案）》等相关法律条例中关于潘安湖国家湿地公园、河道及生态公益林的管理要求；在建设空间管控方面，提出村庄宅基地、商业服务业及工业用地等用地在容积率、绿地率、建筑高度、建筑风貌、建筑密度等方面的管控指标。

5.2.3 错位联动，突出文化旅游、农业旅游融合，促进村庄产业振兴

马庄村毗邻湿地公园、大学、科技产业园等重要场所，应从城乡协同发展的角度出发，充分利用村庄内部产业基础，整体谋划村庄未来产业的发展路径。文化是马庄村的立村之本，村庄围绕农耕与党建文化，建设包括香包文创综合体、贾汪1912红街、神农庄园及香包大院等文化旅游项目。未来应将文化旅游作为马庄村产业发展的主导方向，与周边湿地休闲片区、科教办公片区、生产研发片区等要素错位发展，作为区域产业的重要补充。

在明确村庄产业总体发展方向的基础上，依托马庄村特色农业和文化资源，推动村庄三次产业融合发展。一方面，依托村内的林果、中草药和香草等经济作物种植基础，通过打造特色农产品品牌，提高马庄村特色农产品综合效益和市场竞争力；另一方面，通过培育香包制作加工和策划农业旅游、文化旅游等产业，进一步延伸农业产业链条，提高农副产品的综合收益。

5.2.4 优化国土空间布局，衔接相关规划和建设项目

马庄村作为徐州市的明星村，由多部门牵头组织编制了多轮建设规划，多轮规划所安排的各类建设项目相互交叉，至今仍有部分规划拟建设的项目尚未落地。因此，梳理规划建设项目的落实情况成为调整马庄村用地的必要前置条件。在此基础上，进一步厘清村庄发展迫切需要建设的各类项目用地需求，如产业发展、公共服务配置、住房建设等，最终核定出当前急需落地的项目清单及指标需求，并反馈到村域国土空间用地布局中进行调整，最终形成村域国土空间总体布局方案。

6 结语

在国土空间规划背景下，村庄全域要素管控与建设发展是对立统一的关系，全域要素管控是保障村庄有序发展的前提条件，而促进村庄全面发展则是全域要素管控的长远目标。相较于

其他类型村庄，城市近郊村要素管控和建设发展的矛盾更为突出。因此，本文以城市近郊村为研究对象，归纳总结该类村庄发展特征，结合村庄全域要素管控的内容和要求，提出包括刚弹结合，实现全域全要素管控；融合发展，促进产业全面振兴；城乡统筹，集约配置公共服务设施；优化用地，保障建设项目落地等四条策略，并以徐州市马庄村为例进行了实证研究，以期为国土空间规划背景下城市近郊村的管控与发展提供方法指导和经验借鉴。

［参考文献］

［1］耿慧志，李开明．国土空间规划体系下乡村地区全域空间管控策略：基于上海市的经验分析［J］．城市规划学刊，2020（4）：58-66．
［2］程茂吉．基于详细规划定位的村庄规划土地用途管制方式和管控重点研究［J］．城乡规划，2021（6）：39-47．
［3］方瑾．关于构建村庄规划用途管制体系的思考［J］．浙江国土资源，2020（S1）：95-99．
［4］王宇灿，沈山，郭里丽，等．实用性村庄规划视角下江苏省农宅建设管控思路与优化策略［J］．江苏师范大学学报（自然科学版），2022，40（3）：60-64．
［5］邓淞文．村庄规划管控类内容编制研究［D］．济南：山东建筑大学，2023．
［6］刘鑫宁，李婧，张宏佳，等．城乡融合视角下城市近郊村发展路径探索：以江苏省盐城市仰徐村为例［J］．城市建筑，2022，19（9）：25-29．
［7］何光环，唐古拉，李本智．国土空间规划背景下的城市近郊村庄精明收缩规划实践探索：以宁波市永旺村为例［J］．小城镇建设，2021，39（1）：83-90．
［8］荣玥芳，李媛媛，祝贺．基于文旅融合理念的大城市近郊村更新改造路径研究［J］．小城镇建设，2021，39（5）：5-13．
［9］刘欣，胡东洋，程之浩，等．存量导向下的大都市近郊村庄规划实践：以成都市战旗村级片区为例［J］．城乡规划，2023（1）：69-77．
［10］程茂吉．基于详细规划定位的村庄规划土地用途管制方式和管控重点研究［J］．城乡规划，2021（6）：39-47．

［作者简介］

杨龑，工程师，就职于中冶华天工程技术有限公司。
徐玥，城市规划师，就职于南京众诚规划设计咨询有限公司。

基于高斯两步移动搜索法的乡村设施可达性研究

——以甘肃省定西市通渭县榜罗镇先锋村为例

□谢晓玲，王弘扬，何梦婷

摘要：乡村的公共服务与农业生产设施是乡村空间的重要组成部分，是居民进行文体活动、农业生产的场所，具有生态效益、文化效益、社会效益、经济效益，与居民美好生活密切相关。本文使用高斯两步移动搜索法定量研究乡村生产设施与生活服务设施的可达性和服务状况。结果显示，高斯两步移动搜索法可以结合乡村道路具体评价各类设施的可达性；内部道路的联通程度是影响乡村设施可达性的主要因素；村组农业生产设施可达性差异较小，生活服务设施可达性差异较大。

关键词：可达性；高斯两步移动搜索法；先锋村；优化策略

0 引言

在乡村振兴战略实施、交通强国建设的相关背景下，生产生活设施及道路网络作为乡村发展的基础性设施，成为实施乡村振兴的关键因素之一。现阶段的乡村建设有两种模式：城市建设模式与示范型乡村建设模式。城市建设模式导致乡村性的缺失与资源的浪费；示范型乡村建设模式具有大量资金投入进行设施建设，其普适性有待商榷。

1 文献综述

20 世纪 80 年代，外国学者在印度乡村路网规划中便运用居民点之间的相互影响来评价、规划公路网，为相关研究奠定了基础。自此，乡村道路网络的相关研究拉开了序幕。

2000 年，F. Pauwels 等人在研究西欧集约农业区域次要路网的现状时，提出乡村次要路网的规划应该以协调道路和路侧功能为目标，同时要满足农业、农村休闲旅游、自然环境对路网的不同需求。2002 年，Qiang Meng 等人用双层规划模型研究路网设计中的利益分配与公平问题，而 Jill Windle 等人以马来西亚沙榜越州农村地区为研究对象，评估公路建设对农村经济产生的影响，研究认为当地农业生产、人员就业以及家庭收入与至公路的距离密切相关。2005 年，Jean-Christophe Castella 等人提出村庄的地理位置与国家公路网、土地利用系统的性质、贫困程度及发展潜力之间存在密切关系，研究越南的 BacKan 省乡村可达性的变化。2006 年，P. N. Christensen 以一种路网设计方法解决了加拿大 Saskatchewan 地区的道路交通投资和正常安排，当地因乡村经济结构变化而导致交通量和交通模式变化。2009 年，Jerry Olsson 重点关注菲律宾的农村渔业社区，认为落后的交通运输条件及较差的市场通达性影响此地发展，通过提升交通质量可以带来极大改善。2010 年 P. A. Maya 等人研究改善乡村路网可达性的算法，从而测度哪些道路需要升级以及道路升级的水平。2015 年，K. Shalini 通过对印度拉贾斯坦邦五个乡村的道路可达性进行量化研究，为国家发展分配资金提供参考。2017 年，X. Li 等人利用层次分析法对农村交通项目试点绩效进行评价。2018 年，Zhao Xiangwu 通过托比特截断回归模型探讨农村公路建设与闲置土地流转的关系，期望寻求两者的平衡点。2021 年，Y. Shamdasani 研究农村道路规划对农业生产决策的影响，表明通过道路规划整合乡村空间的劳动力市场，从而增加农业工人的流动量，凸显发展中国家偏远地区连通性的重要性。2022 年，S. S. Singh 等人提出利用可达性评判印度农村地区的设施供应是否合理。

通过对乡村可达性相关研究进行分析，总体特征如下：就研究尺度而言，以宏观研究为主，集中在行政村之间或村镇之间的区域性联通道路，自然村组的延伸度不足；就研究内容而言，主要集中在如何优化乡村公路网布局，近期部分学者针对乡村道路优化与“三生”空间布局展开相关研究，而国外相关研究主要以乡村道路网建设中的土地开发、利益保障为主；就研究方法而言，大部分研究将行政村，甚至乡镇简化为节点，以公路交通为线性要素构建几何网络，研究道路网对空间节点的联通影响，并总结相关规律为公路建设提供理论支撑。总体上，当前针对乡村道路展开初步研究，但研究层次偏宏观，研究内容多为区域性交通道路优化，研究方法基本是村路关系抽象为点线关系进行分析而忽略了乡村内部道路网的支撑作用。因此，本文选取甘肃省定西市通渭县榜罗镇先锋村为研究对象，以乡村内部道路网络的通达程度为研究内容，利用 ArcGIS 10.2 的网络分析模块，基于规划道路网络，结合生产生活设施的布局情况评价道路网通达程度，为乡村道路网的规划设计提供新的思路与方法。

2 研究区概况与数据处理

2.1 研究区概况

先锋村位于甘肃省定西市通渭县榜罗镇南部地区，距通渭县城区直线距离约35 km，距离榜罗镇直线距离约8.5 km，行政区域面积18.30 km^2。村庄地处黄土高原区域，平均海拔2000 m，地势南北低中部高，规划村庄建设用地主要位于山顶和山腰的平缓地带。全村辖刘峡社、李湾社、许山社、野湾社、李班社、逯湾社、红崖社、坡头社 8 个自然村组，对外联通的交通干道从西至东贯穿全村，西南部分沿主要道路建设有新农村安置点，各村组之间基本建立联通道路，村组内部顺应地势形成巷道。

2.2 数据来源与处理

研究所需的规划道路网络及设施数据均来自先锋村国土空间规划数据，并结合第三次全国国土调查数据、航拍正射影像图与实地调研信息对部分内容进行了修正。道路网络数据存在孤立路等无效数据，剔除 31 个无效点后，剩余 212 个有效网络节点。建立先锋村农业生产设施与乡村服务设施的图层数据，数据包括设施类型、占地面积（服务规模），并提取设施用地的质心作为后续研究所用坐标点。生活服务设施主要包括农村社区服务设施，如村委会、卫生室、幼儿园等，以及乡村游园、广场、停车设施；农业生产设施主要包括主导功能为农业生产的种植设施与畜禽养殖设施。利用 ArcGIS 10.2 构建先锋村道路网络，可得到基于路程成本的网络数据集，包括节点、道路网络及设施坐标数据。

3 研究思路与方法

3.1 研究思路

道路交通网络作为一项包含在乡村内部的变动因素，是乡村对外联系、获取社会服务的关键环节，对乡村发展具有决定性作用。本文聚焦于如何科学评价乡村道路网络的通达程度与服务水平，并针对评价结果提出优化措施。具体研究思路是以规划道路网络综合可达性为研究对象，利用 GIS 平台中的网络分析工具，采用高斯两步移动搜索法，分别计算乡村生产设施、生活设施可达性，并建立可视化表达。根据计算结果有针对性地提出乡村规划道路网络与规划设施的优化措施（图 1）。

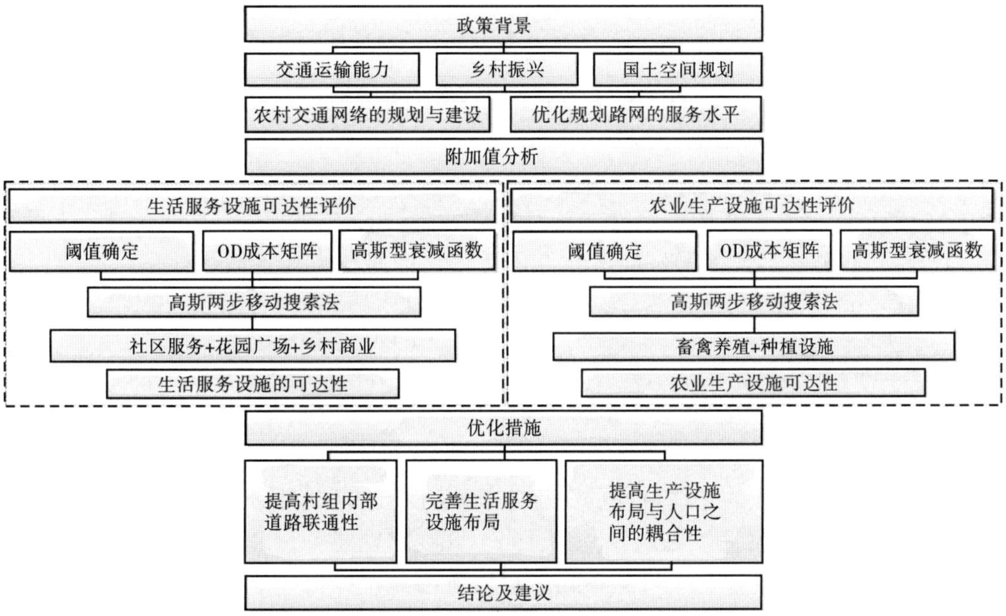

图 1　研究框架示意图

3.2 研究方法

本文采用高斯两步移动搜索法展开乡村道路网的可达性研究。可达性是指从空间中任意一点到达目的地的难易程度，反映了人们到达目的地所要克服的空间阻力大小，常用距离、时间和费用等指标来衡量。高斯两步移动搜索法是一种基于机会累积思想的空间可达性度量方法，在传统的两步移动搜索法的基础上引入距离衰减函数，考虑到居民点与各类设施点间的相互作用随距离的增加而减少的关系，以一定的搜索半径移动搜索两次，比较搜索范围内避难需求点可以到达避难设施点的数量。数量越多，可达性越好。

利用高斯两步移动搜索法进行设施可达性研究时，以下为主要步骤与计算模型。

一是将生产设施的中心点作为设施点，从设施点 j 出发，以居民疏散时间作为搜索半径，利用 OD 成本矩阵得到一个空间搜索域，计算落在搜索域中的人口数，根据设施点到达各需求点的时间阻抗，先利用高斯方程对各需求点人口赋予权重，对加权后的人口进行求和，得到设施点服务人口数，再用设施点供给量除以设施点服务人口，得到设施点搜索域内的供需比。

$$R_j=\frac{S_j}{\sum_{k\in\{d_{kj}\leqslant d_0\}}G(d_{kj},\ d_0)P_k} \tag{1}$$

式中：P_k是设施j的空间作用域内（$d_{kj}\leqslant d_0$）居民点k的人口数量；d_{kj}是从居民点k中心到设施j中心的空间距离；S_j是设施j的容纳能力（文中以各类设施的占地面积为代表）；$G(d_{kj},\ d_0)$是考虑到空间摩擦问题的高斯方程，计算方法如公式（2）所示：

$$G(d_{kj},\ d_0)=\begin{cases}\dfrac{e^{-1/2\left(\frac{d_{kj}}{d_0}\right)^2}-e^{-1/2}}{1-e^{-1/2}}, & d_{kj}\leqslant d_0\\ 0, & d_{kj}>d_0\end{cases} \tag{2}$$

二是对于每一条街道i，给定空间距离阈值d_0，便形成另一个空间作用域，同样对于落在空间作用域内的每块绿地l的供给比率（R_l），先利用高斯方程赋以权重，然后对这些加权后的供给比率（R_l）进行加和，便得到每条街道i的绿地可达性A_i。A_i值的大小可以理解为在研究范围内设施的人均占有量，单位是平方米/人，计算方法如公式（3）所示：

$$A_i=\sum_{l\in\{d_{il}\leqslant d_0\}}G(d_{il},\ d_0)R_l \tag{3}$$

式中：R_l表示街道i的空间作用域内（$d_{il}\leqslant d_0$）绿地l的供给比率。其他指标说明同公式（1）。

选择合理的空间距离阈值d_0是高斯两步移动搜索法的关键。依据经验值计算，人的步行速度约为5 km/h（肖华斌等，2009）。此次研究出行距离按照15 min生活圈计算，那么以5 km/h的平均水平，15 min可到达的距离为1.25 km，因此d_0取1.25 km为宜。

4 研究过程与结论

4.1 生活服务设施可达性分析

表1为基于自然断点法的先锋村各居民点生活服务设施可达性分级结果。本文将设施可达性分为低、较低、一般、较高和高五个等级。为了直接比较同一行政村内不同村社的生活服务设施可达情况，通过空间插值与人口分布叠加可以看出，先锋村生活服务设施可达性整体上呈现中部高、东西两侧低的空间特征。

表1　先锋村各村社生活服务设施可达性

可达性等级	数值分布	服务人口/人	涉及的村社
低	0～6.35	178	许山社、坡头社
较低	6.35～15.20	680	红崖社、刘峡社、许山社、野湾社、李湾社
一般	15.20～22.90	689	红崖社、坡头社、李班社、李湾社、逯湾社
较高	22.90～40.85	158	野湾社、李班社
高	40.85～96.50	117	李湾社、野湾社

可达性高值区域主要分布在先锋村中心区域，主要包括李湾社与野湾社村民小组；低值区域主要分布在先锋村东西两侧区域，主要包括许山社、坡头社。据计算结果可知先锋村生活服务设施可达性最小值为0，最大值为96.43，平均值为13.88。其中，李湾社生活服务设施可达性平均值最高，达25.251；坡头社因村组内缺乏相关设施，其可达性平均值最低，为0；李班

社、红崖社、野湾社三个村组生活服务设施可达性平均值较为接近，位于15左右；刘峡社、许山社村组生活服务设施可达性平均值较低，位于7～10之间（表2）。

表2　先锋村各村社生活服务设施可达性

村组名称	可达性平均值	服务人口/人
刘峡社	9.201	200
许山社	7.131	159
李湾社	25.251	202
逯湾社	19.820	248
红崖社	16.603	161
野湾社	14.826	551
李班社	13.958	74
坡头社	0	182

4.2　农业生产设施可达性分析

表3为基于自然断点法的先锋村各居民点农业生产设施可达性分级结果。本文将农业生产设施可达性分为低、较低、一般、较高和高五个等级。通过空间插值与人口分布叠加可以看出，先锋村农业生产设施可达性整体上呈现中南部高、西北两侧低的空间特征。

表3　先锋村各村社农业生产设施可达性

可达性等级	数值分布	服务人口/人	涉及的村社
低	0～1.96	228	许山社、野湾社、坡头社
较低	1.96～10.10	40	刘峡社
一般	10.10～15.91	435	野湾社、红崖社、李班社
较高	15.91～25.80	536	红崖社、逯湾社、李湾社、许山社
高	25.80～40.00	138	李湾社、野湾社

研究范围内可达性高值区域主要分布在先锋村中心区域，即李湾社、野湾社新农村区域；低值区域主要分布在先锋村西北侧，包括刘峡社、许山社、野湾社南部、坡头社。据计算结果可知，先锋村农业生产设施可达性最小值为0，最大值为39.98，平均值为19.70。其中，野湾社农业生产设施可达性平均值最高，达24.585；李班社仅次于野湾社，可达性平均值为22.859；刘峡社、许山社农业生产设施可达性平均值较低且均位于13～15；其余村组如李湾社、逯湾社、红崖社、坡头社四个村组农业设施可达性平均值较为接近，均在18左右（表4）。同时，在村域范围内各村民小组农业生产设施的可达性相较生活服务设施更加均衡。

表 4　先锋村各村社农业生产设施可达性

村社名称	可达性平均值	服务人口/人
刘峡社	13.417	200
许山社	15.069	159
李湾社	18.157	202
逯湾社	18.616	248
红崖社	18.041	161
野湾社	24.585	551
李班社	22.859	74
坡头社	19.209	182

4.3　研究结论与分析

综合考虑村民生产与生活出行需求，研究结果表明：

一是内部道路的联通程度是影响乡村设施可达性的主要因素。先锋村各类设施的可达性并不均衡，主要原因可能是乡村经济受限所导致的各类设施布局不均衡、各等级道路覆盖不全面，从而导致部分村组设施可达性较差。因此，各个村组的各类设施均衡程度以及村组内部道路的规划建设应该是乡村规划所关注的重点；同时，应该考虑将人口流失严重、禀赋条件较差、生态安全问题突出的自然村组迁移至相关设施布局全面、道路网络覆盖全面的区域，促进乡村聚集发展。

二是以村组公共活动空间、生活便民服务设施及农业生产设施为主要服务点出行时，主要受到生活生产设施与人口分布耦合程度的影响，在生活服务设施可达性测度时更为明显。因此，在乡村规划中首先应注重生活服务设施规划的均等化布局，可适当提高公共服务设施的分布密度；公共设施规划应结合村组内部道路网络、人口分布来考虑，以邻里中心的布局模式优化交通空间与生活空间，可将生活空间布置在人口基数较大的村组几何中心位置，与交通网络、人口分布的联系也更为紧密。

5　优化措施与研究讨论

5.1　优化措施

本文结合分析结果在路网通达程度、服务农业生产设施与生活服务设施等三个方面提出以下具体优化建议：

一是村组内部道路在满足通行的基本要求后应提高串联程度。经各类设施可达程度的分析，设施可达性较高的区域基本位于野湾社北部，乡村主要交通干道经此向南连接各村组。由于乡村地区缺乏经济底蕴与建设条件，建设大规模覆盖路网，可能导致部分地区规划路网层级衔接差和层级结构失衡。

具体来说，整体可达程度在沿村域中部的主要交通道路周边最优，次要道路周边次之。可见主要道路在乡村道路网络中具有重要的联通作用，若建设条件允许，可将规划主次道路覆盖结构优化为横纵覆盖的交叉型，极大提升刘峡社等村组的通达程度；或者将村域内距离核心道路网络较远的居民点如李班社、许山社和坡头社搬迁合并到交通干道周边区域，在布局联系便捷的主要交通网络的同时，也可以结合野湾社等人口较为集中的村组布局各类服务设施，提高整个区域内居民的出行效率。

二是完善广场、游园、社区服务等相关居民生活服务设施的布局，提高禽畜养殖等农业生产设施布局与人口分布的耦合程度。在先锋村各类设施布局方案中，坡头社因其资源禀赋条件与现存人口状况，依靠现存农业设施与路网布局时依然可以保持较高的可达程度，但其缺少相关生活服务设施，因而生活设施可达程度最低。因此，在方案优化中，应综合人口考虑保留并聚集农业生产设施布局，同时完善田间路、山林路等现状小道，适度优化其路面质量，规划其他性质道路与其相连接，满足村民以生产设施为目的点的劳作出行。

5.2 研究讨论

本文以行政村范围为研究对象，聚焦至最小的乡村空间单元——自然村组。将村民的生活生产出行需求与规划交通网络进行相关性分析，研究发现在乡村空间范围内影响设施可达程度的主要限制性因素是内部道路的联通程度、生活生产设施与人口分布的耦合程度两个方面。随着 2019 年我国国土空间规划体系建立及乡村振兴战略的实施，村庄规划在各地如火如荼地展开。但规划方案一味追求设施广而多，从本质上来说并不符合乡村发展现状，也在一定程度上造成乡村振兴资金的无效、低效投放，与村民生活生产的出行需求并不吻合。本文认为，当前大规模开展乡村规划，不仅需要将道路网规划视角落在道路的覆盖率与连接度上，也需要结合居民生活生产现实需求对道路规划方案进行合理化改进，提高乡村道路网的通行能力，在乡村振兴过程中减少不必要的资源浪费，实现真正高效率、高质量的乡村振兴道路网络规划。

本文仅以乡村行政区域为研究区域，没有考虑研究区域的内外联系。此外，在结合居民生活、农业生产来探讨道路网络可达性时，没有考虑到规划路网对生态空间的影响以及生态空间对路网的阻隔作用，未来需作进一步研究。

[参考文献]

[1] PAUWELS F，GULINCK H. Changing minor rural road networks in relation to landscape sustainability and farming practices in West Europe [J]. Agriculture，Ecosystems and Environment，2000，77 (1-2)：95-99.

[2] MAYA P A，SÖRENSEN K，GOOS P. An efficient metaheuristic to improve accessibility by rural road network planning [J]. Electronic Notes in Discrete Mathematics，2010，36 (1)：631-638.

[3] QIANG M，HAI Y. Benefit distribution and equity in road network design [J]. Transportation Research Part B：Methodological，2002，36 (1)：19-35.

[4] WINDLE J，CRAMB R. A. Remoteness and rural development：Economic impacts of rural roads on upland farmers in Sarawak，Malaysia [J]. Asia Pacific Viewpoint，1997，38 (1)：37-53.

[5] CASTELLA J C，MANH P H，KAM S P，et al. Analysis of village accessibility and its impact on land use dynamics in a mountainous province of northern Vietnam [J]. Applied Geography，2005，25 (4)：308-326.

[6] OLSSON J. Improved road accessibility and indirect development effects：Evidence from rural Philippines [J]. Journal of Transport Geography，2009，17 (6)：476-483.

[7] LI X，FAN Y，SHAW J W，et al. A fuzzy AHP approach to compare transit system performance

in US urbanized areas [J] . Journal of Public Transportation，2017，20 (2)：4.
[8] SHAMDASANI Y. Rural road infrastructure & agricultural production：Evidence from India [J]. Journal of Development Economics，2021 (152)：102686.
[9] SINGH S S，SARKAR B. Cumulative opportunity-based accessibility measurement framework in rural India [J]. Transport Policy，2022 (117)：138-151.
[10] 李星星，李同昇. 乡村地区路网通达性研究：以陕西省丹凤县为例 [J]. 人文地理，2012，27 (3)：78-85.
[11] 王肖峰，吴楼，王雪梅，等. 安吉县农村公路发展规划研究 [J]. 公路，2019，64 (2)：180-185.
[12] 徐州，林孝松，朱荣，等. 巫山县乡村地区公路网通达性空间格局研究 [J]. 浙江大学学报 (理学版)，2019，46 (4)：511-520.
[13] 厉泽. 基于“三生”需求的长沙城郊村道体系评价与优化研究：以四种发展类型的乡村为例 [D]. 长沙：中南林业科技大学，2021.
[14] 韦军. 基于“三生”协调的乡村空间便利性评价与优化研究：以淮南市寿县为例 [D]. 合肥：安徽建筑大学，2021.
[15] 高红江，刘应宗，潘珍妮，等. 粮食主产区乡村道路网规划方案评价指标研究 [J]. 武汉理工大学学报 (交通科学与工程版)，2013，37 (1)：116-119.
[16] 韩淼. 基于节点重要度的风景道路网布局：以乌江风景道路网为例 [D]. 北京：北京交通大学，2021.
[17] 张琳，刘兆顺. 基于可达性的长春市公园绿地格局优化 [J]. 江西农业学报，2018，30 (3)：59-63，69.
[18] 李湘吉. GIS数据空间理论与空间分析算法的研究和应用 [D]. 沈阳：东北大学，2005.
[19] 孙兴滨，王志国，刘丽娜，等. 基于GIS的农村生活垃圾收集布点方法研究 [J]. 哈尔滨商业大学学报 (自然科学版)，2013，29 (2)：167-170.
[20] 牛强. 城市规划GIS技术应用指南 [M]. 北京：中国建筑工业出版社，2012.
[21] 申怀飞，沈宁娟，林英豪，等. 中原经济区干线公路路网通达性研究 [J]. 地域研究与开发，2017，36 (3)：7-11，35.
[22] 高红江，刘应宗，潘珍妮，等. 粮食主产区乡村道路网规划方案评价指标研究 [J]. 武汉理工大学学报 (交通科学与工程版)，2013，37 (1)：116-119.
[23] 李进，文灵亚. 产业化生产与农村道路交通规划结合之思考 [J]. 中外建筑，2009 (1)：134-136.
[24] 裴欣，高宜程. 国土空间规划背景下的村庄规划发展方向研究：基于对九个省级村庄规划导则的分析 [J]. 小城镇建设，2020，38 (4)：25-30.
[25] 黄勇，葛国钦，万丹，等. 村镇道路网络建设与空间扩展的协调发展研究：以山东省招远市为例 [J]. 现代城市研究，2021 (9)：48-54.
[26] 查凯丽，刘艳芳，孔雪松，等. 村镇路网通达性与空间出行研究：以武汉市李集镇为例 [J]. 长江流域资源与环境，2018，27 (12)：2663-2672.
[27] OMOTOSO A B，DAUD S A，OKOJIE L，et al. Rural infrastructure and production efficiency of food crop farmers：Implication for rural development in Nigeria [J]. African Journal of Science，Technology，Innovation and Development，2022，14 (1)：197-203.
[28] KAILTHYA S，KAMBHAMPATI U. Road to productivity：Effects of roads on total factor pro-

ductivity in Indian manufacturing [J]. Journal of Comparative Economics，2022，50（1）：174-195.

[基金项目：国家自然科学基金项目地区基金（51968037），甘肃省科技厅自然科学基金项目（22JR11RA158），甘肃省社会科学规划项目（21CX6ZA072）。]

[作者简介]

谢晓玲，副教授，就职于兰州交通大学。
王弘扬，兰州交通大学硕士研究生。
何梦婷，兰州交通大学硕士研究生。

各种类型村庄规划设计探究

县镇村高质量发展与规划建设的探讨
——以辽宁省新民市胡台镇为例

□王金溪

摘要：在新时代背景下，县镇村作为基层社会治理的基本单元，其高质量发展与规划建设对于推动地方经济社会持续健康发展、实现城乡融合与乡村振兴具有重大意义。本文旨在深入剖析县镇村高质量发展的内涵、面临的挑战，提出相应的规划建设策略，以期为实现县镇村全面振兴和高质量发展提供理论支持与决策参考。

关键词：县镇村；高质量发展；规划建设；乡村振兴；城乡融合

0 引言

随着中国经济社会的持续快速发展，县镇村作为连接城市与农村的重要纽带，其高质量发展的重要性日益凸显。县镇村高质量发展不仅关乎农村地区的经济繁荣和社会进步，更对推动城乡融合发展、实现乡村振兴战略具有深远意义。

近年来，中国政府高度重视县镇村发展，出台了一系列政策措施，旨在推动县镇村经济结构调整、产业升级和生态文明建设。同时，随着新型城镇化战略的深入推进，县镇村在区域发展中的定位和功能也发生了深刻变化。在这一背景下，如何把握县镇村高质量发展的内涵与要求，探索适合本地实际的发展路径，成为当前亟待解决的问题。

从全国范围来看，县镇村高质量发展的实践已经取得了显著成效。一些地区通过深入挖掘本地资源优势，发展特色产业，实现了经济快速增长；一些地区注重生态环境保护与修复，推动了绿色发展；还有一些地区加强文化遗产保护与传承，促进了文化繁荣。这些成功案例为我们提供了宝贵的经验和启示。

然而，县镇村高质量发展仍然面临诸多挑战。如何平衡经济发展与生态环境保护的关系？如何推动产业融合发展，提升县镇村的综合竞争力？如何加强乡村文化传承与创新，增强乡村的文化软实力？这些问题需要我们深入研究和探讨。本文以辽宁省沈阳市新民市胡台镇为例，对以上内容进行深入研究和探讨。

1 县镇村高质量发展的内涵与特点

县镇村高质量发展是一个综合性的概念，其内涵丰富、特点鲜明。

第一，在经济方面，县镇村高质量发展强调转型升级的深化。随着现代科技的不断进步和市场竞争的日益激烈，县镇村经济正经历从传统农业向现代农业、从单一产业向多元产业的转变。新兴产业、现代服务业等成为推动县镇村经济发展的重要力量，传统产业的转型升级也在加速进行。这不仅有助于提升县镇村经济的整体实力和竞争力，也为当地居民提供了更多的就业机会和收入来源。

第二，在社会事业方面，县镇村注重高质量全面发展。随着县镇村经济的发展和居民收入的提高，人们对教育、医疗、文化等社会事业的需求也日益增长。县镇村在教育资源的均衡配置、医疗条件的改善、文化活动的丰富多样等方面取得了显著进步。这些成果不仅提升了县镇村居民的生活质量和幸福感，也为他们提供了更加公平、优质的教育、医疗和文化服务。

第三，在生态环境方面，县镇村高质量发展强调持续优化。县镇村虽拥有独特的自然资源和生态环境优势，但也面临着环境污染、生态破坏等问题。因此，县镇村高质量发展应强调绿色发展理念，注重生态环境保护与修复。通过推进生态文明建设、加强环境治理等措施，县镇村地区的生态环境得到显著改善，实现经济发展与生态环境保护的良性循环。

第四，县镇村高质量发展还体现在治理体系和治理能力的现代化上。随着经济社会的发展，县镇村的治理体系和治理能力也在不断提升。通过完善基层治理体系、提升治理能力等措施，县镇村地区的社会秩序更加稳定、公共服务水平不断提高，为高质量发展提供了有力的保障。

2 县镇村高质量发展面临的挑战

尽管县镇村高质量发展取得了一定的成就，但仍面临着诸多挑战。

第一，资源环境约束日益严峻。随着工业化、城镇化的加速推进，县镇村的资源环境问题日益凸显。土地、水资源等要素的短缺和环境污染问题成为制约县镇村高质量发展的重要因素。如何在保障经济发展的同时保护好生态环境，实现经济发展与环境保护的双赢，是县镇村高质量发展面临的重要挑战。

第二，产业结构调整难度大。县镇村的产业结构相对单一，传统产业占比较大，要实现高质量发展，必须加快产业结构调整，发展新兴产业和现代服务业。然而，这一过程面临着技术、资金、人才等多方面的挑战。如何克服这些困难，推动产业结构的优化升级，是县镇村高质量发展需要解决的关键问题。

第三，基础设施和公共服务设施短板明显。与城市相比，县镇村的基础设施和公共服务设施还存在较大差距，交通不便、通信不畅、公共服务不足等问题制约了县镇村的经济社会发展。因此，加强基础设施和公共服务设施建设，提升县镇村的综合承载能力，是推动其高质量发展的必然要求。

第四，人才流失与技术创新瓶颈也是县镇村高质量发展面临的挑战之一。由于县镇村经济发展水平相对较低，往往难以吸引和留住高素质的人才。同时，技术创新和研发能力相对较弱，难以支撑高质量发展的需求。因此，如何加强人才引进和培养，提升县镇村的科技创新能力，是实现高质量发展的关键所在。

3 县镇村规划建设的策略

针对县镇村高质量发展面临的挑战，本文提出以下规划建设策略。

第一，科学制定发展规划，明确发展定位。县镇村应根据自身的资源禀赋、产业基础和发展潜力，制定科学合理的发展规划。通过明确发展目标、空间布局和产业发展方向，为高质量发展提供明确指引。同时，要注重规划的前瞻性、可操作性和可持续性，确保规划与实际发展相契合。

第二，优化产业结构布局，推动产业升级。县镇村应加快传统产业转型升级的步伐，通过引进先进技术和管理经验，提升传统产业的技术水平和附加值。同时，要积极培育和发展新兴产业与现代服务业，形成具有地方特色的现代产业体系。此外，还要加强产业链上下游的协同合作，推动产业集聚和集群发展，提升县镇村的产业竞争力。

第三，加强基础设施建设，提升公共服务水平。县镇村的高质量发展离不开基础设施和公共服务设施的有力支撑。因此，需要加大投入力度，完善县镇村的交通、水利、能源、通信等基础设施建设，提升基础设施的现代化水平。同时，还要加强教育、医疗、文化等公共服务设施建设，提高公共服务的质量和效率，满足居民的基本需求。此外，要注重公共服务的均衡配置，确保城乡居民能够享受到公平、优质的教育、医疗和文化服务。

第四，推进生态文明建设，保护生态环境。县镇村拥有丰富的自然资源和优美的生态环境，这是实现高质量发展的宝贵财富。因此，要坚持绿色发展理念，加强生态环境保护与修复工作。通过推广清洁能源、开展环境治理、加强生态文化建设等措施，实现县镇村的绿色发展、循环发展、低碳发展。同时，还要加强生态补偿机制建设，保障生态环境保护的可持续性和长效性。

第五，实施人才强县战略，吸引和培育人才。人才是县镇村高质量发展的核心要素。因此，要加强人才引进和培养力度，吸引更多高素质人才到县镇村创新创业。通过制定优惠政策、建设人才公寓、提供创业扶持等措施，为人才提供良好的工作和生活环境。同时，还要加强职业教育和技能培训，提高当地居民的技能水平和就业能力，为高质量发展提供人才保障。

4　县镇村高质量发展的实施路径

为确保县镇村高质量发展的顺利推进，需要构建有效的实施路径。

第一，加强组织领导，形成工作合力。县镇村高质量发展是一项系统性工程，需要各级政府和部门的共同努力。因此，要建立健全县镇村高质量发展的组织领导体系，明确各级政府和部门的职责分工。加强部门间的沟通与协作，形成工作合力，共同推动高质量发展。

第二，完善政策体系，提供政策支持。政府应制定和完善一系列支持县镇村高质量发展的政策措施，包括财政、税收、金融、土地等方面，为县镇村的产业发展、基础设施建设、公共服务提升等方面提供有力支持。同时，要加强政策宣传和解读，确保政策能够真正落地生效。

第三，加强资金保障，拓宽融资渠道。县镇村高质量发展需要大量的资金投入。因此，要拓宽融资渠道，吸引社会资本参与县镇村建设。通过政府与社会资本合作、发行债券等方式筹集资金，为高质量发展提供坚实的资金保障。

第四，加强监测评估，确保高质量发展成果。要建立完善的监测评估机制，定期对县镇村高质量发展的进展情况进行评估和反馈。通过数据分析和经验总结，及时发现问题和不足，提出改进措施和建议，确保高质量发展取得实实在在的成效。

综上所述，县镇村高质量发展与规划建设是一个复杂而重要的课题。只有深入剖析其内涵、特点及面临的挑战，并提出有针对性的规划建设策略和实施路径，才能推动县镇村全面振兴和高质量发展。这将有助于提升县镇村的综合实力和竞争力，为地方经济社会持续健康发展提供有力支撑。

5 案例研究

5.1 浙江省嘉兴市乌镇——古镇保护与旅游开发融合发展的典范

乌镇位于浙江省嘉兴市，是一座有着千年历史的古镇。在县镇村高质量发展的背景下，乌镇成功地将古镇保护与旅游开发相结合，实现了文化传承与经济发展的双赢。

首先，乌镇注重古镇文化遗产的保护与传承。通过对古建筑、古街道、古运河等历史遗迹的修缮和保护，乌镇保留了其独特的历史风貌和文化底蕴。同时，乌镇还积极开展文化活动，如传统手工艺展示、古镇文化讲座等，增强居民和游客对古镇文化的认同感与归属感。其次，乌镇充分利用丰富的旅游资源，大力发展旅游业。乌镇通过完善旅游设施、提升服务质量、推广旅游品牌等措施，吸引了大量游客前来观光游览。旅游业的发展不仅带动了当地经济的快速增长，也为居民提供了更多的就业机会和收入来源。最后，乌镇还注重产业融合发展。通过将旅游业与农业、手工业等产业相结合，形成乌镇多元化的产业结构。例如，乌镇推出的特色农产品和手工艺品深受游客喜爱，既丰富了旅游体验，又促进了相关产业的发展。乌镇的成功经验表明，县镇村在高质量发展过程中应注重文化遗产的保护与传承，同时充分挖掘和利用自身的旅游资源优势，推动产业融合发展，实现经济、文化、社会的协调发展。

5.2 四川省都江堰市——乡村振兴与生态文明建设的典范

都江堰市位于四川盆地西部，是一个以农业为主的县级市。近年来，都江堰市以乡村振兴和生态文明建设为引领，在推动县镇村高质量发展方面取得了显著成效。

首先，都江堰市注重农业产业的升级与转型。通过引进新品种、新技术和新模式，都江堰市大力发展现代农业和特色农业，提高农产品的品质和附加值。同时，都江堰市还积极推动一二三产业的融合发展，延长农业产业链和价值链，增加农民的收入来源。其次，都江堰市注重生态环境的保护与修复。通过实施退耕还林、水土保持等生态工程，都江堰市有效改善了当地的生态环境质量。同时，都江堰市还积极推广清洁能源和生态农业技术，降低农业生产的碳排放和资源消耗，实现农业的绿色发展。最后，都江堰市还注重乡村文化的传承与创新。通过挖掘和保护乡村文化遗产、开展乡村文化活动等措施，都江堰市弘扬了乡村文化精神，提升了乡村的文化软实力。都江堰市的成功经验表明，县镇村在高质量发展过程中应坚持生态优先、绿色发展的理念，注重农业产业的升级与转型；同时加强乡村文化的传承与创新，推动乡村全面振兴和可持续发展。

6 辽宁省沈阳市新民市胡台镇高质量发展与规划建设实践

6.1 基本概况

胡台镇东接于洪区，南接铁西新区，西接法哈牛镇，北接临兴隆堡镇、蒲河廊道，沈胡路、230 国道（沈新路）贯穿全境。镇域总面积100 km^2。胡台镇紧靠沈阳中心城区，是沈阳城市西进空间的外延点，是沈阜连接带沿线的重要节点，承载着新民市东南部门户空间形象的重任。

胡台镇现辖 1 个镇、14 个行政村和 1 个社区，常住人口 90005 人，其中户籍人口 74375 人、暂住人口 15630 人。胡台镇区常住人口 62181 人，流动人口 15000 人左右。胡台镇人口规模在新民市 25 个乡镇中位列第一，经济一直保持高速增长。

胡台镇属温带半湿润季风性气候，年平均气温8.3 ℃，最高35.7 ℃，最低－30.5 ℃。胡台镇地形较平坦，地貌属于辽河冲积平原。该地区水文地质条件良好，属于富水区和辽河洪积平原。一是生态资源。水系资源充沛，蒲河、小浑河流经该区域，沈阳市近郊最大的天然湿地——栖鹤湖位于镇域北部，为胡台镇的发展提供了优异的生态景观资源。二是温泉资源。胡台镇现有温泉井一处，位于前公太村，2010 年 8 月建成，井深2360 m，出水水温均在47 ℃左右，日出水量1500 m^3，为胡台镇发展温泉旅游、温泉疗养、温泉地产等产业提供了宝贵资源。三是土地利用情况。根据“三调”成果，全域面积99.98 km^2，其中建设用地面积21.57 km^2，占全域面积的 21.57%；非建设用地面积78.41 km^2，占全域面积的 78.43%。四是城镇产业概况。胡台镇的农业发展以水稻种植为主，6.6 万亩耕地中水稻种植面积达到 5.5 万亩，年产优质稻 3 万吨，是新民市水稻重点产区，农民人均年收入达到 15000 元。

从目前发展来看，胡台镇农业发展呈现出逐年略降的态势，存在现代化程度较低、外延度不高、尚未建立现代市场体系的问题，农业进一步提升的空间仍然很大。

胡台片区工业基础雄厚，共有各类工业企业百余家，工业园区建设初具规模，成为新民市重要的经济增长点。目前，胡台产业区形成了以包装印刷、食品加工、装备制造、新型材料为主的产业集聚区，是国家东北·包装印刷产业基地，重点企业包括福来食品等。

近年来，胡台镇工业发展态势良好，工业总产值逐年平稳增长，有力推动了胡台镇经济的快速发展。从销售额方面来看，包装印刷、装备制造、化工、新型材料、食品加工五个产业位于销售收入的第一集团。而作为国家东北·包装印刷产业基地，包装印刷产业的利税率最高。

从地均产出方面来看，产出率较高的为包装印刷、食品加工和新型建材，地均产出都在 800 万元/hm^2 以上；产出率较低的为造纸、木材加工、化工等，地均产出在 400 万元/hm^2 以下。

从其长远发展来看，尚存在以下问题：第一，工业发展空间不足。目前，胡台镇工业发展空间已逐步被房地产开发蚕食，需寻求新的发展空间。第二，园区规模等级偏小。产业园区内部私营企业占绝大部分，规模较小、档次不高、创税有限。第三，产业换代升级迫在眉睫。传统工业已不适应现代城市发展的需求，应对越来越激烈的区域竞争与挑战，胡台镇的产业升级换代是摆在面前最为急迫的任务。

胡台镇的服务业以生产性服务业为主，生活性服务业占比很小。已有生活性服务业档次较低、规模较小，主要为生活配套服务设施，尚未形成集聚区。生产性服务业中有豪康农产品电商物流园、高端家具材料市场、冷链物流、东北汽车零部件总部基地、华兴物流、修正药业物流等专业市场和物流园正在建设。未来，胡台镇结合于洪区、铁西区产业功能的外溢，在物流、装备配套等方面将承接更多的发展功能。

6.2 发展定位

基于政策、上位规划要求及胡台镇自身发展诉求，从目标导向、问题导向入手，面向全面推进胡台乡镇发展，基于空间及职能要求、产业及特色要求，提出乡镇发展定位，即以全面融入沈阳国家中心城市建设为统揽，着眼于打造乡村振兴示范县、冲刺百强县的战略要求，以农业优势为依托，激发乡村振兴新动能，构建“三生”融合、产城相依、蓝绿交织的东北地区领先的现代农业发展示范区、沈阳先进制造业的重要副中心、沈阳市关键的城乡融合发展引领区。

6.3 发展目标

到 2025 年，新项目引入初步落实，强化产业体系、完善服务职能、改善人居环境、重塑文化风貌、培育专业村庄、推动土地整理，初步构建形成镇村协同、文产联动的城镇发展新格局。

预计到2035年，建设形成城乡协同、集约高效、现代活力、绿色低碳、文化宜居的高品质小城镇，实现以“农业+”“产业+”引导乡村振兴、产业振兴，打造沈阳市近郊区产业城镇典范。

6.4 发展策略

6.4.1 区域协作化：构筑区域联动发展的新格局

以建设沈阳中心城市为契机，抓住新民市国土空间试点的战略机遇，主动接受辐射，融入周边区域板块，承接沈阳市各类产业的外溢，资源要素向中心镇集聚，加强区域合作。利用自身特色资源、大都市边缘区小镇的战略区位优势，融入沈阳、新民两大城市发展中，从沈阳市的边缘城镇转化为沈新区域要素承载中心；通过胡法同城发展，打造区域增长极，带动周边城镇协调发展，形成新民东部城镇簇群，实现区域城镇协作共赢发展格局（图1）。

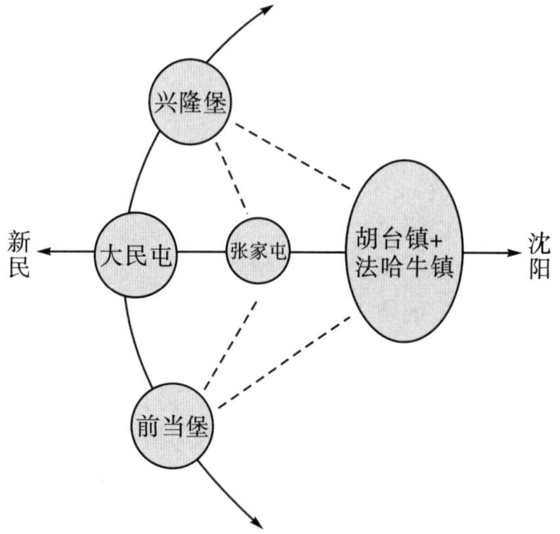

图1 区域城镇协作发展

6.4.2 交通网络化：构建区域互联互通交通新体系

新民市与沈阳市之间城镇一体化程度不够，缺乏必要空间联系。因此，建立网络化的联系，强化与沈阳主城的联系，强化城镇间的联系；从原有的点轴模式向网络化模式转变。优化胡台等城镇的对外联系通道，拉开城镇发展格局，促进胡台镇、法哈牛镇一体化发展，打造胡法新城，作为全市的副中心，形成新民市东部城镇簇群，促进兴隆堡、大民屯、张家屯、前当堡等优势城镇协调发展，强化交通网络，打造优势小城镇集群。

6.4.3 生态宜居化：形成生态环境保护的新样板

构建山水林田湖草生命共同体，开展山水林田湖草治理，严守生态安全底线，划定生态红线；提升生态宜居环境建设，巩固蒲河河流水系生态效果，改善自然保留地、滩涂湿地、坑塘水系生态环境，打造以水、林、田、湖、村为基底的生态安全格局；优化城镇生态绿化系统，修复绿地水系资源，打造中央公园“城市会客厅”，将其与栖鹤湖湿地自然水系联通，在城内形成环状生态通廊，逐级渗透到各个复合社区中，实现300 m见绿、500 m见园，构建生态田园特色镇域风貌。

6.4.4 产城融合化：构建城乡高质量发展的新空间

依托温泉、满族文化、现代农业、水系等优势资源，凸显地方文化底蕴、民族风情、自然风光和产业特色，构建具有特色的城镇空间布局体系及空间格局；依托农业种养业、绿水丛林、田园风光和乡土文化等，发展优势明显、特色鲜明的乡村产业，更好彰显乡村地域特色，激发城乡活力；推动胡台镇优势产业与城镇服务功能的协调发展，提升产业能级，完善服务设施，打造适宜的生活服务圈和产业功能组团，实现以产促城、产城一体，促进生态、生活、生产空间有机融合，实现城乡空间一体化（图 2）。

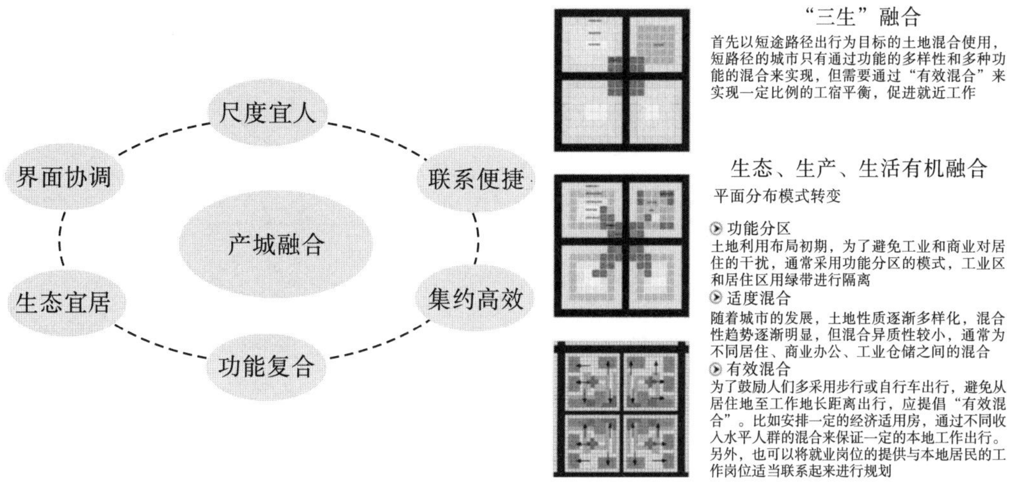

图 2　产城融合发展

6.5 空间规划

6.5.1 发展格局：南农、北旅、中城

“南农”指依托南部的优质土地资源和特色农业农产品基础，大力发展现代农业，种植有机蔬菜和水果、水稻及设施农业等，打造现代农业种植基地。“北旅”指依托栖鹤湖、蒲河良好的生态、景观资源，结合特色农业、居民点打造生态农业休闲体验地。“中城”指中部依托胡台中心镇产业基础及发展优势，打造沈阳西部产业新城。

6.5.2 功能结构：一心一园、两轴四区、两组团

“一心”指综合服务中心。胡台产业新城核心区集中布置行政办公、商业金融、休闲娱乐、研发创意、装备配套服务、检验检测等设施，构筑辐射沈阳西部地区的综合服务中心，包括公共服务中心、产业创新服务中心、滨水特色休闲商业中心、胡台核心板块服务中心。其中，“一园”指中央公园，依托现有的生态条件，打造集自然、生态、休闲运动、健康等功能于一体的中心公园。

“两轴”指城镇功能轴、产城融合轴。沿国道 230 和振兴四街形成两条主轴线，聚集产业、服务、居住等核心功能。“四区”指在胡台新城内打造包装印刷、文化创意、农产品加工基地，智能制造基地，装备制造产业基地，形成三大产业集群区以及中、北部高品质生活居住区。

“两组团”指南部的家具智能制造、北部的生态观光旅游配套服务两个特色组团。

6.5.3 城镇体系：中心镇—新型社区

规划形成中心镇—新型社区两级规模等级结构。新城是沈阳中心城区西侧的功能承载区，

也是胡台镇未来城市开发建设活动的集中区，更是地区的政治、经济、文化、商业中心。城镇职能规划为综合型、旅游型和农业型（表1）。

表1 新民市胡台镇中心镇——新型社区等级结构概况

等级	数量/个	发展类型	名称	人口规模/人	用地规模/km^2	人均用地规模/m^2	主要职能
新城	1	集聚发展	胡台中心镇	18万以上	18	100	综合型
新型社区	4	保留	王家河套	4000	0.50	125	农业型和旅游型
			车古营子	4000	0.50	125	农业型和旅游型
			西公太	2000	0.25	125	农业型
			四方甸	2000	0.25	125	农业型
			杜板牛村	4000	0.50	125	农业型和旅游型
			宋岗	4000	0.50	125	旅游型

7 结语

县镇村高质量发展与规划建设是一项系统工程，需要政府、社会、市场等多方面的共同努力。通过科学规划、优化产业、加强基础设施、推进生态文明、实施人才战略、加大资金投入等措施，可以推动县镇村实现高质量发展，为构建社会主义现代化强国提供有力支撑。同时，加强组织领导、完善政策体系、强化监督考核、推动社会参与等实施路径的构建，也是确保县镇村高质量发展顺利推进的重要保障。

本文以辽宁省沈阳市新民市胡台镇为例，提出在未来的县镇村高质量发展进程中，应注重文化遗产的保护与传承，挖掘和利用自身的资源优势，推动产业融合发展，同时加强生态环境保护与修复，实现经济与环境的协调发展。通过政府引导、市场推动和社会参与等多方协同努力，我们有信心推动县镇村实现高质量、可持续发展，为全面建设社会主义现代化国家作出积极贡献。

[参考文献]

[1] 张圣法. 中国新时代城乡融合与乡村振兴 [J]. 中国产经，2022 (20)：50-52.

[2] 王陈陈. 构建城乡融合发展新格局推进乡村全面振兴 [N]. 淮北日报，2024-10-28 (001).

[3] 龚凤，王昕，孙天怡，等. 乡村振兴视域下乡村旅游活力及影响机理研究：以重庆市黄瓜山村为例 [J/OL]. 长江师范学院学报，1-11 [2024-10-29]. http：//kns. cnki. net/kcms/detail/50. 1195. Z. 20241025. 1404. 006. html.

[4] 关溪涓，丁成玉. 辽宁沈阳：多点协同驱动构建城乡融合发展“新生态” [J]. 公关世界，2023 (20)：37-39.

[5] 李淑妍. 关于沈阳实施乡村振兴协调城乡发展的对策建议 [J]. 辽宁经济，2022 (10)：13-16.

[6] 刘洋，段会军. 基于乡村振兴战略视角下沈阳乡村特色旅游发展创新路径研究 [J]. 商讯，2021 (23)：25-26.

[作者简介]

王金溪，就职于沈阳市规划设计研究院有限公司。

以保障粮食安全为导向的镇域乡村振兴规划编制方法探索

——以广东省南雄市湖口镇为例

□莫茜茜，张瑞，杨超，方子鉴

摘要：乡村振兴高质量发展以建设农业强国为导向，着力夯实农业在经济发展中的基础作用，而保障粮食安全是经济发展的根本，是全面推进乡村振兴的首要任务。本文以粮食安全为背景，以推进农业高质量发展为目标，针对湖口镇存在的现实问题，提出乡村振兴发展与“水、地、产、人”之间协调耦合的关系，通过补短板、夯基础、强弱项、优环境的举措，完善农业生产基础设施，建立农用地整治与生产、生态与生活的关系，完善产业体系，优化人才创业环境，进而促进乡村的全面振兴与高质量发展。

关键词：粮食安全；乡村振兴；高质量发展

0 引言

粮食安全是“国之大者”，是事关人类生存的根本性问题。党的十八大以来，以习近平同志为核心的党中央始终把解决粮食安全问题作为治国理政的头等大事，提出“确保国家粮食安全和主要农产品有效供给，是发展农业的首要任务”，要求“坚持农业现代化和农村现代化一体设计、一并推进，实现农业大国向农业强国跨越”。习近平总书记还深刻指出：“对我们这样一个有着 14 亿人口的大国来说，农业基础地位任何时候都不能忽视和削弱，手中有粮、心中不慌在任何时候都是真理。”从深入实施藏粮于地、藏粮于技战略，到大力推进种源等农业关键核心技术攻关，从推动农村体制机制改革，到发展多种形式适度规模经营，抓住耕地这个“牛鼻子”才能掌握粮食安全主动权，实现粮食基本自给，进而掌控经济社会发展大局。

党的十九大明确阐述我国经济已由高速增长转向高质量发展阶段。2023 年中央一号文件指出，举全党全社会之力全面推进乡村振兴，坚决守牢确保粮食安全、防止规模性返贫的底线，扎实推进乡村发展、乡村建设、乡村治理等重点工作，推动乡村产业高质量发展。在脱贫攻坚已取得全面胜利的时代背景下，迫切需要与乡村振兴有机衔接，推进农村高质量发展。因此，以高质量发展进一步提升粮食安全保障水平，为乡村全面振兴奠定坚实基础已成为必然趋势。

新时期，粮食安全就是在确保产能稳定的基础上，采用绿色的生态手段，实现粮食的健康、多元、开放，保障粮食资源安全与生态环境安全。新时代的粮食安全不仅是扎实推进全面深化改革的重要基石，更是人民对美好生活新向往的坚实基础。然而当下粮食安全面临各种挑战，除生产成本高、农村人口短缺、农业基础设施薄弱等因素外，还面临耕地资源、水资源的刚性约束及生态环境的严峻挑战。在规划编制中如何统筹协调制约因素，实现粮食安全与乡村振兴的衔接，促进农村的高质量发展至关重要。

1 现阶段乡村振兴规划研究重点综述

现阶段，我国的乡村规划正经历由“乡村建设规划模式”转型升级为“乡村振兴规划模式”，进入更为成熟的发展阶段，对产业发展、土地利用、人居环境、基础设施、生态环境等方面更为关注，高质量发展成为学术界热烈讨论的议题。学术界从定性与定量两个层面对乡村高质量发展进行研究。在定性层面，通过分析农村高质量发展面临的现实困境，讨论其破解路径；在定量层面，通过各种评价分析方法，从创新、协调、绿色、开放、共享五个维度构建评价指标体系，研究高质量发展的时空演变规律，进一步探索高质量发展水平的影响因素。由于高质量发展的时空复杂性，加之地域自然环境、经济基础等禀赋条件的差异，对农村高质量发展制约因素不能一概而论。但共性的影响要素成为探索研究的主要切入点。比如，与土地效率、农业规模化程度因素相关的土地要素；与科技创新、数字经济、农业机械化程度因素相关的科技要素；与绿色食品、资源利用、环境污染相关的生态要素；与公共服务基础设施、生活水平要素相关的协调共享要素；与产业提质生效、产业结构相关的产业要素等。

在学术研究上，高度关注共性要素如何落实到规划编制中，破解乡村振兴规划中的发展难题。田椿椿以青岛西海岸新区为例，统筹土地利用、产业发展、居民点布局、人居环境整治、生态保护和历史文化传承等因素，探索以乡镇为单元的图则化管控方法。马诗梦、盛鸣、陈思瑾等以广东对口帮扶为背景，提出规划内容、工作过程、规划影响的“贯穿式”技术路线，探索产业、生态、文化、人才与组织的振兴策略。魏一琼、王玉霞、王家乐等以东莞市麻涌镇为例，通过产业类型、经济程度、人口密度等要素分析对乡村进行分类与梯度创建，并提出指引策略与管控措施。段德罡、杨茹、赵晓倩等则注重物质空间落位的规划成果和具有法定效益的规划文本，并以咸阳市杨陵区为例，通过构建发展平台、实施保障机制，分级分类推进产业、人才、结构体系、设施配套要素完善。由此可见，多数镇域乡村规划从实施层面确保产业的发展、人居环境的改善、基础设施的完善、人才与组织体系的完备等，也注重村庄的引导管控以及后期实施保障机制。

在全面推进乡村振兴进程中保障粮食安全是乡村振兴的首要任务，然而现有规划多考虑土地、产业、生态、文化、基础设施等要素，通过乡村分类、实施管控等手段保障乡村振兴，较少从粮食安全保障层面统筹乡村基本需求并建立规划编制架构，并缺乏对水资源制约限制的考虑。本文从保障粮食安全的视角，探索镇域乡村振兴的编制，充分协调各要素循环关系，助推乡村振兴工作的有序展开。

2 粮食安全保障下镇域乡村振兴规划编制思路

规划坚守粮食安全底线价值，以问题为导向，以目标为引领，以行动计划为抓手，以期通过“以水定地、以地定产、以产留人”的核心理念协调与优化调控“水、地、产、人”与乡村振兴协调耦合发展的循环关系，构筑粮食安全与乡村振兴规划结合新路径（图 1）。

以水定地，保障生产用水，定量土地空间；以地定产，夯实土地基础，保障粮食产量；以产留人，通过产业振兴促进人才振兴。同时，人才的振兴为产业的高质量发展提供支撑，产业的发展为土地整合优化提供动力，土地的高效利用促进水资源的节约集约。最终形成“水、地、产、人”与乡村振兴协调耦合循环关系。

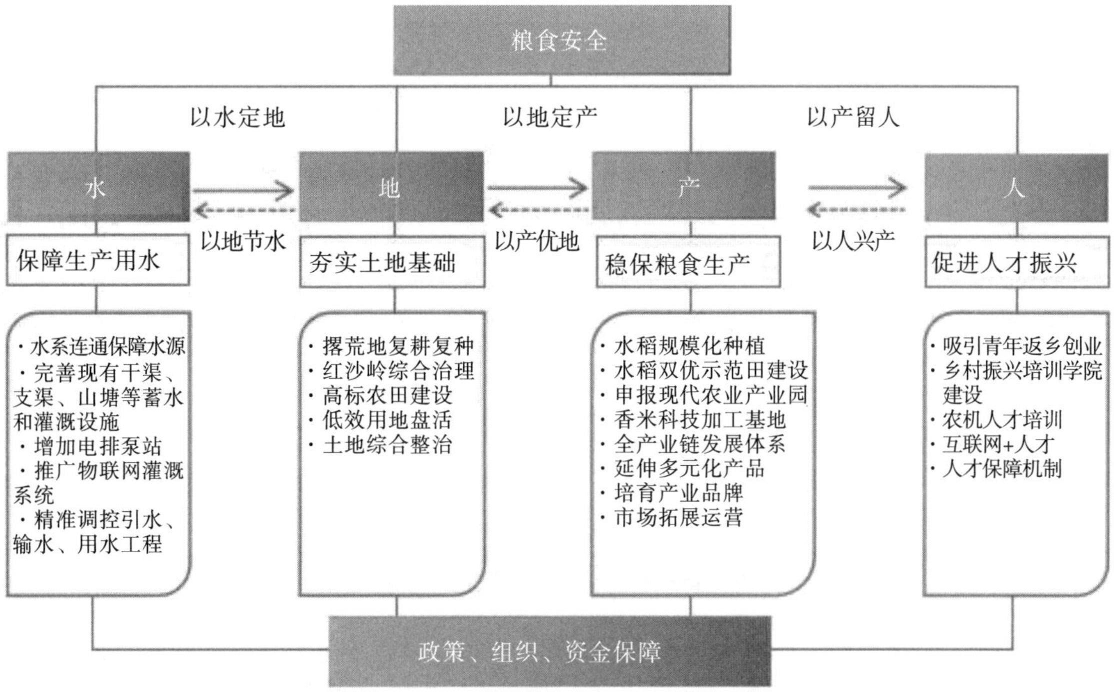

图 1　基于粮食安全与乡村振兴结合的实施路径

以保障生产用水为前提。通过解决农业生产中遇到的“输水、引水、用水”方面难题，推进农田水利设施、自来水联网和污水管网建设，逐步解决农村灌溉用水问题。

夯实土地基础是关键。水利是粮食生产的命脉，以水定地，夯实土地基础。通过实施土地成片化、规模化种植，鼓励土地流转、村企合作，引导村民耕好生产“责任田”等举措，推进撂荒地复耕、红沙岭综合治理、高标农田建设及低效用地盘活。

以产业振兴为支撑。土地规模化、标准化、科技化的发展促进了产业的发展，以地定产，稳保粮食生产。依托现有水稻产业基础，通过构建完善水稻生产全产业链体系，培育丝苗米“紫土香米”品牌，拓展销售渠道等多项举措，促进产业高质量发展。

以人才振兴为助力。通过产业振兴，提供农村人口就业机会，提高农民收入水平，以产留人，吸引乡村人口回流。通过提供益贫或益增项目，借助乡村振兴学院、人才驿站等平台，实施新型农民培育工程等措施，完善本土优秀人才返乡机制，优化乡村创业创新环境。

3　南雄市湖口镇实践

南雄市地处广东省北部山区，是国家级产粮大县，也是广东省第一水稻生产大县，承担着保障粮食安全的重大责任。湖口镇位于南雄市区东北部，是南雄市及江西省赣州市的经济辐射城乡融合发展点。然而，水资源短缺、撂荒地严重、人力资源流失及产业规模小等问题突出，尤其是水资源短缺严重制约了农业的发展。此外，由于管理粗放、权属复杂等问题，加上人口流失严重，致使耕地闲置撂荒现象严重。湖口镇黄烟、水稻等农业基础良好，但特色产业发展粗放，持续造血作用不足，导致现状产业规模小，发展力不足。与粮食相关的供水、土地、产业、人口等得不到保障，“水、地、产、人”成为镇域规划面临主要难题，粮食安全保障问题亟待解决。

湖口镇的乡村振兴规划编制以牢牢守住粮食保障为底线，从补短板、夯基础、强弱项、优环境四个方面保障用水、保障空间、保障产业、保障人才，优化对“水、地、产、人”的利用，进而保障粮食安全的基本要素，实现镇域乡村的高质量发展。

3.1 补短板——补齐设施短板、保障生产用水

湖口镇受山塘水库及河道淤堵、灌溉水渠常年无水且输水管线缺乏维护等因素影响，经常出现用水短缺问题，影响农业灌溉用水，制约生产力发展。要保障生产用水，需精准调控引水、输水、用水。

在引水层面，首先依托南雄市全域城乡供水网络，完善水系连通工程。通过增加上游给水水源，进行水资源统一调配与精准控水，合理增补湖口镇灌溉用水来源。其次，严格保护现有山塘、水库，对其进行清淤加固。规划共除险加固山塘 81 宗，提升湖口镇范围内 1000 m^3 以上 10 万 m^3 以下库容的山塘共 174 宗，合计库容 318.69 万 m^3，覆盖灌溉面积 2.8951 万亩，提升蓄水能力，应对旱季缺水。加固水库 2 宗，其中老虎头水库库容 61.4 万 m^3，覆盖灌溉面积 0.32 万亩；石榜下水库库容 11 万 m^3，覆盖灌溉面积 0.135 万亩。

在输水层面，通过综合评估湖口镇现状电排灌站基本情况，对其进行维护升级，规划增加 9 处电排灌站，解决水源不足、地势较高农田的供水问题。此外，通过对湖口镇范围内31076 m的干渠进行疏通、加固、防渗等工作，保障干渠通畅，保证输水能力。

在用水层面，建设智慧农业灌溉管理系统平台，进行灌溉控制。通过智能辅助、互联网远程操作等手段，实现精准调控灌溉用水，推广节水灌溉，推进农业生产发展。

3.2 夯基础——夯实土地基础、稳保粮食生产

全域土地综合整治是存量规划时代提升空间发展质量的重要抓手，是推动乡村振兴和实现城乡融合发展的重要手段和必然途径，是打造县镇村高质量发展“潜力板”。湖口镇以农用地整理等方式，打通“农田农村整治—农业产品生产—农业产品消费”的通道。统筹推进低效园地改造、补充耕地、垦造水田、高标农田建设等农用地整理项目，整治零散耕地，形成连片、高质量的现代化农田，推进机械化、规模化现代农业建设。通过生态修复、盘活用地等途径，形成“土地整治+”模式优化空间利用，为项目实施提供要素保障。

3.2.1 土地整治＋生态修复

粮食质量要安全，耕地必须健康。土地退化、土壤污染、水资源过量开采等问题影响粮食安全保障。构建生态为先的土地综合整治工程，通过土地整治对一些空闲土地和废弃土地进行开发与利用，修复受损和污染的土地，优化调整生态用地布局，维护整治区域物种多样性，提高抵御自然灾害的能力，维持乡村自然景观风貌。

一方面，规划实施“美丽河道、绿色山林、多彩碧道”三大修复工程，保护生态环境，推进生态环境治理。其一，为塑造水清、岸绿、景美的滨水空间，开展美丽河道工程。重点针对湖口镇四条重要水系实施生态修复，通过岸线整治、河道清淤、水体环境修复、节点景观营造等措施，新增 9 处河道景观设施，补齐生态短板，做优一河两岸生态景观示范带。其二，践行绿水青山就是金山银山的生态理念，实施绿色山林工程。推进湖口镇裸露的红沙岭土地和地质生态功能区的生态修复，实现裸露山体的生态涵养功能。建立以生态保护红线、太和村罗佛寨

恐龙化石保护区为核心的重要生态功能保护区，维持生物多样性。其三，强化系统共建思维，以水为主线，以提升生态环境品质为导向，致力改善环境风貌，沿湖口水、下洞水、南山水等一河两岸打造连续贯通、多元活力的慢行景观碧道。规划南山水碧道建设总长度为2.381 km，河道护岸长1.024 km，新建箱涵6座，亲水平台2座。湖口水碧道建设总长度为3.343 km，河道护岸长0.2 km，新建箱涵1座。

另一方面，通过荒地复垦、高标农田建设等计划统筹保障乡村振兴土地要素。荒地整理再耕种，能有效激活闲置土地资源，以此实施荒地复垦计划。一是通过对现状农地资源及各村实际需求进行归纳整理，将“三调”中果园、其他林地、坑塘水面有效整合，梳理出4825亩现状荒废农地。规划整治后耕种水稻、黄烟、辣椒等作物。二是对红沙岭实施综合整治与水土保持等工作。推进约6600亩红沙岭进行“旱改水”工程，扩大果蔬种植面积，稳固粮食生产；同时，为提高土地资源利用效率，实施高标农田建设计划。通过拆除现状违法违规设施及禁止违法违规占地行为，建成设施配套齐全、高产稳产、生态良好、抗灾能力强的高标准农田。规划整合镇域内59230亩农田资源进行高标农田建设，实现耕地高效利用，提升土地资源的利用效率。

3.2.2 土地整治＋优化空间

为推动建设用地集约节约利用，积极推进城乡低效用地改造转型。通过拆旧复垦、城乡建设用地增减挂钩、闲置用地整治处理等措施优化用地布局。规划统筹镇域内宅基地、低效用地及其他闲置建设用地整治，盘活“空心房”、危旧房，开展用地盘活计划。规划共盘活705.9亩，其中部分腾退的建设用地空间用于保障农民安置、产业发展、公共服务设施建设等，结余部分可利用城乡建设用地增减挂钩、拆旧复垦政策有偿调剂归并集中利用。同时，鼓励宅基地通过自主经营、合作经营、委托经营等方式，发展乡村旅游、农产品加工、电子商务等农村产业，有效盘活存量建设用地（表1）。

表1 用地盘活地块面积

行政村	拆除面积/亩	农民安置用地/亩	产业发展用地/亩	服务设施用地/亩
承平村	184.20	55.26	92.10	36.84
太和村	33.90	10.17	16.95	6.78
湖口村	168.60	50.58	84.30	33.72
岗围村	30.90	9.27	15.45	6.18
长市村	32.10	9.63	16.05	6.42
三角村	28.05	8.42	14.03	5.61
三水村	21.00	6.30	10.50	4.20
积塔村	61.80	18.54	30.90	12.36
里和村	16.50	4.95	8.25	3.30
新湖村	42.60	12.78	21.30	8.52
新迳村	48.45	14.54	24.23	9.69
矿石村	37.80	11.34	18.90	7.56

3.3 强弱项——做强主导产业、保障经济长效

产业是高质量发展的物质基础和重要支撑。粮食产业是稳民心、安天下的重要战略产业，文化产业是经济增长的新引擎，旅游产业是高质量发展的着力点。只有紧抓农业、文化、旅游产业融合发展趋势，以农促旅，以文塑旅，以旅带农，农文旅结合，延长农业产业链，才能实现产业做大做强。

以产业项目落实为导向，优化整合湖口镇的烟稻种植资源，做到统一种植、统一管理、统一产品，做大传统农业产业。全镇规模化种植黄烟、水稻，划定永久烟稻轮作农田，扩大种植规模。实现通过高标农田建设增加约 1 万亩优质农田，通过旱地改水田可扩大5000亩农田种植规模，并将现有约17640亩的烟稻轮作种植区规划为永久性烟田种植区域。

聚焦特色产业发展，大力发展现代农业产业园，建设农业种植实验基地。规划依托镇域现有资源，整合中草药、辣椒、嘉宝果、花卉等农产品，打造 19 处农业种植试验基地，包括 1 处红沙岭农业种植试验基地、5 处辣椒种植基地、6 处蔬菜种植基地、7 处水果种植基地，总面积13634亩。

推动农文旅融合发展。依托恐龙地质、烟稻农业、辣椒现代产业园等特色资源，构建“恐龙地质文旅”“烟稻国家农业公园”“辣椒文化园”三大以研学功能为主的农文旅发展项目，并结合各村的产业特色、客家文化、红色文化等特色，规划 6 处乡村驿站产业配套项目，形成“3＋6”农文旅项目体系。

完善产业链条，推动农产品加工业发展。为延伸农业产业链条，实现产业经济的循环发展，规划做优水稻、花生、辣椒、中草药等粮、果、蔬农产品加工，规划新增 5 处农产品加工、农产品流通设施，包括农产品加工示范中心、精深加工基地、包装配送基地、草药加工示范基地等，促进产业链完整。

同时，树立品牌发展的理念，提升农产品附加值，引导农业生产向标准化、规模化和集约化方向发展，提高农业整体素质和综合效益。规划打响紫土香米（水稻）、辣椒等农产品品牌，同时结合农耕文化、恐龙地质文化、红色文化、客家文化，做大农业、文化、旅游等市场，逐步提升市场认可度与知名度，延长产品生命周期，形成可持续的乡村发展动力，为经济长效发展提供基础保障。

3.4 优环境——实现共建共融，留人才留产业

人是生产力中最积极、最活跃的因素，粮食安全问题首先要破解的也是人的问题。目前，湖口镇农村人口聚集能力弱，乡村人才队伍建设仍面临人才总量少、招才引智难、培训资源少、发展空间小、素质偏低、老龄化严重等各种问题。湖口镇首先借助乡村振兴学院、人才驿站等平台，实施新型农民培育工程。通过打造人才创业基地，提供农技培训、教研科普、创新创业指导、产业孵化、文旅休闲、会议团建、住宿餐饮等服务，激活人产与产业的双向发展。其次，完善本土优秀人才返乡机制，优化乡村创业创新环境。通过以党建引领农业生产，帮扶单位党建共建引入多方优势资源、校地党建推动科技兴农、商会党建搭建招商桥梁的组织方式，整合帮扶工作队、市直部门、东莞援建、村民参与等多方资源来促进创业环境的优化。最后，湖口镇还与华农大学成立“紫土香米产业研究院”，深耕“水稻轮作”模式，以紫土香米为特色，擦亮“水稻种植”招牌。以人才振兴促进了产业的振兴，以产业留住人才，实现人才与产业的共建共融。

4 结语

以守好现代良田、筑牢乡村振兴耕基为导向的镇域乡村振兴规划，从全域土地整治入手，推动了高标农田建设，撂荒耕地复耕与红沙岭综合整治工程，稳步推进农业生产补短板建设，持续强化了乡村振兴土地要素保障。同时，推进了灌溉水利基础设施修缮提升，解决了农业灌溉用水短缺问题，保障了粮食安全用水。依托基础农业、聚焦特色产业，推动农文旅融合与产业链条完善，持续强化品牌品质保障，促进了经济的稳定持续发展。此外，借助乡村振兴学院、人才驿站等平台，实施新型农民培育工程；完善本土优秀人才返乡机制，优化乡村创业创新环境等举措促进人才振兴。最终通过解决“水、地、产、人”的现实问题，构建“保障用水、保障空间、保障产业、保障人才”四大保障体系，建立土地利用、产业发展、生态修复、人才利用等要素与乡村振兴协调关系，保障粮食安全底线。

［参考文献］

［1］周广亮，张迪. 黄河流域农村高质量发展水平测度及影响因素研究［J］. 河南师范大学学报（自然科学版），2024，52（4）：1-11.

［2］郭慧敏. 高质量发展视角下的粮食安全问题研究［J］. 乡村科技，2021，12（30）：26-28.

［3］陈燕. 高质量发展视角下的粮食安全问题研究［J］. 东南学术，2020（1）：176-183.

［4］董志勇，赵晨晓. 乡村振兴背景下我国农业农村高质量发展的路径选择［J］. 中共中央党校（国家行政学院）学报，2022，26（2）：80-88.

［5］匡远配，张容. “双循环”新发展格局下农业农村高质量发展的现实困境与出路［J］. 世界农业，2022（1）：5-14.

［6］孙久文，蒋治，胡俊彦. 新时代中国城市高质量发展的时空演进格局与驱动因素［J］. 地理研究，2022，41（7）：1864-1882.

［7］尹朝静，高雪，杨坤. 中国农业高质量发展的区域差异与动态演进［J］. 西南大学学报（自然科学版），2022，44（12）：87-100.

［8］杨禹村，谢来荣，游小容，等. 乡村振兴规划编制体系框架构建探究：浅析新时代乡村规划逻辑［C］//中国城市规划学会. 面向高质量发展的空间治理：2021 中国城市规划年会论文集. 北京：中国建筑工业出版社，2021.

［9］田椿椿. 乡村振兴背景下县域乡村规划编制与实践：以青岛西海岸新区为例［J］. 城乡规划，2020（3）：116-124.

［10］马诗梦，盛鸣，陈思瑾. 对口帮扶背景下“贯穿式”镇域乡村振兴规划探索：以汕头市澄海区莲华镇为例［C］//广东省建筑设计研究院有限公司，《规划师》编辑部，华蓝集团股份公司. 实施乡村振兴战略的规划路径探讨. 南宁：广西科学技术出版社，2022.

［11］魏一琼，王玉霞，王家乐. 乡村振兴背景下镇域乡村建设规划研究探析：以东莞市麻涌镇为例［J］. 建筑与文化，2022（7）：73-75.

［12］段德罡，杨茹，赵晓倩. 县域乡村振兴规划编制研究：以杨陵区为例［J］. 小城镇建设，2019，37（2）：24-32.

［13］林倩，李红强. 全域土地综合整治的激励机制和运作模式：以浙江省为例［J］. 中国土地，2021（11）：29-31.

［14］柯小兵，王儒密. 全域土地综合整治助力县镇村高质量发展的机理与路径：以广东省为例［J］. 中国土地，2023（9）：52-55.

[作者简介]
莫茜茜，高级规划师，注册城乡规划师，广东省建筑设计研究院集团股份有限公司规划院副总规划师。
张瑞，助理工程师，就职于广东省建筑设计研究院集团股份有限公司。
杨超，高级规划师，注册城乡规划师，广东省建筑设计研究院集团股份有限公司规划所所长。
方子鉴，规划师，就职于广东省建筑设计研究院集团股份有限公司。

城乡协调目标导向下城郊融合型村庄规划编制探索

——以广西H市四村实用性村庄规划为例

□陈虹桔，秦乾钦

摘要：在乡村振兴的背景下，城郊融合型村庄作为城乡空间融合发展的重要载体，是推进新型城镇化和乡村振兴的重点研究区域，具备显著交通区位优势、自然人文资源丰富、土地开发低效无序和旺盛需求并存、公共服务设施种类完善但品质不高、多方利益诉求叠加矛盾明显等特点。本文以广西H市4个村实用性村庄规划编制实践为例，尝试从城乡协调、融合发展的目标导向出发，从规划体系、发展定位、产业保障、用途管控等方面提出多村联合编制城郊融合型实用性村庄规划的思路，为国土空间规划背景下的城郊融合型实用性村庄规划编制提供借鉴参考。

关键词：实用性村庄规划；城郊融合型；城乡协调；多村联合

0 引言

2019年中共中央、国务院印发《关于建立国土空间规划体系并监督实施的若干意见》，明确了实用性村庄规划在“五级三类”国土空间规划体系中的规划地位。《中央农办、农业农村部、自然资源部、国家发展改革委、财政部关于统筹推进村庄规划工作的意见》《自然资源部办公厅关于加强村庄规划促进乡村振兴的通知》等文件进一步明确要合理划分县域村庄类型，将自然村划分为城郊融合类、特色保护类、集聚提升类、搬迁撤并类、暂不分类五种类型，因地制宜，分类编制能用、管用、好用的实用性村庄规划，进而构建以村庄分类为基础的村级国土空间管控机制。不同类型的村庄，区域条件、发展基础、发展目标存在差异，编制实用性村庄规划不能采取千篇一律的规划策略和建设管控方法。

对于城郊融合型村庄而言，国内学者对其的研究主要集中在村庄特征及问题分析、产业转型发展、土地流转、社会稳定风险等方面，近年来针对该类村庄实用性规划研究也有较多的探索，但是村庄发展受地方政策影响较大，不同区域之间城乡发展路径差异很大，资源条件、管理模式等也不尽相同，研究地域需要不断丰富。

另外，由于城郊融合型村庄所处区位特点，三条控制线对其空间发展均产生作用，城镇开发边界对农业生产空间、生态空间、建设空间均产生了一定割裂作用，而城镇开发边界的空间特征和治理逻辑给详细设计实践带来了空间协调作用减弱、空间塑造能力受限、传统设计方法失灵、规划传导机制不明等困境，因此城郊融合型村庄需突破城乡分离的传统规划范式。

在此背景下，本文以广西 H 市中心城区周边典型的城郊融合型村庄作为研究对象，分析城郊融合型村庄的特征与问题，尝试从城乡协调、融合发展的目标导向出发，从规划体系构建、发展定位、产业保障、用途管控等方面提出多村联合编制城郊融合型实用性村庄规划的思路，对于丰富实用性村庄规划编制技术方法研究具有一定的现实意义。

1　城郊融合型的村庄特点和主要问题

1.1　交通区位优势显著，资源类型丰富

城郊融合型村庄位于城市边缘，甚至处于向城中村转变阶段，交通和区位的优势使得村庄与城市在人流、货流、信息流等要素交换方面灵敏，能快速承接一些低效高耗、用地需求大的城市产业，成为工业仓储、配套服务的集中区域。同时，此类村庄还保留着原生的山体、水系、农田、文化、民俗等丰富的自然资源和人文资源，生态价值、人文价值显著。

1.2　土地开发低效无序和旺盛需求并存，急需加强疏导和管控

城郊融合型村庄村域范围内，受到土地征收时序等因素影响，集体土地和国有土地相互交错，农业空间、城镇空间形态分散、破碎不连续，农业和工业生产低效。同时，在现状农村宅基地户均超标的情况下依然存在大量宅基地的需求，进一步加剧土地利用不集约程度，也挤占了有限的耕地资源和建设用地资源。而产业扩张对土地的需求十分旺盛，在城镇建设用地指标紧张的情况下，急需针对不同类型的产业对其发展空间进行疏导。

1.3　公共服务设施种类完善但品质不高

在交通区位和要素集聚的优势叠加下，城郊融合型村庄公共服务设施建设基础较好，教育医疗、行政管理、文化娱乐等设施较为齐备，甚至处于城市级别的公共服务设施服务半径内，可方便享受高等级的公共服务。但由于此类村庄自有的公共服务设施建设门槛较低，设施供给服务的空间独立性、功能性、专业性不足，也仅仅只能满足村庄或者乡镇的生产生活需求，一旦有强劲发展动力带动快速城镇化，外来人口加速涌入后，难以承载人群需求。

1.4　多方利益诉求叠加，冲突矛盾急需协调

城郊融合型村庄有可能同时受到市、区、镇（乡）、村等多重管辖。由于城镇开发边界的破碎性、跳跃性，在城乡结合地区空间格局的系统性、地块的完整性、路网的连贯性较差。不同层级的政府部门利益诉求显然存在差异，如果依据城镇开发边界内外分治必定会导致多方面的冲突与矛盾，而这也必然会加剧城乡结合地区土地利用不合理程度，导致基础和服务设施浪费、产业布局分散、风貌乱象等问题，难以为城乡发展提供最大限度的资源要素保障。

2　城郊融合型的村庄规划编制实践探索

2.1　村庄背景及基本情况

依据 H 市国土空间总体规划，H 市中心城区形成“一轴一带、一主三副、多组团”的城市空间结构。“一轴”指依托一级公路、黔桂铁路、高速公路形成的城镇发展轴，“一带”指龙江河流生态景观带，串联 J 城区、高铁新区、D 产业园、Y 城区及两城区间特色小城镇组团（图 1）。

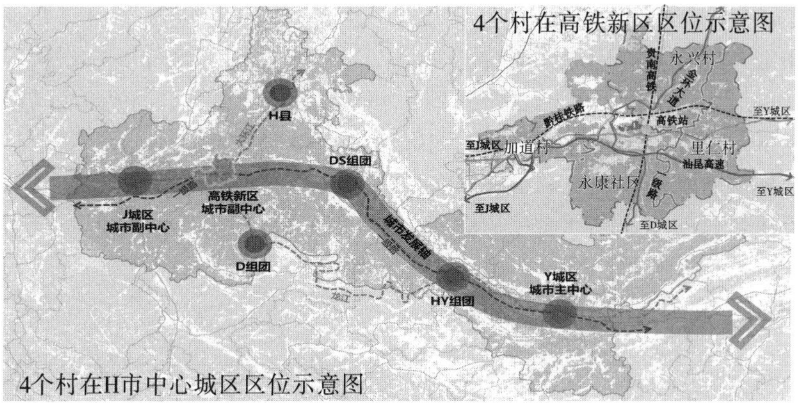

图 1　村庄区位示意图

而永康社区、加道村、永兴村、里仁村 4 个村位于 H 市高铁新区核心区域，也是 J 城区东部门户地区，属于东江镇政府管辖，4 个村的村域总面积为76.26 km^2，现状农村户籍人口总数达到8744人。4 个村村域内有黔桂铁路、贵南高铁、金宜一级公路、汕昆高速等交通要道穿境而过，贵南高铁设站于永康社区境内，交通便捷；紧邻东江镇区，基础设施相对完善，拥有中学、小学、幼儿园、卫生院、污水处理厂、垃圾转运站等设施；产业发展基础良好，永康、加道融入城市程度较高，通过土地租让主要发展商业服务业、物流等产业，里仁、永兴种植业与养殖业发展势头强劲，主要发展果蔬、桑蚕、水稻等产业。2021 年，村集体经济年收入超过 6 万元，全村人均纯收入在6000元以上。此外，4 个村自然风光秀丽，同时拥有深厚的文化底蕴和悠久的历史人文资源，其中永康社区处于大环江与龙江的环抱之中，形成了“两江碧水穿城流，十里青山半入村”的独特山水格局，同时拥有三江口大桥碑刻等历史文化资源和丰富的少数民族文化资源，具备打造区域旅游节点的优良条件（图 2）。

图 2　永康社区山水格局现状图

2.2　规划策略

2.2.1　做好片区规划体系设计，实现高层次整体统筹

H 市国土空间总体规划、J 城区国土分区规划作为总体规划，宏观性较强，除了三条控制线及其他红线底线，对高铁新区城市和村庄的规划内容与实施机制的传导及衔接较为模糊。乡镇级国土空间规划仍在编制过程中，村庄规划缺乏直接上位依据。村庄规划作为下位层次的详细

规划，难以在更高的层次统筹高铁新区城市和村庄建设的需求。为解决城镇开发边界内外规划目标衔接难、用地指标协调难、建设内容落实难、功能布局缺乏统筹等一系列现实问题，需从城乡一体化的建设用地管控出发，通盘统筹城市和村庄建设的要求，协调不同管辖主体的利益诉求，凝聚对片区城市和村庄的规划共识，编制专项规划。在H市4个村联合编制实用性村庄规划同期，从市域层面统筹，组织编制高铁新区片区概念规划和城市设计，采用城市设计方法，将发展规划、上位规划的战略意图通过概念规划和城市设计传导至详细规划，落实城乡功能统筹及建设用地指标传导、分解、平衡，以指导控制性详细规划和村庄规划编制，为实用性村庄规划提供真正具有可操作性和可实施性的建议。

2.2.2 制定差异化发展定位，城、镇、村联动互补发展

结合4个村庄的自然资源、人文景观、传统产业等特点，统筹4个村的功能定位，引导村庄产业互补、错位发展，实现跨村协同发展。其中永康社区重点推进城镇化建设，承接城市功能外溢，定位为宜居宜业的城镇村融合发展示范村，着重发展都市休闲旅游等产业；加道村发挥商贸物流产业基础优势，定位为以电商、工商零售、餐饮及其他商贸物流为主的特色农村社区；永兴村发挥桑蚕产业优势，定位为桑蚕产业示范基地，推动桑蚕产业规模化、标准化发展；里仁村发挥果蔬种植和休闲旅游产业优势，定位为果蔬种植示范基地和都市休闲农业体验基地。

2.2.3 融入城市15分钟生活圈，加强城乡设施互联共享

按照《广西壮族自治区村庄规划编制技术导则（试行）》有关规定，结合H市实际情况和村庄发展需求，规划优先保障托幼、养老、医疗、文化康体等宜居生活配套，鼓励新建与改建相结合，确定公共服务设施项目、位置和规模。从节约集约用地和提升服务能级角度，规划4个村的教育、医疗、商业等公共服务设施建设与城市共建共享，充分融入城市15分钟生活圈，享受城市公共服务；结合村庄的生活生产及管理组织特点，保留和完善现有的村委、小型篮球场、戏台等现状公共服务设施，形成镇村5分钟生活圈。村庄的给水、排水、环卫等市政基础设施，有条件区域实现与城市并网，部分远离城区的零星居民点采用分散式处理模式。

2.2.4 打破行政壁垒分配资源要素，保障产业发展空间

规划跳出村庄规划各自为战的惯性思维，在尊重土地权属的基础上，对4个村的土地资源进行梳理、整合，打破4个村间的行政壁垒，统筹4个村建设用地总指标，在不突破村庄现状建设用地总规模的情况下，适当向永康社区、加道村倾斜用地指标，为未来打造高铁产业小镇预留发展空间。此外，规划充分考虑乡村产业发展的多样性和不确定性，结合广西建设用地控制指标要求及H市城市规划管理技术规定，允许乡村产业用地根据后期实际需要进行细化，以为乡村产业发展预留更多的弹性空间，在合理控制乡村产业用地规模的同时，确保乡村产业用地的规划不仅符合当前需求，也能适应未来的发展变化。

2.2.5 强化建设管控，制定开发边界内村庄建设管控规则

根据上位规划，永康社区板里屯、加道村肯旺屯等14个自然屯被纳入城镇开发边界内，但该片区的控制性详细规划修编工作尚未启动，原片区控制性详细规划又缺少对纳入开发边界的村屯建设的具体管控要求，按照自治区、H市对村庄建设管控的通用规则，城镇开发边界内的居民点建设难以管控。因此，在村庄规划编制过程中，参照南宁、厦门等城市对城中村的管控管理经验，结合H市实际情况，针对被纳入城镇开发边界内村庄的建设管控提出具体的管理规则：对位于城镇开发边界范围内，近期已列入城市改造或开发并发布拆迁公告的区域，不允许进行农房建设，不再审批新增农村宅基地；尚未列入改造或征收计划的区域，允许利用旧宅基地翻改建和盘活存量土地以保证村民住房需求，并鼓励盘活存量土地集中建设公寓式村民住宅

小区，增加村民住宅有效供给；位于城市主干路两侧的农房改建、扩建、重建，原则上要进行旧村改造规划后方可按规划建设，确保村庄道路、房屋间距与层数、村庄环境符合城市规划要求。

3 结语

目前，市、县级国土空间规划和村庄规划正在同步开展编制，村庄规划处于规划体系的末端，在上位规划不确定的情况下，村庄发展目标、功能定位、规划约束管控的不确定性尤为突出。通过广西H市4个城郊融合型实用性村庄规划的实践经验总结，希望为城郊融合型村庄提供一种城乡协调统筹的规划范式，传递城郊融合型村庄规划的价值取向和建设管控要求，引导这类村庄构建城乡协调、城郊融合的发展格局，为乡村振兴提供更优的空间支撑和要素保障。

［参考文献］

［1］生延超，李倩，徐珊，等. 城郊融合类村庄产业选择的演变及动力机制［J］. 中国生态旅游，2021，11（3）：427-440.

［2］白理刚，鲍巧玲. 城郊乡村地区的城乡融合规划研究：以西昌市东部城郊乡村地区为例［J］. 小城镇建设，2019，37（5）：25-32.

［3］石会娟，李占祥，刘慈萱，等. 城郊融合类乡村产业振兴思路探讨：以西安市雁塔区三兆村为例［J］. 城市发展研究，2019，26（S1）：103-108.

［4］王婕，金丽馥. 城乡融合视角下城郊宅基地流转问题与模式构想［J］. 中国集体经济，2020（22）：8-10.

［5］任芳，王静. 基于城乡融合发展的城郊地区全域土地综合整治优化路径探讨：以东营市河口街道乡村振兴规划为例［J］. 小城镇建设，2020，38（11）：40-46.

［6］罗文硕，周家宝，付宇欣. 新时代国土空间规划背景下城郊融合型村庄规划探讨：以鹤壁市矩桥镇郑常村村庄规划为例［J］. 城市建筑，2023，20（1）：14-17.

［7］王万军. 国土空间规划背景下的城郊融合型村庄规划编制探索：以南宁市良庆区南晓镇南晓社区为例［J］. 广西城镇建设，2021（8）：6-10.

［8］张馨予，曹象明，江瑞. 山西省城郊融合型实用性村庄规划策略研究：以介休市小宋曲村为例［J］. 小城镇建设，2023，41（6）：81-89.

［9］江瑞，曹象明. "镇村融合型"实用性村庄规划编制策略研究：以介休市温家沟村为例［C］//中国城市规划学会. 人民城市，规划赋能：2023中国城市规划年会论文集. 北京：中国建筑工业出版社，2023.

［10］郑重，邓子健，吴婕，等. 城郊融合型国土空间详细设计编制思路与实践［J］. 规划师，2024，40（1）：100-106.

［11］王祝根，朱家宁，刘慧. 城镇开发边界对城郊融合类村庄规划的多维影响与应对策略［J］. 规划师，2023，39（2）：133-138.

［作者简介］

陈虹桔，工程师，就职于华蓝设计（集团）有限公司国土空间规划院规划研究所。

秦乾钦，助理工程师，就职于华蓝设计（集团）有限公司国土空间规划院规划研究所。

“百千万工程”背景下激发乡村可持续发展动能的规划模式研究

□罗思明，袁书梅

摘要：目前，广东省正以“头号工程”力度深入实施“百县千镇万村高质量发展工程”，提出稳步推进乡村建设行动要求，同时在落实国家乡村振兴战略的基础上，对乡村建设提出了新的要求。广州市经过“十三五”期间美丽乡村建设，近郊乡村人居环境整治工作已初步完成，“十四五”期间正全面开展美丽乡村提质升级。在此背景下，本文以广州市良平村美丽乡村建设规划为例，因地制宜探索乡村可持续发展路径，以期为同类地区美丽乡村高质量发展提供思路借鉴。

关键词：“百县千镇万村高质量发展工程”；美丽乡村建设；可持续发展；激发动能

0 引言

党的二十大对乡村振兴进行了全面部署，提出要从产业、人才、文化、生态、组织五个方面全面推动乡村振兴，坚持农业农村优先发展，坚持城乡融合发展，畅通城乡要素流动，建设宜居宜业和美乡村。2024年2月公布的《中共中央、国务院关于学习运用“千村示范、万村整治”工程经验有力有效推进乡村全面振兴的意见》（简称《中央一号文件》）提出，以提升乡村产业发展水平、提升乡村建设水平、提升乡村治理水平为重点，强化科技和改革双轮驱动，强化农民增收举措，打好乡村全面振兴漂亮仗，绘就宜居宜业和美乡村新画卷。近年来，广东省尽管在乡村振兴、城乡区域协调发展方面已取得一定成果，但同时也清楚地认识到，在以高质量发展为主要任务的背景下，城乡区域发展不平衡的问题是广东省内最大的短板。

2023年2月，《中共广东省委关于实施“百县千镇万村高质量发展工程”促进城乡区域协调发展的决定》（简称《决定》）正式公布，从推动县域高质量发展、强化乡镇联城带村的节点功能、建设宜居宜业和美乡村等方面提出具体要求，以全省122个县（市、区）、1609个乡镇（街道）、2.65万个行政村（社区）为主体，实施“百县千镇万村高质量发展工程”（简称“百千万工程”）。《决定》中提到建设宜居宜业和美丽乡村，坚持农业农村优先发展，巩固拓展脱贫攻坚成果，全面推动乡村产业、人才、文化、生态、组织振兴，实现农业高质高效、乡村宜居宜业、农民富裕富足。在宜居宜业和美丽乡村建设方面，“百千万工程”基本与乡村振兴战略一脉相承。全省上下以“头号工程”力度实施“百千万工程”，乡村建设是其最艰巨、最繁重的任务。其中，广州市提出统筹推进乡村“五大振兴”，扎实做好乡村发展、乡村建设、乡村治理等重点工作，持续提升农村人居环境及推进新乡村示范带特色化、个性化、差异化发展，计划在“十四五”期间完成市级美丽乡村全覆盖。因此，如何高质量推进美丽乡村建设，因地制宜制定乡村可持续发展路径，是本文研究的出发点。

1　乡村可持续发展理念内涵

大部分乡村地区普遍存在人口外流、经济凋敝、公共服务供给不足等问题。在此背景下，全国各地正全力推进乡村振兴战略，期望通过体制与机制创新来提升乡村地区应对与适应外界发展环境扰动与变化的能力，扭转乡村衰退局势。乡村发展面临的问题主要源于长期的城乡二元体制，导致乡村人地关系不协调、发展内生动力不足、乡村社会主体弱化，严重制约了乡村地区的可持续发展能力。基于此，亟须激活乡村人口、土地、产业三大要素活力，强调乡村地域“人—地—业”耦合发展，培育和提升乡村发展内生动力，从而提升乡村可持续发展能力和竞争力。

1.1　加强乡村土地综合整治

乡村空心化问题严峻，青壮年人口外流与大量闲置建设用地并存，存量建设用地挖潜潜力巨大，实施乡村土地综合整治工程能够以“动手术”方式有效整合、配置土地资源，优化乡村土地利用结构，重构乡村生产、生活、生态空间格局，实现乡村土地整治还田、还林、还园（建设），有利于保障耕地及粮食安全，推进农业规模化经营，进而协调乡村地区农业生产、居民生活与生态环境保育三方面关系，提高土地资源利用效率，协调乡村人地关系，为乡村经济社会发展转型提供载体。

1.2　依托优势资源发展特色产业

产业振兴是乡村振兴的重中之重，是保持乡村活力的重要前提，而农业则是乡村产业体系构建的基础载体，要构建一二三产融合的大农业体系。乡村地区可以根据自身的资源禀赋，因地制宜确定特色优势产业，提升乡村经济发展活力，让村民有事可做、有钱可赚、有利可图，从而吸引青壮年人口回流。在市场经济、信息化、工业化、新型城镇化带动下，引入现代化管理和专业化社会服务体系，大力发展农产品加工、电子商务，加强农业与农产品加工等二产以及农产品销售、电商物流、休闲旅游、个性消费等三产的融合度，形成乡村一二三产有机融合的产业体系，彻底改变乡村地区农业收益低、附加值低、就业少的局面，逐步实现乡村富裕的目标。

1.3　提升民众主观能动性

中共十八届三中全会提出了“国家治理体系与治理能力现代化”的课题，乡村治理是国家治理体系中基础的、重要的环节。政府主导下的农业项目、乡村环境整治工程，有的往往沦为形象工程，被动输血机制下的乡村建设缺乏持久效应。积极发挥政府资金的“触媒作用”而不是去代替农民大包大揽，要以社区营建的理念激发民众热爱家乡的意识和自我建设家乡的热情，强化村民主体地位，充分尊重村民发展意愿，最大限度调动村民积极性。与此同时，努力加大对村民技能培训的投入，扩大村民学习机会，提高其学习新知识、接受新技能的能力，不断提高农民知识化、专业化、组织化程度，为乡村经济发展转型和可持续发展奠定坚实的人力资源基础。

1.4　培育乡村产业新业态和经营主体

国内外实现城乡一体化发展的成功经验均表明，让恰当的资本、热衷于乡村生活的人群、现代化的治理方式进入乡村，是新时期实现乡村振兴的必由之路。良好的乡村社会资本的培育是联结乡村发展各种要素投入的“链条”与“黏合剂”，有助于提高乡村多主体凝聚力与协作力，进而提升乡村地区的发展效益与工作效率。要重视农民合作组织、乡村精英、乡贤等在乡村经济发展、乡村产业竞争力提升中的引领示范作用，同时对外合理引入专业人才和社会资本，构建乡村地区多元、新型的社会网络，将经营乡村的理念贯穿乡村振兴全过程，进一步增强乡村可持续发展内生动力。

2 “百千万工程”背景下的乡村发展新要求

2.1 加快乡村产业全链条升级，促进农业高质高效

广东省围绕做好“土特产”文章，加快构建现代乡村产业体系，着力提升乡村产业发展水平，把农业建成现代化大产业，加快乡村产业全链条升级。加强农业科技创新，深入推进种业振兴，激活乡村振兴“芯”动能。树立全产业链理念，提升乡村产业发展能级。围绕“种养—加工—销售—服务”补链、延链、强链，同时打好“龙头”“园区”“品牌”“配套”四张牌，增强市场竞争力和可持续发展能力，引领推动乡村产业高质量发展。培育壮大新业态，拓展产业发展新空间。大抓农产品电商，健全农产品“12221”市场营销体系，打造更多叫得响的“粤字号”强村富民农业品牌。

2.2 着力推动风貌提升，推进乡村宜居宜业

学习运用“千万工程”经验，结合省情实际，按照县域统筹、镇村联动、村村联动原则，注重镇村联动赋能典型村发展。以乡村振兴示范带为抓手，围绕城乡结合部、重要旅游区、产业基础好的地域，连线成片推进产业集聚发展、人居环境集中整治和基础设施连片建设等，将乡村建设与产业发展、文化传承相结合，把乡村田园、水系、村落、建筑等作为整体来谋划、保护和建设，带动圩镇、典型村和周边村、特色节点等串点成线、连线成片发展。开展“粤美乡村”规划设计，以集约节约为导向，强化整体规划，精心设计建设，推动布局优化、风貌提升。

2.3 大力探索新型农村集体经济多种实现形式，助力农民富裕富足

突出抓好农村重点领域和关键环节体制机制改革，充分释放、激发县镇村发展活力潜能。扎实推进农村集体产权制度改革，逐步健全新型农村集体经济运行机制，加快活化农村集体资产资源，建立健全省、市、县各级互联互通的农村产权流转交易管理服务平台，全力确保集体资产保值增值。加快培育新型农业经营主体这支骨干力量，注重发挥各类主体的比较优势以及对小规模农户的带动作用。

3 广州市良平村激发乡村可持续发展动能的规划模式实践

3.1 村庄概况与周边资源分析

良平村地处广州市从化区良口镇东南部，距良口镇区、从化城区分别8 km、32 km，距汕湛高速溪头出入口、大广高速良口出入口、广从公路分别4～6 km，对外交通较便捷。村庄位于从化乡村振兴战略中重点发展生态休闲旅游产业的中部片区，村域周边及村内拥有得天独厚的自然生态旅游资源。村域周边10 km范围内有 5 个森林公园和 1 个湿地公园，包括流溪河国家森林公园、石门国家森林公园、南昆山国家森林公园、流溪河从都湿地公园、联溪森林公园、五指

山景区、从化温泉财富小镇、生态设计小镇、米埗小镇等远近闻名的旅游景点。天堂顶、老虎头、影古徒步线吸引了很多慕名而来的户外徒步登山爱好者。他们主要来自珠三角地区，每年有4～5万人，有时会举办健身徒步活动、个人自由越野赛车等活动。三大徒步线入口均位于良平村内。

良平建村600多年，村域土地面积46 km^2，村域户籍总人口200人，下辖13个自然村32个经济社。村内有四大特色资源：有特色的生态旅游资源，如天堂顶、老虎头、碧水峡漂流、影古徒步线；有秀丽的自然山水资源，如鸭洞河、白水带瀑布、5000亩竹林；有悠久的人文历史资源，如水平学堂、水口古寺、南山书社、盘古庙、上学堂，以及舞狮、扔彩门等传统风俗；有丰富的乡村产业资源，如红松茸、灵芝、蜂蜜、桑果、荔枝、黄皮、龙眼、竹笋等。

3.2 村庄发展存在问题

良平村周边有丰富的生态、人文历史、乡村产业等资源，村域周边配套设施较完整且有较大的名气与流量。但反观良平村，集体经济发展比较薄弱，村内劳动力外流，公共服务设施和旅游配套不足、品质不高，村庄与周边资源的联动性不强，生态旅游资源对村庄经济发展的带动性较弱，对外吸引力明显不足，村民对旅游产业的开发积极性也不高。因此，如何通过发掘良好的资源禀赋进行美丽乡村建设，如何吸引并留住村民与周边游客推动乡村振兴是我们开展良平村规划设计的核心目标。

3.3 激发乡村可持续发展动能的规划技术路线

规划设计与发展建设过程中注重回归乡村本质，尊重、顺应、保护乡村的自然性、生态性底色，将乡村作为一个综合性、系统性、动态性的有机体进行“把脉”分析，在建设过程中强调与乡村“共情”。根植于乡村魅力的原生态与原真性资源要素，从资源发掘、产业发展、空间设计、环境提升、乡村治理等多维度入手，系统策划，构建整体发展和渐进式推进的可持续发展格局（图1）。充分利用乡土材料，并选取村民反映意见最强烈、最能突显良平村特色、最能吸引集聚游客的村入口节点、风水塘节点、旧村委节点及影村广场节点四个重要的公共空间场地作为首期启动的“引爆点”项目，进行重点策划设计，将经济性、乡土性、生态性、艺术性与创新性协调统一，最终实现良平村整体发展和渐进式推进有序结合的乡村可持续发展格局。

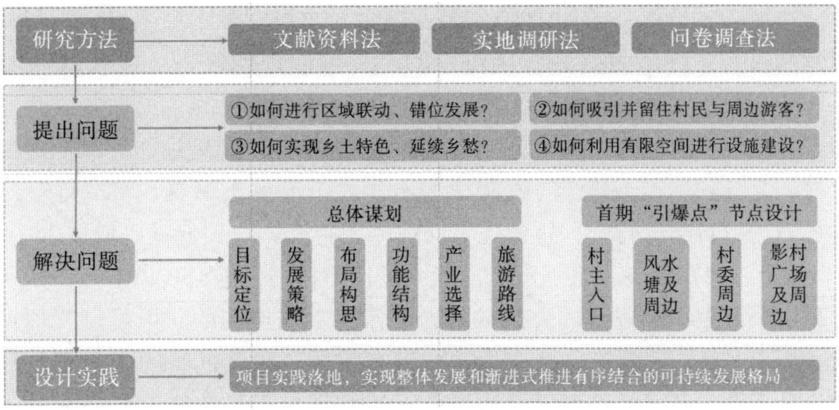

图1 良平村探索可持续发展的技术路径分析图

3.4 乡村可持续发展路径

3.4.1 共同参与，实施与乡村“共情”共谋发展的规划设计行动

强调规划设计师与乡村“共情”。设计团队多次前往良平村进行实地调研和座谈交流，并深入村中去体会乡村的复杂性、综合性特点。我们强调规划设计不是结果，而是以规划设计的过程作为行动平台，设计团队多专业多部门联动，联合各级政府，发动村民、村集体，动员企业、社会组织共同参与乡村振兴工作，围绕村庄资源、发展诉求、存在问题，引导各方参与规划设计，激发大家与乡村的共情，一起谋划乡村发展（图 2)。同时，发挥规划设计师的创意，不仅要提升乡村空间及建筑品质，也要为乡村发掘出更多在地性的经济、文化、社会价值。

实地调研　村委征求意见　与良口镇政府领导班子交流方案

实地调研　村委征求意见　与各级部门交流方案

图 2　良平村规划设计与建设实施过程中的公众参与

3.4.2 系统策划，构建整体发展和渐进式推进的可持续发展格局

一方面，从资源发掘、产业发展、空间设计、环境提升、乡村治理等多维度入手，秉承“策划＋规划＋设计”的思路，从周边区域资源及良平村自身资源本底出发，进行村域发展总体谋划，形成以鸭洞河、共青路为核心连接纽带的“一带两环四区，三核联动”规划功能结构(图 3)，将良平村打造为“隐心乐谷・韵动天堂”的美丽乡村。

另一方面，根植于乡村魅力的原生态与原真性资源要素，梳理并分析本土资源类型，因地制宜、就地取材，充分利用本土盛产的鸭洞河河石、竹子等乡土材料，将“竹”元素贯穿乡村规划设计全过程，构建竹廊、竹轩、竹景观等景观休闲空间，达到低碳、低成本的“乡竹韵味”(图 4)。同时，选取村民反映意见最强烈、最能突显良平村特色的村入口节点、风水塘节点、旧村委节点及影村广场节点 4 个重要的公共空间场地作为首期启动的“引爆点”项目，通过规划设计，将人文、历史、活力元素充分融合，塑造生态宜居、绿色低碳的高品质乡村空间，将经济性、乡土性、生态性、艺术性与创新性协调统一，实现良平村整体发展和渐进式推进有序结合的可持续发展格局。

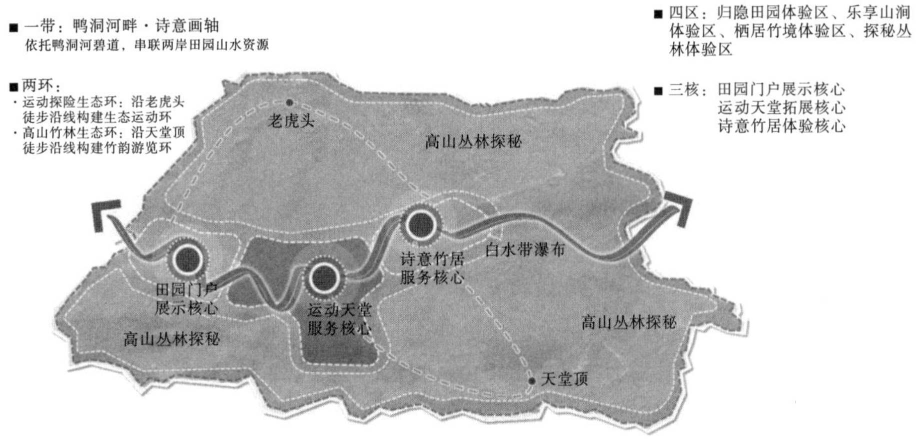

图 3　良平村村域总体规划图

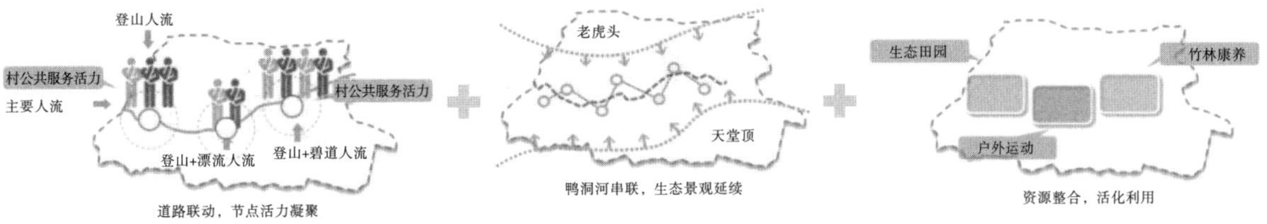

图 4　良平村村域空间格局设计分析图

一是村入口节点设计。现状缺乏村庄主入口及登山旅游标识（图 5），设计既要满足旅游景点的标识要求，同时又要兼顾体现村入口形象需求。规划增加入口村石、老虎头景点标识指引（图 6），利用当地竹构融入周边乡土环境，兼顾农产品销售、候车、休憩等功能，强化地域标识与特色，满足村民及游客设施需求。

二是风水塘节点设计。水塘周边分布着祠堂、村居及旧水平学堂，以前是村民文化活动交流的重要空间场所，但现状存在车辆乱停乱放、杂草丛生、场地闲置等问题（图 7）。规划对风水塘周边重新进行功能的合理布局，打造成集篮球场、休憩亭、村民广场、停车场等多功能于一体的复合空间（图 8）。通过艺术化竹构介入公共空间形成亮点，吸引人停留，提升活力。

图 5　村入口节点现状图

图 6　村入口节点设计效果图

图 7　村入口节点现状图

图 8　村入口节点设计效果图

三是旧村委节点设计。其位于村域中心，靠近村内主要交通，是村民活动交流、登山及徒步旅游人群的汇集点，对带动村域整体发展具有关键性作用。方案采取拆除旧村委原围墙、架空一楼等方式，打开入口空间，凸显空间的通透性、公共性、可达性，方便村民及游客到达村委后广场、竹影公园。同时植入村内随处可见的传统材料石与竹子，打造亮点，将旧村委改造为集村史文化宣传、农副产品展示与销售、村民活动室、旅游驿站等多功能于一体、主客共享的“乡村客厅”（图 9 至图 11）。

图 9　旧村委节点设计平面图

图 10　旧村委节点现状图

图 11　旧村委节点设计效果图

四是影村广场节点设计。现状广场及滨水空间缺乏活力，整体风貌有待提升。规划通过对广场功能的重新划分，保证入口空间的开阔性；通过石阶消化高差，将共青路、影村下沉广场、鸭洞河碧道及山林梯田进行串联；就地取材，种植本土竹群；利用标识及景墙，形成视觉引导，吸引人从影村广场进入鸭洞河及梯田游玩，强调人与自然和谐共处（图 12 至图 14）。

图 12　影村广场节点设计平面图

图 13　影村广场节点现状图

图 14　影村广场节点设计效果图

3.4.3　**多方联动，共同缔造推动美丽乡村实现“五大振兴”**

在规划设计过程中，与镇政府、村委、村民代表进行多次交流座谈，采取多种方式调动村民参与乡村建设和乡村发展的积极性。同步征询各行业专家意见，并邀请广州市人大代表及市、区相关职能部门进行指导和方案讨论，同时动员相关企业一起谋划实施研究，推动乡村产业、人才、文化、生态、组织全面振兴，从单纯注重基础设施的提升向培育乡村可持续发展机能的“自我造血”方式转变。

4　结语

在城乡要素自由配置、市场充分共享的情况下，发挥其有别于城市的农业、腹地、家园价值，城乡“各美其美”，差异化发展，达到共同繁荣的状态。在良平村探索激发乡村可持续发展动能的规划设计及实践过程中，我们坚持绿色发展理念，既要金山银山，又要绿水青山；以公共空间“引爆点”为抓手，从资源发掘、产业发展、空间设计、环境提升、乡村治理等多维度入手，秉承“策划＋规划＋设计”的思路进行总体谋划，以点带面促进良平村人居环境整体提升。实施建设过程中根植于乡村魅力的原生态与原真性资源要素，就地取材，利用乡土材料和原色，多维度共同打造公共空间，实现良平村整体发展和渐进式推进有序结合的可持续发展格局。真正做到“重实用、好落地、带发展、获好评”的工作成效，实现村庄建设规划“按图施工”“一张蓝图干到底”，用设计为乡村留下美丽乡愁，助力乡村振兴。

在规划设计引导下，目前良平村美丽乡村的首期公共空间节点已建设完成，并取得良好的实施效果。项目入选 2022 年广州市“社区事·大师做”乡村振兴系列项目，并作为“设计赋能美丽乡村全面振兴”典型案例，多次被《南方日报》等主流媒体专题报道，受到社会广泛关注与好评。

[参考文献]

[1] 申明锐，张京祥. 新型城镇化背景下的中国乡村转型与复兴 [J]. 城市规划，2015，39 (1)：30-34，63.

[2] 李玉恒，阎佳玉，宋传垚. 乡村振兴与可持续发展：国际典型案例剖析及其启示 [J]. 地理研究，2019，38 (3)：595-604.

[3] 刘彦随，朱琳，李玉恒. 转型期农村土地整治的基础理论与模式探析 [J]. 地理科学进展，2012，31 (6)：777-782.

[作者简介]

罗思明，高级工程师，注册城乡规划师，广州市城市更新规划设计研究院有限公司咨询部副部长、产城规划所所长。

袁书梅，工程师，注册城乡规划师，广州市城市更新规划设计研究院有限公司咨询部规划副总监。

“三生”融合理论下乡土特色村庄规划策略研究

——以辽宁省沈阳市朴坨子村村庄规划为例

□周慧

摘要：在实施乡村振兴战略的背景下，本文在“三生”融合的理论基础上，以自然生态、经济生产、人居环境三方面为切入点，剖析乡土特色的内涵及在规划中的重要性。以沈阳市乡土特色类村庄朴坨子村为例，剖析朴坨子村休闲旅游的产业资源条件（生产）、水湖萦绕的生态环境基底（生态）、传统乡土文化特色的风情元素（生活）三方面的特色优势，以及其面临的问题与挑战。同时，通过问题导向、目标导向与实施导向的逻辑推演，形成朴坨子村庄规划的思路框架，提出功能定位与目标愿景。在此基础上，构建系统整体的乡土特色村庄规划策略：严守底线思维，划定三类空间与用途管控；尊重生态资源，塑造乡土文化特色风貌；传承产业特色，构建“乡土旅游综合体”；体验乡土风情，营造世外桃源田居生活；策划“一街十景”，打造乡土特色体验游；保障规划实施，完善乡村经营治理机制等六方面的规划设计策略，旨在为类似村庄的规划建设提供借鉴和参考。

关键词：乡村振兴；“三生”融合；乡土特色；村庄规划

0　引言

在乡村振兴战略的大背景下，如何保护乡土特色并实现乡村可持续发展成为当前规划领域的重要课题。本文以沈阳市朴坨子村为例，以“三生”融合理论为基础，即综合考虑自然生态、经济生产、人居环境三方面的协调发展，探讨乡土特色村庄的规划策略。朴坨子村作为东北地区典型的乡土特色村庄，拥有丰富的自然资源和独特的文化底蕴，但也面临着自然生态破坏、经济结构单一等挑战。本文旨在通过科学规划，实现朴坨子村的可持续发展，为其他乡土特色村庄的规划建设提供借鉴与参考。

1　理论基础与相关概念

1.1　“三生”融合理论

中央城市会议提出“三生”融合概念，统筹布局生态、生产、生活三大空间，提高城市宜居性。“三生”融合是对产城融合概念的延展与升级，是指产业发展与城市生活、生态环境之间的有机融合之态，其实质是人本主义的回归。

自然生态空间，包括水系、山脉、地貌、植被等生态基底要素，各要素的不同组合构成乡村风貌的生态景观肌理，有限制农业、城镇的空间扩张的作用。

经济生产空间，包括农业生产、工业企业和服务业旅游业等经济要素。乡村以农业生产为主，通过现代都市农业的引入，农产品精深加工、文化创意、休闲旅游等产业的发展，不同程度地影响乡村景观格局、建筑特点、配套设施等。

人居环境空间，包括乡村形态、建筑形式、空间环境和乡土文化，影响地域文化的传承及特色风貌的塑造。

“三生”融合，重在生态、生产、生活三大空间的相互交织、相互融合。在尊重地域自然生态特色的基础上，提高乡村人居环境建设，追求经济生产的最优模式，三大空间相互渗透，在整体上共同影响乡村乡土风貌特色的形成。

1.2 乡土特色内涵及其在规划中的重要性

乡土特色是指鲜明的地域性特色，是乡村振兴根基，分为物质和非物质两个方面，包括乡土风貌、特色种养、村办企业、古树名木、田园风光、风俗村貌、古建遗存等多个元素，特别是挖掘具有独特品质、彰显地域特色的乡土要素，传承乡土文化的物质表象和文化底蕴，唤醒人们对乡野生活的向往之情。

首先，乡土特色体现在村庄的自然生态上。村庄所处的自然环境、地理特征、植被分布等都是其独特的生态标签，这些元素共同构成村庄的自然景观和生态基底。其次，乡土特色还体现在村庄的经济生产上。村庄的传统产业、农业耕作方式、手工艺等经济活动，都是其独特的经济特征，这些活动不仅支撑村庄的经济发展，也传承乡村的技艺和文化。最后，乡土特色更体现在村庄的人居环境上。村庄的建筑风格、空间布局、生活方式等都是其独特的人居环境特征，这些元素共同构成村庄的社会风貌和文化氛围。

2 沈阳市朴坨子村现状特质与发展问题

2.1 基本情况

朴坨子村隶属于沈阳市铁西区彰驿站街道，位于沈阳市区西南方向，铁西区的中南部，南侧紧邻沈阳市浑河。村域面积为 5.9 km^2，下辖朴坨子和南林子 2 个居民点，总人口 2375 人。距沈阳市中心约 34 km，邻近王彰线、沈辽公路、大彰线等城镇道路，区位交通便利。

2.2 特色优势一：休闲旅游的产业资源条件

朴坨子村产业现状以农业为主、旅游业为辅。农业以玉米种植、蔬果种植为主，初步形成机械化生产，高标准日光温室、冷棚小区等设施农业发展较快。现状旅游业以蔬果采摘、农家院餐饮为主要产品，中心街两侧有 12 家特色农家乐，可为游客提供采摘、餐饮、娱乐、住宿等服务。村庄农业产业类型多元，建设农业观光园和农业采摘园，发展势头较好。

2.3 特色优势二：水湖萦绕的生态环境基底

朴坨子村北接细河、南邻浑河，中部有王长河经过，水湖萦绕，现状水系资源丰富。王长河已进行生态治理与改造，形成了可供村民休闲娱乐的玉带莲花湖小型公园。浑河景观段条件好，水清景色美，具有开发潜质。村庄北部已形成鸡冠花花园、文化广场、健身广场等景点，但缺少参与性、娱乐性设施。

2.4 特色优势三：传统乡土文化特色的风情元素

历史上，清代朴姓庄头在此处官庄坐衙，依水而居，环境得天独厚，逐渐扩大成村落，遂有“朴坨子”村。村内有传统手工豆腐坊、手抓饼厂、慈航寺、报恩寺等体现乡土文化风情的元素。现状建筑按照形式可分为三类，一是传统满族民居建筑，为传统建筑，体现村庄的风貌特色；二是平顶建筑，为后期新建建筑；三是新式二层小楼，为20世纪90年代时期现代建筑。沿中心街建筑质量较好，注重精神文明建设，村庄围墙、路口、农家乐等多处均体现出村庄精神面貌和村风民俗。中心街两侧建筑基本采用夯土和红砖砌成，形式统一，风格整齐，有局部段采用预制水泥板简单围挡，需进行统一整治。

3 “三生”融合理论下朴坨子村庄规划思路

3.1 问题导向

通过调研发现政府与村民的发展意愿强烈，以问题为导向，建立科学的资源观念，注重环境保护和生态肌理的延续，引导乡村建设与周边环境的协调融合，维护乡土性的原生态营造；对接产业发展诉求，充分利用现状耕林渔等要素资源，构建一二三产业融合发展的产业体系，积极发展农业观光体验、乡村休闲旅游等功能，寻求差异化发展路径，做大农村产业经济，提升农村价值、农业效益和农民收入；尊重保护乡村格局特色，就地取材找准特色，按照村风民俗、生态环境等基础引导乡村空间形态、建筑形式、风貌特色的构建。

3.2 目标导向

依据村庄传统农业产业基础，以目标为导向，提出“生态田园、乐活农家”的总体定位，即农家乐特色的生态休闲度假村、传承乡土文化的特色景观村。以“回归田园，来到农家，做真正的乡村味道”为目标愿景，探索提供“沉浸式旅游”“体验型经济”的空间场所，通过全景式的看、听、尝、闻、触相互交融：看田园风光、袅袅炊烟，听绵绵细雨、蛙声啼鸣，尝瓜红果甜、有机玉米，闻泥土味道、蔬果花香，触犁耙、锄头、石磨、簸箕等农耕工具的粗糙及轻舟、秸秆、麦穗、芦苇荡，体会与城市不一样的触感。

3.3 结果导向

以结果为导向，以村民利益为先导，落实规划实施。通过培育或引入新型农村经营主体，对村庄的人、财、物、地、技、产、景、文等资源统筹规划、配置、组合、营销，将乡村品牌化，盘活闲置宅基地、善用经营性建设用地，促进乡村产业新业态、新模式发展，探索建立一套运营、决策高效，社会资本与农民利益良性互动、互利共赢的操作路径。

4 “三生”融合理论下朴坨子村庄规划策略

通过问题导向、目标导向与实施导向的逻辑推演，在深入研究与准确定位的基础上，形成六大规划设计策略。

4.1 严守底线思维，划定三类空间与用途管控

按照“农业空间规模高效、生态空间山清水秀、建设空间宜居适度”的总体原则，优化朴

坨子村林田水湖村共融的国土空间格局。

以“三调”成果为基础，朴坨子村的基本农田主要分布在村域内边缘区域，北部以一般农田和林地资源空间混合。统筹安排农业发展空间，保护基本农田，推动农业规模化现代化生产，同时提升耕地连片程度，开展高标准农田建设。依托村庄北部农业与生态空间混合的现状，大力发展休闲、观光、采摘等多业态融合的“农业+”项目。

落实生态保护红线划定成果，南部浑河沿线林地、水域、湿地形成天然生态屏障。结合在册林斑和现状林地，统筹谋划生态空间，中部呈现林地、水系斑块散布，王长河周边为一般生态功能区，完善乡村河湖林地、慢行交通等生态要素，打造乡土风情特色的淳朴乡村。

综合考虑村庄定位和涉农产业发展需求划定村庄开发边界，引导建设项目优先利用闲置低效建设用地，灵活布局，新增指标用于建设公共服务配套设施及乡村振兴项目，促进一二三产融合发展。梳理村庄空间要素和肌理脉络，优化村庄功能布局，改善乡村建设环境，完善基础设施配套，塑造乡村格局特色，展现乡村精神面貌和村风民俗（图1）。

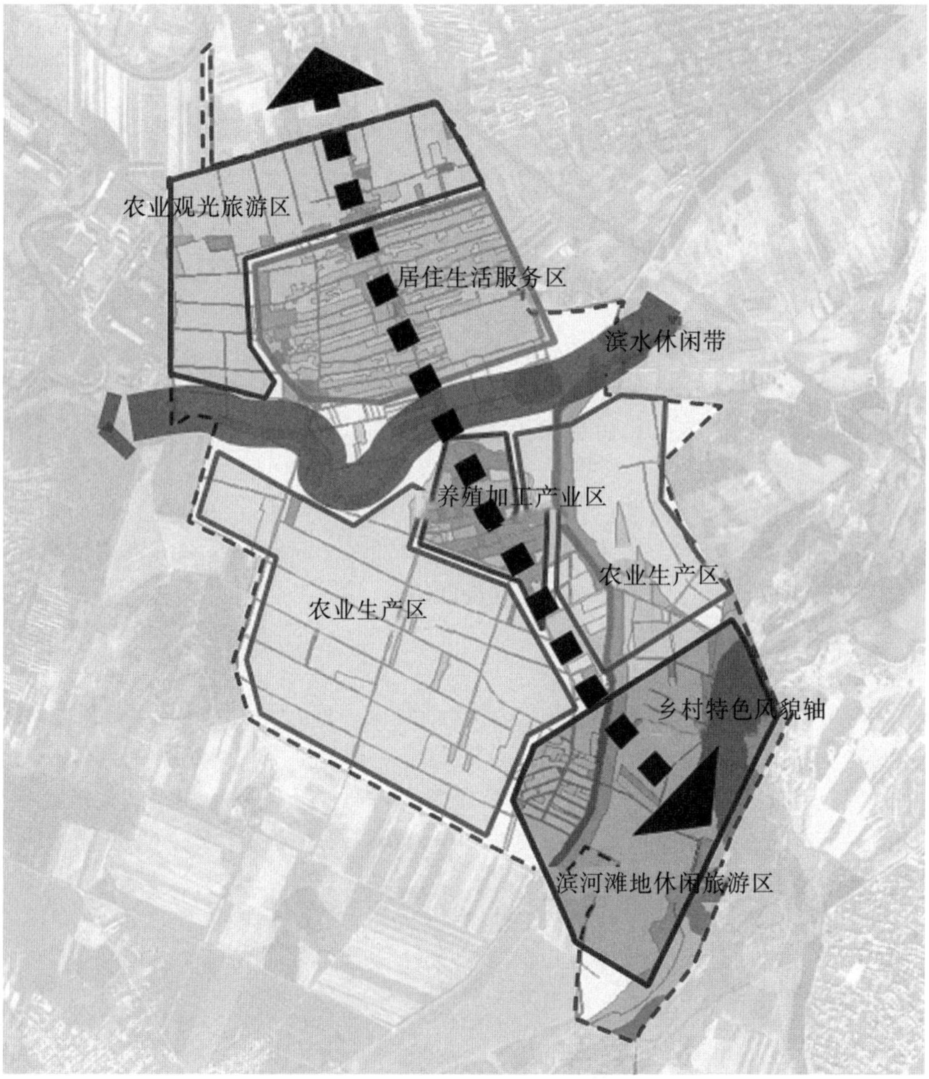

图1　朴坨子村庄规划空间布局图

4.2 尊重生态资源，塑造乡土文化特色风貌

尊重自然生态资源基础，在保证乡村生态景观格局和空间肌理的前提下，注重对乡村风貌和乡土文化特色的塑造，重点对生态格局、景观绿化和城市设计三方面进行引导与管控，构建自然和谐的地域特色风貌。

4.2.1 构建乡土特色的生态格局

尊重朴坨子村“北林南水”的生态格局，保证浑河的原生态特性，保持河流水系的自然形态和两侧景观的丰富度，提升沿线生物多样性和生态空间连续性，形成对接沈阳市中心城区的生态景观廊道，规划生态疗养、科普教育、森林观光、自然探秘等功能。同时治理废弃的“盲肠河”打造的玉带莲花湖，丰富王长河沿岸景观绿化，增加儿童娱乐设施和老年人休闲健身器材，考虑滨湖景观与周边建筑的协调与融合，注入轻舟、秸秆、麦穗、芦苇荡等乡土性元素，让人们感受乡野趣味、体验乡土氛围。

4.2.2 塑造乡土文化特色风貌

保证乡村景观的本土性和原生态风貌，管控乡村建筑高度和开发强度，深度挖掘地方特色，在整体设计和建筑节点上充分利用当地乡土元素，多采用鹅卵石、木质、秸秆、稻草等材质，发挥出优化地域资源与延续乡土文化的作用。

4.3 传承产业特色，构建“乡土旅游综合体”

在乡村现状产业资源的基础上，构建“乡土旅游综合体”，摒弃单一农业，实现全产业发展，鼓励全产业相辅相成，再现“乡土情结”，让人们重温乡土之情；同时也让城市人流、知识流回馈乡村，促进乡村产业升级。

4.3.1 农业方面

利用现状草莓、西红柿等果蔬种植和水产、肉食鸡特色养殖，形成游客采摘、认养链条，建立城市—农场绿色农产品期货机制，乡村农产品找到了稳定销路，城市获得了新鲜货源。游客接待中心出售特色农产品，包括本地出产的土鸡蛋、小米、高粱米等农产品，同时还可以提供旅游咨询、导游服务、休息娱乐等功能。

4.3.2 工业方面

结合现状传统手工豆腐、手抓饼加工，发展特色农产品精深加工，结合农事体验、电商经济，形成产业发展闭环，构建产销合作联合体，建立区域农产品存储中心，提升村庄的综合品牌和自我营销能力。

积极利用电商经济，拓宽农产品的销售渠道。通过线上销售平台，将农产品销售到全国各地，甚至海外市场。通过举办农产品展销会、文化节等活动，展示村庄的特色产品和文化魅力，吸引更多的游客和投资者前来参观和投资。

4.3.3 旅游及服务业方面

依托农家乐、采摘园、观光园等特色资源，开展农业种植与休闲娱乐体验相结合的开发模式，大力发展系列田园观光体验游和农餐一体复合旅游项目。游客们可以在这里品尝到地道的农家菜肴，亲自采摘新鲜的水果、蔬菜等农产品，感受到浓厚的乡村氛围和农耕文化魅力，与热情好客的村民互动交流，深入了解乡村的传统文化和生活方式。

4.4 体验乡土风情，营造世外桃源般田居生活

在尊重乡村文化、自然环境的基础上，进一步优化乡村人居环境，重点对设施配套、开敞

空间和道路配建三方面提出提升策略，营造世外桃源般田居生活。

4.4.1 完善乡村配套设施体系

梳理乡村空间要素，优化乡村功能布局，完善基础设施体系，增建综合服务站、养老服务中心、幼儿园等配套设施。把现代化的服务和设施与乡村古朴居民、村风民俗紧密结合起来，落实宜居乡村生活空间建设，打造安全、舒适的人居环境。通过环境改造增强居民地域归属感和文化自豪感，营造世外桃源的田居生活。

4.4.2 塑造乡土特色开敞空间

结合采摘园、中心广场、入口广场等开敞空间，增设草坪、乔木灌木、健身运动设施，修建游憩广场，提高设施的村民参与性。着重保护乡村田园风光、生态肌理，尽量选用天然本土材料，如石头、木材等进行空间的建设和装饰，以体现乡村的原始风貌和生态特色，保留本土特色和当地村风民俗。在开敞空间中融入当地的文化元素，如传统的农事活动、民俗表演等，让游客在休闲游憩的同时，也能够深入了解和体验朴坨子村的乡土风情与民俗文化。

4.4.3 乡村绿色交通与景观融合

优化乡村的交通布局，规划“一主一环”的道路框架。以中心街作为村庄的主要交通轴线，承担主要的交通流量和交通服务功能。规划一条环绕村庄的环路，与外部路网直接相连，以减小对村庄内部的交通干扰，提高交通的流畅性和安全性。注重乡村街道的景观营造，通过街道的绿化、围墙、装饰灯等街景细节处理，打造具有农家风情的乡村街道景观。围墙方面，可以采用当地的石材、木材等天然材料，结合传统建筑风格，打造出具有乡村特色的围墙景观。装饰灯方面，可以选择具有乡村特色的灯具，如灯笼、油纸伞等，营造出温馨、浪漫的乡村氛围。

鼓励绿色出行，规划自行车慢道系统。自行车慢道将串联起村庄内的各个景点和休闲区域，如采摘园、农家乐和游龙滩湿地公园等。慢道沿线设置自行车租赁点，方便游客租赁自行车进行游览，设置自行车停车区域，确保游客租赁的自行车能够安全、有序地停放。同时，规划步行道系统，串联村庄各主要景点和休闲区域，沿线设置休息座椅、遮阳伞、乡村特色景观小品，为游客提供安全、舒适、愉悦的步行环境。

4.5 策划“一街十景”，打造乡土特色体验游

4.5.1 乡土文化旅游策划

结合乡土文化旅游开发，中心街形成带动村庄发展的特色风貌轴。在现状寺庙、采摘观光资源基础上，策划“一街十景”，包括慈航美寺静修身、报恩寺内佑平安、荷花池畔闲垂钓、果蔬采摘新鲜多、农家乐里乐农家、朴坨风情品乡愁、沙滩游玩畅欢乐、体验基地长见识、瓜果梨桃丰收季、村民幸福展风貌等特色项目（图2）。

规划结合文化旅游开发，改造现状豆腐坊和手抓饼厂，采用乡村土建形式，成为特色农家乐；引导有发展条件的特色农家多类型错位发展，形成餐饮娱乐、休闲民宿、民俗体验三种不同特色的农家乐，同时增加乡土元素，体现农村味道；增设疗愈身心温室农场餐厅，现摘现吃，布置优质环境，营造新鲜蔬菜、空间环境的舒心体验，释放城市生活居民的工作压力、生活压力，成为周末、小长假放松身心的休憩之地。

4.5.2 重点旅游节点项目

围绕市场需求和游客需求，结合实际开发旅游项目，推出丰富多彩、趣味横生的乡土特色体验项目。规划将原小学改建成为青少年农耕体验教育基地，为城里儿童提供一个接触大自然、接触农村的平台，体验农活、传承传统文化、学习农业知识、了解生活常识，增加儿童的生活

乐趣和亲子互动。中心广场搭建戏台，为秧歌、广场舞及大型活动提供场所，定期组织活动，增添乡土氛围。结合王长河及周边坑塘，打造系列休闲垂钓、荷花观赏等项目，种植芦苇，再现乡土特色风貌。

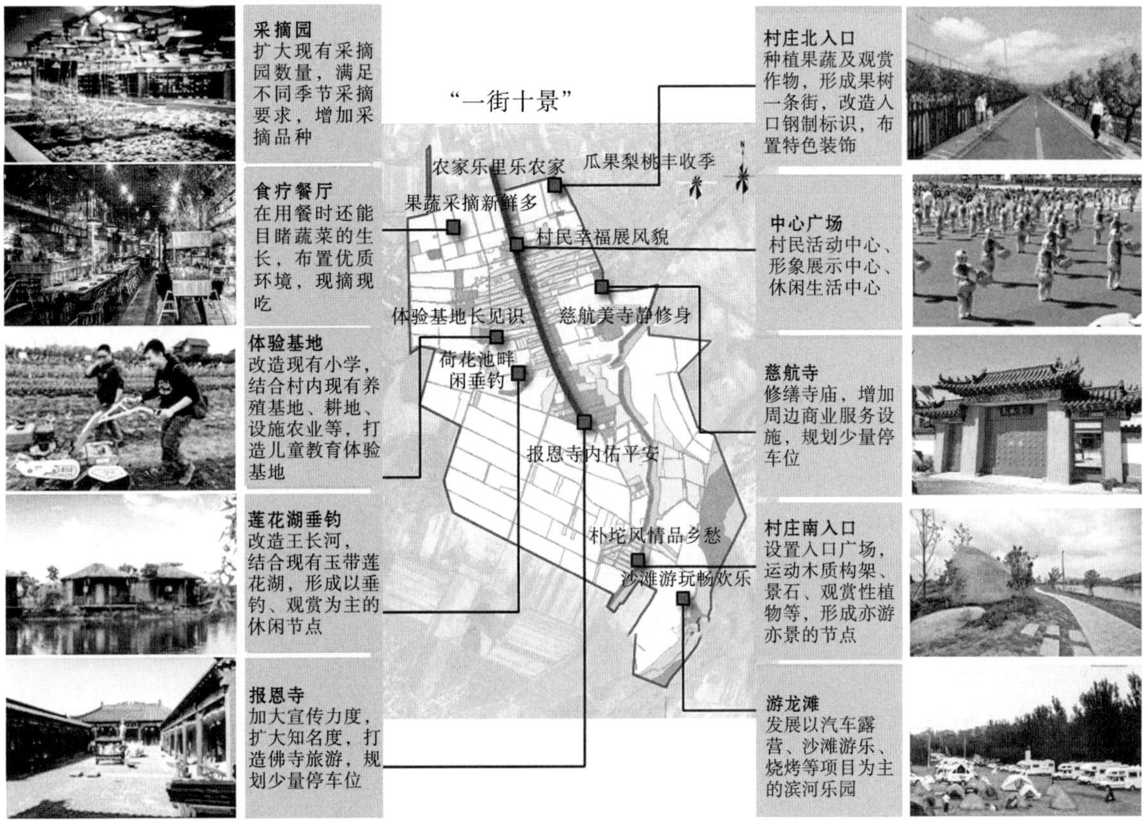

图2 朴坨子村“一街十景”规划图

4.6 保障规划实施，完善乡村经营治理机制

4.6.1 健全乡村治理体系

从村民利益和全村发展的角度出发，像经营家庭一样去经营村庄。探索集体经营性建设用地入市创新管理，激活乡村资源要素活力，深化村民自治实践，建立联合管理机制，完善乡村经营治理机制，保障乡村规划的实施效力。

利用闲置宅基地通过土地租赁、挂牌入市、作价入股等方式，注入电子商务、农耕体验、创意农业、餐饮民宿、文化体验等功能业态，发展乡土观光、冷链仓储运输、农产品精深加工等系列产业融合发展项目。

4.6.2 品牌打造与宣传

根据朴坨子村的种植特点和资源禀赋，积极发展多样化农产品种养，包括玉米、草莓、油桃等农产品，推动农产品加工厂规范化、标准化、绿色化，打通上下游产业链。同时培育手抓饼、豆制品等传统乡土作坊，打造乡村独特品牌，留住独特的乡土味道和乡村风貌，带动乡土旅游和特色产业发展。

5 结语

在实施乡村振兴战略的总体要求指导下，基于沈阳市朴坨子村庄规划的实践经验总结，首先重点关注村庄与自然生态的紧密联系，严守底线思维，展现村庄得天独厚的自然环境，构筑生态基底。其次，挖掘村庄经济生产中的乡土特色，包括村庄的传统产业、世代相传的农业耕作方式以及精湛的手工艺等经济活动，都是其独特的经济符号，不仅可为村庄带来经济效益，还承载着乡村的技艺传承和文化底蕴。最后，不得不提的是村庄的人居环境，包括村庄的建筑风格、精心规划的空间布局以及村民们独特的生活方式，共同塑造了村庄独特的人居环境特征，这是乡村魅力和活力的核心。

综上，本文以“三生”融合为理论基础，重点以自然生态、经济生产、人居环境三方面为切入点，构建系统整体的乡土特色村庄规划策略，以期为美丽乡村“三生空间”的融合发展、乡土特色村庄的规划建设起到一定的参考和借鉴意义。

［参考文献］

［1］徐呈程，许建伟，高沂琛．“三生”系统视角下的乡村风貌特色规划营造研究：基于浙江省的实践［J］．建筑与文化，2013（1）：70-71.
［2］熊超，徐创新，赵赟，等．“三生”融合视角下的村庄特色塑造研究：以南京市头桥村庄规划为例［C］//中国城市规划学会．活力城乡美好人居：2019中国城市规划年会论文集．北京：中国建筑工业出版社，2019.
［3］朴佳子．乡村振兴战略下村庄“三生空间”规划探索与实践［J］．北京规划建设，2019（4）：85-88.
［4］李承蔚，高鸿，陈春林，等．北部湾铁山港龙港新区三生共融规划策略［J］．规划师，2016，32（S1）：27-32.
［5］黄经南，敖宁谦，张媛媛．基于“三生空间”的乡村多规协调探索：以武汉邾城街村庄体系实施规划为例［J］．城市与区域规划研究，2017，9（4）：72-84.

［作者简介］

周慧，高级工程师，注册城乡规划师，就职于沈阳市规划设计研究院有限公司。

乡村社区生活圈视角下黄土高原地区乡村振兴规划实践

□王梦莹，齐应涛，张定青，任毓琳，范懿

摘要：人口外流、村落老龄化和空心化等难题，已经成为部分乡村可持续发展的阻力。在新时代国土空间规划背景下，村庄规划更加注重综合性、可实施性、可落地性。自2021年自然资源部提出“乡村社区生活圈”概念以来，生活圈逐渐成为推动乡村高质量发展、创造高品质生活的基本单元和重要依托。本文基于对乡村振兴与乡村生活圈构建目标的耦合性认知，结合村落实际问题与村民诉求，归纳出乡村未来的发展策略。规划方案采用村民参与的模式，基于60个家庭、100余位村民的问卷调研和访谈，将村落作为村民日常生产、生活的完整生活单元，通过产业激活、多元发展、生态融合、存量优化等方面的规划手法，为构建产业兴旺、生态宜居的乡村社区生活圈提供参考。

关键词：乡村社区生活圈；村民参与；乡村振兴规划；村域设施配置

0 引言

过去40年，中国城镇化的发展速度和规模史无前例，乡村地区因此而受到巨大冲击。20世纪90年代以来，乡村人口以年均1000多万的规模流入城镇，成为中国城镇化的主要方式，这也导致了村庄的缩小、乡村产业的衰退和乡村服务设施可持续性与可获得性的降低。实施乡村振兴战略是党的十九大提出的重大战略部署，而乡村振兴规划是落实乡村振兴战略的前提条件，是新时代做好三农工作的重要抓手。

“产业兴旺、生态宜居、乡风文明、治理有效、生活富裕”二十字方针，是指导乡村振兴战略实施的总体要求。2021年自然资源部发布了《社区生活圈规划技术指南》，将社区生活圈作为国土空间规划的重点内容，首次对乡村社区生活圈规划提出指引。同年12月，《上海市乡村社区生活圈规划导则（试行）》发布，许多学者也对乡村地区的生活圈的距离和规模进行了探究。现今，中国农村地区空心化严重，乡村公共基础服务设施的布局不能满足农村新的人口特征变化，产业复兴、聚落空间优化成为农村建设最重要的工作之一。尤其是地势复杂、道路崎岖、民居建筑分散的黄土高原地区，相较于平原地区，其村民出行成本更高，会更加依赖本村现有的土地和产业资源。乡村规划中引入日常生活圈，将大大提高农民的人居满意度，这也有利于农村移民安置的可持续管理。

1 社区生活圈视角下的乡村规划研究

现有乡村生活圈的研究内容主要包含乡村社区生活圈的圈层划分、服务设施配置及“宜居宜业”的产业重构。

1.1 圈层划分

生活圈的概念起源于日本，自1974年以来，结合农村衰败与人口空心化背景，以一定人口的村落、一定距离的圈域作为基准，划分生活圈，建立了“国家—广域—都道府县—市町村”四个主要层级的生活圈，以“紧凑化＋网格化”实现各个层级的链接与互通。国内现有研究多以平原地区为主，试图通过建立圈层和网格化的管理改善现有村庄分散、孤立的现状，提升空间资源要素整体调配的便利度。有研究依据不同人群出行时间将乡村生活圈分为基本生活圈（约1 km）、一级生活圈（约4 km）、二级生活圈（6～8 km）、三级生活圈（15～30 km），并提出了不同圈层的设施配置建议。依据不同交通工具出行时间，将乡村社区服务等级划分为基本生活圈、30 min步行共享圈、15 min车行共享圈、30 min车行共享圈、1 h车行共享圈。基于精明收缩理论，将生活圈的层级分为高级生活圈（县级）、日常生活圈（镇级）和初级生活圈（中心村、一般村），并且刚性、弹性相结合提出了对各个类型设施的配置要求。目前关于黄土高原地区及山地型村落生活圈的研究较少，有研究结合“生活圈”理论和生态文明建设要求，划定了与“设施单元”和“流域单元”耦合的农村生活圈，提出了“初级生活圈—次级生活圈—综合生活圈”三级生活圈的配置策略。大多数研究中都将一个村落作为最小生活圈的基本单元。

1.2 服务设施配置

传统设施配置按照“县—镇—村”的行政级别进行配置，呈现清晰的圈层，由于对设施的被动利用，村民的出行模式也呈现出明显的圈层结构。现有村域设施配置策略的相关研究可以分为从村落类型出发和从人口特征出发两个视角。有研究从生命周期视角出发，将村落分为增长型、成熟型、兴旺转型型、阶段性倒退型、衰退型，并提出设施配置建议。也有研究集聚未来发展路径，将村落分为搬迁和合并、集聚和提升、重点发展、稳定和改进四大类型，有针对性地进行资源和设施配置。还有研究关注不同群体的需求偏好，如儿童、老年人等，包括社会经济地位和种族等人口统计因素，以探索公共服务设施的供需匹配。借助泰森多边形村庄选址模型与村庄发展潜力评价等技术手段对村庄进行布局规划，提出基于生活圈视角的村庄布局规划方法。

1.3 “宜居宜业”的产业重构

随着经济的发展和村民生活水平的提高，传统的农业已经无法满足村民日益增长的生活需求，延长产业链、进行产业转型与更新成为发展的必然路径。常见的有保留传统种植或养殖业，并以生态旅游或文化旅游的形式引入第三产业。其中，生态旅游在国际社会已经是比较成熟的振兴乡村的手法。20世纪70年代开始于德国、法国和英国，如德国的农家休闲工程、法国的农家民宿、英国的乡村旅游等。1979年，日本提出的“一村一品”运动充分发挥当地资源特色，以专业标准化要求建立品牌效应提高农业产品附加值。从“农家乐”到“特色小镇”“网红村”，地方政府和企业的支持是乡村旅游开发的根本驱动力。国内相关的研究有乡村旅游开发视角下乡村设施的规划模式、乡村综合体的规划策略、以“数字乡村”为切入点探讨电商产业主导型乡村中“宜业宜居”的发展策略、村落之间服务设施和产业协同互补、共享共建的发展模式探究等。

基于现有研究成果，村域是村民生活和生产的最小单元，依托现有服务设施布局模式，生活圈层逐级扩张，并具有一定的时距特征。服务设施的配置，需要综合考虑村落未来发展模式与不同村民群体的需求。延长产业链、引入生态旅游等激活乡村产业的方法已经较为成熟，在国内外均得到较好的应用。

2 生活圈视角下乡村规划原则

基于实践经验，结合《社区生活圈规划技术指南》《上海乡村社区规划导则》，本文将生活圈视角下乡村规划原则梳理为以下三点。

2.1 以人为本，便民利民

充分了解村民诉求，加强群众参与，建立睦邻友好、健康生活、便利共享的全年龄段友好的公共服务设施体系，不断提高村民的幸福感和满足感。自然村层级生活圈应该满足老人、儿童等弱势群体最基本的保障性需求。比如，依据老年人慢性病的患病状况及养老模式合理配置养老服务设施，满足“宜居”和“宜养”的建设目标。此外，根据产业结构，考虑“新村民”和“游客”的使用需求，强调宜业、宜游、宜学方面的品质提升，进行服务设施的综合配置。

2.2 多元化的产业构建

结合村落特征，在传统产业稳步发展的基础上建立更具活力、多元化的产业体系。遵从农民生产生活方式，突出乡村特色，保持田园风貌体现地域文化风格，注重农村文化传承。注重文化性、地域性、民族性等元素，将村落传统文化、传统饮食与生态旅游、乡村体验教育相结合，吸引休闲、康养、艺术、团建、研学等新兴产业入驻乡村，促进现有村民再就业。

2.3 合理更新与存量利用

生态优先。尊重自然生态环境，生态、生产、生活三位一体，实现人与自然和谐相处。采用循序渐进的更新模式，尽可能利用村落现有建筑或场地承载新功能、新产业和新需求。结合村落现有资源，按照节约集约、科学布局、有机衔接和时空统筹等方法，合理安排各类功能，实现在时间和空间上的整合与共享。

3 研究对象

3.1 数据来源

本文主要数据来源有以下四点：一是上位规划资料。宜川县乡村振兴局提供的《宜川县“十四五”生态建设规划（2021—2025年）》《云岩镇“十四五”生态环境保护专项规划》等。二是问卷调研。研究团队发放问卷102份，回收有效问卷97份，梳理出村落人口构成、居住情况、现有生活模式和设施需求情况。三是访谈调研。对60个家庭进行了详细访谈，了解不同人群的诉求和对村落发展的建议。四是座谈与讨论。规划人员、村民与政府国土规划、住建、财政、文旅等多个部门进行三方座谈。政府从县域角度整体出发论述村落发展的定位以及未来对村落建设的投入情况，村民提出未来产业构想、服务设施诉求，最终讨论得出现阶段可以通过规划手法解决的问题及具体执行方法。

3.2 永宁村概况

永宁村位于陕西省中东部、延安市东南部，黄河中游壶口瀑布之滨，地貌以黄土塬和沟壑为主，海拔在 900 m 左右。村域面积为 6.64 km^2，现状用地类型主要以住宅用地、公共服务设施用地、农田和林地四大类为主。根据村委会 2022 年底的统计，村民以第一产业为主要经济收入来源，其他收入来源为劳动力外出务工、中草药材售卖等。现有果园 896 亩，苹果种植和售卖以家庭为单位。15%的家庭没有土地持有，多为无法继续从事农业劳动的高龄者。村落布局具有非常明确的“生活范围”和“生产范围”，三轮车不仅是村民往返于果园的主要通行工具，也是前往镇中心运输物资的重要交通工具。

村落布局的雏形形成于明代，现有 132 个居民院，村民以“薛”姓为主，具有相对完整的族谱记录。现存最古老的建筑为关帝庙和戏台，建于光绪三十一年（1905 年），距今已经有百余年的历史。村内有 5 处省级文物保护单位，其精美的砖雕、木雕体现了清代民居建造工匠高超的技艺。涝池建于清朝初年，位于村落东侧，结合现有景观已经设置有座椅和健身器材，是比较受村民欢迎的喝茶谈天的聚集场所。主要服务设施集中于村委会，由 20 间砖窑构成，除了设有行政管理办公室，还有医务室（仅供定期体检使用）、室外健身器材、老年活动室和资料室。此外，在村内设有 2 处小卖店，提供日常生活用品的售卖。

3.3 村民设施需求

根据村委会统计，2021 年常住人口 313 人，共 153 个家庭，其中 60 岁以上 128 人，占总人口比例的 40.89%。对 60 户家庭中 90 位 60 岁以上老年人的慢性病情况进行了统计，将近半数的村民没有慢性病，其余人口中所占比例较高的依次为高血压（14.45%）、关节疼痛（8.89%）、脑梗和肺病，需要相应服务设施的配置。村落老龄化和空心化是国际社会普遍面临的难题，通过乡村规划完善乡村服务设施，提升村民生活环境是解决问题的有效途径。

将村民对村域范围现有设施配置的不满和诉求的问卷访谈结果整理为图 1 与图 2。综合分析可知：首先，45.56%的村民对村域的医疗设施不满意，村内虽然设置有卫生室，但是仅作为定期义诊及核酸检测的场所，无法实现日常的就诊和购药。有 22.22%的居民希望在村落内设置小型诊所，或提供常用药物的售卖。其次，24.44%的村民对现有的购物条件不满，村内只设置有 2 个小卖店，产品种类有限且价格高于镇中心的超市，部分居民会选择到云岩镇购入更为经济的日常用品。最后，村民对村内设施诉求排序依次为老年餐厅、活动室、小型诊所、日间照料设施。老年餐厅的需求除考虑到生病或年老后烹饪不便之外，更多人期待的是在农忙时期可以在餐厅就餐以节省时间。

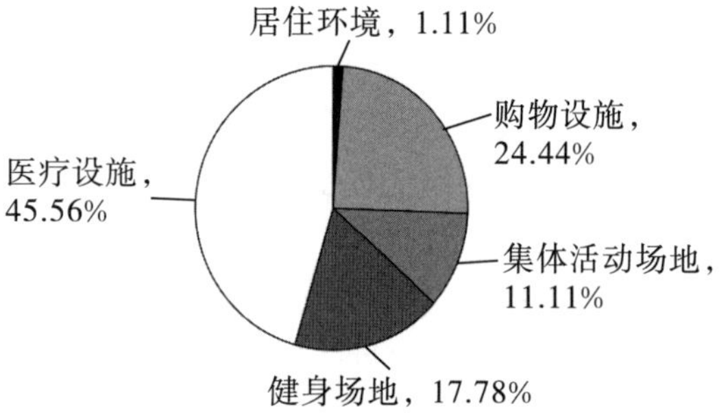

图 1 村民对现有设施不满

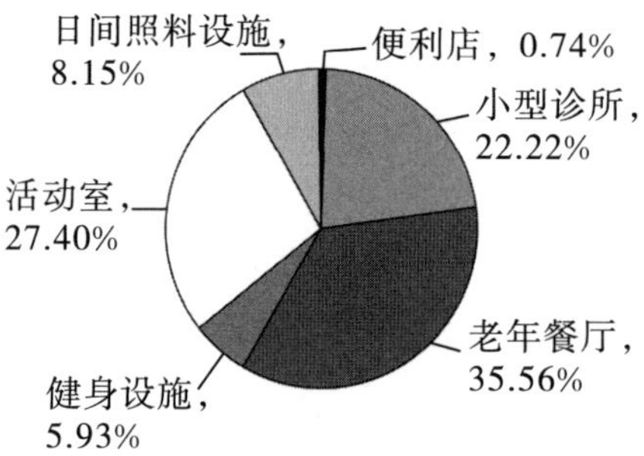

图 2 村民对新建设施诉求

3.4 村民设施利用的圈层特征

通过问卷和访谈将村民对各个层级服务设施的使用情况进行了解读，试图基于生活圈的视角理解村民对不同圈层服务设施的心理诉求。结果发现，11.67%的村民依赖于配送服务，日常需求可以通过村内现有设施和网络购物得到满足，几乎不需要离开村子。结合访谈结果可知，村域是村民日常生产生活的空间，需要为村民提供日常行政管理、养老、餐饮、活动等相关设施。镇域提供了村民日常生产生活的补给，以生产物资购入、药品售卖、学校教育为主。县域是融合城乡的空间，是乡村居民活动最为频繁且较为完整的生活单元。

4 规划方案

4.1 现有问题梳理与规划技术路线的制定

基于实地调研与多方讨论，对村落现有问题进行初步梳理（图3）：一是产业活力低下。村落以传统的果业种植为主，仅有少量养殖及中草药采集售卖，产业模式较为单一，收入无法满足村民对更高品质生活的追求，这也导致了年轻人外流、村落人口的空心化和老龄化。二是人口空心化和老龄化。常住人口老龄化率已经达到40%，村落建设缺乏人才，村落发展内生动力不足。三是服务设施配置不足。现有服务设施多集中于镇域与县域，便利度不足；村域服务设施与人口结构不匹配，养老设施缺乏。四是建筑质量良莠不齐，景观风貌较为杂乱。

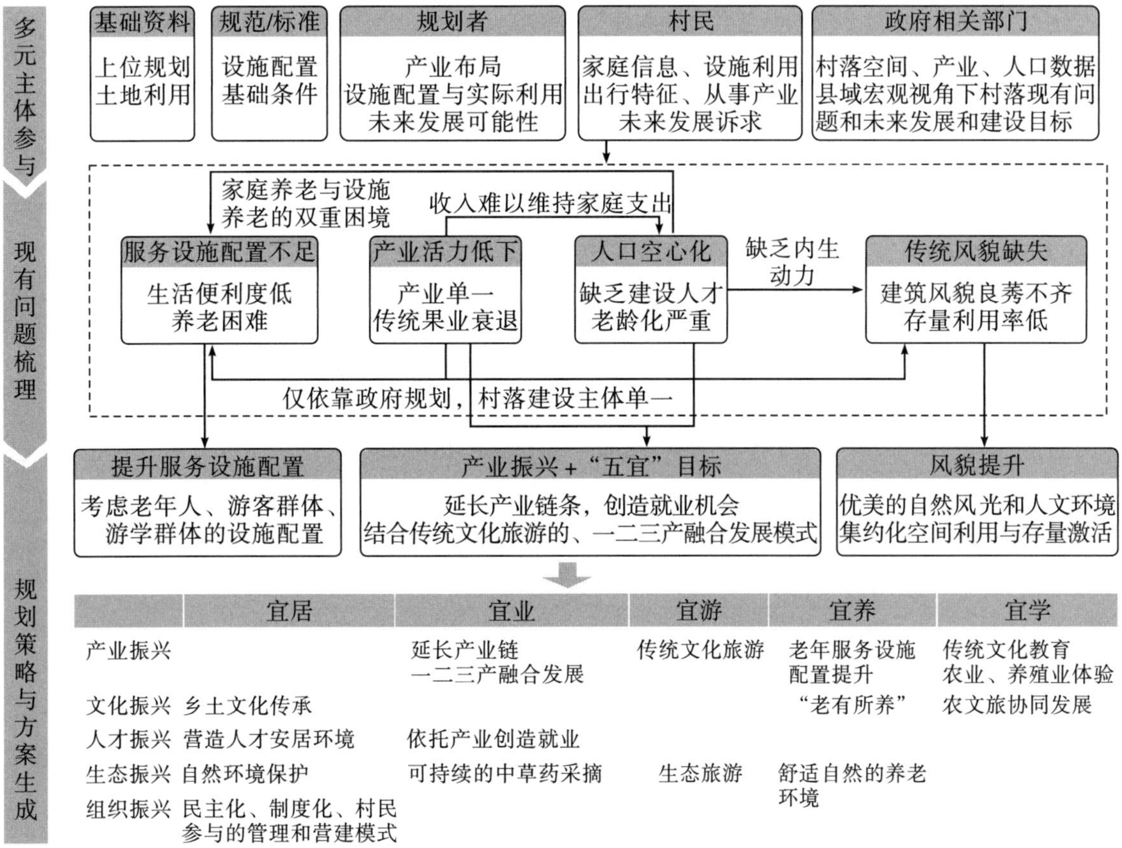

图3 规划技术路线图

同时，永宁村具备的发展优势可以总结为：一是宜川最早的苹果示范基地，可以通过延长产业链的方式打造品牌效应；二是五处省级文保单位保留较为完整，具备文化旅游基础；三是紧邻国道242，且处于县域到著名景点壶口瀑布沿途，具备交通优势。

综合考虑，可以从提升服务设施配置、一二三产融合、建筑风貌提升三个方面入手，建立兼顾老年人、游客群体、研学群体需求的，产业多元化发展的，自然和人文环境优美的“宜居、宜业、宜游、宜养、宜学”乡村社区共同体。

4.2 公共服务设施布局

在强调乡村社区化管理和社区完整化建设的政策背景下，如何完善村域设施，实现村民日常生活所需基本可以在村域范围内解决是未来乡村的建设目标。基于永宁村现有的建成环境，结合对村民问卷及访谈记录的分析，依据目前居民需求，村内不需要医院、学校等大型设施。村民的诉求为：老年餐厅、活动室、药店、日间照料设施、健身设施和价格合理的小卖店，加之老龄化较严重（40.89%），推测对日间照料和老年餐厅的诉求会有所增加的趋势。此外，考虑到未来产业发展，对游客群体所需的设施也进行了综合布局，进行了乡村会客厅、停车场、体验基地、露营基地等设施配置，且大多数设施在保留现有传统风貌的基础之上进行改建设计，充分利用现有空间和资源（表1）。

表1　基础生活圈服务设施配置

设施名称	主要受众群体	服务内容
村委会（党群服务中心）	村民	办公室、应急与防灾、事务服务大厅（志愿者服务＋社会保障＋社区警务＋法律援助等）、公共卫生间
综合服务中心	村民	卫生室（日常药物售卖＋慢性病护理）、老年活动室（日间照料＋老年餐厅）、微型消防站、文化活动室（团体活动室＋电影放映室＋音乐室）、便民商店（日用品＋物流服务）
乡村会客厅	游客＋部分村民	村史馆、农耕文化博物馆、游客服务中心（旅游信息＋失物招领＋纪念品售卖）、研学中心（传统工艺＋书画体验）
图书馆	村民	图书馆、儿童活动空间
活动广场	村民	室外活动广场
涝池公园	村民＋游客	健身步道、活动器械、露营基地
公交站点	游客＋村民	候车点
游客体验基地	游客	传统建筑参观、农家乐餐饮、苹果加工与售卖、玉米/蔬菜种植体验、动物喂养体验

4.3 产业规划

传统乡村发展困境是在乡村社会、产业、文化等多元要素循环往复的系统作用下逐渐形成的。产业振兴为实现可持续发展和乡村振兴的目标奠定了坚实的经济基础。针对现有问题和困境，规划提出了“1＋3＋N”的产业体系策略。

“1”是指以苹果种植为主，发展其加工、售卖。“3”为养殖业、林下经济和庭院经济，这三项为村民的次要收入。基于村民养殖牛羊的习惯发展集体经济，在村落西侧设置专门的养殖区。林下经济是指有计划地发展山林中草药的采集、加工及售卖。庭院经济是宜川县政府为了提高农民收入进行集体补贴的惠民项目，鼓励村民在庭院中种植菜园、柿子、花椒、葡萄，养殖鸡、兔等小型动物。“N”为深入挖掘永宁村的环境教育与社会教育价值：一是针对青少年的体验和教育。结合村落和薛氏家族的发展史，建立永宁博物馆，可以进行传统文化的学习；让孩童参与苹果采摘和动物喂养；基于现有山林资源进行青少年的身体素质拓展训练等。二是旅游和休闲。依托现有传统建筑和非物质文化遗产，吸引城市居民前来休闲和度假，可以居住于传统民居并品尝当地特色餐饮。

4.4 建筑“存量”利用与风貌提升

在实地调研中发现，在村域服务设施严重不足无法满足村民日常需求的同时，村落内也存在房屋空置、现有土地利用效率不高、资源浪费的问题。因此，在与村民进行讨论后，在规划中制定了废弃房屋再利用和既有民居风貌提升的设计方案（图 4）。比如，废弃老宅改造为图书馆，基于传统的泥基窑，对建筑外表皮和室内进行更新，实现新的空间利用模式。将村内废弃的小学改为乡村会客厅，除对村落历史、农耕知识进行展览之外，还利用教室教授传统的工艺和书画。此外，针对民居院落风貌较为杂乱的现象，对建筑风貌和建筑质量进行分类和评估，针对不同的建筑类型制定相应提升策略，对新建民居的体量、色彩、材质提出参考建议。

废弃泥基窑到图书馆的改造
民居院落风貌提升
废弃院落杂草丛生，门窗年久失修，但是建筑主体结构尚未遭到破坏。可以通过改善地面铺装、更换门窗、增加辅助用房的方式进行改造提升，同时保留内部空间特征进行软装提升。
规划方案试图通过提升建筑风貌、引入“庭院经济”的方式进行民居改造：对入户空间的入口和墙体进行美化，对传统建筑进行修复，对庭院进行铺装和景观美化，引入农家乐、休闲茶室等商业业态。

图 4　对建筑“存量”的改造提升

5　结语

乡村生活圈是连接城乡的基本单元，快速城镇化背景下基于生活圈的模型进行设施均等化配置是国际和国内研究的未来发展趋势，也是中国推进以人为核心的新型城镇化的可靠路径。本文通过调研数据自下而上地总结村民对乡村生活圈的设施布局需求，为建立以人为本的乡村生活圈、提升乡村人居环境品质提供参考。

首先，黄土高原地区村落出行受地貌影响较大，村民对设施的实际利用对行政层级配置依赖性较强，呈现出清晰的“村—镇—县”的圈层结构。村域是村民日常生产生活空间，镇域提供了村民日常生产生活的补给，县域是融合城乡的空间，提供了服务品质较高的教育、医疗设施。村民对村域设施的诉求偏向于小型化和综合化。随着老年人口占比的增加，村民对老年餐厅、老年活动室、诊所、药店等养老和健康设施的需求更加迫切。此外，健身设施、品类齐全且价格合理的商店等设施可以有效提高村民生活的便利度和幸福感。

其次，针对传统村落产业单一，无法满足村民需要、无法提供更多就业机会的问题，本文提出了“1+3+N”的产业布局，保留传统苹果种植，加入产品加工来延长产业链；进一步推进“养殖、林下经济和庭院经济”；基于村落固有的生态资源和文化资源，将休闲旅游与村落传统文化相结合，建立根植于本土的学习基地，吸引城市居民前来观光、体验和消费，从而创造就业机会、增加村民收入、提升乡村活力。

最后，规划方案基于“地方政府—规划团队—村民”三方讨论的结果，符合村落现状及村民诉求，但对设施实际使用效果的评价仍有不足，需要后续研究的跟进和深化。未来有必要通过更加全面深入的调查和多学科的协同研究，进一步细化讨论乡村生活圈的规划策略。

［参考文献］

[1] 李京生. 乡村规划原理［M］. 北京：中国建筑工业出版社，2018.

[2] POWE N A，CONNELLY S，NEL E. Planning for small town reorientation：Key policy choices within external support［J］. Journal of Rural Studies，2022，90：65-75.

[3] 张文，赖艳. 乡村振兴背景下的实用性村庄规划研究：以醴陵市隆兴坳村为例［J］. 小城镇建设，2021，39（11）：43-49.

[4] LIU Y S. Research on the urban-rural integration and rural revitalization in the new era in China［J］. Acta Geographica Sinica，2018，73（4）：637-650.

[5] TIAN Y S，LIU Y F，LIU X J，et al. Restructuring rural settlements based on subjective well-being (SWB)：A case study in Hubei province，central China［J］. Land Use Policy，2017，63：255-265.

[6] LI Y，HE J，YUE Q，et al. Linking rural settlements optimization with village development stages：A life cycle perspective［J］. Habitat International，2022，130：102696.

[7] TIAN Y，LIU Y，KONG X. Restructuring rural settlements based on mutualism at a patch scale：A case study of Huangpi District，central China［J］. Applied Geography，2018，92：74-84.

[8] 冯旭，王凯，毛其智. 城镇化率稳定时期的乡村发展战略及乡村规划治理特征研究：以日本宇治市、神户市为例［J］. 小城镇建设，2019，37（11）：109-115.

[9] 武廷海. 面向公共服务设施配置的村镇中心布局规划研究［J］. 小城镇建设，2014（11）：39-47.

[10] 赵万民，冯矛，李雅兰. 村镇公共服务设施协同共享配置方法［J］. 规划师，2017，33（3）：78-83.

[11] 曾鹏，王珊，朱柳慧. 精明收缩导向下的乡村社区生活圈优化路径：以河北省肃宁县为例［J］. 规划师，2021，37（12）：34-42.

[12] 魏艺，宋昆，李辉. “精明收缩”视角下鲁西南乡村社区生活空间响应现状与策略分析［J］. 中国农业资源与区划，2021，42（6）：136-145.

[13] 师莹，惠怡安，王天宇，等. 设施需求导向下的黄土丘陵沟壑区乡村生活圈划定研究［J］. 小城镇建设，2021，39（4）：5-13.

[14] WANG J Y，SUN Q，ZOU L L. Spatial-temporal evolution and driving mechanism of rural production-living-ecological space in Pingtan islands，China. Habitat International，2023，137：102833.

[15] WEI W，REN X，GUO S. Evaluation of public service facilities in 19 large cities in China from the perspective of supply and demand［J］. Land，2022，11（2）：149.

［16］周鑫鑫，王培震，杨帆，等．生活圈理论视角下的村庄布局规划思路与实践［J］．规划师，2016，32（4）：114-119.
［17］MIAO J T，PHELPS N A．“Featured town” fever：The anatomy of a concept and its elevation to national policy in China［J］．Habitat International，2019，87：44-53.
［18］袁媛，龚本海，艾治国，等．乡村旅游开发视角下的福溪村保护与更新［J］．规划师，2016，32（11）：134-141.
［19］赵兵，郑志明，王智勇．乡村旅游视角下的新农村综合体规划方法：以德阳市新华村综合体规划为例［J］．规划师，2015，31（2）：138-142.
［20］林昕，刘凌云，李昕，等．乡村振兴下电商赋能的“宜业宜居”数字乡村发展策略［J］．城市建筑，2023，20（9）：97-100.
［21］饶宇轩，陈铭，牟玲利．数字乡村背景下村庄协同发展路径研究：以湖北省长乐坪镇为例［J］．小城镇建设，2022，40（8）：17-26.
［22］段进，殷铭，陶岸君，等．“在地性”保护：特色村镇保护与改造的认知转向、实施路径和制度建议［J］．城市规划学刊，2021（2）：25-32.

［基金项目：陕西省自然科学基础研究计划项目（2023-JC-QN-0622），教育部“春晖计划”合作科研项目（HZKY20220535），国家自然科学基金项目（52108030）。］

［作者简介］
王梦莹，博士，助理教授，就职于西安交通大学人居环境与建筑工程学院。
齐应涛，通信作者，博士，副教授，就职于西安交通大学人居环境与建筑工程学院。
张定青，博士，教授，就职于西安交通大学人居环境与建筑工程学院。
任毓琳，西安交通大学人居环境与建筑工程学院硕士研究生。
范懿，博士，讲师，就职于日本久留米工业大学。

景村融合型村庄景区化发展的规划编制思路与策略

——基于边疆欠发达地区阿孜汗村的实践观察

□徐戈，张文强

摘要：景村融合型村庄景区化是探索乡村振兴和新时代乡村高质量发展的路径之一。本文基于景村融合型村庄发展的优劣势，提出其发展的五层逻辑条件及建立横向与纵向规划体系、对标标准细化建设、制定全周期管理的规划策略。以边疆欠发达地区阿孜汗村为例，针对其发展阶段与实践，提出对标标准找差距、开展自体检评估、衔接空间边界、以服务乡村振兴为目标的景区化业态与设施建设、建立“建—管—运”等全周期管理体系等五项具体编制策略，以期为同类型景村融合型村庄景区化规划编制提供思考与借鉴。

关键词：景村融合；村庄景区化；策略；阿孜汗村

0 引言

景村融合型村庄是新时代发展的产物，其与传统意义上的村庄略有不同，又与专门的旅游景区有所区别，是依托村庄、附属于村庄，同时兼具景区特点的一种独有形态。从本质上看，景村融合型村庄是依托并利用其独有的优势，以景区化路径探索其自身高质量发展和乡村振兴的路径之一。目前国内学者关于景村融合型村庄的研究和论述，主要围绕其助力乡村振兴及发展路径展开。董佳艺通过国家、社区和市场的三维分析框架构建认为，景区型村庄发展需要国家、社区和市场三大力量共同参与，提出自主性、产业持续健康发展和坚持以人民为中心发展导向的三大发展策略；杨祥冬以宏观视角出发，分析乡村与城市、景区等之间的协同关系，提出产业与景区良性互动、乡村承接城市与景区功能外溢、完善乡村基础设施体系等三大策略；郑志刚等以村庄景区化为背景，提出村庄规划的重点；程悦从全县域打造景区化的视角，研究其全域景区的开发模式，提出塑造特色、拓展内生动力、强化要素保障、推进可持续发展等四条路径；钱红凤基于村庄和景区规划的融合，以临安白牛村为研究对象，提出村庄景区的七项规划要素体系；陈杨采用定性与定量分析方法，以山东省 379 个村庄为数据源，得出景村融合对社会、经济和生态等方面的正向作用，从塑造特色景观、维护生态风貌、激发文化活力及优化产业结构等方面提出景村融合的实现路径；苏娜等提出在高质量发展背景下旅游景区注重打造主题、品质、品牌的提升策略。

综上所述，关于村庄景区化发展的路径和单纯的景区创建研究相对较多，但将二者结合起来，即村庄打造景区的规划编制研究仍相对较少。因此，本文结合现有景村融合型村庄景区化发展的经验，以边疆地区阿图什市阿孜汗村为研究对象，在考虑景村融合型村庄发展的特定优势与短板、发展逻辑等基础上，按照《旅游景区质量等级的划分与评定》（GB/T 17775—2003）及细则，围绕景区创建目标提出村庄景区化发展的规划编制新思路，并从技术（自检评估、建立底图底数、业态融合）、制度及保障要素等三个方面提出具体的思路与策略。

1　景村融合型村庄的发展优势特征与短板

1.1　区位条件与资源禀赋较佳，具有发展景区的先决条件

从景观类型来看，景村融合型村庄可分为两类：一是以人文景观类为主，大多依托历史文化元素，使村庄更具文化吸引力，常体现为传统村落、历史文化名村，而这类村庄大多因特定历史文化的活化和利用，形成了具备吸引游客以及成为旅游目的地的条件，也因此逐渐成了旅游景区或旅游村落，且在区位交通上往往比较便利，如陕西西安的袁家村、浙江嘉兴乌镇的乌村等。二是依托自然景观资源，在区位上与成熟景区较近，为景区提供服务的村庄，二者在关系上相辅相成，景区的成熟发展能够促进当地村庄风貌改善和经济发展；反之，村庄能够进一步服务和弥补景区发展服务的短板，在交通上大多具有依托景区交通的便利条件。

因此，不论是依托人文景观类还是自然景观类的景村融合型村庄，其特征都较为明显，主要体现在以下两个方面：一是区位交通较为便利，可进入性相对较强；二是自身资源禀赋条件较好，或历史文化、优势农业、自然景观兼具文化与自然等双重资源特征。这些条件也是其能够融入或单独发展成为景区的关键所在。

1.2　兼具面向本地与外地游客的双重服务功能

在服务对象上，景村融合型村庄在空间范围上依托于原村庄，是村庄的一部分，因此在充分发挥景区作用与价值的同时，其服务对象区别于单纯的旅游景区，即一方面要服务外地游客的旅游需求，包括提供旅游配套硬件设施，如游客中心、旅游公厕、旅游交通、旅游住宿、旅游餐饮等，提供景村旅游产品、旅游活动、旅游商品等；另一方面要面向当地群众，以产业培育提升、风貌营造、人居环境改善、服务质量塑造及提供就业渠道为主，促进发展与乡村振兴并行，实现高质量发展（图 1）。

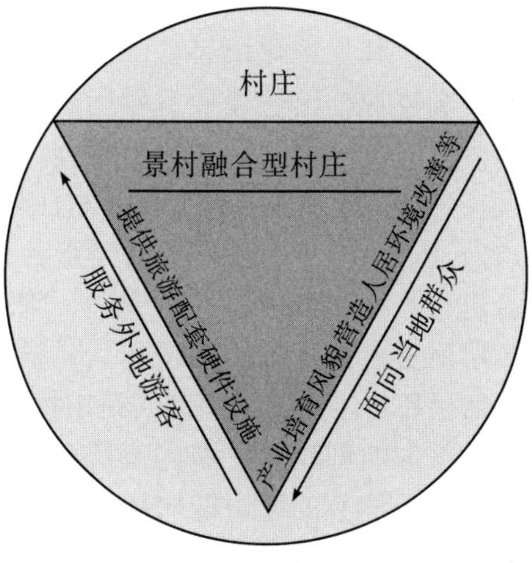

图 1　服务功能示意图

1.3 本质上是依托景区进一步助力村庄乡村振兴

景区具有旅游经济属性，通过业态及旅游产品能够为当地带来经济、社会等综合效益，而村庄除具有社会属性外，还具有综合性，即景区能够依赖村庄，村庄也能借势景区实现自身发展。在乡村振兴战略背景下，景村融合型村庄是充分运用自身优势条件，挖掘村庄潜力及村庄景区化发展，探索景区创新发展模式和实现村庄振兴并高质量发展的有益途径，本质上是助力乡村振兴的一种方式。

1.4 业态功能上重点以提供文化及消费品为主

纵观既有发展相对成熟的景村融合型案例，其普遍做法和经验显示，在业态功能上，重点涵盖文化建筑、当地传统特色小吃、民俗文化表演、特色手工艺等文创产品、文娱体验、特色住宿等，主要以提供消费品为主。这些业态功能在很大程度上也成为景村融合型村庄发展的内生动力，既是景区发展的最大吸引点和引爆点，也是村庄持续发展的关键所在。

1.5 受景区发展淡旺季影响较大，季节性特征明显

与当前大多数旅游景区发展所面临的问题相似，不论是依托村庄发展成为人文类景区的景村融合村庄，还是依托旅游景区而发展的景村融合村庄，均受季节变化影响明显，呈现出较为明显的淡旺季特征。即大多数在4—10月为旺季，其余则较为平淡，其中又以5—9月游客相对较多。究其原因主要在于一方面与当前国民旅游消费的喜好与趋势有关，另一方面在于当地关于四季旅游产品与活动储备不足，大多以夏秋季为主，这也必然造成游客季节性特征的落差。

2 景村融合型村庄景区化发展的逻辑与规划策略

景村融合型村庄推进景区化是特定发展阶段借助村庄发展优势条件向旅游景区方向发展的一种模式，也可以视作乡村振兴战略背景下，推进村庄实现高质量发展的一种有效探索，其发展逻辑主要包括基础条件、先决条件、引领条件、动力条件和内生条件五个方面（图2)：一是村庄资源本底是村庄景区化的基础条件。基础条件成为村庄景区化发展的依托或支撑载体，这些资源条件包括依托具有良好的自然景观，或富有当地特色的文化基因，或含有独特的田园景观，或因历史上发生过重大事件、有历史人物等。二是建设资金是村庄景区化的先决条件。村庄景区化的要求高于一般村庄的建设，其景区化所必备的服务设施、基础设施、交通设施等均需要大量的资金投入，如果没有资金支撑，上述建设目标则很难实现。因此，村庄景区化的建设资金要集聚从中央、省部委到市县等各级及其他的相关资金，汇聚成强大的资金合力，逐步有效实现景区化的必要设施建设。三是当地政府及村集体是村庄景区化的决策协调和引领条件。村庄能否景区化，除具备前述条件外，最主要的还需要有当地各级政府的决策协调和引导，一方面政府通过决策决定村庄是否进行景区化发展，并在资金、管理上给予协调和支持，而这种支持更多的是靠市县层级，乡镇层面更多发挥的是执行和具体推进；另一方面，村集体发挥的是发动广大村民共同参与，上下衔接和具体实施作用。四是市场需求是村庄景区化的动力条件，村庄景区化本质上是村庄通过旅游景区的创建和发展实现其乡村振兴和高质量发展，这也就必然要考虑与其他旅游景区发展所面临的核心问题，即旅游市场需求。村庄景区化不仅要考虑外部市场需求，避免同质化竞争，还要考虑当地居民日常的市场需求，形成内外兼顾的可持续发展模式。五是村民共同参与是村庄景区化的内生条件。只有充分发动和带动村民，使其充分认

识到村庄景区化建设对家乡、对自身的意义，改变由被动接受到主动积极参与，人人都投入村庄景区化的过程中来，从观念、行为等发生转变，才能建立起更具活力、更持续、更高质量的发展之路。

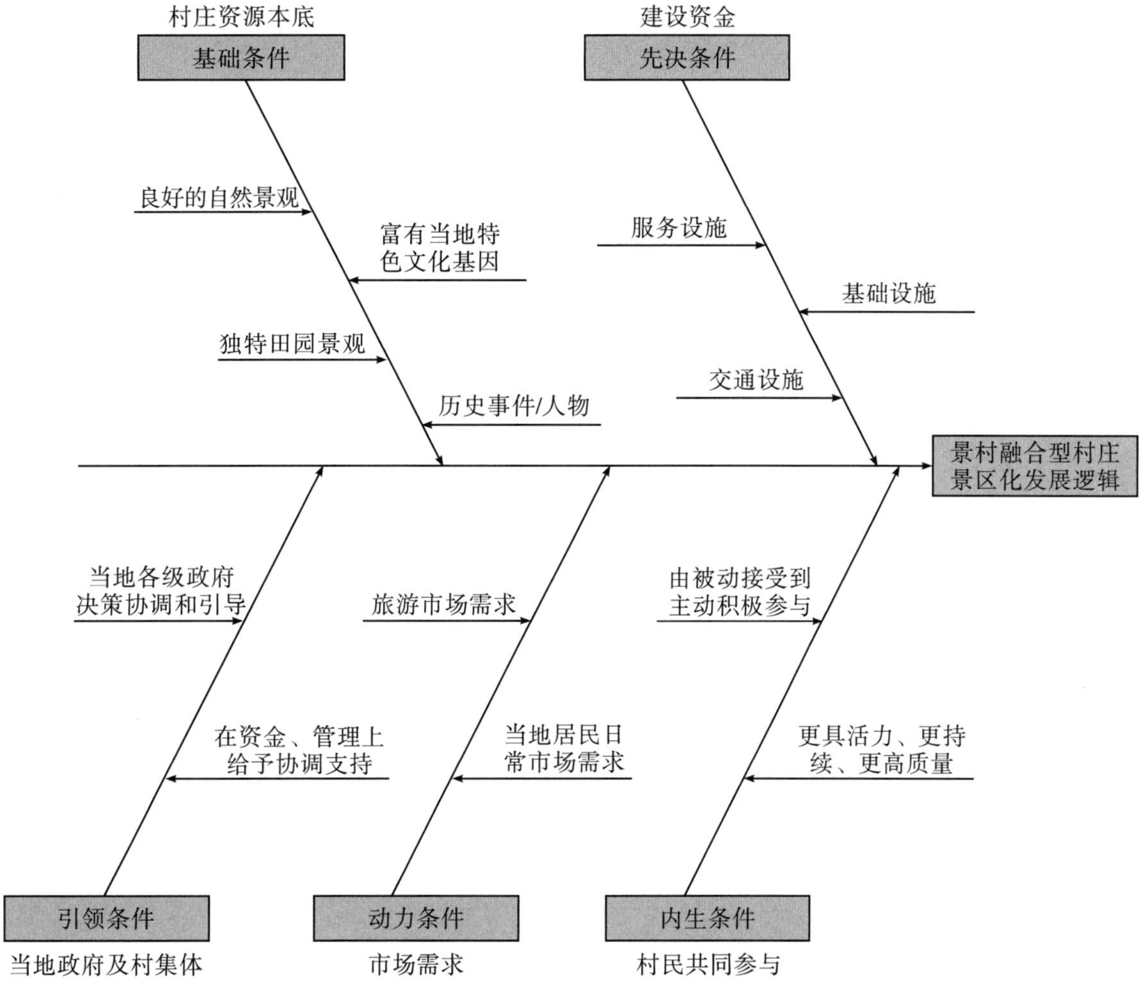

图 2　景村融合型村庄景区化发展逻辑示意图

景村融合型村庄在具备景区化条件基础上，实现旅游景区目标，在规划策略上要注重以下方面：首先，要围绕村庄景区化的目标建立其景区化发展的横向与纵向规划体系，具体步骤包括建立村庄景区化发展自体检评估机制，通过创建目标和对标评估掌握村庄景区化发展的差距与短板；依据体检评估结果制定提升导向措施，建立村庄景区化的各项提升规划；制定实施保障计划，支撑村庄景区化目标的实现。其次，对照《旅游景区质量等级的划分与评定》（GB/T 17775—2003）及细则，细化村庄景区化的建设、服务、管理及营销措施，包括村庄景区化的基础设施，如各类道路系统、不同类型的公共服务配套、实用性和适用性的公用设施；村庄景区化的旅游产品及旅游品牌；村庄景区化过程中的人居环境改善等。最后，提出保障村庄景区化可持续发展的全周期管理建议，包括村庄景区化建设的提出与谋划阶段、实施与建设阶段、投入运营阶段、后运营与管理提升阶段等全周期的建议措施等（图 3）。

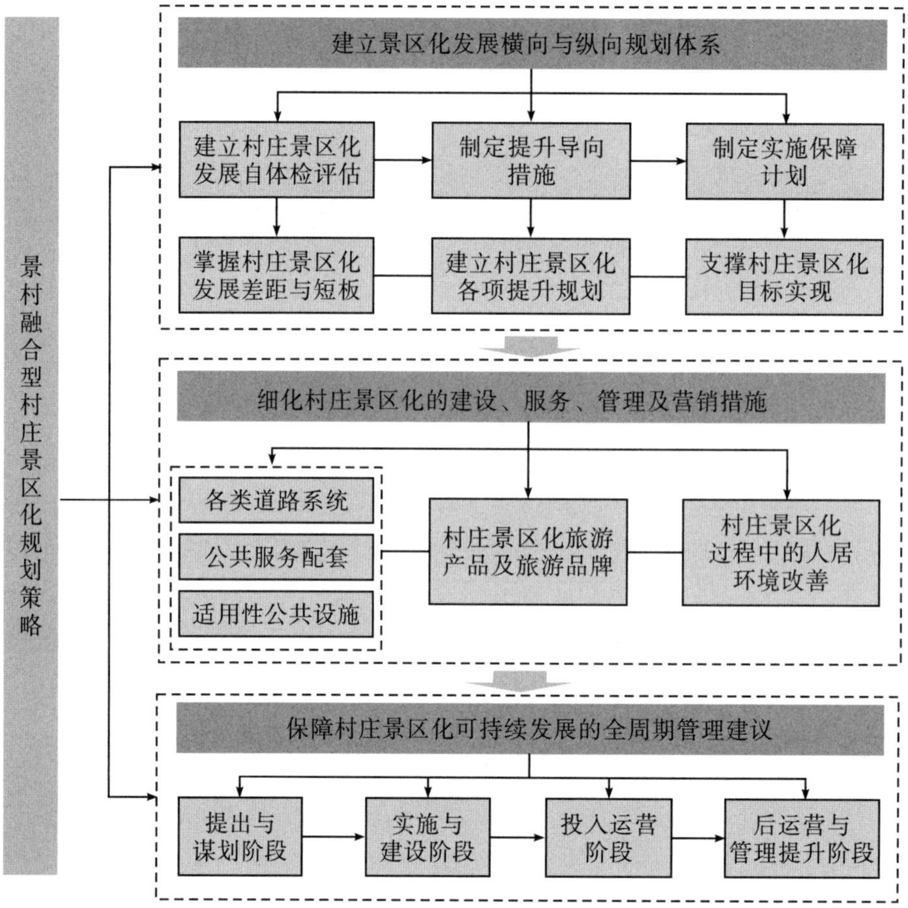

图 3　景村融合型村庄景区化规划策略示意图

3　阿孜汗村景区化发展规划编制策略与实践

3.1　阿孜汗村景区化过程演变与缘起

阿孜汗村位于新疆克孜勒苏柯尔克孜自治州阿图什市松他克镇，是边疆欠发达地区，以维吾尔族和柯尔克孜族等少数民族为主，同时也是处于当地州府所在地——阿图什市城边的一个城郊融合型村庄。在区位交通方面，与城市中心区紧密相连，交通便利；在资源方面，有阡陌纵横的无花果园，且与农户住宅穿插镶嵌其中，形成了具有独特田园魅力的景观；在文化方面，当地独具特色的传统民居与街巷、水渠等彰显了村庄特有的民俗文化氛围；在业态发展方面，通过引导及升级，逐步形成了以“无花果＋”等为核心的多元产业体系，具体包括“无花果＋特色美食餐饮”“无花果种植加工”“无花果乡村旅游”“无花果育种展览及科普”等；在设施配套方面，历经发展，已经形成了较为便捷的村庄路网与游览系统，建成了与景区发展相匹配的游览、公共服务及基础设施。这些设施和优势同时与村庄发展需求相契合，实现了村庄与景区发展的共建共享。

阿孜汗村景区化过程起源于 2020 年，整体可分为三个阶段：第一阶段即谋划启动阶段，主要集中在 2020 年 4—12 月。该阶段主要是基于阿孜汗村邻近市区的便利条件及无花果的种植资源优势，由阿图什市政府携手江苏昆山援疆团队启动推进阿孜汗村的乡村振兴工作，工作重点以进行实地调查、制定整体发展目标及战略、筛选并实施示范户先行改造工作为主。先后确定了“一村一品、一户一特色、一户一设计”的总体工作思路，踏勘并确定了串联村庄重点无花果种植区域的游览环线，筛选并明确了首期 7 户的改造工程作为示范的窗口和试点。

第二阶段为大力实施及建设阶段，主要集中在 2021 年 3 月至 2022 年 12 月。该阶段主要在先期示范户改造和阿孜汗村全面振兴系统规划的基础上，进行全面、系统的建设。一是以完善和升级乡村道路、给排水、文化广场等公共服务设施和基础设施等为主，通过村庄主街改造、村庄文化广场建设等，使其骨架及重要村民服务设施得以配套完善；二是同步推进全村人居环境改善工作，重点集中在村庄内重点街巷及民居前的陈旧水渠的提升改造、村民院落及外立面改造、危旧房屋摸排加固或拆除等，大大提升了村民的居住环境；三是以乡村旅游和景区化助力乡村振兴为目标和手段，完善乡村旅游业态与产品，将村庄公共服务设施建设与旅游景区标准挂钩协同一体建设，形成沿村庄主街多样化、有差异的经营主体，实现村民在家利用自有住宅即能开店经营的创收途径，建成的游客服务中心既发挥了游客引导和集散作用，也成为村庄文化宣传、党员教育的科普和展示窗口；四是围绕重点街巷，利用其自身条件，通过美化亮化工作，将其打造成为特色旅游街巷，形成重点景观节点，如馕文化巷、丝路文化巷、同心巷等；五是因势利导，建设以无花果为主题的重要标志性场景。这些场景逐步成为网红打卡点和当地村庄的一大亮点，如无花果园的二层观景点、无花果雕塑、无花果公仔等。上述措施及建设均为村庄景区化和振兴奠定了坚实的基础。

第三阶段为创建和迎客运营阶段，即 2023 年 3—10 月。该阶段重点为对标景区创建要求查缺补漏，开展迎检及迎客运营。经过前两个阶段的建设和完善，阿孜汗村基本具备了景区化的各项条件。通过创建申报和迎检工作，2023 年 8 月获批国家 AAAA 级旅游景区，同时进行了开园和首次迎客运营，深受广大游客的青睐。一个以民俗文化为主的村庄型景区应运而生，也带动了当地居民返乡创业热潮，切实带动了当地劳动力和当地村民的创收。在此过程中，经过一系列的建设和发展，阿孜汗村先后获得了“中国美丽休闲乡村”“中国传统村落”“阿孜汗无花果民俗文化旅游景区”等多项殊荣，也成功成为州市两级乃至自治区乡村振兴示范村(图 4)。

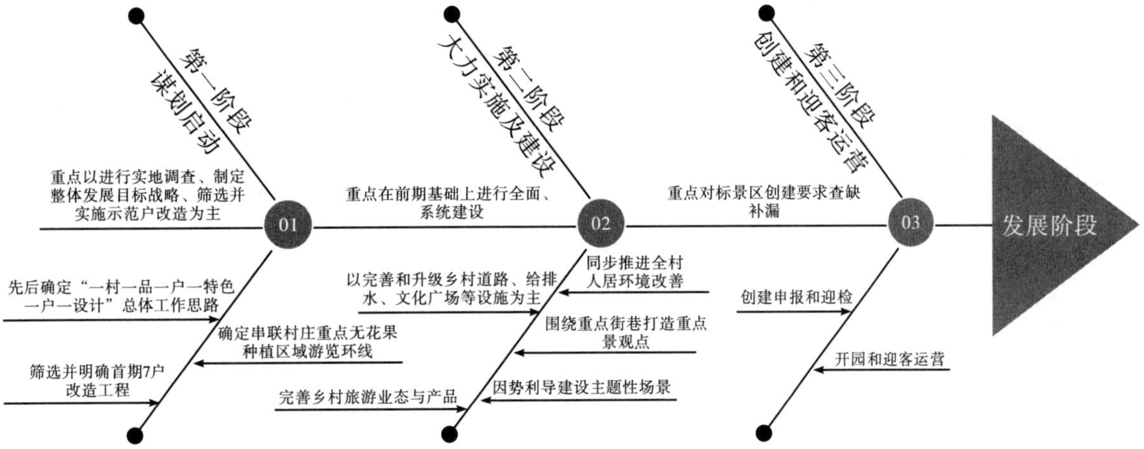

图 4　阿孜汗村景区化过程演变示意图

3.2 阿孜汗村创建景区规划编制策略

3.2.1 对标国家标准找差距，正视短板与不足

依据《旅游景区质量等级的划分与评定》国家标准（GB/T 17775—2003）及《服务质量与环境质量评分细则》《景观质量评分细则》《游客意见评分细则》三大细则，通过国家标准关于创建AAAA级旅游景区达到细则一中850分标准的要求，围绕八大硬件中的“旅游交通、游览、旅游安全、卫生、邮电、旅游购物、综合管理以及资源和环境的保护”213个子项逐一进行对标。通过分析，阿孜汗村依托自身优势条件及近两年建设成效与创建国家AAAA级旅游景区仍有不小差距，这些差距体现在定量分析结果中，其对标自检得分仅为570分，与达到850分的最低目标值仍相差280分之多。其中差距较大及对标自检失分较多的主要集中在八大硬件中的“游览、旅游安全和综合管理”等三个方面，也是后续创建景区化工作中需要重点研究和聚焦推进的方面。一是游览方面，与单项235分的目标相差较大，自检分仅有111分，主要原因包括引导路标、标识系统、宣传教育资料、游客公共休息设施、特殊人群服务项目缺失等，也进一步反映出，若围绕村庄景区化目标及工作要求，上述建设缺项及短板亟须补齐完善。二是旅游安全方面，因是依托村庄，并非成熟旅游景区，因此与单项目标80分标准值相差47分，主要短板表现为安全保护机构、制度及人员缺失，安全警示标识缺乏，安全宣传及医疗服务设施短缺等。三是综合管理方面，对标自检得分仅为64分，与单项200分目标值相差136分，主要不足体现在管理机构及形象缺失、系统的培训制度及计划缺失、无独立网站等。这些都需要在后续的工作中予以落实和完善。

为确保顺利达标，除围绕和针对上述“游览、旅游安全及综合管理”三大方面重点制定措施提升外，还应从八大项全局整体1000分中去寻找可以提升的空间，即除去自检能够得到的570分外，要在失分的430分中再扣除部分确实无法实现、必然会失分的部分进行挤压式落实，使其能够至少达到AAAA级旅游景区850分的最低达标线（表1）。这些工作还包括旅游交通提升、综合服务提升、特色文化提升、信息化提升及资源和环境保护提升等方面。

表1 阿孜汗村景区化对标打分分析

序号	评定项目	打分内容项	大项分值	自检得分	失分
1	旅游交通	24项	130	105	25
2	游览	50项	235	111	124
3	旅游安全	25项	80	33	47
4	卫生	32项	140	111	29
5	邮电	5项	20	4	16
6	旅游购物	4项	50	48	2
7	综合管理	46项	200	64	136
8	资源和环境的保护	27项	145	94	51
总分		213项	1000	570	430

3.2.2 开展村庄景区化自体检与评估，为规划提供导向支撑

村庄景区化自体检评估，重点围绕交通便捷、资源价值、市场客群、既有设施满足情况等四个方面进行。第一，交通便利便捷方面，阿孜汗村紧邻阿图什市中心城区，与中心城区距离约 2 km，距阿图什火车站 6 km，距喀什机场 30 km，距南疆重点城市喀什市 46 km，到达阿图什城区、火车站及喀什机场分别在 5 分钟、10 分钟及 30 分钟交通圈与生活圈内，可方便出行，为其景区化提供了便利支撑，后续围绕景区发展要求，需要制定点对点的线路交通服务。

第二，资源价值方面，根据《中国旅游资源分类调查与评价》（GB/T 18972—2003），对村庄旅游资源经普查、挖掘、整理和分类汇总，按类型分共普查出村庄涉及水域风光、生物景观、天象与气候景观、建筑与设施及旅游商品等 5 个主类型 11 个亚类 26 个基本类。其整体特征表现在四个方面：一是自然与人文资源较多，观赏游憩价值较高，其优良级及特色代表性旅游资源为无花果园；二是田园风光等资源环境优美，生态价值较高，千亩无花果园犹如一片绿色海洋均分布在村庄（景区）内，2 km 长的环线木栈道镶嵌并串联起村内已建成的百岁园（百年无花果园）、石榴园、葡萄园等，形成了以“绿”为主要田园风光基调，与民俗文化体验街等民居文化互为映衬的独特景观；三是历史文化科学价值较高，阿孜汗因其区位及气候独特，成为无花果由古代丝绸之路传入新疆的第一站，也因此成为我国种植无花果的源头。这在多种经典古籍中均有记载，古代丝绸之路商贸文化与当地的馕文化和极具民族特色的南疆民俗风情共同构成了其历史文化魅力；四是珍稀及奇特程度较高，当地百年以上树龄的无花果树 760 余棵，树龄在 450 年以上的达百棵，是国内无花果平均超高树龄数量最多的地方。

第三，市场客群方面，重点考虑有无市场潜力。一方面，重点分析区域旅游市场行情，如对近几年南疆旅游市场与旅游景区、旅游产品供需进行分析；另一方面，结合当地区域如州、市本身的旅游供给进行分析。结果显示，无论是在高品质旅游景区数量上还是在质量上均略显不足，当地旅游市场供需不平衡，供给小于需求，需要通过挖掘自身优势与潜力，培育和打造具备高品质的旅游景区，助力当地社会经济高质量发展。

第四，在既有设施建设及满足要求方面，一是围绕旅游要素，建成了一条民俗文化体验街，形成了四条特色巷道，配套完善了旅游景观、环线等服务设施；二是围绕“吃住行游购娱”六要素，建成了游客服务中心等旅游服务设施；三是汇聚乡村建设资金合力，围绕民生需求在完成污水、电力、道路、燃气等基础设施的同时，也满足了景区化的硬件设施建设要求；四是多渠道差异化培育旅游产品，如民宿、各种旅拍点等建设的完善进一步提升了其吸引力。

3.2.3 衔接空间边界关系，明确底图底数

旅游景区是指以旅游及其相关活动为主要功能或主要功能之一的区域场所，其应有统一的经营管理机构和明确的地域范围。对于景村融合型村庄而言，既有村庄的社区社会属性，也有景区的经营消费属性。在空间上，二者既相互依托但又有所区别，主要体现在景区的边界往往小于村庄实体范围边界，即依托村庄发展成为旅游景区，其在空间边界上部分与村庄是相互重叠的，但又不包括全部村庄边界，这是由其发展业态及管理需求所决定的（图 5）。本文中的阿孜汗村阿孜汗无花果民俗文化旅游景区在边界划定上，一方面充分尊重和依托村庄相关自然地形及自然边界，另一方面统筹考虑现有设施建设成效及业态组合，其划定的范围在兼顾河、渠、路等要素基础上，统筹形成包括博古孜河以东约 1.5 km，北至吾斯塘路，南至平安路，西至环城西路，东至阿孜汗路 2.18 km^2 的范围，小于村庄本身 2.56 km^2 的范围。在 2.18 km^2 范围内，进一步明确果园、建设用地、道路交通等各项底数。

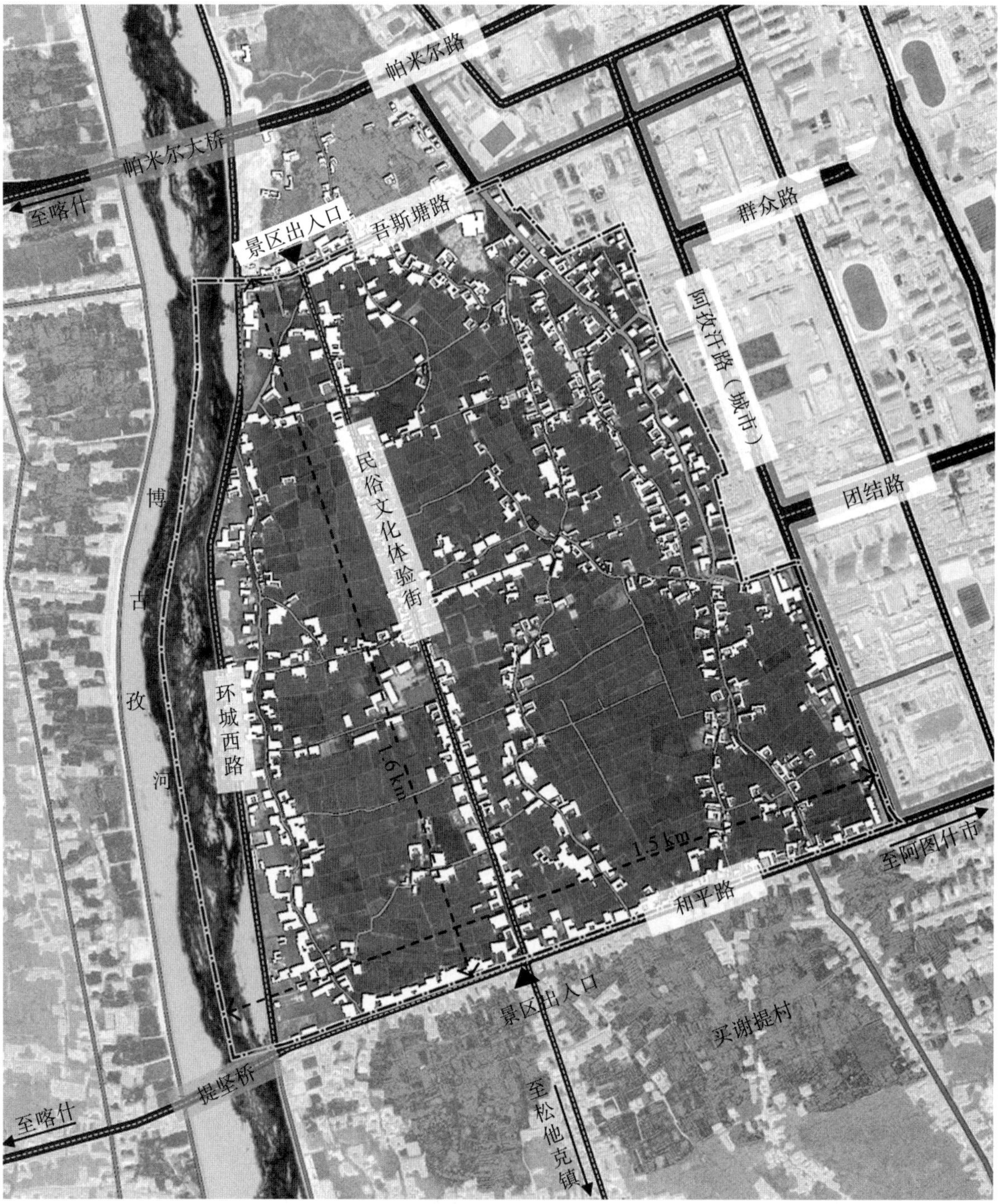

图5　景区规划范围示意图

3.2.4　以服务乡村振兴为目标，实现村庄景区化业态与设施精准落位

围绕乡村振兴目标，在景区化过程中做好旅游产品的顶层设计，聚焦“综合服务、民俗文化体验、无花果文化体验与乡村风情体验”等四大特色引领，实施由无花果园漫步绿环和乡村风情骑行绿环等两条环线贯穿，明确由旅游服务组团、休闲观光组团、镶文化体验组团、特色民俗组团、无花果文化研学组团、无花果休闲组团、乡村生活体验组团及乡村风情体验组团等

八大组团支撑的发展战略，构建形成由 1 个主打的乡村观光旅游产品＋民俗文化体验与乡村休闲旅游 2 个特色产品构成的“1＋2＋1”旅游产品体系，最终形成由 1 个无花果主题引领，3 个核心项目和多个配套支撑的“1＋3＋N”项目体系（图 6）。

其中，乡村观光旅游产品包括漫步环线、骑行环线、党建文化园、蔚蓝花巷、仙果乐园、丝路文化巷、同心巷、花云间、无花果成长记等；民俗文化体验产品包括游客中心、村史馆、精神堡垒等；乡村休闲旅游产品包括石榴园、百岁园、大宫度假村、安居尔民宿等；配套休闲娱乐产品包括乡村文化活动中心、安居尔广场、烧烤店、百年刨冰店等。这些旅游产品及业态与村庄振兴发展有机结合，确保了相关设施与景区标准要求有机衔接，同时也进一步丰富了景区及村庄发展业态，提升了其吸引力与竞争力。

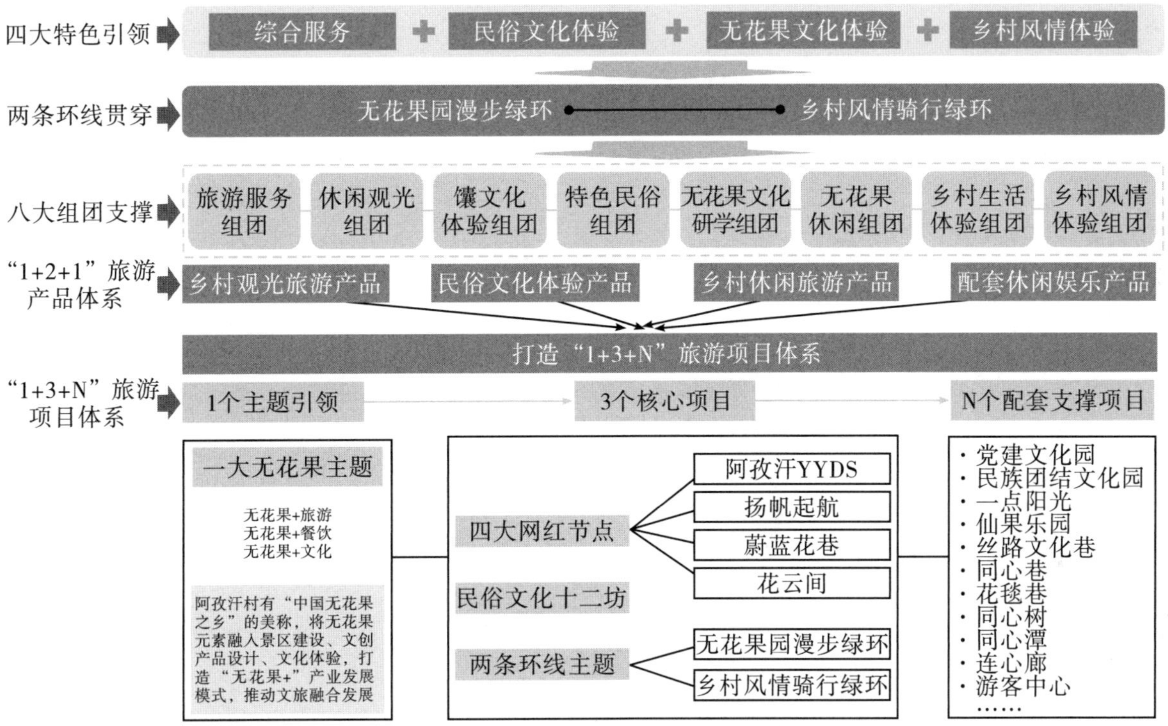

图 6 景区旅游产品及旅游项目示意图

3.2.5 构建“建—管—运”体系，保障景区化蓝图实施落地

景村融合型景区在后期阶段面临的主要困难与问题之一在于管理与运营，常见的如管理主体往往是村庄与景区混为一体，管理队伍及力量跟不上，或者管理主体与对象、方式方法存在本质区别，使得管理上经常出现偏差，景区内部分设施遭受破坏后无法及时发现及修补完善，缺乏整体的运营团队，使得营销及整体推广很难持续进行。因此，对于景村融合型景区而言，需要注重：一是避免重投资轻建设或重建设轻管理的现象。二是避免与市场需求及行情脱钩，重行政管理轻运营管理，而是要构建起从建设到管理再到运营的全周期管理体系，即在建设阶段做好顶层设计，规范施工；在管理阶段，通过制定详细规范的制度及流程，搭建完善的管理团队，加强管理；在运营阶段，积极与市场接轨，强化营销及推广，做到建设奠基础，管理保秩序，运营销市场。通过健全完善的“建—管—运”体系，进一步保障景村融合型村庄景区化目标及蓝图能够实施落地。

4 结语

景村融合型村庄景区化对探索具备条件地区的乡村振兴和高质量发展具有一定的借鉴意义。本文针对阿孜汗村阿孜汗民俗文化旅游景区的发展实践，从整体上总结了基础条件、先决条件、引领条件、动力条件和内生条件等五个方面的发展逻辑，提出了从对标国家标准、开展自体检评估、明确空间边界、推进景区化业态与设施与乡村振兴目标衔接、构建“建—管—运”全周期管理体系等五项具体编制策略。但不同地区、不同条件的村落情况千差万别，在景村融合型村庄景区化过程中应坚持因地制宜、实事求是原则，结合乡村振兴目标和新时代高质量发展要求，持续探索和制定适宜自身的发展及规划路径。

[参考文献]

[1] 董佳艺. 乡村振兴背景下景区型村庄的发展路径研究：基于浙北儿村的田野调查 [D]. 上海：华东理工大学，2022.

[2] 郑志刚，危良华，杨安平，等. 基于乡村景区化的村庄规划研究：以淳安县枫树岭镇铜山村为例 [C] //中国城市规划学会. 城乡治理与规划改革：2014 中国城市规划年会论文集. 北京：中国建筑工业出版社，2014.

[3] 程悦. 结构再造：美丽乡村全域化景区开发的实践模式：以浙江省湖州市德清县为例 [J]. 绿色中国，2020 (24)：56-63.

[4] 钱红凤.“两规融合”视角下的村落景区规划研究 [D]. 杭州：浙江农林大学，2023.

[5] 苏娜，崔西生，钟国华. 高质量发展背景下旅游景区品质提升规划设计：以奉天新工开物科技文化园为例 [J]. 中南农业科技，2023，44 (4)：83-86.

[6] 陈杨. 乡村振兴战略下景村融合模式的效益分析及实现路径研究 [D]. 济南：山东财经大学，2022.

[7] 杨祥东. 城郊融合视角下景区带动型乡村振兴策略研究：以重庆市缙云山缙云路沿线乡村为例 [D]. 重庆大学，2020.

[作者简介]

徐戈，高级工程师，高级工程咨询（投资）师，新疆新土地城乡规划设计院副总规划师。

张文强，新疆新土地城乡规划设计院规划师。

文旅农融合发展与规划设计

漓江流域传统村落网络关注度时空特征分析

□陈颖，黄小燕，郑文俊

摘要：漓江流域乡村旅游的高质量发展是乡村振兴战略、漓江流域生态保护和高质量发展战略实施的有力抓手。传统村落担负着凝聚双重遗产的历史使命，是中国乡村地域文化的具体展现，也是极具利用价值的旅游资源。本文以漓江流域中国传统村落名录中15个典型村落为研究对象，以搜索引擎、短视频、社交网络3个维度7个平台构建网络关注度评价指标体系，剖析漓江流域传统村落网络关注度的时空变化特征及特征差异。研究发现：在时间维度上，漓江流域传统村落网络关注度存在显著的季节性差异，受疫情影响其网络关注度呈现“井喷式”上升态势。在空间维度上，漓江流域传统村落网络关注度空间分布差异显著，游客关注偏好集中于上桥村、水源头村、榜上村、兴坪渔村、朗梓村、江头村6个建筑特征显著、文化底蕴深厚的传统村落；同时各传统村落之间网络关注度差异随年份增加而逐渐减小，游客对各传统村落的旅游需求偏好逐渐分散。根据研究结论，提出传统村落旅游发展策略和营销管理建议。

关键词：传统村落；网络关注度；时空特征；漓江流域

0 引言

漓江是桂林山水的纽带和社会经济发展的黄金水道乃至生命线，在我国经济社会发展和生态环境稳定方面占有重要地位。流域内山青、水秀、洞奇、石美等自然遗产资源禀赋，同时具有旖旎多彩的文化遗产资源，大量明清遗留下来的村落坐落其中，其保护与可持续发展对促进桂林经济社会与生态环境稳定可持续发展具有重要的意义。传统古村落作为中华文化传承、乡村魅力彰显的重要载体，以及漓江流域乡村旅游发展的资源基础，研究其游客网络关注现状及特征具有时代紧迫性和现实迫切性。漓江流域发源于南岭西北部越城岭主峰猫儿山湿地，在平乐县平乐镇与荔浦河、恭城河汇合成桂江，各个区域资源禀赋和文化土壤不同，经济状况和市场发育不平衡，旅游产业的发展差异显著。其旅游的发展不仅能够促进区域的高质量发展，在乡村振兴、生态保护、经济支撑等方面也具有重要意义。漓江流域乡村振兴应串联乡村旅游资源，整合乡村旅游产业，助力桂林加快建成世界级旅游城市。

互联网凭借方便快捷、受众广泛等特点，逐渐成为游客发布、传递和获取旅游信息的重要渠道。网络空间的信息流如网络评论、视频播放量、文章阅读量与点赞数作为旅游者真实情感反应的载体，也在一定程度上反映游客旅游偏好和现实旅游行为。目前，学术界对乡村及传统村落的网络关注度的研究较少，未形成系统的研究体系。国内学者关于旅游网络关注度的研究聚焦于景区或旅游目的地网络关注度的时空特征及影响因素、网络关注度与旅游吸引力、旅游交通的耦合研究。研究早期以百度指数为主要数据来源，通过地理集中指数、中心性根系等探究其时空特征，近年来不少学者以丰富数据类型构建多数据指标体系，结合目的地空间格局探讨其与网络关注度的关联程度。在传统村落网络关注度方面，何清华基于新浪旅游博客探讨中国传统村落的网络关注度的时空特征及影响因素。万田户、温秀等聚焦乡村旅游网络关注度并探讨其空间分布规律。

综上所述，基于乡村旅游快速发展背景，本文以漓江流域的传统村落为研究对象，立足于乡村旅游发展实际，采集游客网络数据并构建网络关注度评价指标，利用 ArcGIS 10.5 软件的空间分析方法，揭示漓江流域传统村落网络关注度的时空特征及其差异因素，为传统村落保护与可持续发展、管理与营销宣传提供支持。

1 研究方法

1.1 独立性权系数法

独立性权系数法是依据指标与指标之间的共线性强弱来确定指标权重的方法。本文将采集数据进行 Max－Min 标准化处理后，采用独立性权系数法来确定一级和二级指标的权重。具体步骤为：通过多元回归计算出各个指标与其他指标之间的复相关系数；求出各指标与其他指标之间复相关系数的倒数，并对数据进行归一化处理，得出各指标最终的权重。

1.2 季节性强度指数

季节性强度指数是以时间序列含有季节性周期变动的特征，计算描述该变动的季节变动指数（R）。R 值越大，表明各月份之间漓江流域传统村落网络关注度时间差异越大，越集中于某个或某些时间段；R 值越接近于 0，则表明该传统村落网络关注度时间差异越小，全年分布均匀。公式如下：

$$R=\sqrt{\sum_{i=1}^{12}\frac{(X_i-8.33)^2}{12}} \tag{1}$$

式中，R 为季节性集中指数，X_i 为各月份漓江流域传统村落网络关注度占全年漓江流域传统村落网络关注度合计值的比重。

1.3 基尼系数

通过运算可以得到区域收入差异程度，是区域经济发展差异研究中常用的度量方法。本文通过基尼系数来分析漓江流域传统村落之间的网络关注度空间差异。公式如下：

$$G=-\sum_{i=1}^{N}\frac{P_i\ln P_i}{\ln N} \tag{2}$$

式中，G 为基尼系数。P_i 为第 i 个漓江流域传统村落的旅游需求（网络关注度）占年度总旅游需求的比重。N 为所选取的漓江流域传统村落的总数。G 介于 0～1，系数越大，说明游客的旅游需求偏好越集中，区域差异越大；反之则越分散，区域差异越小。

1.4 旅游偏好系数

旅游偏好系数用于分析游客对各个传统村落的偏好程度。本文通过旅游偏好系数来分析游客的旅游需求偏好。数值越大，说明该村落的偏好越强；反之则越小。公式如下：

$$\beta=\frac{X_i}{\sum_i X_i}\times 100\% \tag{3}$$

式中，β 是国内游客对 i 传统村落的偏好系数；X_i 是国内游客对 i 传统村落的旅游需求（网络关注度）的总值；$\sum_i X_i$ 为国内游客对所有传统村落的旅游需求（网络关注度）的总值；β 介于0～1，系数越小，说明对漓江流域传统村落的偏好程度越弱。

1.5 ArcGIS 自然断点法

ArcGIS 自然断点法是根据数据序列本身的统计规律，按要求设定等级断点的个数，使同一等级内方差最小，不同等级间方差最大的最优化数据分组方法。本文采用 ArcGIS 10.5 中的自然断点法将 15 个传统村落的网络关注度与旅游偏好系数划分等级，可视化传统村落网络关注度与旅游偏好的空间分布差异。

2 研究对象与数据处理

2.1 研究区域概况

漓江，是珠江流域、西江支流、桂江上游河段的通称，属珠江流域—西江水系，位于著名旅游城市桂林。漓江流域范围（110°10′E～110°40′E，24°40′N～25°80′N）涵盖了兴安县、灵川县、桂林市区、阳朔县、平乐县等地，东面与恭城、灌阳毗邻，南面与荔浦相接，西面与龙胜、永福相连，北面与全州、资源交界。漓江流域集自然与人文景观于一体，以其璀璨的历史文化成为中国首批历史文化名城和著名的旅游胜地；同时，范围内分布着大量从明清遗留下来的传统村落，这些传统村落是传统文化最悠久和直观的表现形式之一，其中入选第一到第六批国家级传统村落的共 27 个，具有极高的历史文化价值。

2.2 数据采集

根据住房城乡建设部公布的第一到第六批国家级传统村落，将属于漓江流域内的国家级传统村落共 27 个作为数据采集对象，并考虑到研究数据样本的充足性及可行性，经筛选后本文选取熊村、兴坪渔村、大桐木湾村、江头村、旧县村、留公村、龙潭村、崇山村、上桥村、大圩毛村、榜上村、朗梓村、水源头村、长岗岭村、横山村共 15 个传统村落作为研究对象（表 1）。由于其余 12 个传统村落无法为本研究提供足够的数据量，故对其不作研究。

表 1　研究对象及各村落的经纬度信息

桂林市传统村落名称	等级	经度	纬度
灵川县大圩镇熊村	国家级第一批	110.47233°	25.24213°
阳朔县兴坪镇渔村	国家级第一批	110.52819°	24.92262°
灵川县海洋乡大庙塘村委会大桐木湾村	国家级第二批	110.58755°	25.30555°
灵川县青狮潭镇江头村	国家级第一批	110.27011°	25.53166°
阳朔县白沙镇旧县村	国家级第一批	110.43689°	24.78832°
阳朔县普益乡留公村	国家级第二批	110.59003°	24.74047°

续表

桂林市传统村落名称	等级	经度	纬度
阳朔县高田镇龙潭村	国家级第二批	110.46192°	24.73379°
阳朔县高田镇龙潭村	国家级第二批	110.11325°	25.07603°
灵川县大圩镇上桥村上桥	国家级第二批	110.45527°	25.22696°
灵川县大圩镇廖家村毛村	国家级第二批	110.40305°	25.20808°
兴安县漠川乡榜上村	国家级第一批	110.80975°	25.45932°
阳朔县高田镇朗梓村	国家级第二批	110.40851°	24.71158°
临桂区四塘乡横山村	国家级第一批	110.14663°	25.18165°
兴安县白石乡水源头村	国家级第一批	110.73714°	25.44249°
灵川县灵田镇长岗岭村	国家级第一批	110.53086°	25.39238°

根据现有相关研究，目前学界对网络关注度数据的获取方式主要有以下两种：一是通过Google趋势或百度指数等互联网平台采集网络关注度数据并将其作为单独的指标；二是通过多渠道、多平台获取的数据进行权重分配，进而构建基于不同网络平台的网络关注度评价指标体系。由于本文选取的“漓江流域传统村落”内的部分传统村落词条尚未建立完善，第一种方法仅通过单一网络平台进行数据收集无法保证研究样本的足够，存在数据不完整的情况。故本文选取第二种方法进行数据收集。

2.3 数据处理

首先确定15个传统村落的检索的基准关键词，主要从旅游者对各个传统村落的关注点以及各传统村落的重大事件、知名建筑等相关信息中提取出基准关键词和替代性关键词。经由相关关键词进行检索后，发现可查询的年份主要集中在2020年以后。因此，为了保证数据的完整性，选取2020年1月1日至2022年12月31日为研究时段，以所选取的15个传统村落的关键词和替代性关键词进行检索，获取2020—2022年15个传统村落的数据作为基础数据。基于不同网络平台，尝试构建漓江流域传统村落网络关注度评价指标体系，从搜索引擎、短视频、社交网络3个维度出发进行评价指标体系的构建。具体构建包括搜索引擎、短视频、社交网络3个一级指标和百度指数、头条指数、抖音、快手、西瓜视频、微信、小红书7个二级指标。将采集到的所有数据进行汇总，由于各个指标对综合得分的贡献性不同，因此需要对每个指标进行权重分配。具体方法：所有数据在Min-Max标准化处理的基础上，采用独立性权系数法确定一级和二级指标的权重，最终依据各村落的相关数据计算出15个传统村落的网络关注度(表2)。

表2　2020—2022年漓江流域传统村落网络关注度评价指标体系

一级指标	权重	二级指标	权重	属性	指标释义
Z1：搜索引擎指数	0.1743	百度指数	0.0906	正向	用户关注度
		头条指数	0.1288	正向	用户关注度

续表

一级指标	权重	二级指标	权重	属性	指标释义
Z2：短视频指数	0.6504	抖音	0.0987	正向	点赞数
		快手	0.2921	正向	点赞数
		西瓜视频	0.1516	正向	视频播放量
Z3：社交网络指数	0.1752	微信	0.1222	正向	文章阅读量
		小红书	0.1158	正向	点赞数

3 结果分析与讨论

3.1 时间特征分析

3.1.1 年度变化特征

依据漓江流域传统村落2020—2022年的网络关注度数据（表3），对每年的12个月份分别求和，得出漓江流域传统村落2020—2022年网络关注度变化趋势。总体上呈“V”字形，2020—2021年网络关注度持续下降，2021年后网络关注度急速增长。剖析其原因，2020—2021年受新冠疫情的影响人员流动受限，游客为响应国家政策和出于自身安全考虑，人员较少的旅游目的地成为游客主要的出行选择。漓江流域传统村落受交通、经济等的影响，知名度相对于桂林市其他热门景点较低，人员流动更低，安全系数更高。而2021年网络关注度低于2020年，究其原因是2021年疫情相较2020年得到了较好的控制，游客更倾向于前往知名度高的景点出游，前往传统村落游玩的意愿锐减，漓江流域传统村落的网络关注度受此影响出现了下降情况。然而，在2021年之后，随着新冠疫情得到有效的控制，因疫情被压抑的旅游需求释放使旅游市场逐渐复苏，旅游半径缩短，省内旅游和短途旅游比重大幅提高，2022年传统村落旅游关注度呈现出疫情后暴发式增长的态势。

表3　2020—2022年漓江流域传统村落网络关注度

月份	2020年	2021年	2022年
1月	0.3498	0.0692	0.1009
2月	0.0780	0.0930	0.0971
3月	0.0521	0.1074	0.1557
4月	0.1964	0.0957	0.2634
5月	0.0889	0.0915	0.3485
6月	0.0982	0.0694	0.2411
7月	0.2777	0.1063	0.2479
8月	0.0378	0.0743	0.1911
9月	0.0536	0.1240	0.1547
10月	0.1966	0.2132	0.2040

续表

月份	2020 年	2021 年	2022 年
11 月	0.2262	0.2411	0.2672
12 月	0.1188	0.1779	0.1251
全年	1.7741	1.4630	2.3967

3.1.2 月变化特征

通过统计 2020—2022 年漓江流域传统村落关注度变化数据，如图 1 所示，从总体上看，变化趋势的呈现与节假日和旅游目的地的旅游吸引物有着密切关系。漓江流域传统村落的关注度主要集中在 4 月、7 月、9—11 月，剖析其原因，游客多于五一劳动节、寒暑假、国庆节等时间段选择出游，在此期间游客会在网上提前搜集旅游目的地的相关信息，因而该月份的网络关注度较高。除此之外，每年的 4 月份网络关注度较高的原因在于传统村落古色天香的建筑及烟雨桂林的烘托，为旅游者提供了丰富的拍摄背景，促使大批旅游者前往传统村落进行写真拍摄。而每年 10—11 月网络关注度较高的原因一方面在于游客为银杏等景观风貌所吸引，各网络平台对这些旅游吸引物的宣传与推广，吸引了大批网友对部分传统村落的关注；另一方面在于部分传统村落举办“十月香”传统民俗活动，游客的旅游信息需求增加，网络关注度随着增加，市场导向作用明显。

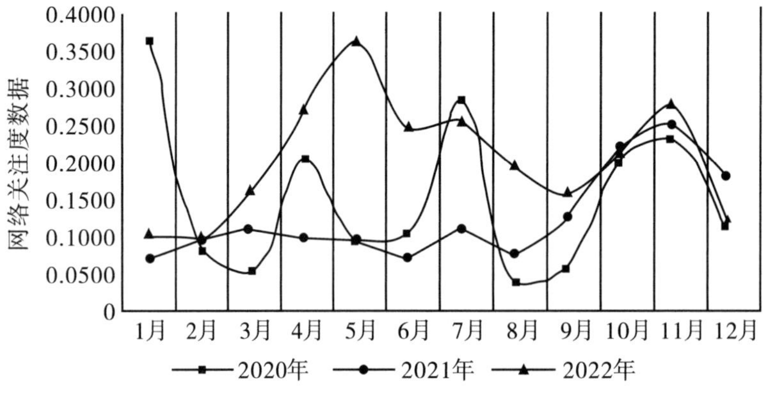

图 1　2020—2022 年网络关注度月度变化趋势

3.1.3 季节性分布特征

根据式（1）计算出 2020—2022 年漓江流域传统村落网络关注度季节集中指数。结果表明 2020—2022 年漓江流域传统村落网络关注度集中指数分别为 5.4048、3.7635、3.0633。季节性集中指数说明了漓江流域传统村落存在明显的季节性差异，但月度差异在逐年减小。其中 2020 年的季节性集中指数数值最高，月度差异较为明显；而 2021 年和 2022 年的季节性集中指数较小，说明漓江流域传统村落网络关注度在这两年的月度分布较为均匀。

3.2 空间特征分析

3.2.1 传统村落网络关注度空间分布差异

根据式（2）计算出 2020—2022 年漓江流域 15 个传统村落网络关注度的基尼系数，分别为 0.9546、0.9467、0.9313。基尼系数分布均在 0.9 以上，整体偏高，说明现实旅游者或潜在旅游者对传统村落旅游需求偏好相对集中，区域差异较大。从局部看，这15个传统村落网络关注度的基尼系数从2020年的0.9546下降到2022年的0.9313，呈下降趋势，说明各传统村落之间网络关注度的差异逐渐减小，旅游者对各传统村落的旅游需求偏好越来越分散。

采用洛伦茨曲线对其空间分布差异进行进一步分析，结果显示：55.93%的网络关注度主要集中在上桥村、水源头村、榜上村、兴坪渔村、朗梓村、江头村。究其原因，传统村落内保存有较多的明清时期建筑，拥有深厚的古村落文化沉淀，丰厚的文化遗产和优美的自然景观，吸引了旅游者关注并产生旅游需求的主要偏好。

3.2.2 传统村落网络关注度空间分布特征

依据漓江流域传统村落网络关注度，将所有数据结果进行 Min－Max 标准化处理，计算得出2020—2022年漓江流域传统村落网络关注度均值为1.2294，相比于网络关注度的最高值，总体处于中等水平。利用 ArcGIS10.2 软件中的自然断点法将2020—2022年网络关注度的总值划分为四个等级，漓江流域传统村落分布较为集中，各村落之间的网络关注度存在着显著的空间差异，没有体现出显著的地域集中的特征。这与漓江流域传统村落的间隔距离、传统村落的影响力等因素具有一定的关联性。

3.2.3 传统村落旅游偏好

根据公式（3）计算出2020—2022年漓江流域15个传统村落的旅游偏好系数（表4），系数由大到小进行排列，划分为四个等级，分别为强偏好村落（系数≥8.5%）、较强偏好村落（6.5%～8.5%）、较弱偏好村落（4.5%～6.5%）、弱偏好村落（系数≤4.5%）。传统村落网络关注度节点的大小与其旅游偏好系数的大小成正比。

表4 2020—2022年漓江流域15个传统村落的旅游偏好系数

传统村落	2020年	2021年	2022年	均值	旅游偏好系数
上桥村	0.976244	1.592999	3.983465982	2.184236	11.84%（强偏好）
水源头村	1.946289	1.782007	1.839818762	1.856038	10.06%（强偏好）
榜上村	1.377376	1.429682	2.458327847	1.755128	9.52%（强偏好）
兴坪渔村	1.404442	1.772603	1.722709302	1.633251	8.86%（强偏好）
朗梓村	2.216604	0.786942	1.363470815	1.455672	7.89%（较强偏好）
江头村	1.073818	1.180718	2.036437215	1.430325	7.76%（较强偏好）
崇山村	1.324507	1.145138	1.808434892	1.426027	7.73%（较强偏好）
横山村	1.189047	1.210993	1.628266088	1.342769	7.28%（较强偏好）
熊村	1.160316	0.792494	1.952810077	1.301873	7.06%（较强偏好）
留公村	0.985102	0.89275	1.159726637	1.012526	5.49%（较弱偏好）
大桐木湾村	0.624584	1.167304	1.184973287	0.992287	5.38%（较弱偏好）
大圩毛村	0.250935	0.353649	1.95935209	0.854645	4.63%（较弱偏好）
长岗岭村	0.794131	0.598932	0.312494138	0.568519	3.08%（弱偏好）
龙潭村	0.784556	0.267853	0.350803969	0.467737	2.54%（弱偏好）
旧县村	0.235984	0.133461	0.110475968	0.159974	0.87%（弱偏好）

从 2020—2022 年各传统村落的旅游偏好系数的均值分布上看，“上桥村”“水源头村”“榜上村”“兴坪渔村”属于强偏好村落；“朗梓村”“江头村”“崇山村”“横山村”“熊村”属于较强偏好村落；“留公村”“大桐木湾村”“大圩毛村”属于较弱偏好村落；“长岗岭村”“龙潭村”“旧县村”三个村落的偏好系数均小于 4.5%，为弱偏好村落。

利用 ArcGIS10.2 将 2020—2022 年各村落旅游偏好系数划分为强偏好村落、较强偏好村落、较弱偏好村落、弱偏好村落四个等级。2020 年的强偏好村落有水源头村、朗梓村、兴坪渔村，共 3 个；较强偏好村落为熊村、江头村、崇山村、榜上村、横山村，共 5 个；较弱偏好村落为龙潭村、上桥村、长岗岭村、留公村、大桐木湾村，共 5 个，其余村落为弱偏好村落。2022 年偏好系数出现大幅度提升，偏好村落出现较大变化。偏好系数最高值为 16.69%（上桥村），强偏好村落减少为 1 个，较强偏好村落数量增加到 8 个，较弱偏好村落减少为 3 个，弱偏好村落增加到 3 个。从整体上看，漓江流域传统村落的旅游偏好系数呈现出从个别村落集中逐渐向均衡分布发展的态势。

4 总结与展望

4.1 研究结论

本文通过采取 2020—2022 年漓江流域 15 个代表性传统村落的网络关注度数据，采用季节集中指数、基尼系数、旅游偏好系数等方法计算并剖析漓江流域传统村落网络关注度变化的时空特征，得出以下结论：

一是漓江流域范围内保存有大量明清时期的古村落，历史文化深厚，但依据词条检索结果，部分传统村落检索结果多出现无关注或关注量较少的情况，传统村落网络宣传阵地仍有待进一步加强。

二是从年度变化来看，漓江流域传统村落网络关注度总体上呈 V 字形。2020—2021 年网络关注度持续下降，2021 年后网络关注度急速增长，主要原因是受新冠疫情的影响；从月份变化来看，漓江流域传统村落的关注度主要集中在 4 月、7 月、9—11 月，这与节假日和旅游目的地的旅游吸引物有着密切的关系。由于旅游者大多选择在五一劳动节、寒暑假、国庆节等时间段出游，在此期间游客会在网上提前搜集旅游目的地相关信息，因而 4 月、7 月、9 月的网络关注度较高。除此之外，每年的 4 月份网络关注度较高的原因在于传统村落古色天香的建筑及烟雨桂林的烘托，为旅游者提供了丰富的拍摄背景，促使大批旅游者前往传统村落进行写真拍摄。而每年 10—11 月网络关注度较高的原因一方面在于 10—11 月是银杏变黄的季节，各网络平台对这些旅游吸引物的宣传与推广，吸引了大批网友对部分传统村落的关注；另一方面在于部分传统村落举办“十月香”传统民俗活动，游客的旅游信息需求增加，网络关注度随着增加，市场导向作用明显。从季节性差异来看，漓江流域传统村落网络关注度存在明显的季节性差异，但月度差异在逐年减小。

三是从空间分布差异来看，漓江流域传统村落网络关注度空间分布差异显著。15 个传统村落网络关注度的基尼系数从 2020 年的 0.9546 下降到 2022 年的 0.9313，呈下降趋势。各传统村落之间网络关注度的差异逐渐减小；从空间分布特征来看，漓江流域传统村落分布较为集中，各村落之间的网络关注度存在着显著的空间差异，没有体现出显著的地域集中的特征。这与漓江流域传统村落的间隔距离、传统村落的影响力等因素具有一定的关联性；从旅游偏好来看，漓江流域传统村落的旅游偏好系数呈现出从个别村落集中逐渐向均衡分布发展的态势。

4.2 基于网络关注度的漓江流域传统村落发展建议

4.2.1 合理运用网络手段，提高传统村落知名度

信息化时代下，利用互联网对漓江流域传统村落进行有效的宣传和营销，是传统村落扩大自身影响力、开拓客源市场和寻求更加有效的保护途径的重要手段。首先，漓江流域传统村落的宣传营销体系仍有待完善，采用大众使用频率较高的平台如抖音、小红书、微博等对传统村落进行有效的宣传，将网络营销的时间点与网络关注度的峰值点相结合。其次，加大传统村落网络宣传力度，一方面可以吸引更多的旅游者前往古村落旅游；另一方面，帮助游客认知传统村落文化的价值，了解传统村落保护的必要性，提高保护意识。具体而言，各村落应根据自身关注度的高低，采用具有地方特色且符合村落自身实际情况的宣传模式。对于关注度高的传统村落，应该深入挖掘其古老的村落文化，加大宣传；对于关注度低的传统村落，应该采用多元化的渠道去投放旅游宣传视频，包括但不限于自媒体、旅游公众号等，用以增加其曝光度。

4.2.2 减小季节性差异，丰富村落旅游产品

漓江流域传统村落网络关注度季节性特征显著，可根据传统村落的淡旺季开发出独具特色的季节性旅游产品。例如，大桐木湾村以银杏闻名，研发银杏系列主题的旅游产品；江头村针对“莲花”这一吸引物，开发莲花系列写真拍摄、莲藕采摘、廉洁主题旅游产品以及莲花糕制作等旅游体验活动，提高旅游者的游玩体验，增强对游客的吸引力。同时，各村落在旅游淡季时可推出优惠套餐和系列旅游产品以增加游客游览率。除此之外，各村落应结合自身本土村落文化设计文创产品，如上桥村的关拱桥可以开发为积木拼图等。

4.2.3 整合传统村落资源，实现联合发展

漓江流域传统村落的网络关注度空间差异较为显著，网络关注度较高的多集中于知名度较高的传统村落。例如，享有“进士村”美誉的水源头村；中国最具旅游价值的古村落、全国重点文物保护单位、中国魅力景区的江头村；中国历史文化名村、广西壮族自治区文物保护单位的榜上村等。相关部门应致力于减小空间分布差异，分散旅游者的旅游需求偏好到各个传统村落，以知名度高的传统村落发展带动知名度低的传统村落发展，坚持集中成片发展的原则，整合各个传统村落旅游资源，开发设计出古村落精品旅游线路，实现联合发展。

4.2.4 深入挖掘村落文化，提升旅游形象

漓江流域传统村落内都保存着大量明清时期遗留下来的建筑，蕴含着深厚的历史文化底蕴，具有极高的保护研究价值。各村落应深入挖掘出传统村落特有的建筑、民间故事等村落文化，使之成为旅游发展的优势，提炼出传统文化符号。比如以壮族为主体的朗梓村，其建筑风格融合了我国南北民居的特点，是桂林多元文化的一个缩影，应大力挖掘朗梓村建筑文化，从炮楼背后的动荡故事、建筑的构造方式等方面入手；被称为岭南古村落文化代表的江头村，可深挖村落背后的“爱莲文化”故事、科第文化故事、周敦颐理学文化等。除此之外，传统村落的旅游开发不应仅仅局限于观光旅游产品，更要注重文化体验类的旅游活动开发，如农耕生产、手工艺体验等，让游客在旅游的同时能够充分体验村落的地方特色活动，提升游客的整体体验感。

本文以漓江流域传统村落为研究对象，基于网络数据探讨了漓江流域传统村落网络关注度的时空特征，旨在为漓江流域传统村落的保护与发展提供科学的建议。研究中仍然有众多不足之处：仅以漓江流域 15 个国家级传统村落为主要研究对象，流域内其他传统村落尚未涉及，研究数据的覆盖面、代表性等仍有欠缺。在数据来源与处理上，平台获取的数据未能全面系统地反映传统村落的网络关注度，仅具有一定的代表性，数据量化处理仍有不妥之处，下一步将传

统村落旅游及其网络关注度的空间格局与旅游重点村的实际游客量及游客满意度相结合，更为细致地结合游客本身系统分析传统村落的网络关注度。

［参考文献］

[1] 倪春雨，何文，姚月锋. 基于Landsat 8的漓江流域生态环境质量及其影响因素分析 [J]. 科学技术与工程，2024，24（12）：5227-5238.

[2] 董淑龙，马姜明，辛文杰，等. 漓江流域森林景观格局时空变化特征及驱动因素 [J]. 广西科学，2023，30（5）：972-992.

[3] 魏玺，邵亚，蔡湘文，等. 漓江流域陆地生态系统碳储量时空特征与预测 [J]. 环境工程技术学报，2023，13（3）：1223-1233.

[4] 李经龙，王海桃. 基于UGC数据的中国世界遗产景区网络关注度与满意度研究 [J]. 西南大学学报（自然科学版），2023，45（8）：138-150.

[5] 朱豆豆，李玲，李晓东，等. 新疆热门景区网络关注度时空差异及影响因素 [J]. 西北师范大学学报（自然科学版），2021，57（6）：110-117.

[6] 苏卉，康文婧. 红色旅游经典景区网络关注度时空特征及影响因素研究 [J]. 干旱区资源与环境，2022，36（5）：200-208.

[7] 王伟，吕婷婷，周晓冰. 河南5A级景区网络关注度时空演变特征与影响因素 [J]. 河南师范大学学报（自然科学版），2023，51（2）：70-78.

[8] 徐企丹，岑丹妮，黄浣铃，等. 长征国家文化公园沿线红色旅游经典景区网络关注格局及影响因素 [J]. 福建师范大学学报（自然科学版），2024，40（3）：118-129.

[9] 李锦宏，曾雪. 省域国家历史文化名城的网络关注度与旅游吸引力时空动态耦合协调关系 [J]. 华侨大学学报（哲学社会科学版），2023（1）：56-70.

[10] 陆利军，李浪，李成家，等. 省域国家森林公园网络关注度与旅游吸引力动态耦合协调关系 [J]. 经济地理，2022，42（3）：150-159.

[11] 郭姣姣，杨兆萍，徐晓亮，等. 援疆政策下新疆国内旅游客源市场优化：基于修正的旅游引力模型 [J]. 中国科学院大学学报，2021，38（3）：360-366.

[12] 季国斌，刘明月，施伟秋，等. 国家湿地公园网络关注度时空特征与影响因素研究：以西溪国家湿地公园为例 [J]. 生态经济，2020，36（8）：133-138.

[13] 杜梦斑，杨晓霞，陈鹏. 基于百度指数的网红景区网络关注度时空特征研究：以重庆洪崖洞为例 [J]. 西南师范大学学报（自然科学版），2020，45（6）：72-79.

[14] 刘玉芳，王爱忠，王春宝. 贵州省旅游网络关注度与游客客流量时空相关分析 [J]. 桂林理工大学学报，2020，40（2）：450-456.

[15] 赖继年. 红色旅游经典景区发展路径：以网络关注度时空演变为视角 [J]. 社会科学家，2022（8）：44-51.

[16] 邬超，邵秀英，沈群凯. 中国工业旅游网络关注度分布格局及其影响因素 [J]. 地域研究与开发，2023，42（6）：72-78.

[17] 刘海朦，胡静，吕丽，等. 基于网络关注度的新冠疫情对武汉旅游时空格局的影响 [J]. 干旱区资源与环境，2023，37（2）：194-202.

[18] 李会琴，惠余杰，代姗姗，等. 中国5A级旅游景区网络关注度时空格局演变与影响因素 [J]. 中国生态旅游，2024，14（1）：151-166.

[19] 何清华，许娜，叶佳意，等. 基于新浪旅游博客的中国传统村落网络关注度研究：以湖南省为

例［J］. 衡阳师范学院学报，2017，38（6）：6-9.
［20］万田户，张志荣，李树亮，等. 乡村旅游国内网络关注度的时空分布研究［J］. 西南大学学报（自然科学版），2022，44（6）：138-149.
［21］温秀，黄枭，崔林. 黄河流域乡村旅游重点村及其网络关注度空间分异规律［J］. 西北大学学报（自然科学版），2024，54（3）：472-488.
［22］张淑莹，胡友彪，邢世平. 基于独立性权—灰色关联度理论的突水水源判别［J］. 水文地质工程地质，2018，45（6）：36-41，62.
［23］王秋龙，潘立新，吕俭，等. 基于网络关注度的安徽省居民省内旅游需求时空特征分析［J］. 地域研究与开发，2021，40（1）：120-125.
［24］孙根年. 国际旅游支付方程、支付等级与旅游偏好［J］. 地理学与国土研究，2001（1）：50-54.
［25］田胡颖，殷娴，陈剑桥，等. 基于 GIS 的云南省 1 km 精细化暴雨灾害风险评估［J］. 气象科技，2022，50（5）：742-750.
［26］毕尧山，吴基文，翟晓荣，等. 基于 AHP 与独立性权系数综合确权的煤矿含水层富水性评价［J］. 水文，2020，40（4）：40-45.

［基金资助：国家自然科学基金项目（52368005），广西重点研发计划项目（AB23026053）。］

［作者简介］

陈颖，桂林理工大学旅游与风景园林学院硕士研究生。
黄小燕，桂林理工大学旅游与风景园林学院本科生。
郑文俊，通信作者，博士，教授，桂林理工大学旅游与风景园林学院院长。

传统村落非物质文化承载空间的保护与发展路径探索

——以广西南宁市扬美村为例

□黄慧妍，钟月红，李思静，农亿葳，陈树琛

摘要：非物质文化是中华优秀传统文化的重要组成部分，非物质文化的传承需要有物质空间对其进行承载。传统村落是非物质文化保护的重要战场，本文以中国传统村落南宁市扬美村为例，分析扬美村非物质文化的类型、特征及其承载空间现状存在问题，在此基础上，从保护村落空间格局、活化村落传统建筑、活用村落公共空间等三方面提出非物质文化承载空间的保护和发展路径，以期为传统村落非物质文化的保护和传承提供参考。

关键词：传统村落；非物质文化；承载空间；保护与发展；扬美村

0　引言

党的十八大以来，党中央高度重视对优秀传统文化的保护与传承，“文化自信”被习近平总书记多次提起。非物质文化遗产是中华优秀传统文化的重要组成部分，但相较于有形的物质文化遗产，无形的非物质文化遗产的保护稍有落后。从国际上看，早在1964年的《保护文物建筑及历史地段的国际宪章》（即《威尼斯宪章》）中已提到，必须利用一切科学技术保护与修复文物建筑。至2011年的《关于历史城市、城镇和城区的维护与管理的瓦莱塔原则》（即《瓦莱塔原则》）才有涉及非物质遗产的内容，特别认识到非物质价值的保护与历史城镇的物质要素的保护同样重要。从国内来看，《中华人民共和国文物保护法》于2007年颁布，《中华人民共和国非物质文化遗产法》则于2011年公布。

我国大多数非物质文化遗产来自民间，大约70%散落在农村，农村是非物质文化遗产的宝库。2021年中共中央办公厅、国务院办公厅印发的《关于进一步加强非物质文化遗产保护工作的意见》明确提出了“在实施乡村振兴战略和新型城镇化建设中，发挥非物质文化遗产服务基层社会治理的作用，将非物质文化遗产保护与美丽乡村建设、农耕文化保护、城市建设相结合，保护文化传统，守住文化根脉”。由此可见，保护非物质文化是乡村振兴工作中重要的一环。此外，根据住房城乡建设部等部门印发的《传统村落评价认定指标体系（试行）》，“村落承载的非物质文化遗产评价指标体系”是传统村落评价认定的三大指标体系之一，也就是说，传统村落是非物质文化遗产较为富集的农村，即传统村落是保护非物质文化的重要战场，因此探讨如何保护好传统村落的非物质文化有利于助推乡村振兴的实现。

由于非物质文化遗产是无形的，它需要有相应的空间对其进行承载，离开了承载空间，非

物质文化则无所依据，逐渐消失。因此，保护好非物质文化的承载空间是保护非物质文化的前提和基础。本文以广西南宁市扬美村为例，探讨传统村落非物质文化承载空间的保护与发展路径，以期有益于我国当前传统村落非物质文化的保护工作。此外，考虑到传统村落中除了已经被评定为非物质文化遗产的非物质文化，还有许多村民世代相传并视为村庄传统文化的非物质文化，本文也将其纳入研究对象，而不仅限于非物质文化遗产。

1 扬美村非物质文化的类型及其特征

1.1 扬美村基本情况

扬美村隶属广西壮族自治区南宁市江南区江西镇，位于南宁市以西约 42 km 处（图 1）。左江从扬美村的西南方蜿蜒而来，在扬美村所在地迂回曲折，形成一个 S 形大拐弯。扬美村位于左江东岸，与西岸的壶天岛隔江相望，形成了一幅天然太极图景（图 2）。

扬美村的历史可追溯至北宋时期，名将狄青南下至邕镇平乱后，其麾下军人部分留戍于扬美所在地，后驻守的军人解甲归田，落户于此，扬美村成为随军家属、退役官兵的聚居地。及至明代，扬美村得水运之便，逐渐发展成为左右江下游地区方圆百里之内的主要物资集散地和著名商埠，兴盛的时候，左江右岸 1000 多米的江湾修建了 8 座码头，可见当时来往商船之多。后来随着公路运输和铁路运输的发展，扬美村不复旧时的热火朝天，但历经岁月洗礼的古街古建古码头，成为扬美村独特的名片。2010 年扬美村入选第五批中国历史文化名村，2012 年扬美村入选第一批中国传统村落（图 3）。

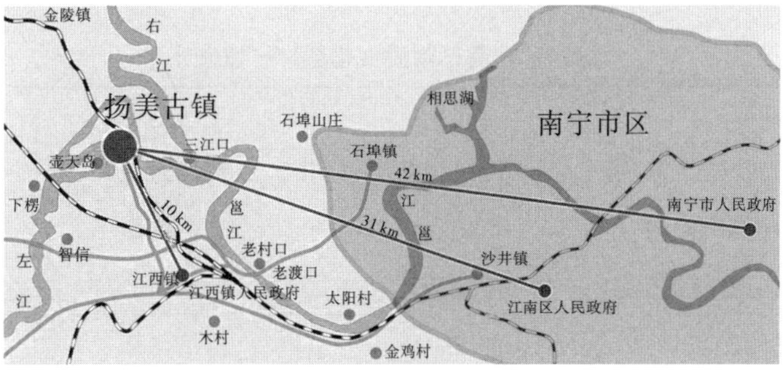

图 1 扬美村位置示意图

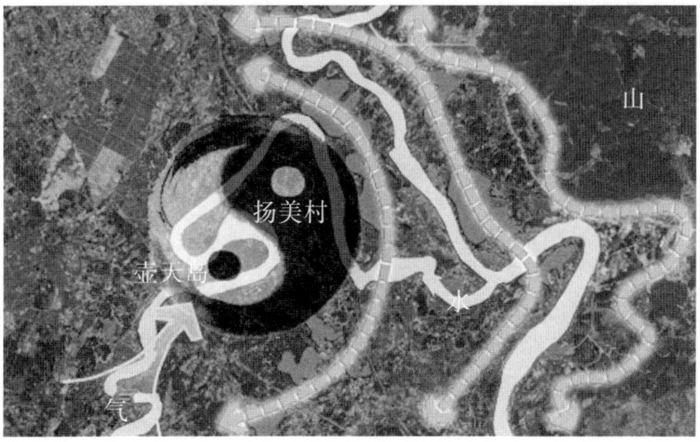

图 2 扬美村选址特色示意图

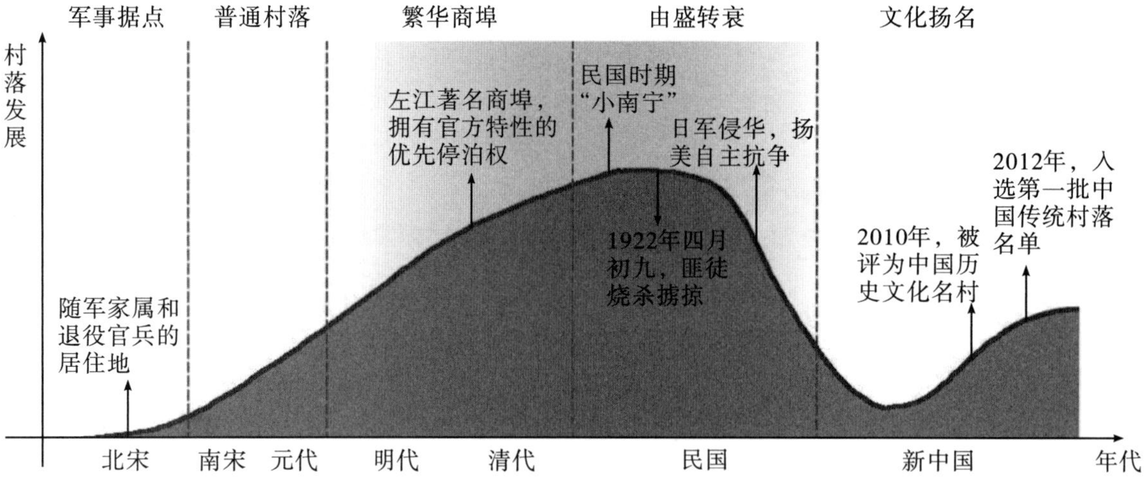

图 3　扬美村历史变迁示意图

1.2　扬美村非物质文化的类型

扬美村始建于宋代，至今已有上千年历史，由中原迁徙而来的军人和随军家属带来的中原文化和当地的岭南文化相互融合，并随着时间的推移，形成了一系列丰富的非物质文化。其中，扬美豆豉制作工艺、扬美沙糕制作技艺、扬美梅菜制作技艺、扬美龙舟上水节和扬美老人节已被评定为非物质文化遗产（表 1）。

表 1　扬美非物质文化遗产一览表

序号	名称	类别	级别	批次
1	扬美豆豉制作工艺	传统技艺	自治区级	第三批（2010 年）
2	扬美沙糕制作技艺	传统技艺	自治区级	第四批（2012 年）
3	扬美梅菜制作技艺	传统技艺	市级	第四批（2012 年）
4	扬美龙舟上水节	民俗	自治区级	第五批（2014 年）
5	扬美老人节	民俗	市级	第八批（2019 年）

资料来源：根据《南宁市江南区历史文化名村保护规划（2020—2035）》整理绘制。

本文参考《中华人民共和国非物质文化遗产法》中对非物质文化遗产的分类，以及国家级非物质文化遗产项目名录的分类，将扬美村的非物质文化归纳为民间文学、传统音乐、传统戏剧、传统体育、游艺与杂技、传统技艺和民俗 6 种类型（表 2）。

表 2　扬美非物质文化分类表

序号	类型	非物质文化内容
1	民间文学	梁烈亚、杜元春、梁德显、黄少均、黄悦卿等历史人物的故事，五叠堂、杜家坊、南北货、万丰烟丝行等老商号的故事，平话
2	传统音乐	扬美古乐

续表

序号	类型	非物质文化内容
3	传统戏剧	唱春牛、师公戏、扬美粤剧
4	传统体育、游艺与杂技	抢花炮
5	传统技艺	扬美豆豉制作工艺、扬美梅菜制作技艺、扬美沙糕制作技艺、做“香包”
6	民俗	扬美龙舟上水节、扬美老人节、三月初三伐龙舟、四月初八菩萨出游、五月初五爬龙船、乞巧节、升花、地方美食（冰镇杨桃叉烧、山黄皮焖豆豉、梅子蒸骨鱼、杨梅酒、木瓜丁、酸菜等）

资料来源：根据《南宁市江南区历史文化名村保护规划（2020—2035）》整理绘制。

1.3 扬美村非物质文化的特征

1.3.1 农耕与商贸并存

作为一个历史文化名村和传统村落，扬美村天然具有十分浓厚的农耕文化色彩。从中原迁徙而来的先民在扬美村拓荒垦殖，繁衍生息，流传至今的非物质文化与农耕文明有着密切的关系。比如《唱春牛》的歌词内容主要与12个月的农事相关，反映的是古代以“农”为本的村民对美好生活的追求；梅菜、沙糕等传统技艺和地方美食的原材料也离不开扬美当地种植的农产品。而在明清时期，扬美村因水运之便，成为一处繁华的商埠，兴盛数百年，村内店铺林立、商贾辐辏。虽然时过境迁，扬美村内目前仍在营业的老商号仅余杜家坊一家，但五叠堂、南北货、万丰烟丝行等老商号的故事作为当年繁华商埠历史的证据，在村民当中口口相传。

1.3.2 智育与德育并存

明清时期与扬美的商贸同样耀眼的，还有频繁出现的举人、贡生、廪生，他们流传下来的故事激励着扬美学子要读书上进，修业明理。其中，“两科解元”梁显德曾在魁星楼上留下一块写着“文明”二字的横匾。这座保佑村里读书人考取功名的魁星楼至今仍屹立在扬美希望小学内。扬美人在推崇学知识、学文化的同时，也十分注重爱国、尊老等方面的德育。比如清代举人杜元春曾参加“公车上书”活动，梁烈亚积极参与辛亥革命，并在中华人民共和国成立后整理出版辛亥革命相关的历史资料，两位历史人物都是爱国的典范；至于尊老的习俗，可以追溯到明代，扬美的村民感恩老人们对村里的贡献，在每年的农历五月初一，由村里集体出资，为老人添置新衣或举办宴请活动，习俗流传至今，即为“扬美老人节”。智育与德育并存的非物质文化，引导村民不仅要学知识，还要学做人，要成为有理想、有道德、有文化的人。

1.3.3 节庆与日常并存

从表2可以看出，扬美村有许多节日，除这些节日之外，其他的非物质文化也有不少与节庆相关，如抢花炮是每年农历正月十五元宵节举行的传统健身娱乐活动；做“香包”是每年五月初五用于驱邪避鬼、保佑身体健康的；升花是在婚典次日进行的仪式，祝福新人夫妻恩爱、早生贵子；师公戏是驱鬼除妖、祈求丰收的一种传统戏剧。扬美粤剧最有本土特色的节目是扬美民俗婚礼。同时，扬美不乏渗透到日常中的非物质文化，如扬美的方言平话，是由中原迁徙而来的先民带来的方言，受壮语、粤语、南宁白话的影响后形成的当地语言；还有当地村民日常食用的冰镇杨桃叉烧、山黄皮焖豆豉、梅子蒸骨鱼、杨梅酒、木瓜丁、酸菜等菜肴和特产。

2 扬美村非物质文化承载空间现状存在问题

2009 年 5 月，《广西南宁市扬美古镇保护与发展规划》批复实施后，广西壮族自治区、南宁市、江南区三级政府根据规划对扬美开展了一系列的保护与整治措施，取得了一定的成效，如文物保护单位得到保护修缮，部分基础设施得到改造提升，人居环境得到改善等。但在扬美村保护与整治的过程中，侧重对物质空间的保护与整治，未能将物质空间的保护与整治和非物质文化保护结合起来，使得非物质文化承载空间出现一些问题。

2.1 部分非物质文化缺乏承载空间

非物质文化遗产的保护实践是与物质空间载体紧密相连的。但由于在物质空间的保护与整治中，缺少对非物质文化的考虑，致使一些非物质文化缺少承载空间，面临逐渐被遗忘的趋势。以传统技艺为例，扬美“三宝”——豆豉、沙糕、梅菜是扬美的特产，豆豉、沙糕制作技艺被列为自治区级非物质文化遗产，梅菜制作技艺被列为市级非物质文化遗产。扬美村内，“三宝”制作技艺的承载空间主要为村内的商业空间，即三角集市开设的特产店铺。虽然“三宝”技艺都各有一处传统作坊，但基本不对外开放，大部分村民和游客只能购买“三宝”，而无法参与或体验“三宝”的制作过程，对“三宝”制作技艺的认知自然大打折扣。长此以往，既难以保障“三宝”制作技艺的传承，也难以发挥其文化价值提升扬美的吸引力。

2.2 部分非物质文化承载空间闲置

在过去十多年的保护与整治中，扬美村内的文物保护单位及许多传统风貌建筑都得到了较好的保护和修缮，其中，无人居住的文物保护单位或传统风貌建筑可以作为非物质文化的承载空间。但笔者在扬美村实地调研中发现，举人屋、明代民居、清代民居、黄氏庄园及一些传统风貌建筑目前处于闲置状态，有的甚至大门紧锁，无法入内参观（图 4 至图 6）。承载空间的闲置，一方面，减少了非物质文化可以依存的空间，不利于非物质文化的传承；另一方面，闲置使得承载空间没有活化利用，又由于无人居住，使得其持续维护的资金多由财政支出，对财政造成一定的负担，也不利于承载空间的可持续发展。

图 4 明代民居

图 5 清代民居

图 6 黄氏庄园

2.3 部分非物质文化承载空间被其他功能蚕食

除建筑空间以外，扬美村内还有不少街巷空间、绿地空间、开敞空间可以作为非物质文化的承载空间，但是部分空间目前有被其他功能蚕食的迹象，使其承载非物质文化的能力减弱。其中，最为突出的是被交通功能蚕食，如扬美村内的振兴街、解放街、临江街为历史上的商业街。这些街道现状人车混行（图 7），游客、村民缺乏安全的步行空间，较难将这些街道承载的商业文化反映出来，目前仅有金马街（原解放街）和临江街的局部由于有阶梯，形成了历史氛围较浓厚的商业街道。又如扬美村内的文化广场应作为传统音乐、传统戏剧、民俗等承载空间，却由于新建的公共停车场位于扬美村的外围，使得文化广场这一村内较大的开敞空间，目前成为村民和游客的停车场（图 8），非物质文化承载功能大打折扣。

图 7　人车混行的道路

图 8　被占用的文化广场

3　扬美村非物质文化承载空间的保护与发展路径探索

非物质文化的承载空间可以是一个小品、一个构件、一个构筑物，也可以是一栋建筑、一个广场、一片农田等物质空间。当这些空间与非物质文化结合，能够凝聚或浓缩某个特定地方的历史、文化、生产或生活方式，值得保留和传承，并可以与更广泛的人和地区共享，就成为非物质文化承载空间。保护好这些承载空间，并通过非物质文化在承载空间中活化利用，推进村落的发展，在非物质文化与承载空间之间形成良性互促，能够更好地传承、延续非物质文化。

3.1　保护村落空间格局，延续具有农耕与商贸特征非物质文化的功能布局

3.1.1　保护农业耕种空间，为具有农耕特征的非物质文化提供保障

扬美村自出现以来，其建设主要集中在村庄中部、左江沿岸，左江及周边的农用地将建设用地包围其中。周边的农用地包括了耕地、园地、林地等，扬美沙糕制作技艺的原料香糯、扬美梅菜制作技艺的原料芥菜以及地方美食的原料杨桃、木瓜、山黄皮等，都从周边的农用地中产出。近年来，随着扬美村的发展，扬美村建设用地周边的农用地，即农业耕种空间，受到了一定的威胁。一方面，一些农业耕种空间被村民无序建设的农房占用；另一方面，扬美村的旅游发展带来垃圾、污水量的增加，带来污染防治压力。扬美村应通过编制“多规合一”的实用性村庄规划，合理划定村庄建设边界，规范村民的建设选址。同时，还应在村内建设足够的污水处理设施和垃圾收集设施，污水处理达标后方能排放，垃圾要及时收集转运，避免周边农用地被污染，切实保障农业耕种空间的规模、质量，进而保障具有农耕特征的非物质文化原料的产出。

3.1.2　保护历史商业骨架，为具有商贸特征的非物质文化明确布局

扬美村在明清时期，商贸繁盛。《扬美村志》记载，对擅长做生意的扬美人来说，“八”就是“发”，因此在扬美村内有八大街。而这八大街中，振兴街、解放街、临江街是商业街道，集中在村庄南面；中山街、永安街、和平街、新民街、共和街两侧以居住为主，集中在村庄北面，

大体上形成南商北居的布局。现状仅余金马街（原解放街）和临江街的局部布局了小商铺、民宿、餐馆。扬美村可结合历史上的商业布局，在金马街、临江街、振兴街所在的南部区域，植入五叠堂、杜家坊、南北货、万丰烟丝行等老商号的故事。同时，在这一区域增加豆豉、梅菜、沙糕等制作技艺体验场所，扩大非物质文化的承载空间。此外，结合人民群众对美好生活的向往，在金马街、临江街、振兴街沿线除布局民宿、餐饮、老商号外，还可增加酒吧、小吃店、茶坊、国潮坊等业态。如此，既保护延续了扬美历史上的商业骨架，又通过商号故事、体验场所、商业类型的丰富，提高了扬美对游客的吸引力。

3.2 活化村落传统建筑，拓展具有智育与德育特征非物质文化的教育范围

3.2.1 活化村内闲置建筑，拓展具有智育和德育特征的非物质文化的教育深度

前文提到，扬美村内的举人屋、明代民居、清代民居、黄氏庄园以及一些传统风貌建筑目前处于闲置的状态。这些建筑基本都得到了修缮，建筑质量较好，其闲置是对历史文化资源的浪费。以举人屋为例，举人屋是清代举人杜元春的住宅，大门之上悬挂着其被授予的“举人”牌匾，建筑整体为三进二天井，具有一定的空间；门前有巷子与扬美村较热闹的临江街连通，可进入性较好；且其近街不临街，较为安静，可以作为民间文学（杜元春历史人物故事）的载体（图 9、图 10）。一方面，可以在举人屋中采取静态展示的方式，介绍杜元春的故事；另一方面，可以从杜元春的故事进行延伸，丰富教育的内容。杜元春先是考取了廪生，后才考取举人，可在举人屋内采取视频播放的形式，向游客和村民科普清代科举考试制度；杜元春还在清末的“公车上书”中题名，参加了广西举人的上书活动，反对清政府签订《马关条约》，可在举人屋内采用虚拟数字技术，让游客和村民可以身临其境地体验历史上那场热血沸腾的上书活动。

图 9　举人屋

图 10　举人屋门前的巷子

3.2.2 加入区域研学网络，拓展具有智育和德育特征的非物质文化的教育广度

2023 年 4 月，南宁市教育局印发《关于进一步加强南宁市中小学生研学实践教育活动的通知》，提出要积极推动在全区、全市范围内开展跨区域研学活动。根据《南宁市中小学研学实践教育基地评定标准》，南宁市中小学研学实践教育基地应满足教育资源、运行环境、课程设置、研学线路等指标要求。扬美村距离南宁市中心约 1 小时的车程，村内已通过整治具备一定的基础设施和良好的人居环境，基本能满足运行环境的指标要求。但是扬美村目前仅有 1 处红色教育基地——魁星楼和 1 处爱国主义教育基地——梁烈亚故居，教育资源偏少，不利于课程设置

和打造研学路线。因此，扬美村可以通过前文提到的，如开设老商号、增加扬美“三宝”制作技艺体验场所、活化村内闲置建筑，从非遗传承、红色革命、滨水溯源等方面，丰富可用于开展研学的空间，形成多个主题的研学路线，助推扬美村成为南宁市中小学研学实践教育基地之一，参与到区域研学网络中，让扬美具有智育和德育特征的非物质文化激励更多学子，也让更多的人认识扬美，保护扬美。

3.3 活用村落公共空间，增加具有节庆与日常特征非物质文化的实体空间

3.3.1 灵活使用公共空间，保障具有节庆特征的非物质文化有实体空间展示出来

扬美村具有节庆特征的非物质文化大多需要有空旷的平地或公共空间承载。例如，农历正月初一至十五的《唱春牛》表演，需要在空旷的平地上且唱且舞；农历正月十五的抢花炮活动，活动过程中存在地炮爆炸的环节，从安全的角度考虑，也需要在空旷的平地上进行；扬美粤剧最有本土特色的节目是扬美民俗婚礼，需要有公共空间向游客展示表演。而从前文分析可知，扬美村部分公共空间被其他功能蚕食，其中以交通功能为最。以文化广场为例，其经过整治，已建设戏台，场地平整，目前村民和游客将其作为停车场使用。文化广场位于扬美村核心保护范围内，紧邻金马街、五叠堂、梁烈亚故居。扬美村可通过交通管制措施，保障文化广场承载非物质文化功能的使用。可规定扬美村核心保护范围内的永安街、共和街、金马街和临江街为定时全步行街巷，每天凌晨 5：00 至晚上 12：00，除紧急情况（如公安、消防、救护、抢险等）外，禁止机动车通行。这样，在禁止机动车通行的时段，文化广场可以作为非物质文化表演的场地。而到了晚上，基本无表演需求，文化广场又可以作为临时停车场解决部分村民停车需求。

3.3.2 提取符号融入空间，引导具有日常特征的非物质文化在实体空间表达出来

扬美村具有日常特征的非物质文化，因为是渗透到日常中的非物质文化，反而较难在空间中具象地表达出来。这些具有日常特征的非物质文化对于村民来说，是无时无刻不存在的，但对游客来说则较难感知，如平话，游客无法直接从对话中听懂平话；如冰镇杨桃叉烧、山黄皮焖豆豉、梅子蒸骨鱼等特色菜肴，游客需要到餐馆中方可体验。为了让具有日常特征的非物质文化更易于传承、传播，扬美村可以通过符号提取的方式，将具有日常特征的非物质文化融入村内的承载空间中，让承载空间具有某种直观的特征并折射出空间承载的非物质文化。以平话为例，村庄内的景点介绍、历史介绍、地名指示牌等，可以在中英文的基础上，增加平话读音的标注，让游客可以在游玩中通过看、读的方式接触平话。另外还有扬美的特色菜肴，可以提取杨桃、木瓜、山黄皮等符号，设计公共空间中的小品、建筑的装饰、售卖的纪念品等，让游客在村内游玩的时候无需特意进入餐馆，也能感受到扬美地方美食的文化。

4 结语

我国传统村落通常具有丰富的非物质文化，对促进传统村落经济发展、提高人们生活水平及丰富人们的精神文化世界具有重要作用。非物质文化需要承载空间，两者紧密联系，应作为一个有机整体进行保护，保护好承载空间，才能更好地弘扬、延续非物质文化。本文通过对扬美村非物质文化的特征及其承载空间现状存在问题进行梳理，进而对扬美村非物质文化的承载空间提出了保护与发展路径。但传统村落非物质文化的保护与传承是一项复杂的、综合的系统性工程，并不是单靠保护和发展好非物质文化承载空间就可以完成的，仍需要解决资金不足、后继乏人、粗放式开发、建设性破坏等问题，需要国家、地方政府、社会团体及村民多方协作，这些都还有待进一步深入研究。

［参考文献］
［1］周小玲，刘淑兰．文化自信视域下福建传统村落文化的保护与传承［J］．石家庄铁道大学学报（社会科学版），2017，11（4）：35-40，45．
［2］李云燕，赵万民，杨光．基于文化基因理念的历史文化街区保护方法探索：重庆寸滩历史文化街区为例［J］．城市发展研究，2018，25（8）：83-92，100．
［3］林源，孟玉．《华盛顿宪章》的终结与新生：《关于历史城市、城镇和城区的维护与管理的瓦莱塔原则》解读［J］．城市规划，2016，40（3）：46-50．
［4］史小建．非物质文化遗产在美丽乡村建设中的积极作用［J］．江西农业，2017（5）：116-117．
［5］广西壮族自治区南宁市江南区江西镇扬美村志编纂委员会．扬美村志［M］．北京：方志出版社，2017．
［6］潘顺安．岭南商贸型古村落地理环境解析：以广西扬美古镇为例［J］．广西教育学院学报，2013（6）：20-24．
［7］顾大治，王彬，黄雨萌，等．基于非物质文化遗产活化的传统村落保护与更新研究：以安徽绩溪县湖村为例［J］．西部人居环境学刊，2018，33（2）：100-105．
［8］黄怡，吴长福，谢振宇．城市更新中地方文化资本的激活：以山东省滕州市接官巷历史街区更新改造规划为例［J］．城市规划学刊，2015（2）：110-118．
［9］王元元．非物质文化遗产传承方法研究［J］．民族艺术研究，2013，26（3）：27-31，37．
［10］梁步青，肖大威．传统村落非物质文化承载空间保护研究［J］．南方建筑，2016（3）：90-94．

［作者简介］
黄慧妍，高级工程师，注册城乡规划师，咨询工程师（投资），就职于华蓝设计（集团）有限公司国土空间规划院规划研究所。
钟月红，高级工程师，广西交通设计集团有限公司城乡规划景观设计院副总工程师。
李思静，工程师，就职于华蓝设计（集团）有限公司国土空间规划院规划研究所。
农亿葳，工程师，就职于华蓝设计（集团）有限公司国土空间规划院规划研究所。
陈树琛，助理工程师，就职于华蓝设计（集团）有限公司国土空间规划院规划研究所。

基于特色产业的乡村营建与更新提升实践

——以重庆荣昌陶产业与通安村为例

□王芝茹

摘要：重庆荣昌陶为“中国四大名陶”之一，发源地位于今荣昌区安富街道的通安村一带，历来以“极具生活气息”的陶器驰名。本文就近年来安富地区围绕荣昌陶产业开展的一系列乡村更新活动进行研究，以规划统筹、策划先行为整体思路，以产业兴旺、空间优化、环境提升、共治共享为目标，通过特色产业引领与多产业并举、保护与利用兼顾、文化导向与科技赋能、场景重塑与产业激活四个方面的更新策略，打通以特色产业为引领的乡村产业发展，加速推动乡村营建与更新提升，并最终实现乡村全面振兴的实践路径。

关键词：特色产业；荣昌陶；乡村更新；文化传承；场景重塑

0 引言

习近平总书记在党的十九大报告中正式提出实施乡村振兴战略，并将“产业兴旺、生态宜居、乡风文明、治理有效、生活富裕”作为乡村振兴战略的总要求。在党的二十大报告中，习近平总书记进一步指出，要“加快建设农业强国，扎实推动乡村产业、人才、文化、生活、组织振兴”，产业振兴是乡村振兴的重中之重，“乡村振兴，关键是产业要振兴”“发展乡村特色产业，拓宽农民增收致富渠道”。习近平总书记还强调：“发展特色产业是实现乡村振兴的一条重要途径，要着力做好‘土特产’文章，以产业振兴促进乡村全面振兴。”

全面推进乡村产业振兴，既是广大农村居民实现美好生活的科学路径，也是实现我国城乡融合高质量发展的必然选择，对缩小城乡差距，加速解决城乡资源配置不均衡不充分的问题，进而推动实现共同富裕具有重要的现实意义。因此，全国各地都在根据自身拥有的资源禀赋，探索符合自身特点的振兴之路。其中，区域特色产业因具有相应资源依托和产业基础而成为发展地方经济的重要支撑。

重庆市荣昌区的荣昌陶产业历史悠久，与江苏宜兴紫砂陶、云南建水紫陶和广西钦州坭兴陶一起，合称“中国四大名陶”，荣昌安富与江苏宜兴、广东佛山石湾齐名为“中国三大陶都”。近年荣昌区政府高度重视制陶业发展，将制陶业定位为荣昌的支柱产业，着力培育“陶瓷”等七大百亿级产业集群，实施创新驱动发展战略，推进陶文化与现代产业融合。2019 年 11 月 29 日至 12 月 1 日，荣昌区召开了重庆“一带一路”国际陶瓷论坛。

安富地区（即今荣昌区安富街道通安村一带）是荣昌陶的主要发源地。在国家乡村振兴战略提出后，通安村立足特色陶产业，通过规划统筹与策划先行，开展了一系列乡村更新提升实践，使得通安村的乡村风貌、乡村治理、乡村业态等方面都发生了较大转变与提升。

1 围绕特色产业展开的乡村营建与更新提升思路

1.1 特色产业理论

特色产业理论是区域经济学的核心理论之一，它强调在一定区域内，依托当地特有的资源和优势，发展具有特色、竞争力强的产业，促进区域经济的发展。特色产业理论的核心思想是：依托当地资源与优势，包括自然资源、人力资源、技术资源与政策优势、地理位置优势、人才优势等，发展具有特色和竞争力强的产业，并通过产业集聚，形成规模效应和产业链效应；注重产业创新和升级，通过技术创新、管理创新、品牌创新等手段，提高产业的附加值和竞争力；注重生态环境的保护和资源的可持续利用，实现经济发展与环境保护的良性循环。

1.2 找准特色产业发展定位

以特色产业高质量发展推进乡村振兴，就需要挖掘和打造乡村特色品牌，形成核心竞争力。乡村特色产业的发展离不开特色品牌的打造，要把重点产业做大做强，形成品牌效应，使乡村特色产品具备强有力的核心竞争力，以强劲的势头促进乡村全面振兴。品牌产品重在同其他产品的差异性，这种差异性可以减轻同其他农产品的同质化竞争压力，继而形成独特的品牌价值，促进整个产业的发展兴旺。在重点产业的引领下，特色品牌逐渐建立并增多起来，在市场上焕发生机和活力。大力推进乡村产品品牌建设，对提高农民收入和实施乡村振兴战略具有重要意义。

1.3 梳理特色空间体系结构

乡村空间主要有耕地、居住用地、生产用地三种类型，其中居住用地包括自留地、宅基地、农舍等，生产用地包括农田、果园、林地、草地、水塘等。乡村空间布局中需要考虑环境保护、资源利用和经济效益等因素，通过调整土地利用结构和空间布局，最大限度上实现土地精细利用和生态经济协调发展。通过梳理乡村特色空间结构与优化乡村空间布局，可以推动乡村产业结构的转型升级对接市场需求，促进村民增收致富和乡村经济的全面发展。尤其在乡村文旅产业发展迅速的当前，充分挖掘地方文化特色和自然资源优势，打造独具特色的文化旅游产品，吸引更多外来游客前来旅游观光和消费体验，是实现乡村产业兴旺的重要途径。

1.4 重塑特色场景内容模式

挖掘和整合本地文化资源，涵盖地域特色、历史传统、民俗技艺和文化元素等，塑造具有独特魅力的场景内容。注重场景的空间规划和设计，通过合理的空间布局和创新的设计手法，营造出富有层次感和动态感的氛围场所，同时还要注重场景的实用性和舒适性，确保受众能够在其中获得良好的体验，通过科技手段、艺术装置或活动策划等方式，搭建沉浸式互动体验场景，增加观众与场景的互动性和参与度。持续进行场景内容的更新和优化，根据市场反馈和受众需求的变化，及时调整和更新场景内容，保持其新鲜感和竞争力。

2 荣昌陶产业与通安村现状

2.1 历史沿革

荣昌陶可追溯的历史大约在汉代，距今已有 2000 多年的历史。20 世纪 90 年代，在安富地区通安村刘家拱桥一带发现的瓷窑里遗址就是荣昌陶重要的生产场址，对其进行考古勘探和发掘后发现瓷窑场 7 处（石朝门、桂花屋基、堰口屋基、罗汉坟等窑址主烧黑瓷，石角嘴、窑山坡等窑址主烧白瓷，小山坡窑址两者兼烧）、宋代窑炉 12 座。经研究表明，瓷窑里遗址创烧时间不早于北宋晚期，兴盛于南宋，到元代基本停烧，遗址文化堆积厚，保存好，内涵丰富，是北宋晚期宋金战争背景下制瓷业技术南移的产物，是两宋时期川渝窑业遗存的典型代表。它是渝西地区目前发现的规模最大、保存最好的宋代制瓷业遗址，对建立、完善重庆地区陶瓷产品数据库，丰富荣昌陶都内涵，探索重庆地区乃至四川盆地制瓷及窑业技术传播路径以及研究渝西地区宋代手工业及社会经济形态、商贸、交通、文化交流都有着重要的意义。

2.2 荣昌陶产业现状

“安富场，五里长，瓷窑里，烧酒坊，泥精壶壶排成行，烧酒滴滴巷子香……”这是安富老街流传多年的民谣。一直以来，荣昌陶以生产日用陶为主，尤以西南地区的泡菜坛为代表，产品遍布川渝地区，成为人们日常生活的必需品。这一特点使得荣昌陶较好地融入人们的生活，也为荣昌陶文化的传承与发展奠定了良好的基础。2011 年，“荣昌陶制作技艺”入选第三批国家级非物质文化遗产保护名录，获评重庆市首届“巴渝十二品”。2014 年，“荣昌陶器”注册为地理标志商标，获“重庆新名片十强”。现代荣昌陶产业发展蓬勃，安富街道依托陶产业，在通安村南部建立了安陶小镇——2018 年被认定为“重庆市研学旅行示范基地”，2019 年成功入选“首批重庆市非遗特色小镇”。安陶小镇以陶文化为主，集合了酒文化、兰草文化、抗战文化、移民文化等内容，建设有陶宝古街、荣昌陶博物馆、荣昌区示范性综合实践基地等，丰富了荣昌陶文化的人文内涵，也成为带动地方经济发展的急先锋。

2.3 通安村村庄现状

通安村在近年城镇化的进程中受到较大冲击，整体村庄因成渝铁路的修建，南侧已经有三分之一的土地被收储，农业产业链发展受挫，村内传统文化与风貌日渐衰落。如何保护传统陶艺文化与乡村特色风貌，发展创新创意产业，继续发展农业特色产业，形成特色产业链延伸提质，与陶产业形成融合发展，形成“乡村＋”多产业模式，进而推动通安村乡村空间布局更新与提升，是当前面临的首要问题。

3 基于陶艺产业的通安村营建与更新实践路径

3.1 特色产业引领与多产业并举：引领乡村产业布局与完善乡村空间结构的统筹落位规划

以安富街道现有的安陶小镇为引领，完善小镇的配套服务设施与业态，通安村内的陶艺产业作为重要补充，与瓷窑里遗址共同打造陶艺文化特色产业；以通安村内现有规模化的果蔬种植与养殖业作为第二梯队，深耕农产品加工，提升农产品附加价值，坚持生态环境优先，发展景观农业；以川渝地区地势地形的先天优势，布局乡村旅游产业，布局非遗体验、休闲观光、研学教育等内容，进一步优化乡村产业的梯队空间布局（图 1）。

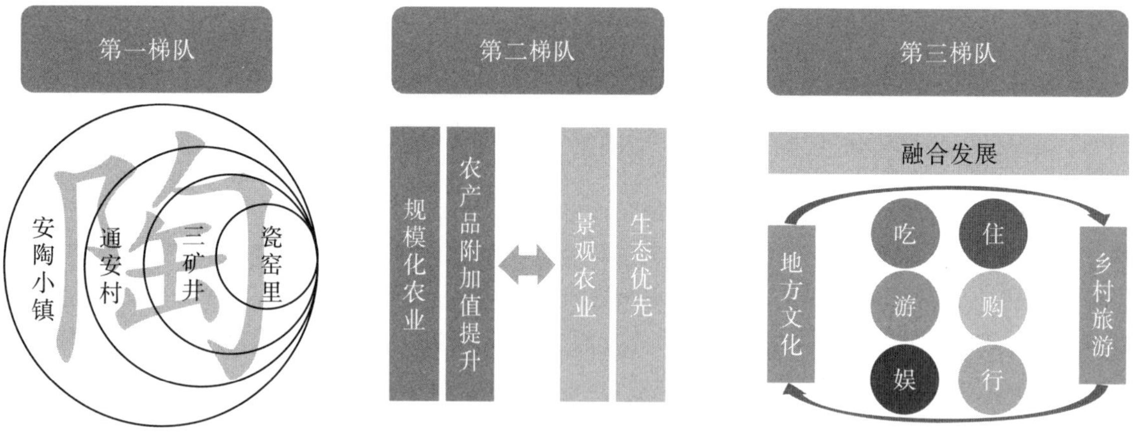

图 1　三种梯队的产业布局

3.2　保护第一与有效利用：保护遗址本体及背景环境，衔接现代乡村需求的利用更新策略

对位于村庄北部的瓷窑里遗址进行整体保护，全方位阐释与展示瓷窑里遗址所承载的价值内涵，严格按照文物保护规划保护区划的管理要求执行，既要保护遗址本体，也要保护遗址所依存的历史背景环境。

建设瓷窑里考古遗址公园，并结合所在区域的周边环境，配套建设乡村口袋公园、乡村特色景观节点，与考古遗址公园形成互相补充的关系，既可以增强遗址展示的互动性与参与性，以开放空间的形式让公众可以近距离参观遗址、感受历史，还为在地村民提供更为多样多层次的休憩场所，增进彼此情感，丰富日常生活，同时在外来游人和在地村民之间形成互动凝视，进一步为乡村活力提供来源与动力。

同时，建设国家级非物质文化遗产馆，加强数字化档案建设；将荣昌陶艺文化进行数字化保存，与其他非物质文化遗产对接，为公众提供一个更便捷全面的了解传统文化的数字平台。

3.3　文化导向与科技赋能：以传承历史价值与地方文化特色为目标的内容业态策划

三矿井片区位于村庄中部，属于原重庆市永荣矿务局组建的重庆永荣矿业有限公司，始建于 1958 年，曾经是国内乡镇企业繁荣发展的典型见证；如今，因停用废弃导致多数地面建筑坍塌，仅存 3 处小青瓦双坡屋顶的砖砌平房，另外仅存 1 处红色煤矸石砖墙保存较为完整。

3.3.1　规划统筹

从三矿井片区的历史文化价值研究入手，总结归纳出“陶艺新潮、文创新业、建筑新像”三大文化内涵。通过传承与创新荣昌陶产业文化基因，围绕“陶艺新潮”“陶园新宿”“陶业复兴”3 个文化符号，以现代新潮商业为契入点，打造以文艺先锋为引领的沉浸体验式乡创文旅片区，构建以数字技术、文化博览、传统非遗、演艺展示、人才引进为核心的复合型业态新体系。同时，改造村庄内的闲置建筑，引入陶艺大师、青年创客、艺术家等，形成较浓厚的陶艺创作氛围（图 2）。

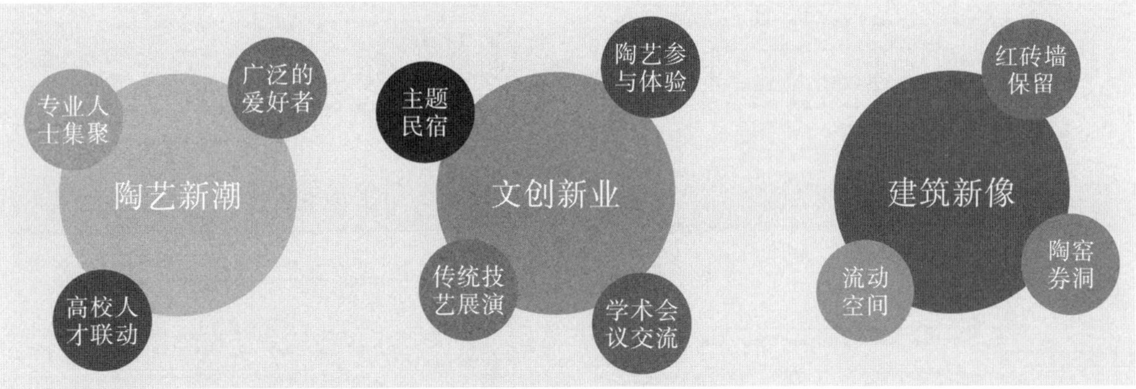

图 2　三矿井片区三大“新”内涵

3.3.2　策划活动

从技术与媒体融合入手，充分利用数字技术的科技优势，以微信公众号、短视频传播平台、直播互动平台，乃至虚拟现实技术等方式，建立线上陶艺文化社群，提供全新体验，吸引更多爱好者和消费者参与，如制陶工艺直播、陶泥音乐节、陶乐火锅节等。紧抓乡村文旅产业链的延伸契机，开发陶艺全新体验项目，举办国际化视野的陶艺交流与学术活动，建设中国名陶交易中心，进一步提升荣昌陶的品牌影响力和关注度。

3.3.3　建筑形象

树立建筑形象应从地方特色入手，三矿井片区将具有时代印记的旧厂房建筑局部——红色煤矸石砖山墙作为标志性部分予以保留（图 3），废弃厂房通过拆除与织补使得空间获得新生，植入新的场景与新的功能相适应，新建部分的建筑同时考虑绿色低碳、功能齐备、结构安全、形象完整与美观。考虑未来空间需求的多样性，改造后的建筑空间保持较大的流动性，适应不同需求的空间布局（图 4）。外立面延续建筑既有的色彩和肌理，在保留部分现状墙体的情况下引入陶窑的券洞形式，历史与现代在此处有了新的融合表现，形成极具地方特色的建筑形象（图 5、图 6）。

图 3　红色煤矸石砖墙保存现状（李青儒　供图）

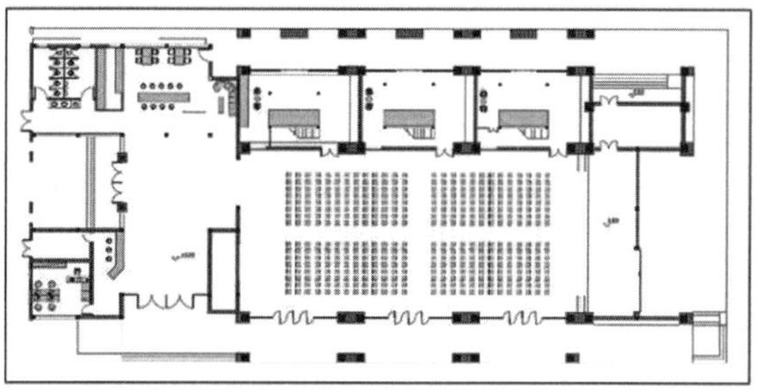

大型会议——450人

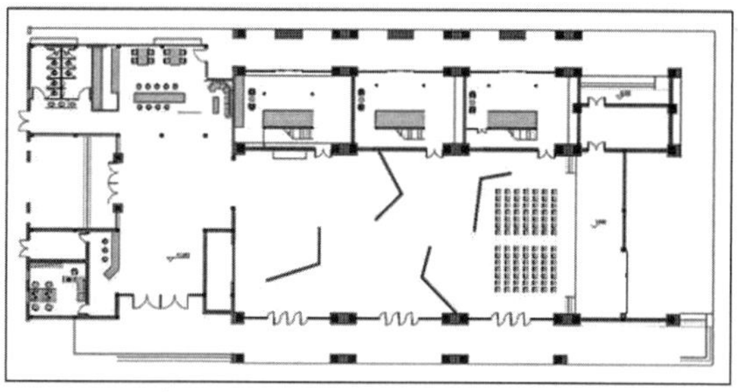

展示和研讨会议

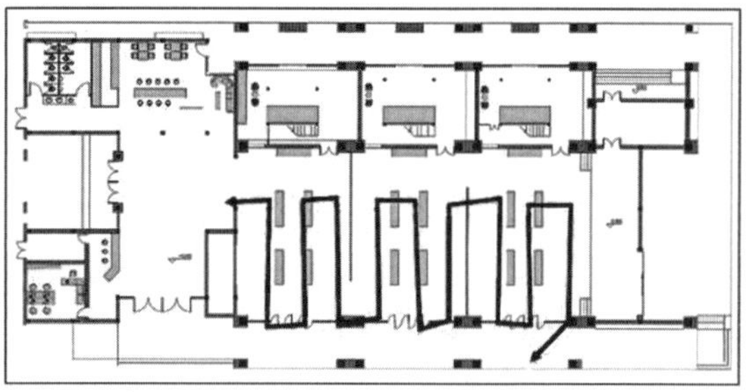

展示和培训

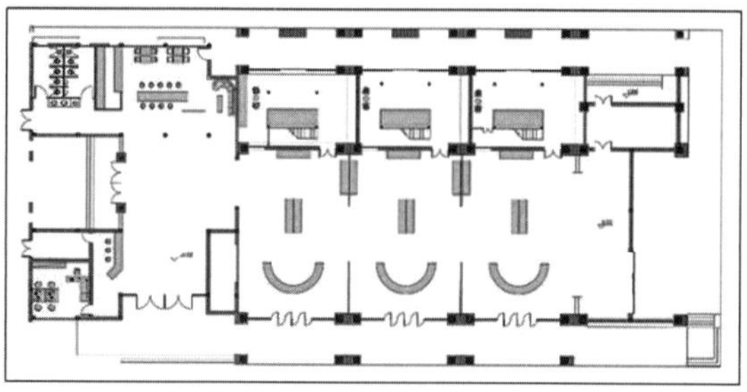

展示和培训

图4　三矿井片区展示空间流动性适应不同需求平面布置（范秉乾　供图）

图5　荣昌地区现存窑址（王恒　供图）

图6 三矿井片区改造建成初期外景（范秉乾 供图）

3.3.4 外围景观

考虑灾害避险场所和大型活动疏散的需求，整体设计以硬质铺装为主，适当种植高大景观乔木点缀外部景观；同时又以局部细节设施的巧妙处理，如在转折、高差处融入陶艺元素，实现技术与艺术的结合，并与建筑形成呼应，烘托建筑形象，实现三矿井片区设计主题从内向外的延续。

3.4 场景重塑与产业激活：以市场需求培育升级为导向的沉浸式场景塑造

3.4.1 空间塑造

以场景打造、内容赋能为抓手，聚焦多元消费场景及创新经济，融合川渝乡村的原乡特色及院落建筑风格，为当地村民及新乡民的生活、休闲、娱乐及乡村文脉的延续创新创造新的场所。挖掘地方特色景观，形成“山水慢养、农田慢享、人文慢景、建筑慢居”的环游式渝西乡村景观空间。分类分要素开展整治行动，实现景观协调过渡。对基础杂乱环境进行清理，对道路、场地、植被、建筑和设施等景观要素进行细节整治，使得自然景观和人文景观互相协调；完善相关景观配套设施，以地方陶艺文化为元素，设计标识系统、夜景照明和景观小品等，提升乡村形象（图7、图8）。

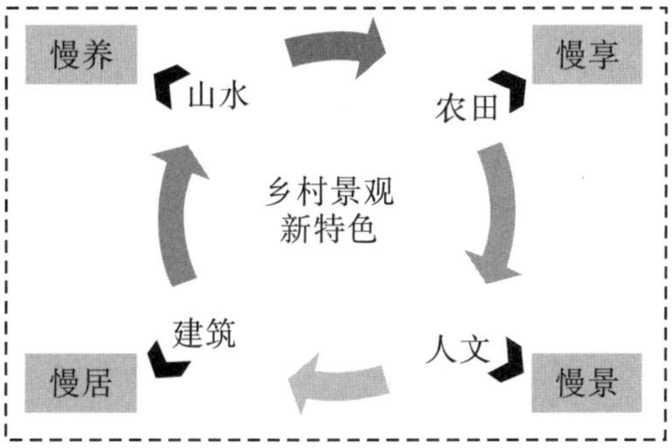

图7 景观特色空间主旨

图 8　陶艺景观小品

3.4.2　产业激活

以悠久的制陶历史为积淀，发展陶艺产业，并与乡土文化融合，研发新的创意产品，开辟新的市场。以陶艺主题创意民宿为例，扩大现有通安小栖的民宿接待能力，丰富客房类型和相关配套设施建设，从单人房、双人房到家庭房，分别建设不同的主题和风格，吸引不同诉求的外来游客；开展陶艺和泥塑的创作研究，结合绘画、雕塑专业的特色，吸引越来越多的陶艺家、艺术家、青年创客、中小学生等不同层次和类别的人群。同时，利用先天的浅平坝地形地势，以土地流转和规模化经营的方式发展乡村其他农业产业，在供给端尽可能挖掘乡村产业的“横向多样性”；而在需求端，则紧跟市场需求，培育升级新兴农业产业，深耕产业提升，赋能产品价值，更大程度发挥乡村产业的“纵向潜藏性”，最终实现乡村多产业融合发展。

3.4.3　艺术引入

利用艺术重现乡村魅力——将公共艺术引入乡村，与地方文化深度结合，让村民参与艺术作品的搭建、呈现，使他们能够亲历感受美、理解美、认知美的过程。将公共艺术作品置入乡村空间，如道旁、田间、民居、院落、三矿井创意片区，乃至瓷窑里遗址周边，通过“艺术”与“乡村”的碰撞激活乡村空间的灵魂，重塑乡村的文化自信与魅力（图 9）。

图 9　布境（王恒　供图）

4 实践成效与反馈

通安村随后引入运营公司于2021年在三矿井片区策划组织了“三矿井迎新大集”，活动包括婚书文化展、电影展演、围炉篝火、乡村音乐会和地方市集等，村民全程高度参与，提供自己与主题相关的物料，并与运营公司一起布置了活动现场。依靠特色产业发展带动的一系列乡村营建与更新实践较好地恢复和提升了村民对乡村的归属感及主人翁意识，为村内高效的管理运营和村民的共治共享提供了良好的开端。

5 结语

时至今日，荣昌陶艺的传承与发展，仍是地方产业发展重要的组成部分，以其为核心的产业集群在安富地区带动了区域的产业兴旺，促进了区域社会、经济、文化的繁荣发展。通安村身处在荣昌陶产业历史和现代发展的核心区域，陶艺产业的发展极大地带动了乡村的发展，乡村的空间布局、业态分布、人才回流、社会影响、文化繁荣都与其息息相关。

本文通过对通安村历史和现状的研究分析，明晰了以制陶产业为引领，多产业并举梳理村落空间功能；坚持保护遗址，注重文化与科技赋能，策划改造提升新业态；以市场需求培育升级进行场景塑造和产业激活的关键路径。最终以事件活动（如2021年三矿井迎新大集等）的触发进一步强化乡村营建和更新提升的成果，使得村民更加自觉自愿地融入乡村营建的过程，以更加积极的姿态参与乡村的治理建设。

另外，本文选取的研究对象通安村具有选择的特定性，当地有着悠久的陶艺产业发展历史，在现代仍有厂矿企业继续发展，地理区位和地区资源得天独厚，但需注意的是，并非所有乡村都有此产业发展优势可以依靠，未来乡村产业振兴仍需努力寻找实现路径，乡村生态、生产、生活的“三生”空间提升仍有较长的路要走。

［参考文献］

［1］马衍明，周树娅. 乡村振兴背景下区域特色产业的融合发展路径研究：以信阳毛尖茶产业为例［J］. 内蒙古农业大学学报（社会科学版），2024（1）：1-6.

［2］万东，王艺，侯玉龙. 环塔里木经济带特色产业赋能乡村振兴路径研究［J］. 智慧农业导刊，2024，4（7）：114-118.

［3］李显艳，翟波. 乡村振兴背景下的乡村特色产业发展困境与对策探析［J］. 当代农村财经，2024（4）：48-51.

［4］张静晓，李慧. 城市创新发展路径基于特色资源、空间结构、主导功能视角［J］. 工程管理学报，2012，26（3）：46-50.

［5］黄明珠，越剑，薛婧. 传统村落保护公众参与模式构建：以贵州云山屯遗产保护工作营为例［J］. 中国文化遗产，2023（5）：76-81.

［6］王洪领. 瓷窑里遗址［J］. 红岩春秋，2019（8）：81.

［7］王思文. 明清移民运动对荣昌陶设计的影响研究［J］. 陶瓷科学与艺术，2023，57（4）：44-45.

［8］潘晏，刘冰清. 荣昌陶文旅产业高质量发展的现实困境与对策研究［J］. 产业与科技论坛，2023，22（23）：29-35.

［9］盛春艳，罗立升，林静香. 数字经济背景下大湾区建陶产业创新发展研究［J］. 湖北经济学院学报（人文社会科学版），2023，20（12）：60-62.

[10] 温泉，蒋升望，唐伟君. 基于绿色建筑体系的川渝乡土建筑营造技术优化策略研究 [J]. 绿色建筑，2024，16 (2)：29-33，1.
[11] 侯梦伟. 从文化传承视角探析陶瓷在公共艺术设计中的应用 [J]. 陶瓷，2024 (3)：56-59.
[12] 吴承钧. 城市公共环境的视觉形象研究 [J]. 河南社会科学，2006 (5)：199-201.
[13] 王芝茹，王恒，李青儒. 新时代城郊型乡村规划与建设实践路径研究：以山西省沁源县河西村为例 [C] //中国城市规划学会. 面向高质量发展的空间治理：2021 中国城市规划年会论文集. 北京：中国建筑工业出版社，2021.
[14] 曹海林，石方军. 现代农村社区共同体精神的重塑与再造 [J]. 社会科学研究，2017 (6)：88-94.
[15] 贺雪峰. 论农村基层治理现代化 2.0 版 [J]. 理论月刊，2024 (1)：102-114.
[16] 闫文秀，李善峰. 新型农村社区共同体何以可能?：中国农村社区建设十年反思与展望 (2006—2016) [J]. 山东社会科学，2017 (12)：106-115.

[作者简介]

王芝茹，高级工程师，注册城乡规划师，就职于北大国土空间规划设计研究院（北京）有限责任公司。

大嵩山地区乡村旅游高质量发展的规划实践

□赵多芳，付志伟，刘蓓

摘要：乡村旅游是实现乡村振兴、推动乡村产业高质量发展的重要抓手之一。本文以河南省郑州市大嵩山地区为例，梳理乡村旅游资源情况，分析其文化底蕴深厚、乡村文旅产业融合不足、品牌未建、产品同质、散点发展、旅游用地与专业人才难以保障等方面的发展特点与问题，针对性提出顶层统筹、建设具有大嵩山地区文化特色的乡村旅游休闲度假目的地，品牌赋能、打造“嵩山老家”区域公用乡村旅游品牌，差异化策略、探索多种乡村旅游发展模式，交通支撑、助力乡村休闲度假目的地建设，政策探索、加强乡村旅游用地与人才保障等五项规划策略，以期助力大嵩山地区乡村旅游高质量发展，为都市圈周边乡村旅游的发展提供一定的借鉴与参考。

关键词：乡村旅游；高质量发展；规划实践；大嵩山地区

0 引言

党的二十大报告提出，全面推进乡村振兴，坚持农业农村优先发展。扎实推动乡村产业、人才、文化、生态、组织振兴，发展乡村特色产业，拓宽农民增收致富渠道。乡村振兴之重，在于产业振兴。以习近平同志为核心的党中央高度重视乡村旅游产业的发展，出台多个文件对乡村旅游产业进行指示，明确发展方向和行动指南。2021 年 11 月，国务院印发《“十四五”推进农业农村现代化规划》，提出构建现代乡村产业体系，优化乡村休闲旅游业。依托田园风光、绿水青山、村落建筑、乡土文化、民俗风情等资源优势，建设一批休闲农业重点县、休闲农业精品园区和乡村旅游重点村镇。推动农业与旅游、教育、康养等产业融合，发展田园养生、研学科普、农耕体验、休闲垂钓、民宿康养等休闲农业新业态。2021 年，农业农村部印发《关于拓展农业多种功能　促进乡村产业高质量发展的指导意见》，指出发挥乡村休闲旅游业在横向融合农文旅中的连接点作用，做精做优乡村休闲旅游业，推动乡村休闲旅游业高质量发展。2023 年，中共中央、国务院出台《关于做好 2023 年全面推进乡村振兴重点工作的意见》，指出培育乡村新产业新业态，实施文化产业赋能乡村振兴计划，实施乡村休闲旅游精品工程，推动乡村民宿提质升级。河南省也高度重视乡村旅游产业发展，《河南省乡村振兴战略规划（2018—2022 年）》《河南省“十四五”文化旅游融合发展规划》等文件提出要推动乡村旅游休闲产业提质升级，引导重点景区向周边地区拓展，发展精品民宿等特色产业，延伸旅游产业链，形成多业态集聚的乡村旅游带和集中片区。

乡村旅游是发生在乡村地区的旅游活动，是相对于城市旅游的空间概念，在乡村地区参与的观光、休闲、康养、避暑、娱乐等活动，以及产生的所有消费行为，都属于乡村旅游的范畴。文化和旅游部数据显示，2019 年我国乡村旅游接待人次达到 30.9 亿，占国内旅游人次的一半。中国社会科学院旅游研究中心调研发现，在推动乡村振兴过程中，发展旅游业是大部分地区的选择，甚至 33％～50％的地方将乡村旅游作为主要发展方向。随着乡村振兴工作向纵深推进，乡村旅游已成为促进乡村产业兴旺、生态宜居、乡风文明、治理有效、生活富裕的重要抓手和可行路径。在中国式现代化新征程中推进乡村旅游高质量发展，既是满足人民美好生活需要，也是服务国家战略需求、扎实推动乡村振兴的必然选择。

大嵩山地区拥有众多优质乡村资源，既是满足周边市民美好生活需要的重要承载空间，又是本地乡村振兴的重点抓手，目前该地区已经涌现出了一批以 A 级景区村、乡村民宿等为代表的乡村旅游产品，进入了乡村旅游发展的新阶段。在全面推进乡村振兴的大背景下，亟须对大嵩山地区乡村旅游发展进行系统研究，推动乡村旅游高质量发展，助力乡村振兴。

1　研究区域概况

1.1　乡村旅游资源情况

大嵩山地区包括嵩山、伏羲山、具茨山、大熊山及其周边区域，位于河南省郑州市西部、郑州都市圈和洛阳都市圈之间，总面积约 2241 km^2。

大嵩山地区文化资源丰富，底蕴深厚，系统、集中地展现了华夏文明起源和发展历程。大嵩山地区作为华夏文明起源的核心地区，黄帝故里、河洛古国、周公测影台等是其最核心的资源承载。秦汉至明清时期，大嵩山地区是重要的文化交融和创新发展圣地，体现在太室阙、少室阙、启母阙、中岳庙、少林寺、密县县衙、北宋皇陵、嵩阳书院、观星台、康百万庄园等一众高品质资源上。近些年，大嵩山地区通过建设黄河国家文化公园，实施南水北调中线工程并举办嵩山论坛，已成为世界文明对话高地。

同时，大嵩山地区也是郑州西部美丽乡村的集聚区，是北方山岳美丽人居的典型代表。区域内有历史文化名镇名村 3 处、传统村落 15 处、美丽乡村精品村 23 个，以及众多乡村旅游特色村。乡村村落的整体空间形态、特色民风民俗、生产生活方式，以及所蕴含的历史、文化、艺术、民俗、非遗、美食等多种价值，是发展乡村旅游、讲好村落故事、促进文化传承、助力乡村振兴的重要载体。

1.2　乡村旅游发展特点与问题

1.2.1　文化底蕴深厚，乡村文旅产业融合不足

大嵩山地区是郑州西部美丽乡村的重要分布区，拥有众多风景秀丽的美丽乡村和特色浓郁的古村落、山岳民居，承载了华夏儿女诗意栖居理想，丰富的非物质文化遗产、民俗风情、老家风物等乡村人文资源璀璨多彩。然而，大嵩山地区面临着乡村旅游与文化融合深度不够，对当地嵩山文化、功夫文化、红色文化、岐黄文化、非遗文化、民俗文化认识不足，缺少对文化资源的挖掘利用，旅游产品缺乏创新性，无法满足游客对特色旅游产品的需求等问题。

1.2.2　高等级资源形象遮蔽下，品牌尚未建立

大嵩山地区拥有入选世界文化遗产名录的“天地之中”历史建筑群、嵩山国家级风景名胜区、嵩山世界地质公园、嵩顶国家森林公园、具茨山国家森林公园等高等级文化与自然资源，依托这些顶级资源，周边的乡村旅游具有先天的发展优势，顺访客源丰富，可达性好。但同时也面临顶级资源所带来的形象遮蔽效应，打响自身品牌存在一定难度。

1.2.3 乡村旅游产品同质化，品质低端

大嵩山地区位于郑州市和洛阳市之间，区位优越，交通便捷。近年来，形成了乡村观光、民宿、农家乐餐饮等乡村旅游产品。这类产品以自发性发展为主，缺乏引导，同质化严重，发展水平参差不齐，中高品质旅游产品供给不足，难以满足游客日益增长的美好生活需要。以民宿为例，大嵩山地区高品质民宿数量不足，且绝大多数为家庭民宿，设施建设、服务水平等方面有待提升。

1.2.4 散点发展，尚未形成发展合力

大嵩山地区乡村旅游以散点发展为主，各自为政，缺乏统筹联动。相较于嵩山、伏羲山等高等级景区，乡村旅游吸引力相对不足。众多乡村旅游资源受制于部分交通断点、堵点，难以串点成线。如嵩山区域的韵沟村、郭庄村、永泰寺部分路段存在路面过窄、崎岖不平情况，范家门村与西沟村之间尚未联通。伏羲山区域大峡谷景区与雪花洞风景名胜区之间、蝴蝶谷与翠峪之间存在长距离绕远路情况，神仙洞景区与环翠峪景区连接线道路狭窄等。

1.2.5 用地缺乏保障，专业人才不足

大嵩山地区部分乡村旅游项目因受到用地限制，难以落地。乡村旅游专业人才缺乏，乡村旅游业从业人员多为本地村民，综合服务水平不高，整体服务意识与能力素质欠缺。乡村旅游运管人才不足，特别是策划、管理、运营、推广的人才匮乏，难以适应乡村休闲旅游快速发展的需求。

2 高质量发展策略

2.1 顶层统筹，建设具有大嵩山地区文化特色的乡村旅游休闲度假目的地

规划依托大嵩山地区深厚的文化底蕴及众多独具文化特色的美丽乡村，加强文化与乡村旅游融合，创新乡村旅游产品，培育一批彰显大嵩山地区文化底蕴、承载现代生活方式的人文旅居乡村，打造大嵩山乡村旅游休闲度假目的地。将嵩山文化、功夫文化、岐黄文化、红色文化、非遗文化和郑州名人、名事、名村、名肴、名产等本地特色资源与乡村旅游发展深度融合，在风貌改造、产品开发、民宿建设、节事打造、文创设计等各方面深度融入。

此外，规划还依托丰富的古镇、古村、古街、古建筑等历史文化资源，推进非物质文化遗产与乡村旅游深度融合，打造一批乡村研学旅游示范基地。例如，充分挖掘登封市的吴磨沟村、骆驼崖村、书堂沟村等地的功夫文化，发展功夫研学；推进乡村旅游和岐黄中医药文化相结合，在具茨山区域大力发展康养旅游，创建国家中医药健康旅游示范基地；依托豫西抗日根据地等红色资源，深入挖掘登封市杨林村、巩义市上庄村等一系列红色村庄的红色故事，发展党建教育，打造一批乡村红色旅游精品路线和红色旅游景区。

2.2 品牌赋能，打造“嵩山老家”区域公用乡村旅游品牌

乡村旅游产业化发展除注重优质资源的投入以外，还需强化乡村旅游的品牌化发展。嵩山作为世界文化遗产、文化圣山，品牌知名度极高，影响力广泛。大嵩山地区以嵩山为核心，周边聚集了众多文化相亲、文脉相近的乡村，具有先天的品牌优势，且在旅游发展上，二者也相辅相成。因此，大嵩山地区乡村旅游应当着力打造“嵩山老家”这一区域公用的乡村旅游品牌，借势捆绑嵩山，再造高知名度旅游品牌。

2.3 差异化、品质化，探索多种乡村旅游发展模式

一是空间优化，突出差异化，打造不同主题的乡村旅游集聚区。结合乡村资源的空间分布及区域共性，大嵩山地区培育四大特色乡村旅游集聚区，包括嵩山片区、伏羲山片区、颍河片区、大熊山片区。嵩山片区联动嵩山世界级景区，突出“嵩山老家”主题，村景联动，发展文化休闲、品质度假；伏羲山片区联动伏羲山 AAAAA 级景区和国家级旅游度假区，突出“田园诗乡”主题，发展品质度假和特色休闲；颍河片区突出豫西古村特色，打造颍水河畔文化村落；大熊山片区突出“郊野原乡”，依托周边优良的山水环境，面向大众游客，提供经济、便捷的乡村休闲住宿产品。

二是突出品质化特点，创新乡村旅游产品，结合大嵩山地区乡村自然基础条件与产业发展特点，探索民宿主导型、引擎带动型、文化特色型、传统古村型、田园聚落型乡村旅游发展模式（表 1）。民宿主导型发展模式以尖山村、明月村、五指岭村等为代表，将民宿作为乡村旅游发展的核心抓手，通过打造精品民宿，发展休闲度假。引擎带动型发展模式是指通过引入文旅大项目，带动村庄发展，如卧龙村建设嵩顶冰雪小镇、南沟村建设天中植物园。文化特色发展模式型充分利用村落红色文化、功夫文化、非遗文化等特色资源，创新转化，发展主题研学、红色教育，代表村庄有上庄村、杨林村、吴磨沟村、书堂沟村、骆驼崖村、助泉寺村等。传统古村型发展模式突出村庄文化传承和保护，发展民俗体验、村落观光等，以范村、杨林村、石洞沟村等为代表。田园聚落型发展模式强调浓郁乡村风情，重点发展田园观光、餐饮购物等活动，以新山村、范家门村等为代表。

表 1　大嵩山地区乡村旅游发展方向

<table>
<tr><th>发展模式</th><th colspan="2">代表性乡村</th><th>特色资源及优势</th><th>旅游发展方向、抓手</th></tr>
<tr><td rowspan="3">民宿主导型</td><td colspan="2">尖山村</td><td>裸心园品牌入驻</td><td>建设高品质旅游度假村，发展休闲度假</td></tr>
<tr><td colspan="2">明月村</td><td>特色民居、民俗风情</td><td>全面提升明月度假村，丰富附加活动</td></tr>
<tr><td colspan="2">五指岭村</td><td>五指岭、矿洞、特色民居</td><td>加快建设五指岭旅游度假区，推进矿洞酒店、康养度假区、民宿、研学基地等</td></tr>
<tr><td rowspan="3">引擎带动型</td><td colspan="2">卧龙村</td><td>区位优越，嵩山北部，拥有雪场资源</td><td>高品质建设嵩顶冰雪小镇，利用村庄和点状用地，打造精品户外营地</td></tr>
<tr><td colspan="2">涉村镇南沟村</td><td>交通便捷</td><td>打造天中植物园匹配郑州国家中心城市地位，成为生态文明典范</td></tr>
<tr><td colspan="2">唐庄镇</td><td>交通便捷</td><td>规划建设第二野生动物园</td></tr>
<tr><td rowspan="2">文化特色型</td><td>红色文化村</td><td>上庄村、杨林村等</td><td>红色资源丰富，包括豫西抗日先遣支队司令部旧址、豫西地委党校、豫西抗日军政干部学校等</td><td>建设红培基地，彰显“豫西红色”主题，发展党政培训、青少年教育等红色主题产品</td></tr>
<tr><td>功夫文化村</td><td>吴磨沟村、书堂沟村、骆驼崖村等</td><td>全国武术之乡、“武术之村”、武术世家</td><td>面向中小学生、国际友人，开展功夫研学，建设研学基地</td></tr>
</table>

续表

发展模式	代表性乡村		特色资源及优势	旅游发展方向、抓手
文化特色型	非遗文化村	助泉寺村	省级非物质文化遗产：密玉俏色雕刻	做足密玉文化，打造密玉市集、密玉文化节等
		超化村	国家级非物质文化遗产：超化吹歌	建设专题展览，举办文化节、表演演艺等
传统古村型	范村村、杨家门村、君召村、胥店村、大金店老街村、袁桥村等		历史悠久、村落格局、建筑民居	加强古村落保护，发展村落观光、文化休闲
田园聚落型	新山村、范家门村、韵沟村、神仙洞村等		乡村风光、特色农业、农产品等	发展田园观光、餐饮购物等

2.4 交通支撑，助力乡村休闲度假目的地建设

打通断点，开通乡村旅游直通车，建设嵩山、大伏羲山、颍河三条美丽乡村走廊，串点成线，形成发展合力，助力大嵩山地区乡村旅游休闲度假目的地建设。嵩山美丽乡村走廊在环嵩山旅游公路基础上挂接北部小环线，串联嵩山脚下及北侧区域聚集的众多美丽乡村，成为嵩山区域另一道靓丽的旅游风景线，其中需提升韵沟村、郭庄村、永泰寺的部分路段，加快建设范家门村到西沟村隧道。伏羲山美丽乡村走廊借助南山旅游公路，需新建大峡谷景区—雪花洞风景名胜区的通道、蝴蝶谷—翠峪的捷径，提升神仙洞景区—环翠峪景区的道路，可串联雪花洞、伏羲山大峡谷、红石林、蝴蝶谷、三泉湖等旅游景区周边众多乡村资源。颍河美丽乡村走廊依托现有道路，串联登封市颍河流域的重点美丽乡村。

2.5 政策探索，加强乡村旅游用地与人才保障

加强乡村旅游项目用地保障。将乡村旅游项目建设用地纳入国土空间规划和年度土地利用计划统筹安排。探索乡村旅游“点状供地”新模式，在乡村国土空间规划和村庄规划中预留一定比例的用地指标，对乡村旅游项目用地优先实行点状供地。盘活农村闲置建设用地资源，支持以出租、合作方式盘活集体、个人闲置房屋、宅基地等资源。以自愿为原则，鼓励由村民小组或村委会统一将闲置房屋盘活，进行集中管理和租赁。鼓励相关部门依法利用林场、农场等闲置资源兴办乡村民宿，鼓励城镇有意愿的组织和个人通过租赁民房开办乡村民宿，支持鼓励投资方与村民、村集体等建立长期合资合作关系，确保对民宿旅游的持续投入和有序开发。

加强乡村旅游经营人才、企业家队伍建设，强化现有乡村旅游产业管理和经营人员素质。实施乡村旅游带头人培养计划，培养一批懂旅游、爱农村、会经营的旅游带头人。加强与旅游院校合作，依托乡村旅游重点村联合建设乡村旅游学院，建立乡村旅游人才常态化培训机制。开展乡村旅游创客行动，组织引导大学生、文化艺术人才、专业技术人员和青年创业团队等助力乡村旅游业发展。

3 结语

发展乡村旅游能够促进农业农村发展进程，推动城乡融合发展，是乡村振兴的重要突破口。郑州市大嵩山地区拥有众多优质乡村旅游资源，既能满足郑州都市圈和洛阳都市圈市民美好生活需要，又是本地乡村振兴、富民增收的重点抓手。在规划层面，对大嵩山地区乡村旅游高质量发展进行研究，具有重要意义。

本文从大嵩山地区乡村旅游资源及乡村旅游发展现状出发，分析研判乡村旅游发展存在的问题与短板，针对性提出五条发展建议：一是加强顶层设计，提出建设具有大嵩山地区文化特色的乡村旅游休闲度假目的地这一总体目标；二是强调品牌赋能，借势嵩山这一世界级品牌，打造“嵩山老家”区域公用乡村旅游品牌；三是差异化、品质化突围，培育四大特色乡村旅游集聚区，探索民宿主导型、引擎带动型、文化特色型、传统古村型、田园聚落型五种乡村旅游发展模式，解决目前产品同质化、品质低端的问题；四是加强交通支撑，打通断点、堵点，建设嵩山、伏羲山、颍河三条美丽乡村走廊，开通乡村旅游直通车，助力乡村旅游休闲度假目的地建设；五是突出政策探索，加强乡村旅游用地与人才保障，以期为大都市圈周边乡村旅游高质量发展提供规划实践参考。

［参考文献］

［1］戴斌. 乡村旅游是推动乡村振兴重要抓手［J］. 新型城镇化，2023（5）：19.

［作者简介］

赵多芳，中级经济师，北京清华同衡规划设计研究院有限公司主创规划师。

付志伟，高级工程师，北京清华同衡规划设计研究院有限公司项目经理。

刘蓓，助理工程师，北京清华同衡规划设计研究院有限公司主创规划师。

以乡村振兴引领共融共建共享逻辑下的城乡蝶变之路探索
——以辽宁省营口市大辽河田园农旅示范区高质量规划建设为例

□王玲，李政来

摘要：城乡融合、乡村振兴是高质量发展的必然要求，是加快推进共同富裕的重要路径，更是人民群众的共同期盼。伴随我国城乡关系进入全新时期，共建共享共富思路符合城乡融合内涵，与“人民城市”导向、高品质空间建设、国土空间体系等发展要求相契合，强调新型城镇化与乡村全面振兴有机结合，使城乡融合发展向更高水平推进。本文在此思维逻辑下，以营口大辽河田园农旅示范区创建为实践，强化区域角色与使命，利用“空间策划—空间统筹—空间规划—空间运营”不同阶段探索融合路径，制定共情—共融—共建—共享的发展策略，拓展共富形式与层次，形成内容可借鉴、方法可复制的城乡融合新模式，助力我国城镇村高质量发展。

关键词：城乡融合；乡村振兴；共建共享共富；农旅；规划路径

1 趋势与方向

城乡关系一直是国家关注的焦点，处理好城乡关系是现代化国家建设进程中无法回避的问题。在我国实现现代化进程中，从城乡对立到城乡融合经历了缓慢的过程，在我国城乡关系演变中，出现过“统筹城乡发展”“城乡发展一体化”“城乡融合发展”三个概念，虽有共通之处，且核心要义、关系认知上均不断深化，但前两者均为通过重城抑乡、由取向予的方式改变城乡资源流向，解决农村无、城市有的问题。而城乡融合则破除乡村必然被城市取代的观念误区，强调凸显城乡互补，特色差异，更加注重城乡共生关系，共同发展、协同建设，重塑城乡关系。城乡融合、乡村振兴是高质量发展的必然要求，是加快推进共同富裕的重要路径，更是人民群众的共同期盼，这些均在当前国家、省级层面的会议要求及战略精神中得到充分的体现。本文将以营口北部门户、紧邻大辽河河湾的城乡接合区域开展乡村振兴及城乡融合的探索实践，以期为我国城乡接合地区发展转型提供借鉴。

2 路径与创新

2.1 技术路线

城乡融合技术路线如图 1 所示。

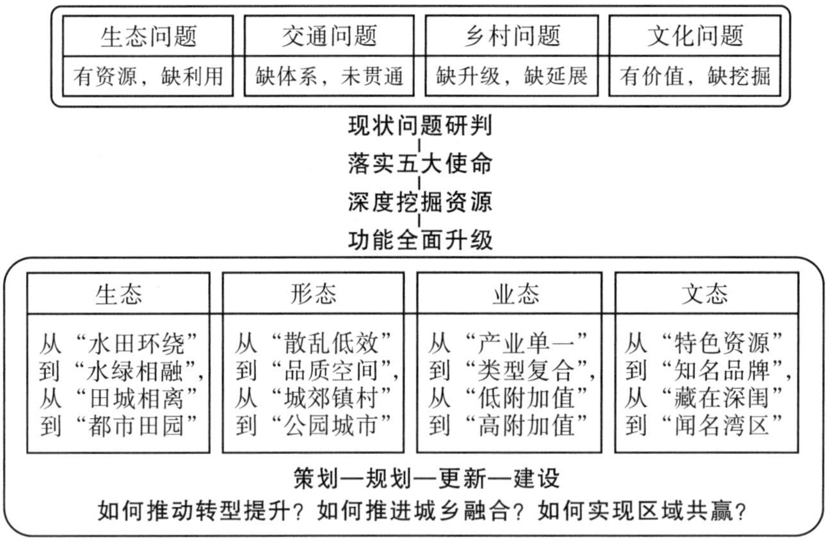
生态问题
有资源，缺利用
交通问题
缺体系，未贯通
乡村问题
缺升级，缺延展
文化问题
有价值，缺挖掘
现状问题研判
落实五大使命
深度挖掘资源
功能全面升级
生态
从“水田环绕”到“水绿相融”，从“田城相离”到“都市田园”
形态
从“散乱低效”到“品质空间”，从“城郊镇村”到“公园城市”
业态
从“产业单一”到“类型复合”，从“低附加值”到“高附加值”
文态
从“特色资源”到“知名品牌”，从“藏在深闺”到“闻名湾区”
策划—规划—更新—建设
如何推动转型提升？如何推进城乡融合？如何实现区域共赢？

图 1　城乡融合技术路线

2.2　研究创新

2.2.1　探索“城乡等值”的城乡融合发展新模式

以城乡空间为载体，深入诠释城乡融合内涵，挖潜“人—城—产”复合化关联，在城乡等值规划逻辑下，遵循人本导向、特色塑造、生态集约、文化尊重、协同共治等规划原则，在“空间统筹—空间规划—空间运营”的不同阶段落实城乡等值思维，在实现维护城乡特色风貌的同时，支撑城乡差异化均衡发展，塑造生态联通、配置共享、产业互动的城乡地域综合体。此外，创新构建多方参与的共商共建共治共享平台，实现城乡经济融合、社会融合、生态融合、文化融合与制度融合等“4+1”全方位融合发展。

2.2.2　以“农文旅康”融合引领，让“凉资源”变身“热经济”

依靠区域地域人文资源和生态资源，以“农文旅康”为乡村振兴重要引擎，坚持以文塑旅、以旅彰文，激发乡村文化活力，强化优质旅游产品供给，促进新产业新业态发展，使得旅游业文化供给的持续性、内隐性和村民文化参与的自发性、现实性形成良性互补，共建共享美好家园，实现乡村文化共富与农民精神共富同频共振。

2.2.3　建立事权明晰的振兴新机制，助力城乡全生命周期治理能力提升

规划提出以“市级引导、县级实施、乡村自治”的联动机制，促进政府与村庄的良性互动，构建层级协同、多元参与、治理有效的现代化乡村治理机制。创新性地提出“N+X”乡村自治工作体系，通过“基本任务+自选任务”探索乡村弹性引导模式。依托共同缔造形成“自治单元、经营主体、社会组织”的新型模式，鼓励村民主动参与规划与实施建设过程，促进自上而下的政府治理模式和自下而上的村庄自治模式良性互动，全面推进城乡治理能力的现代化进程。

3　规划与实践

大辽河田园农旅示范区位于营口市站前区北湖周边区域，从区域格局看，是营口市与盘锦市交接地带，是大辽河的北端点、营口市北部门户区域，也是城乡交汇的郊野之地，规划面积约为1363.5 hm^2。

3.1 案例现状及研究目的

3.1.1 现状研判分析

用地情况：片区生态资源优势集聚、城乡用地散落分布，生态用地、农业用地、建设用地比重为5∶3∶2。生态用地面积约672.9 hm^2，占比49.4%，主要为河流水面、坑塘、水库水面及草地等；农业用地面积约413.7 hm^2，占比30.3%，主要为水田等；建设用地面积约276.9 hm^2，占比20.3%，主要为城镇住宅用地、农村宅基地、工业用地等，公共服务设施不足3%，配套明显不足。

生态环境：位于辽河北岸，水网交错，有资源，但缺利用、缺环境。片区坐落于大辽河北岸，内部拥有造纸厂水库（北湖）、劳动河、虎庄河、利民河等生态资源，是营口市区辽河北岸水网最为密集的区域，但水资源的生态价值尚未显现，水旅融合、水农融合效益尚未发挥。地区已开展造纸厂水库（北湖）生态区建设项目的专题研究，对水生态、水系连通等涉水事项已完成调研工作。

道路交通：内部道路呈环形枝状，有骨架但缺体系、未贯通，对外路径单一。在内部交通方面，劳动河以东区域为城市片区，路网密度较高；劳动路以东区域为乡村片区，道路多为村道，各村发展孤立，呈组团枝状道路，仅通过环湖路将各村串联。在对外交通方面，与老城区之间缺乏干道支撑，仅有大庆路与主城相连，大辽河滨河路在劳动河处有断点，与外围区域交通廊道联系弱。

城乡建设：乡村土地利用粗放，业态层次低、有基础，但需升级、待融合。片区仍属乡村地区，村庄土地利用粗放，仍以村民生活、农业耕作为主，旅游方面无基础，与水、农、文要素尚未形成互动。环湖区域集中建设区面积311 hm^2，其中新增拓展规模100 hm^2，是未来承接城市功能外溢和产业集聚拓展的重要区域。片区耕地面积402.3 hm^2，其中永久基本农田面积380 hm^2，占比94.5%，一般耕地面积仅为22 hm^2，占比5.5%，农业仍以水稻种植为主，业态层次低、产业附加值低。

文化资源：片区工业文化、辽河农耕文化集聚，有价值，但缺利用、缺挖掘。造纸厂工业文化底蕴深厚，是未来深挖文化价值并加以保护和利用，彰显文化价值的重点区域。保留历史建筑还有待进一步确认。片区紧邻辽河郊野之地，农耕文化、辽河文化底蕴深厚，但文化彰显力度不足。

使命担当：片区承担实现绿色引领、城乡互融、乡村振兴、品质担当、文化自信五大使命。即通过绿色融城、都市田园，提升绿色发展能级，打造水林田湖草生态共同体示范样板；通过“三产”互动、“三生”融合，使“三产”深度融合和“三生”同步改善，打造田园综合体；通过丰富业态、产业振兴，以农旅为媒，增强产业关联度延展服务交流平台，促进乡村振兴；通过高标配套、品质生活，吸引游客及高素质就业人群，实现品质担当；通过文化振兴、魅力城市，软硬并重的城市文化打造手段塑造城市魅力，形成文化自信。

3.1.2 研究目的意义

时代层面：北湖地区是营口市践行生态文明理念、实施乡村振兴战略的重要载体。2018年9月28日，习近平总书记在沈阳市主持召开深入推进东北振兴座谈会，强调巩固提升绿色发展优势，坚决贯彻“绿水青山就是金山银山、冰天雪地也是金山银山”的理念，要加快统筹山水林田湖草治理，使东北地区天更蓝、山更绿、水更清。2022年8月16日，习近平总书记在辽宁考察时强调要把绿色发展理念贯穿到生态保护、环境建设、生产制造、城市发展、人民生活等各个方面，加快建设美丽中国。2022年10月16日，党的二十大报告提出生态文明建设是为人民谋幸福，全面提升人民群众的获得感、幸福感和安全感的重要组成部分。基于此，贯彻生态绿色发展成为助推东北振兴的重要战略抓手。

此外，推行全面乡村振兴，打造新田园综合体是助力东北乡村振兴的最优路径。党的十九大提出实现乡村振兴必须坚持五大要求，让农村成为安居乐业的新乡村，必须着眼于“新田园时代”背景，在城乡融合发展中创造“新的田园综合体”。党的二十大提出全面推进乡村振兴，着力推进城乡融合发展，畅通城乡要素流动。加快建设农业强国，扎实推动乡村产业、人才、文化、生态、组织全面振兴。综上所述，在生态绿色理念下，加速推进乡村全面振兴成为北湖地区乃至营口市转型发展的战略方向。

营口市层面：大辽河田园农旅示范区建设是落实辽河文化产业带规划，奏响大辽河产业带全面建设的序曲。以辽河文化产业带建设为契机，建设差异发展的辽河缤纷功能，带上“八片”之一的田园农旅休闲片区，承担城市近郊乡村旅游基地和远景发展储备区的职能；发展文化体验、生态教育、康体养生和户外运动等业态，是营口市谋划大辽河地区产城融合发展和构建都市田园农旅片区设想的战略举措。

站前区层面：大辽河田园农旅示范区建设是塑造老城区后花园，打造生态修复、城市更新及乡村振兴的示范样板。围绕生态文明主线，充分借助造纸厂水库和田园自然环境，维护好生态资源本底，建设城市近郊田园休闲基地，打造站前老城区的生态后花园；贯穿空间治理主线，由外延扩张向内涵增效转型，腾挪优化老城空间布局；践行乡村振兴主线，促进农旅融合，实现乡村全面振兴。

基地层面：大辽河田园农旅示范区建设是提升环境品质，完善服务功能，彰显文化底蕴，实现共同富裕的典范区域。以人民为中心，践行“人民城市”理念，锚固大辽河滨水地区生态基底，厚植生态优势；保护历史遗存，留住城市记忆，活化利用遗存，彰显时代韵味；完善路网体系，融入区域格局；完善旅游服务功能、生活服务功能及市政配套设施，提升城市品质能级；推进乡村振兴，引入新经济、新业态、新文态，使群众获得感、幸福感不断提升，最终成为共同富裕的典范区域。

3.2 案例与借鉴

依据区域特征，对标对表国内优秀田园综合体、乡村振兴及旧城更新等案例经验，在乡村振兴模式上，借鉴无锡阳山田园东方、沈阳“稻梦空间”的成功经验，通过第一产业规模种植、第二产业智能升级，在打响农旅品牌、聚集人气后，推动房地产、酒店等后续开发，实现第三产业深度融合和“三生”同步改善；在实施路径上，园区以“公司＋农户＋会员”的独特经营模式，通过科普教育基地建设、农业创客空间建设、文创产品开发和旅游民宿发展，不断扩大品牌效应，聚集人气；倒推第二产业智能加工升级和第一产业标准化农业规模拓展，最后作用于乡村整体提升。在旧城更新方面，充分借鉴上海徐汇滨江案例进行点对点学习，明确以人为本的理念，将地域性与文脉相融合，通过滨水岸线新旧景观元素对比塑造特有的工业景观风貌，以此为媒，引领区域转型更新。

3.3 规划与思路

3.3.1 共情与振兴：空间策划阶段——共叙城韵乡愁，共奏城乡华章

目标愿景：遵循习近平总书记“生产空间集约高效、生活空间宜居适度、生态空间山清水

秀”的“三生”融合城市发展思路，立足辽河北岸、着眼营口，辐射辽中南地区，紧抓大辽河沿岸地区一体化发展契机，落实大辽河文化产业带赋予的责任与使命，助力大辽河沿线地区港城融合发展，从辽河生态文明建设、特色产业融合发展、城乡品质宜居打造三个方面着手，打造集田园、都市、人文于一体的辽河生态文明示范区、田园农旅滨水休闲区、城乡品质宜居生活区，逐步争创国家级田园综合体、国家农业产业融合发展示范园。

功能定位：通过以田孕城、以园美城、以文化城、以业兴郊，塑造“田、园、文、旅”主题，将其打造为都市郊野公园、文旅科普基地、诗意栖居田园、生态康养社区，重点发展都市田园、旅游度假、城郊公园、遗产保护、科普教育、文创体验、乡音乡愁、田园农旅、户外运动、康体养生、都市休闲等功能。

规划策略：通过蓝绿筑底、织补成网、文旅互融、品质惠民四大策略实现“半城都市半城田”的规划愿景。即以水为脉、以绿为网融合城乡，形成环湖式组团布局，勾勒场地格局特质；缝合区域功能，融入发展格局，体现慢生活多样化交通网络，建立联动共享脉络；延伸农旅、文旅产业链条，促进区域升级转型发展，打造多级引擎载体；构建安全韧性市政体系和服务均等的旅游设施、生活设施体系，打造旅游圈、生活圈，构筑品质畅游场所。

3.3.2 共融：空间统筹阶段——资源互动共融、重塑城乡格局

空间格局上以“一环”（环湖休闲旅游区）、“一带”（大辽河文旅发展带）、“四区”（都市文创体验区、田园康养度假区、田园休闲游乐区、绿色农业种植区）为引领，共筑“四区兴农旅、五水润北湖”，实现城乡共融。

用地布局上，通过筑牢生态本底、缝合区域交通、细化用地布局、增设服务设施、优化文旅功能等手段，打造城乡共融体，实现城乡转型提升。片区总面积 13.6 km^2，其中城镇建设用地面积 3.31 km^2，村庄建设用地面积 1.42 km^2，农林用地面积 4.62 km^2，河流水域面积 4.28 km^2。

3.3.3 共建与振兴：空间规划阶段——“三生”无界交往、要素协同共生

第一，以水为脉，构建城乡共体验水环。以湖为心，以河为脉，通过劳动河河道、北湖水库清淤疏浚，连通河湖水系，完善水体治理，建成水美、景美、休闲、休憩的生态景观河道，做优生态水网，做活水文章，绘就“五水绕北湖、水润新田园”的美好画卷。

第二，以绿为廊，共筑蓝绿城乡本底。依托大辽河、造纸厂水库等生态资源，秉承“顺河”生态畅流，“垂河”廊道贯通两个维度，打造“多廊贯通、河湖相连、多园散布”的环湖珠链式生态格局，有机串联河一园一湖一田，使片区内外生态优势互为融合，实现城园相融、城园共生，打造生态城乡共同体，勾勒生态特质。

第三，织补成网，建立联动共享脉络。加强对外衔接，打通滨河路断点，与大庆路、大辽河滨河路、北辰街、305 国道 4 个方向接入主城路网，积极融入主城。增加片区路网密度，围绕水库向外辐射，形成串联各功能组团的网络化路网格局，构建都市田园慢行网络。新建跨河桥梁，增加两岸互动通道，有效缝合各功能组团，使北湖地区与主城区融为一体。建设多样化断面形式，满足主次干道的交通性及滨水路的服务性需求。结合文旅综合服务中心、农旅服务中心及足球基地设置 3 处公共停车场和结合不同主题功能旅游组团分散设置配建停车场，以满足旅游停车需求，保障旅游景区宜行、宜停。

第四，文旅互融，打造城乡多级引擎载体。瞄准休闲度假市场、户外游乐市场、家庭亲子市场，吸引游客群体，针对“生态＋田园、农业＋旅游、文化＋运动”三大类核心旅游产品（图 2），策划都市文创体验区、田园康养度假区等城旅型项目，以及环湖休闲旅游区、田园休闲

游乐区、绿色农业种植区、大辽河文旅发展带等乡旅型项目，以文旅创新区域引擎，擦亮地域名片，为城乡民众创新收。

“生态+田园”
以生态水网为骨架，都市田园为支撑，打造近郊生态旅游为特色的郊野公园

老城区休闲后花园	生态郊野公园	五行养生花园
	亲子绿乐园	绿色农业种植区
	星空营地	田间骑行道

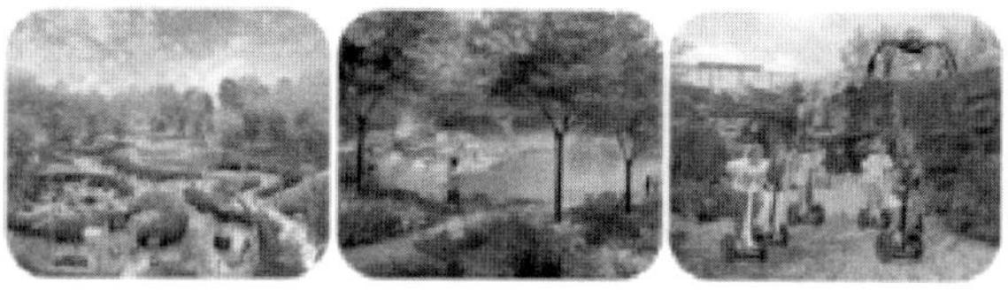

“农业+旅游”
以都市田园为起步，通过策划“农业+旅游”项目，打造差异化、共享型的特色旅游目的地

都市人文特色旅游	人文体验	田园风光
	文创旅游	阳光田园
	都市田园	精品民宿

“文化+运动”
以工业文化、辽河文化、农耕文化为基础，打造度假、科普、运动为一体的休闲区

田园户外运动基地	自驾车营地	乡村休闲骑行
	足球训练营	稻田徒手捕鱼
	野趣探索	乡间树屋

图 2　三大类核心旅游产品

第五，品质惠民，构筑城乡品质畅游场所。在打造城乡服务设施体系方面，针对人群需求构建“服务中心（主副中心）—服务驿站（5 处）”两级旅游休闲服务设施，提升旅游品质。补齐社区设施短板，构筑 5～15 分钟两级村级生产生活服务圈，提供便民场所（图 3）。在打造城乡旅游住宿体系方面，建立以精品酒店、主题酒店、农庄驿站、特色民宿、农家乐等为支撑，功能结构匹配合理，多元化多层次的住宿产品体系。区分高、中、低档次，满足不同层次游客的住宿需求。在打造城乡旅游餐饮体系方面，创建“北湖健康生态美食”品牌，通过精品餐厅、创意餐饮、农家乐、滨水美食街等餐饮形式建立适应游客需求的旅游餐饮业，打造民俗宴、养生宴、童趣宴等主题化美食体验体系，提高餐饮业在北湖田园农旅休闲旅游中的吸引力和消费构成中的比例，使餐饮成为吸引游客的重点之一。在打造城乡炫彩夜游体系方面，创新夜经济产品供给，开展 24 小时娱乐、休闲、餐饮等商旅文体融合、线上线下结合等消费活动，发展北湖夜市、董家大舞台、辽河码头酒吧、滨水美食街、文创酒吧、水幕表演、夜游辽河等夜间娱乐项目，做活“夜经济”，点亮北湖“夜生活”。

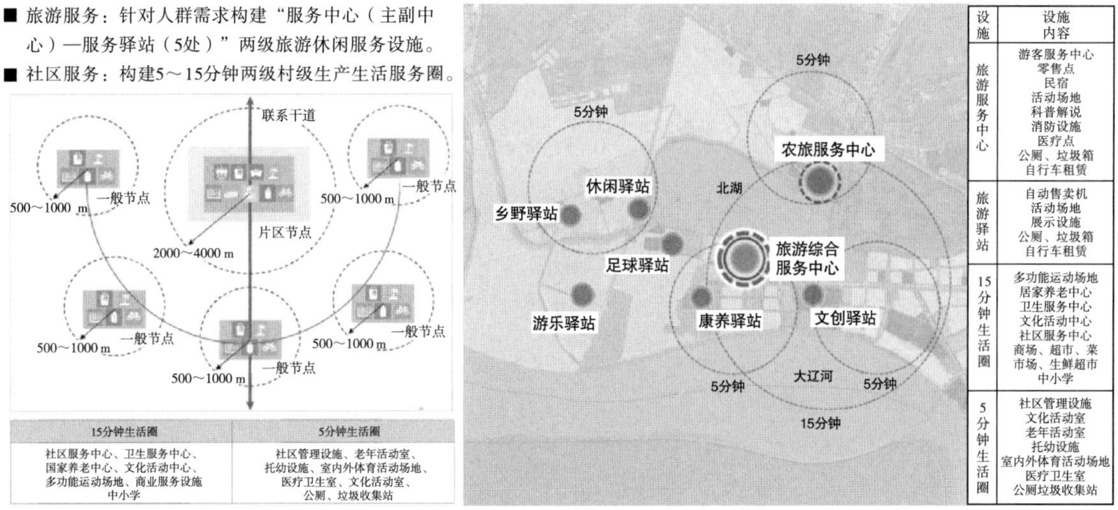

图 3　两级旅游休闲服务设施

3.3.4　共享与振兴：空间运营阶段——空间综合治理、公众共同缔造

结合基地实际，近期制定生态、交通及产业三大类 14 项工程，并对开发运营进行了一些思考，积极引入社会资本，创新财政投入方式，探索多元化的开发运营模式，快速提升建设标准、运营效率和服务水平，有效保障项目实施落地。此外，还可争取专项领域资金，如乡村振兴文化旅游类、乡村振兴基础设施类、乡村振兴智慧农业和数字乡村类、村庄整治和农村人居环境治理类等类别的资金，有效保障规划实施落地。

［参考文献］

［1］尹文嘉，李艳婷. 共同富裕视角下民族地区城乡融合水平测度与评价［J］. 重庆三峡学院学报，2024，40（2）：43-56.
［2］张东洋，胡州翼. 城乡等值理念下城乡融合发展路径：以宁波市澥浦镇为例［C］//中国城市规划学会. 人民城市，规划赋能：2023 中国城市规划年会论文集，北京：中国城市规划协会：158-168.
［3］曹前满. 融合、共享与共富：乡村城镇化与新型城乡关系重塑逻辑［J］. 河南社会科学，2024，32（3）：95-104.

［作者简介］

王玲，高级工程师，注册城乡规划师，注册工程（投资）咨询师，沈阳市规划设计研究院有限公司项目总监，研究方向为区域规划、城乡规划与乡村规划。
李政来，正高级工程师，注册城乡规划师，沈阳市规划设计研究院有限公司院长，营口市城市规划设计院有限公司董事长，研究方向为区域规划、城乡规划与乡村规划。

全过程规划咨询助力乡村高质量发展路径研究

——以云南省普洱市澜沧县景迈茶国家农村产业融合发展示范园为例

□张云柯，师子乾，陈华

摘要：澜沧县曾是国家深度贫困县之一，也是普洱茶大县。全过程规划咨询服务有效推动了景迈山茶产业转型升级，促进了旅游资源的开发，逐步形成以景迈山古树茶产业为核心的景迈山古树茶全产业链发展，真正把遗产资源、生态资源、文化资源转化为了“金山银山”，为景迈山申报世界遗产做出了积极贡献。本文主要以普洱市澜沧县景迈茶国家农村产业融合发展示范园建设全过程项目为基础，从促进产业融合发展、生态产品价值转化等方面出发，分析研究景迈山“绿水青山”向“金山银山”转化，实现乡村高质量发展的路径，探索农村一二三产深度融合的新模式，实现了“绿水青山”与“金山银山”互促共进，对传承朴素生态伦理、推进生态产品价值实现和激发乡村振兴活力具有重要的实践意义和示范效应，为一体化推进“三大经济、加快云南省经济转型升级提供对策建议。

关键词：普洱茶；三产融合；“两山”转化；国家深度贫困县；云南省

0 引言

澜沧拉祜族自治县（以下简称“澜沧县”）曾是国家深度贫困县之一，也是普洱茶大县。全面推进乡村振兴是推动澜沧县茶产业转型升级、实现融合发展的重要契机。

本文主要以普洱市澜沧县景迈茶国家农村产业融合发展示范园建设全过程项目为基础，从促进产业融合发展、生态产品价值转化等方面出发，分析研究景迈山“绿水青山”向“金山银山”转化、实现乡村振兴的路径，探索农村一二三产深度融合的新模式，并为一体化推进“三大经济”、加快云南省经济转型升级提供对策建议。

1 研究背景

2017 年，国家发展和改革委员会、原农业部、工业和信息化部、财政部、原国土资源部、商务部和原国家旅游局七部门联合下发《关于印发国家农村产业融合发展示范园创建工作方案的通知》（发改农经〔2017〕1451 号），提出到 2020 年建成 300 个融合特色鲜明、产业集聚发展、利益联结紧密、配套服务完善、组织管理高效、示范作用显著的农村产业融合发展示范园。普洱市澜沧县景迈茶国家农村产业融合发展示范园以茶为核心和主题，按照“做优一产、做精二产、做特三产”的总体思路，充实完善茶叶全产业链，优化茶园种植结构与种植模式，大力发展茶产品深加工，重点发展以茶文化旅游为引领的第三产业，最终形成以茶产业为龙头，种植、加工、旅游、文创、商贸、物流、研学教育、健康养生等多产联动的“普洱茶＋”农业产业功能拓展型产业融合模式。

自 2021 年 9 月起，云南省设计院集团有限公司围绕建设国家级农业产业示范园，承接了示范园创建方案、中期评估报告、可行性研究报告、规划设计等从前期咨询到后期工程设计的全过程项目。示范园于 2022 年 6 月 21 日通过认定，正式入选第三批国家农村产业融合发展示范园。

2 案例地概况

2.1 景迈山概况

景迈山地处云南省普洱市澜沧县惠民镇，距普洱市区（思茅区）约 3.5 小时车程，2022 年被美国《国家地理》评为“全球最佳旅游地”之一。作为一部“活的中国茶史书”，景迈山文化景观难以用静态、固化的方式去理解和定义；同时，景迈山丰富的物质和非物质文化遗产，反映了人与自然、人与人之间密切且互相影响的关系。景迈山申报遗产区内涉及惠民镇下辖的芒景、景迈 2 个行政村，包括 10 个自然村寨和古茶林完整分布区，总人口 6270 人。遗产区面积 7168 hm^2，缓冲区面积 10537 hm^2，古茶林面积 1208 hm^2。普洱景迈山古茶林作为全球第一处茶文化景观，是现代茶园种植技术普及前传统的“林下茶种植”方式保存至今的实物例证和典型代表。

景迈山古茶林文化景观是当地世居民族延续至今的林下茶种植传统的独特见证。这种种植方式利用森林系统创造适宜的茶树生长环境，并利用生物多样性预防病虫害、促进授粉并提供天然养分，生产出高品质纯天然有机茶叶，在当今世界规模化台地茶种植园主导的背景中十分独特，为可持续发展提供具有重要意义的生态伦理和智慧。当地世居民族延续至今的茶林治理体系保证了这种传统延续千年并依然充满活力。景迈山古茶林传统村落展示了因地制宜的土地利用技术和村寨选址、建设技术等传统知识系统，创造了人地和谐、人与人和谐、人神和谐的山地人居环境，对当今人类多文化共存和可持续发展具有启示意义。当地独特的茶祖信仰是祖先崇拜和自然崇拜的结合。通过对茶祖的崇拜和祭祀祈求部落的祖先和自然之神保护世居民族赖以生存的茶林，使这一信仰体系有别于世界上其他茶园的茶祖崇拜。对茶祖强烈的民族认同感，使这一原始的信仰体系不仅规范了世居民族的行为准则，更对世居民族的价值观产生深远影响，提升了世居民族对古茶林保护的集体认同和行为自觉，从而有效保障了景迈山古茶林文化景观的千年传承。

普洱景迈山古茶林种植传统通过延续至今的社会治理体系、文化传统以及独特的茶祖信仰保存下来，传承千年且依旧充满活力，是森林农业开发和人类茶种植模式的典范。在景迈山古茶林申遗成功的背景下，本文研究范围选择这一世界级宝贵资源，是提前谋划做好申遗“后半篇文章”的重要举措。

普洱景迈山古茶林文化景观于 2010 年 6 月启动申报世界文化遗产工作，2012 年被联合国教科文组织世界遗产中心列入《中国世界文化遗产预备名单》。同年，“云南普洱古茶园与茶文化系统”被联合国粮农组织公布为全球重要农业文化遗产（GIAHS）。2013 年，普洱景迈山古茶园被国务院公布为第七批全国重点文物保护单位，景迈山的糯岗、翁基及芒景三个村寨被住房和城乡建设部、文化部、财政部列入第二批中国传统村落名录。2017 年，景迈山古茶林文化景观部分地区被国家林业和草原局批准为国家森林公园。2021 年 1 月，国务院正式批准普洱景迈山古茶林文化景观作为中国 2022 年世界遗产正式申报项目，同年 5 月完成申遗文本报送，并通过国际古迹遗址理事会格式和内容审查。2023 年 9 月，景迈山正式成为中国第 57 项世界文化遗产。

2.2 示范园概况

普洱市澜沧县景迈茶国家农村产业融合发展示范园位于惠民镇镇域，北至惠民镇镇区、南至芒景村委会芒洪大寨、西至芒景村委会翁洼村民小组及景迈村委会糯岗古寨、东至景迈村委会芒埂村民小组及惠民镇镇域边界。主要涉及惠民镇镇区和景迈村委会、芒景村委会、旱谷坪村委会、芒云村委会、付腊村委会。示范区规划总面积约为 46.67 km^2。

示范园所在的惠民镇与西双版纳接壤，是澜沧县的“南大门”，也是澜沧县南部发展次中心。示范园在县域经济中承担带动县域南部 3 个乡镇发展的区域责任，同时处在普洱“边三县”茶祖历史文化核心区。随着沿边高速公路建设加速推进，示范园交通可达性将发生跨越式提升。沿边高速公路建成通车后，示范园与澜沧景迈机场的车程距离将由 90 分钟缩短至 30 分钟，至景洪市的距离也将由 3 小时缩短至 1 小时。

3 示范园发展存在问题

3.1 生态产品品牌化高端化、生态价值转换不足

茶产业作为景迈山的核心产业，精深加工滞后、产品附加值较低，多处于价值链、创新链的低端，与周边的冰岛、老班章、凤凰窝等品牌相比还有待提升，带动农户和产业发展的能力还有待加强。

3.2 基础设施不够健全，旅游发展受限

景迈山古茶林景区虽然特色显著，茶文化、生态文化、民族文化等也别具一格，但是接待设施水平不高、旅游营销模式偏传统，远程市场客源吸引不足，亟须提高品牌知名度、强化市场对接。当地旅游业态单一，多以自由行的散客为主，村落景区农副产品和小商品档次不高、创意不足、品牌不彰、独特性不强，“绿水青山”向“金山银山”的转化通道仍需不断探索和拓宽。

3.3 引才育才留才瓶颈明显，人才队伍建设亟须加强

受经济水平、地域文化等因素影响，高层次人才、高技能人才引进困难，导致景迈山人才匮乏，创新能力不足。文物修复、古建修缮、文物鉴定、文物保护等工作专业性强，现有遗产保护管理专业人员匮乏，技术力量支撑不足，一定程度上制约了景迈山遗产地保护、管理、维护的可持续发展。旅游业和生态农业是景迈山主导产业，但“旅游＋”和“生态＋”方面的制茶师、茶艺师、专业导游、民宿经营者、景区管理者、旅游营销、新型职业农民等文化遗产传承人和专业人才紧缺。

3.4 体制机制尚未健全

景迈山古茶林景区的持续发展带来了巨大的经济价值和社会价值，拉动了经济、带动了就

业、增加了收入。但从实际情况来看，景区对群众的反哺机制、利益分配共享机制、生态补偿机制还有待进一步健全。比如，作为景区主要景点的景迈村、芒景村在资源分配上，只有核心村落和有核心资源的大部分群众受益，没有实现全体受益，这就需要加强共享机制的创新和科技创新支撑统筹解决。而且自然资本保值增值核算体系、生态产品市场化机制、生态环境损害赔偿机制、考评监督机制等与“两山”转化相关的各类机制政策尚未形成体系，长效制度有待构建完善。

4 研究思路

4.1 总体思路

一个思路统筹申遗和产业融合发展。无论是申遗还是产业融合发展，均以加强景迈山古茶林文化景观保护及三产融合为最终目标。一方面通过申遗、文物保护工作加强示范园范围内的自然环境保护、建筑风貌保护，充分展示示范园内自然、人文景观，另一方面不断加强产业融合，完善基础设施、产业配套设施、旅游设施建设等工作，促进申遗工作的推进。

推进“山上山下”共生协同发展。加强“山上”功能疏解和“山下”承载空间建设。为保护景迈、芒景两村“山上”世界文化遗产的顺利申报，景迈山加强将“山上”非遗产功能和对遗产保护有负面作用的功能向外疏解，并在“山下”找到相应的空间来承载，构建“山上山下”旅游业一体化发展。最终实现“山上”作为重要的遗产保护和文化体验场所得以利用，“山下”则作为旅游综合服务配套，发展新型旅游业态服务及乡村民族风情体验地来进行旅游业互补发展（图 1）。

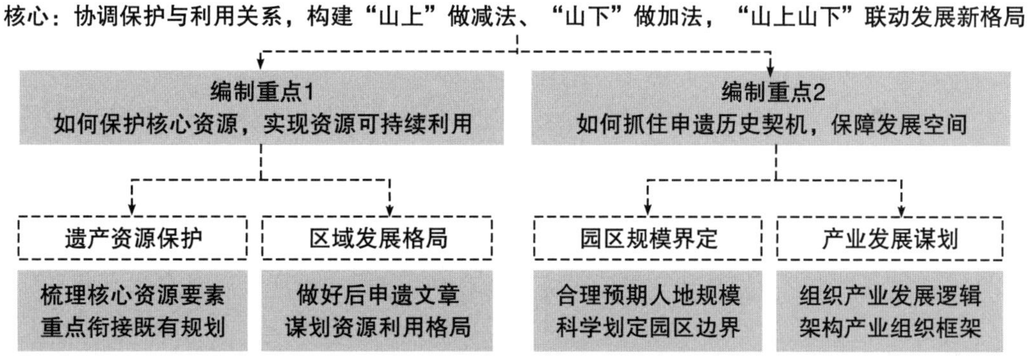

图 1 “山上山下”发展总体思路图

4.2 产业发展思路

紧抓景迈山古茶园申遗成功的历史性发展契机，以发挥景迈山区域辐射带动功能为基点，以普洱茶产业复兴为目标，系统梳理与组织区域发展基础要素，通过第一产业推动茶叶种植有机化与基地化、第二产业推动普洱茶加工标准化与园区化、第三产业推动商贸服务数字化与旅游服务品质化，并以茶旅融合、农旅融合、文旅融合、康养一体为主线加速产业融合发展，共塑景迈品牌价值（图 2）。

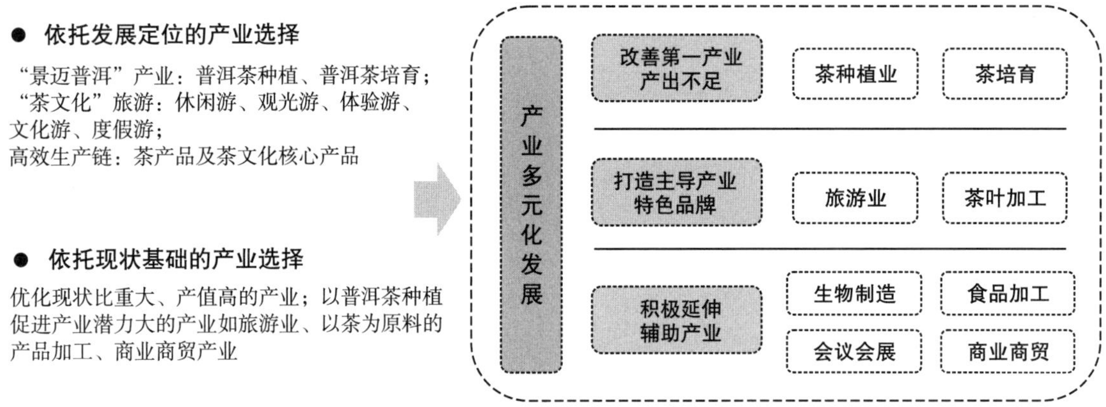
依托发展定位的产业选择
“景迈普洱”产业：普洱茶种植、普洱茶培育；
“茶文化”旅游：休闲游、观光游、体验游、文化游、度假游；
高效生产链：茶产品及茶文化核心产品
依托现状基础的产业选择
优化现状比重大、产值高的产业；以普洱茶种植促进产业潜力大的产业如旅游业、以茶为原料的产品加工、商业商贸产业
产业多元化发展
改善第一产业产出不足
茶种植业
茶培育
打造主导产业特色品牌
旅游业
茶叶加工
积极延伸辅助产业
生物制造
食品加工
会议会展
商业商贸

图 2　景迈山产业发展思路图

5　实施策略

5.1　明确产业发展定位

结合现状和发展诉求，示范区产业定位为将“景迈普洱”建设成为世界知名品牌，积极开展茶文化旅游，建设有质高效的生产产业链体系。

同时，示范园要打造多元化的产业发展模式，改善茶种植、茶培育第一产业产出不足的问题；打造旅游业、茶叶加工的主导产业特色品牌；积极延伸生物制造、食品加工、会议会展、其他商业商贸等辅助产业。

5.2　优化产业空间布局

围绕延伸茶产业核心主导产业链条，培育一二三产融合发展的主线，规划布局 2 个产业圈层：依托镇区形成产业融合圈层，依托景迈大寨及 3 个传统村落形成特色聚集圈层。产业融合圈层以惠民镇镇区为主导，以付腊村及芒云村为辅助，发展旅游客源集散、茶叶精深加工、茶叶窖藏运输、生鲜食品加工、温泉康养、大数据中心等产业。特色聚集圈层以列入第二批中国传统村落名录的 3 个传统村落为主导，科学合理保护利用好古茶林等活态资源，同时展示当地特色茶文化、民族文化，发展茶文化特色旅游，推动景迈茶产业延伸发展。

5.3　明确产业发展方向

以茶为核心和主题，按照“做优一产、做精二产、做特三产”的总体思路，优化茶园种植结构与种植模式，大力发展茶产品深加工，重点发展以茶文化旅游为引领的第三产业，最终形成种植、加工、旅游、文创、商贸、物流、研学教育、健康养生等多产联动的“普洱茶＋”全新产业体系（图 3）。

从大品牌共享到自有品牌塑造：在普洱茶大品牌格局之下，积极挖掘惠民的产业优势与区位优势，主动塑造专属于惠民的产品品牌、产业品牌与项目品牌，强化惠民在大普洱茶产业格局中的地位与识别度，彰显惠民在中国茶文化格局中的独特价值。

从第一产业主导到三次产业融合发展：从以初级种植业为主导的产业发展方向，转变为三次产业融合的新方式，推动惠民茶产业升级。尤其通过以旅游业为核心的第三产业的发展，增强产业附加价值。

从初级业态到高附加值创新业态集群：在以种植庄园、初级加工厂为重点的初级业态基础上，重点引入特色小镇、度假庄园、文创街区、乡村民宿、主题乡村等新型业态，形成新型业态集群，升级产业整体品质。

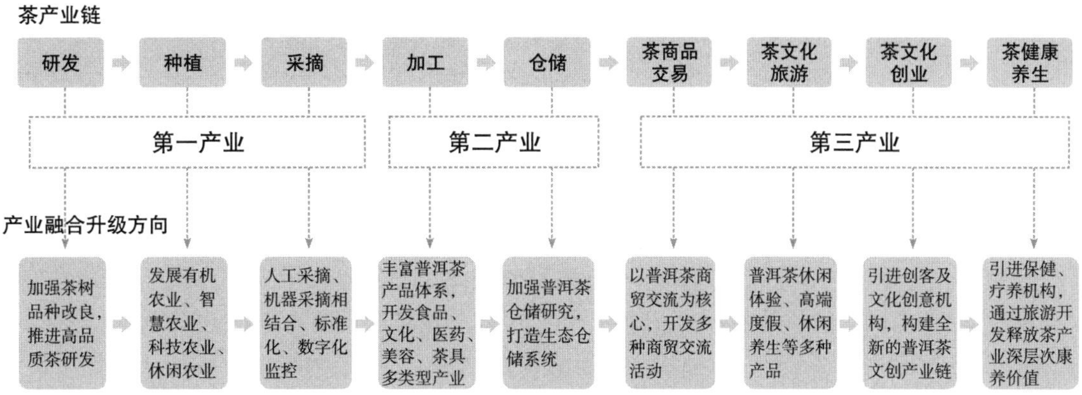

图3　“普洱茶＋”产业体系思路图

5.4　确定一二三产建设重点

5.4.1　第一产业聚焦现代茶园的有机化、基地化提升改造

普洱茶种植是景迈山区域农村居民收入主要来源。现代茶园有机化、基地化改造提升是承继景迈山古茶林文化景观生态智慧、消除发展不均衡和提升农村地区人均收入的重要举措，也是实现普洱茶食品标准化的基础性内容。以集“投、融、建、管、营”职能于一体的国有景迈山投资公司为主体，推动惠民镇10.1万亩茶园经营权部分集中流转，统筹推进全域茶园的有机化提升改造。计划先期推进芒云片区有机茶基地项目，规模10000余亩，规划范围内涉及茶园面积2000余亩，力争三年内规划区茶园面积基地化率达到80％以上。

5.4.2　第二产业构建标准化、规模化培育普洱茶加工、仓储、流通业态

普洱茶初制、加工、仓储、流通业态补齐是推动景迈山普洱茶产业生态圈构建的必然举措。加工、仓储环节标准化符合当代食品工业的基本发展趋势，是强化景迈山茶产业市场竞争力，支撑景迈品牌塑造的必然选择；规模化的发展方向则是匹配世界级文化景观资源、服务区域普洱茶加工业发展、打造世界级普洱茶产业基地的战略定位。

5.4.3　第三产业推动农文旅融合发展

以“茶”为主线，推进文化、农业、生态要素与旅游产业相融合，依托世界知名优秀专业团队及企业，加速推进景迈山AAAAA级景区建设，全面升级在地旅游服务配套，打造与世界一流“健康生活目的地”相匹配的高品质旅游度假服务产品，扶持培育农村个人及村集体经济组织，结合村庄环境提质、农用地综合整治等，提供个性化的旅居服务体验。

6　全过程规划咨询助力乡村高质量发展的过程与成效

6.1　创新“咨询＋设计＋产品＋建设＋运营”的服务模式

在第一产业方面，开展生态茶园提升改造、苗圃基地建设项目实施方案及可行性研究报告编制、景迈山供排水管网改造工程项目等规划工作；在第二产业方面，开展普洱茶加工、仓储、

物流业态推动茶产圈景迈普洱茶加工仓储物流园区建设项目设计工作；在第三产业方面，开展澜沧县酒井哈尼族乡老达保度假农庄建设项目、小新寨景迈茶文化体验中心项目等设计工作。

6.2 促进产业融合发展，有效带动乡村振兴

第一产业方面，通过示范园建设及茶园基地化改造项目，推动景迈山茶产业提质增效，带动当地农民致富。古树茶平均价格约 760 元/kg，比上年的 660 元/kg 增加 100 元/kg；生态茶平均价格约 240 元/kg，比上年的 175 元/kg 增加 65 元/kg；景迈山茶产业农业产值约为 9.14 亿元，同比增长 20%。茶产业是示范园农户第一支柱产业，占人均纯收入的比重超过 70%。2021 年，示范园所属惠民镇农民年人均纯收入预计突破 14000 元，同比增加 2053 元，增长 17.4%，位列全县第一。第二产业方面，示范园茶产品交易、茶文化旅游发展势头强劲，以茶类贸易为主营业务的大个体户有 45 家；示范园茶叶价格不降反增，交易量稳中有升，线上线下茶产品交易总额仍然保持了同比两位数的增长。第三产业方面，随着景迈山申遗成功及示范园的成功创建，第三产业产值爆发式增长。2021 年景迈山茶产业融合发展示范园接待国内外游客累计达 100 万余人次，同比增长 20%以上；接待过夜游客近 40 万人次，同比增长 21%左右，全年实现旅游业综合收入 6 亿元，同比增长 22%；2022 年 10 月，景迈山茶林文化景区被确定为国家 AAAA 级旅游景区；2023 年春节，接待游客超 2.7 万人次，景迈山假日旅游人气十足。当地通过景迈山茶林文化景区推动产村联动，带动示范园及周边人口就业，实现乡村振兴。一年来共解决 4000 余人就近务工（包括固定用工、季节性用工），辐射带动 3200 余人从事第三产业生产，通过招商引资引入的社会投资主体直接间接带动就业人数高达 5000 余人。

6.3 尊重生态文化，促进生态产品价值转化

依托示范园项目的实施，研究摸索出“山上保护，山下发展”“山上山下联动发展”的发展模式，是产业生态化和生态产业化的成功探索，是“绿水青山”转化为“金山银山”的具体实践。在“山上保护”方面，顺应自然规律，尊重自然法则的古朴“林下茶”，实施台地茶园“仿古茶林生态改造”，茶农收入由原来的每亩 1000～2000 元提高到每亩 6000～8000 元，真正达到提质增效，形成保护环境与经济增长共赢的局面。同时，景迈山“仿古茶林生态改造”的做法，在全县得到推广复制，推动了全县“两山”转化进程。通过两年的实践，“山上茶产业与生态旅游产业融合”的经济效益也逐渐凸显，2021 年景迈村和芒景村实现经济总收入 2.58 亿元。景迈山获得国家命名为“中国民间文化遗产旅游示范区”；景迈山芒景村被云南省文化和旅游厅任命为云南省旅游名村。2022 年景迈山茶林文化景区成功创建为国家 AAAA 级旅游景区，各项指标已具备国家 AAAAA 级旅游景区评定标准。

6.4 孵化包装项目获得资金支持

积极调动咨询、规划、市政、建筑等相关专业团队，主动谋划包装项目，多渠道争取预算内投资项目资金支持，积极争取专项债支持，想方设法通过招商引资吸引社会投资，项目支撑投资带动发展效果明显。

7 结语

云南省设计院集团有限公司采用了“咨询＋设计＋产品＋建设＋运营”全过程合作模式，深度参与了景迈山国家农村产业融合发展示范园创建及后续项目建设工作，有效推动了景迈山

茶产业转型升级，促进了旅游资源的开发，逐步形成以景迈山古树茶产业为核心的景迈山古树茶全产业链发展，形成以第一产业为基础、第二产业为支撑、第三产业为价值提升的产业融合新格局，实现茶产业与旅游业的多功能融合发展，践行了习近平生态文明思想及乡村振兴战略的规划实践，实践了习近平总书记的“两山”理论，真正把遗产资源、生态资源、文化资源转化为了“金山银山”，为景迈山成功申报世界遗产作出了积极贡献。

[参考文献]

[1] 保继刚，陈苑仪，董宇恒. 普洱茶产业发展对乡村振兴的作用机制：以云南省易武镇为例 [J]. 自然资源学报，2023，38 (8)：1941-1954.

[作者简介]

张云柯，工程师，云南省设计院集团有限公司规划设计研究院工作室主任。
师子乾，正高级工程师，云南省设计院集团有限公司规划设计研究院副院长。
陈华，高级工程师，云南省设计院集团有限公司规划设计研究院城市发展中心主任。

共同富裕视角下的城市近郊乡村农文旅融合发展规划研究
——以浙江省义乌市“大李祖”乡村片区为例

□邢立宁，董硕

摘要：农文旅融合发展是乡村振兴背景下乡村经济发展的必然选择，更是城市近郊乡村发展的重要发展方向和有效途径。本文在梳理分析义乌市“大李祖”片区的发展条件和困境的基础上，提出要从农文旅融合发展的角度，通过乡村品牌的确立、产业发展动能的谋划、空间格局的构建、乡村形象的提升及实施路径的探索等方式系统谋划片区未来的发展，从而为城市近郊型乡村的发展振兴及推进共同富裕提出有价值的实证案例。

关键词：共同富裕；近郊乡村；农文旅融合；李祖村

0　引言

党的二十大报告将实现全体人民共同富裕摆在更加重要的位置，并将实现全体人民共同富裕作为中国式现代化的本质要求之一。当前，促进共同富裕，最艰巨、最繁重的任务依然在农村，而近郊乡村处于城乡空间的过渡区域，凭借其独特的地理位置和资源优势，成为实现乡村振兴和城乡一体化发展的重要突破口，在共同富裕的道路上发挥着纽带作用。2024 年中央一号文件《中共中央、国务院关于学习运用“千村示范、万村整治”工程经验有力有效推进乡村全面振兴的意见》提出，要促进农村一二三产业融合发展。实施乡村文旅深度融合工程，推进乡村旅游集聚区（村）建设，培育生态旅游、森林康养、休闲露营等新业态，推进乡村民宿规范发展、提升品质。优化实施农村产业融合发展项目，培育农业产业化联合体。以农文旅融合模式促进该类乡村地区的良好发展，对于推进乡村振兴战略实施、实现共同富裕有着非常重要的现实意义。

1　城市近郊乡村的发展特征与困境

1.1　城市近郊乡村的发展特征

1.1.1　产业融合性不断增强

城市近郊乡村依托其独特的地理位置，易于与城市经济体系融合，发展出农旅结合的休闲观光农业、体验式农业等多种新型业态，促进农村产业的多元化发展。

1.1.2 市场潜力较大

临近城市的优势使得城市近郊乡村拥有庞大的消费市场，城市居民对短途旅游、绿色食品、休闲体验的需求日益增长，为乡村经济发展提供了广阔空间，并使近郊乡村逐渐成为市民休闲、度假等活动的重要目的地，催生乡村民宿、农家乐等休闲项目的出现，乡村文旅、观光农业等特色产业发展出现良好的势头。

1.1.3 基础设施相对完善

随着乡村振兴战略的推进，城市近郊乡村的交通、供水、供电、信息网络等基础设施建设取得了明显的改善，为文旅产业及现代农业的发展提供了基础保障。

1.2 城市近郊乡村的发展困境

1.2.1 产业体系不全

城市近郊乡村通常会适配相邻城市功能区块形成各自村庄产业，但普遍未形成完整的产业链条或产业生态，使得近郊乡村面临产业发展同质化、经济活力不强的状况。

例如，城市专业市场周边的近郊乡村常会形成相关配套服务业，但基本以私人经营的简易销售、修理加工店面为主，产业环节单一、发展位势较低；城市交通可达性较好的近郊乡村常会发展一定乡村旅游产业，但以农户个体经营的小型农家乐、民宿项目等为主，其他旅游业态较少。此外，城市近郊乡村大多依托土地资源发展传统种植、养殖农业，但普遍未与乡村旅游、产品加工等其他产业类型联动，且以分散经营为主，发展活力一般。

1.2.2 风貌品质不高

城市近郊乡村作为承载村民居住生活的现代聚落，其风貌环境受到村民建设活动的重要影响。不同于传统村落村民间的血缘、地缘关系，当代近郊乡村村民间的关联较弱，建设活动以自发性的拆建或改造为主，导致乡村建筑逐渐呈现出色彩混杂、材质拼贴、风格无序等状况，同时乡村内部街巷、广场等公共空间的品质也相对较低，导致乡村整体风貌环境的感知体验不佳，降低了乡村对外来人群的吸引力，阻碍了特色文化旅游、休闲观光等产业的发展。

1.2.3 治理能力不足

随着乡村振兴工作的开展，各地城市近郊乡村先后形成了“合作社牵头＋村集体＋平台运营”,“企业牵头＋乡村开发”等多种运营模式。但除少量村庄通过对企业、乡贤或其他外部资本等的成功引入，共同管理运营、落实产业项目并促进乡村快速发展外，其他近郊乡村仍普遍以村集体作为管理运营的主体，相应招商运营能力较为有限，制约着乡村产业与环境的发展，最终使得乡村运营治理能力的不均演变成发展动力与成效等的差异，背离“共同富裕”的发展导向。

2 相关实践经验

2.1 产业发展方面

国内外已有诸多城市近郊乡村通过打造主题文化场馆、民宿、田园综合体与农场庄园等不同产业项目，促进村庄内部农文旅融合发展的成功实践。

例如，北京近郊的北沟村依托村内琉璃瓦厂遗存等资源，改建形成瓦美术馆、瓦厂酒店等项目，通过特色的乡村风貌与多元的主题文化展演活动吸引来自怀柔新城与北京主城区等地的客群，促进乡村经济社会发展。成都近郊的白云村以传统农业为基础，通过打造多利农庄田园综合体发展休闲农业，并联合中国农业科学院、四川农业大学等组建“都市农业科创中心”，提供文创及科创空间，形成乡村双创平台，同时引进法国 lux 度假酒店推动乡村度假与旅游业的提升。日本伊贺市青山镇近郊的 okaeri 村围绕原有猪类养殖与农作物种植产业打造 mokumoku 农场，发展农产品加工业，形成猪肉制品、精酿啤酒等多种特色产品，并以伊贺市居民为目标客群，拓展猪主题休闲观光、亲子体验等产品。美国旧金山近郊的斐洛里庄园则通过举办不同团体交流等活动，培育文化交流服务业，成为 2023 年 11 月 15 日中美两国元首会晤地点，极大地推动周边乡村文旅融合发展。

2.2 实施路径方面

国内乡村已有多个依托党建联建、村企联营、发展联盟等形式构建共富发展平台，促进乡村共同富裕的成功实践。

例如，杭州市淳安县下姜村在依托文化旅游业提升乡村经济发展后，以党建联建的方式与周边乡村共同成立“大下姜”联合体、“大下姜”联合体理事会等共富发展平台，以“资源共享、产业共兴、品牌共塑”为原则，提高周边乡村特色产品的知名度，构建串联不同乡村的特色旅游线路，带动周边乡村农旅产业发展，实现“先富帮后富、区域共同富”的发展局面。杭州市余杭区小古城村充分发挥“原乡人、归乡人、新乡人”三类群体的作用，在推动乡村产业发展的基础上，联合周边四村一社区，成立小古城乡村新社区，并由镇街共富办牵头成立乡村新社区强村公司，负责域内的项目开发、资源统筹、产业发展等工作，初步实现区域的共同富裕。衢州市余东村则整合各类资源要素，通过“村集体＋企业＋农户”的运营模式成立乡村研学旅游公司等多个产业联盟，并与周边 8 个村庄共同成立“未来九村共富联盟”，建立“基础＋贡献”的分成机制与区域主题游线，实现发展共建共享。

3 共同富裕导向下的城郊乡村农文旅融合发展策略

结合现状城市近郊乡村发展困境与既有乡村实践经验，在共同富裕导向下的城市近郊乡村农文旅融合发展主要有以下策略。

3.1 培育农文旅融合的产业生态

在业态类型方面，应充分挖掘不同乡村各自的资源特色。例如，在农产品加工、商贸等传统农业的基础上，积极培育文化旅游、创意创作、康养度假等乡村特色产业，孵化形成多样的乡村特色服务产品，满足外来人群的休闲娱乐需求，促进乡村三次产业的多样化与融合化发展。

在业态布局方面，应以促进不同乡村之间的产业协同发展为原则，依托不同乡村的特色服务产品实现对外来人群不同服务需求的差异化匹配，使乡村之间合理、有效地共享外部资源，实现产业联动发展。

3.2 构建联动发展的空间格局

在空间层面，要打破乡村孤立发展的状态，形成网络化、集群化的空间组织模式，推动乡村振兴和可持续发展。通过制定跨区域的乡村发展规划，考虑各村庄的自然条件、资源禀赋、文化特色等因素，明确不同区域的发展定位和功能分区，促进优势互补和资源共享。同时要加强农村交通、水利、信息网络等基础设施建设，特别是要保障农村道路的通达性和质量，确保物流、信息流的畅通，为产业发展和居民生活提供便利，形成联动发展的空间格局。

3.3 塑造特色鲜明的乡村风貌

在乡村建设风貌层面，要对乡村建筑与公共空间提出材质、风格、色彩等方面的设计原则，使用让乡村风貌得到整体提升，变得更为有序，同时重点打造村内主要公共建筑与广场，结合相应业态功能策划贯穿全年的主题节事活动，从而形成一系列富有特色的空间节点与体验场景，提升乡村空间环境对外部人群的吸引力。

在此基础上，结合河岸、村道等线性要素，构筑串联不同乡村的游线，提供多元的乡村体验，满足外来人群的休闲需求，并促进不同乡村之间的农文旅产业协同发展。

3.4 构建协同共赢的运营治理模式

在乡村治理方面，要通过乡村党建联建、村企联营或发展联盟等不同形式，积极搭建由村集体、镇街政府与外部企业等多方构成的共富发展平台。

在合理制定相应各方职权与利益分配等原则的基础上，通过共富发展平台明确各村农文旅融合的具体发展方向、重要发展项目与具体招商目标，并依托各方在闲置劳动力、特色服务产品、乡村空间环境、宏观发展引导、优惠政策、资金投放与运营人才等不同发展资源的互补，促成各乡村之间合理有序、高效协同地发展，实现村集体、镇街政府及外部企业的“多方共赢”(图 1)。

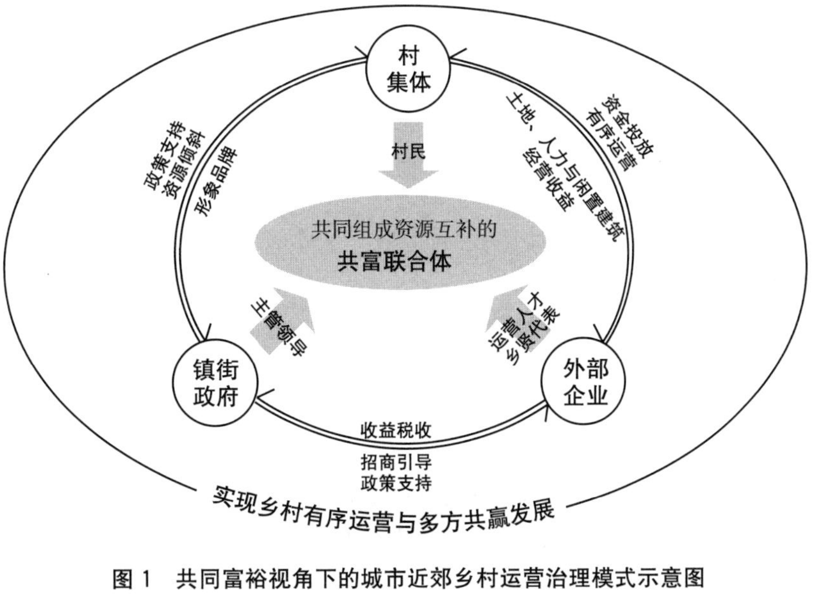

图 1 共同富裕视角下的城市近郊乡村运营治理模式示意图

4 项目实践：浙江省义乌市“大李祖”片区乡村规划

4.1 “大李祖”片区概况

李祖村位于义乌市西北部、后宅街道西南部，村域面积 109.65 hm^2。距义乌机场约 5 km，距义乌火车站约 3 km，交通区位优势非常明显。李祖村旧属岩南乡十三都，群山环绕，在村的东北边是浙中名胜德胜岩，它是古代“九岩十岭”之一。“大李祖”片区指的是李祖村周边辐射影响的区域，面积约 20 km^2，主要涉及岭脚、方塘、李祖、稠岩、大傅宅、岩南、坞灶、湖门、俊塘、红塘畈、下畈共 11 个行政村，以及起航、北站 2 个社区。片区户籍人口约 3.2 万人，常住人口约 7.5 万人，总户数约 1.4 万户；建设用地面积约 616 hm^2，占比 28.5%。

李祖村曾经是远近闻名的贫困村，被外人称为“水牛角村”。2003 年，浙江省启动“千村示范、万村整治”工程，李祖村从改善村容村貌入手，整治农村人居环境，先后获“浙江省全面小康建设示范村”“浙江省文明村”等称号。2017 年，在“千村整治、万村示范”工程建设美丽乡村的第二阶段，李祖村抓住契机，推动文旅融合发展，引入“创客”，逐步打造“国际文化创客村”。2020 年之后，李祖村试点职业经理人运营模式，招引“乡遇文旅”团队入驻李祖村，成功创建浙江省未来乡村，成立义乌市农创客发展联合会，持续擦亮乡村品牌。

2023 年 9 月，习近平总书记在李祖村考察调研时指出：“李祖村扎实推进共同富裕，是浙江‘千万工程’显著成效的一个缩影，要再接再厉，在推动乡村振兴上取得更大成绩。”这无疑对李祖村的发展提出了更高要求。

4.2 “大李祖”片区现实困境

4.2.1 业态相对单一、产业活力不高

“大李祖”片区现状产业以农业为主，如岭脚、方塘、稠岩等乡村地区普遍以水稻、小麦、玉米、蔬菜以及水果种植为主要产业；乡村周边的义乌汽车城、汽车交易中心聚集相对完整的汽车销售、贸易、展览等功能，但周边普遍以私营汽修与汽车美容店为主，产业相对低端；文旅方面，李祖村聚集了手工艺、饮品等类型的数十家创客工作室，成为片区重要的乡村创客基地，但相关的餐饮住宿、旅游服务业态尚未完善。

4.2.2 发展差异较大、资源投放失衡

李祖村经过近 20 年的持续投入，乡村基础设施水平、村容村貌、产业发展等方面都有了长足进步，但周边其他乡村的发展水平尚与李祖村有着较大差距，共同富裕的态势尚未形成。

4.3 “大李祖”片区规划策略

4.3.1 精准确立区域新品牌

乡村品牌建设是乡村振兴战略中的重要一环。随着乡村发展的同质化现象愈发明显，建立独特的乡村品牌可以帮助乡村在众多相似地区中脱颖而出。对于“大李祖”片区来讲，如何在李祖村既有的“国际文化创客村”品牌上进行更加精准地定位，是该片区规划中首先需要考虑的问题。

“大李祖”片区有条件依托义乌贸易融通窗口的优势，结合自身国际文化创客的底蕴特色、便捷的交通区位条件以及优美的自然生态环境，成为共建“一带一路”下，义乌民间对外人文交流与非正式外交的新场所。

4.3.2 全局谋划发展新动能

在明确了片区定位的基础上，如何确定片区未来的产业业态是进一步发展需要思考和明确的议题。产业业态的谋划一方面需要把握宏观战略导向，另一方面还要结合片区自身的资源条件。从国家战略导向来看，中央陆续出台了一系列关于以文化、旅游、体育等产业推进乡村振兴的文件，如《关于推动文化产业赋能乡村振兴的意见》《关于释放旅游消费潜力推动旅游业高质量发展的若干措施》《关于推进体育助力乡村振兴工作的指导意见》等，在此宏观发展导向的引领下，规划充分发掘大李祖片区文化资源优势，总结下来主要有以下三个特点。一是文化之源。义乌古称乌伤，唐武德四年（621 年）改称稠州，稠州之名源于李祖村东北的稠岩山。义乌人至今在节庆假日中仍保持着陪长辈伴子女登稠岩而揽全城的习俗，这正是义乌文化之根的体

现。二是红色印记。上方村是义乌第一位入党人方元永和第一位回义乌创建党组织的革命先辈人方城顺的故里，他们是点燃义乌革命的“星星之火”，被后人称为“红色双杰”。三是民俗特色。“大李祖”片区民俗文化历史悠久、形式多样、特色浓郁，主要有板凳龙灯、义乌道情、传统节日活动等。其中，曹村、岩南地区拥有独特的重阳节登高的庙会活动，这些都赋予了片区独特的文化内涵。因此，在国家宏观政策的导向和片区自身的资源条件的梳理分析下，片区有条件发展文化创意、文化交流、文化体育、文化娱乐等相关业态。同时，“大李祖”片区紧邻高铁站、空港等交通枢纽，未来义乌站将成为浙江省重要的铁路交通枢纽，对外交通可达性大大提升，因此片区有条件依托高铁站、空港，发展科技服务、商务贸易、旅游服务与文化会展产业，完善义乌的产业格局、促进金义都市新区协同发展。结合产业导向与基础，以及不同发展机遇的分析，综合构建片区未来的产业体系，即做优做强现代农业这一基础产业，发展壮大文旅产业、创意产业两大特色产业，积极培育科技研发、文化会展、商务贸易三大未来产业，整体形成“乡＋站＋城”产业一体化发展的城乡融合格局（图 2）。

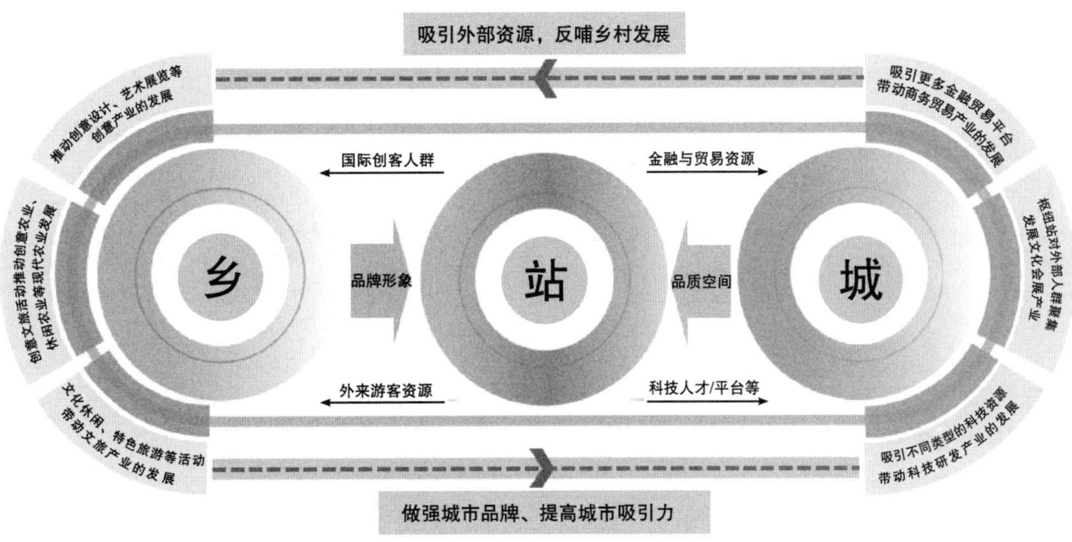

图 2　城乡融合模式图

4.3.3　统筹构筑空间新格局

分析未来“大李祖”片区的空间格局时，应重点考虑对李祖村及周边乡村区域进行空间统筹与功能布局。规划按照“文化引领、节事驱动、产业链接、空间匹配”的思路，先分析研判未来片区的人群构成和人群画像，主要包括原住村民、周边微度假人群、研学团建人群、国际创客人群四类人群，并基于人群构成类型和需求分析，营造包括文化创业场景、文化消费场景、文化交流场景、文化展示场景、文化休闲场景、文化体育场景六大文化场景（图 3）。

同时，依托文化场景空间，以弘扬传统文化、国际文化交流、主题娱乐消费为主题，策划三大类全季节事活动；打造党政访学体验线、创客休闲体验线、青少年研学体验线 3 条日间游览活动线和山水夜游体验线、田野夜游体验线、创客乡村夜游线 3 条夜间游览活动线，在此基础上整体构筑“一线、一轴、一心、两核、一带、多点”的特色空间结构（图 4）。

“一线”，即“德胜古韵”乡村精品文旅线，通过四条支线、四个组团、六大特色景点，串联美好田野、农林游园，并依托幽径山林支线形成具有田园风光特色，承载骑行、漫步等健身活动的休闲绿道；“一轴”，即美丽城乡协同发展轴，通过对乡村生态与人文旅游服务、国际创客孵化服务、乡村生活居住、城市汽车交易中心、城市高铁站及站前区等不同资源空间的串联，推动城乡融合，促进城市与乡村相互协调发展；“一心”，即李祖村，通过对村庄业态、风貌、服务设施进行优化，提升李祖村的核心吸引力；“两核”，即已具有一定资源基础的方塘、岭脚两个自然村落；“一带”，即田园农业景观带，充分利用现状农田、园地等农业空间，通过嵌入大地艺术、景观装置等，形成艺术与乡村融合的多样化农业景观；“多点”，即产业触媒点，依托不同乡村的水库、山林、农田等特色资源，在村庄聚落外围塑造不同主题的点状产业项目，作为触媒带动各乡村的经济产业新发展。

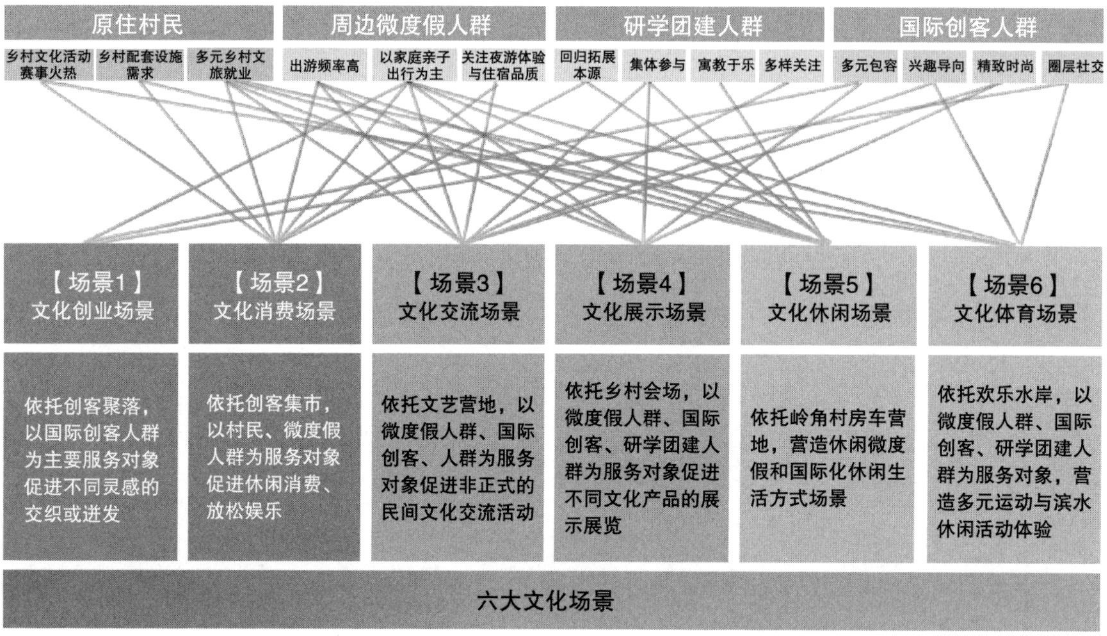

图 3　六大文化场景示意图

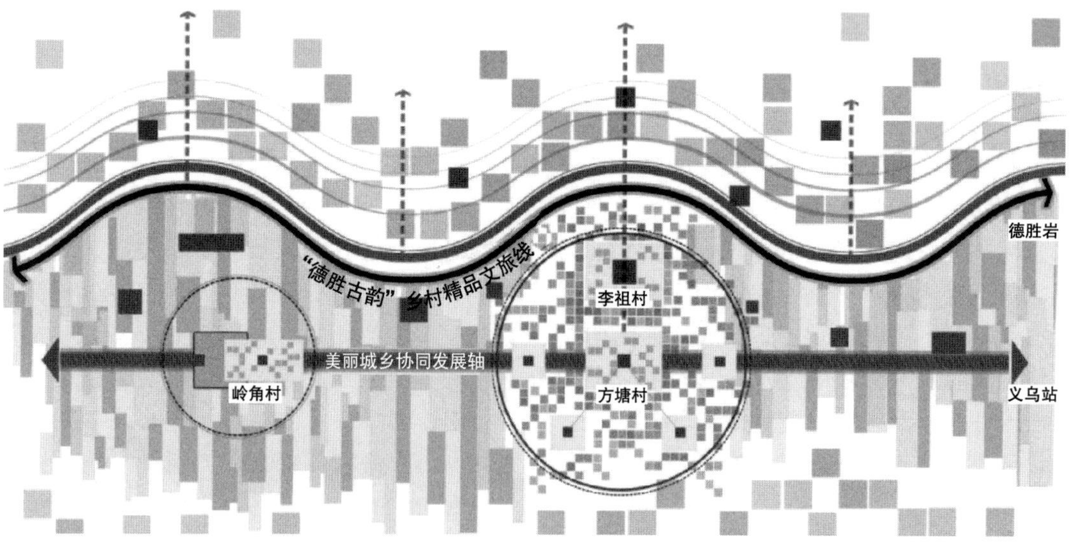

图 4　“大李祖”片区空间结构图

4.3.4 聚焦提升李祖新形象

李祖村是带动片区共富的引擎。规划提出优先以提升形象展示能力、旅游综合服务能力、创客服务能力等的引擎项目带动李祖村实现能级跃升，如综合服务中心项目、国际创客聚落项目、民宿酒店项目等，同时李祖村应成为带动区域共富的标杆示范。在产业发展标杆方面，重点关注业态规划引导，通过对李祖村现状建筑和功能业态的分析，提出业态分类引导建议。例如，李祖村共有市级文物保护单位 2 处、历史建筑 11 处，规划重点引导该类建筑植入民宿、文化展陈、文化创意等业态；而位于历史建筑周边的民居，则建议植入购物、休闲、租赁等服务业态。对于风貌焕新标杆，重点关注建筑立面和公共空间改造，规划选取其中具有代表性的建筑，对街巷空间、重要路径、滨水空间、广场空间提出改造引导建议（图 5）。

现状建筑问题

1. 建筑立面色彩不协调；
2. 绿化景观和围墙护栏有待提升。

建筑提升改造引导

1. 对建筑外立面进行整体更新，改变外立面材质和色彩，适当增加木材装饰；
2. 提升建筑外围公共空间绿化景观品质、增加花坛绿植。

建筑提升改造前照片

建筑提升改造效果图

图 5　代表性建筑改造引导示例图

4.3.5 构建多元主体共建新格局

对于未来实施路径，需要政府做好顶层设计和各方利益的协调，提供良好的经商环境和优惠条件，激发目标客商投资、建设乡村的热情，积极促成农文旅项目的招商引资。规划提出要加强人才引进，如创新人才培育引进机制，探索高端人才资源共享，建立创客工作站，培育现代农文旅产业基地；鼓励外出杰出乡贤返乡创业，利用其学识、技术、人脉、经验与资源返乡反哺；探索创新投资开发型、龙头带动型、村企共建型、对口扶贫型等投资模式，鼓励和引导有社会责任感、有经济实力的企业家到乡村投资兴业，利用乡村资源推动股份合作开发，带领村民增收致富。不断优化人才成长环境，完善人才服务机制建设，落实人才引进专项编制，出台人才引进奖励补贴政策。同时，优化运管结构，成立村投管理公司，负责整合社区资源和统筹相关专项资金，将资源和资金按照运营管理公司的运营需求统一安排使用。村投管理公司负责将核心资源经营权委托于运营管理公司，由运营管理公司进行统一的日常运营管理工作，提升运营效率和市场化水平；推进数字科技赋能，以数字化实现乡村国际化、产业规模化。

经过规划发展，李祖村国际文化创客村的品牌形象进一步凸显，农旅、文旅、乡旅等旅游观光项目正逐步落地实施，初步形成三产融合发展的农创产业格局，如以农耕体验、文化体验为主要内容的“李祖周末亲子研学”项目获游客热捧，已累计接待学员超30万人次。

5 结语

“一人富不算富，一村富也不算富”。在共同富裕的视角下，城市近郊乡村应充分挖掘自身资源特色，精准确立品牌形象，发掘并整合自然资源、农业资源与文化遗产，探索农文旅深度融合发展新模式，推动传统农业向现代农业转型，形成产业链条，提高产品附加值。同时，要挖掘和保护乡村的非物质文化遗产，如民俗活动、手工艺、地方戏曲等，通过创意使其转化为旅游体验项目，既能让游客体验到原汁原味的乡村文化，又能为当地居民创造就业机会，促进文化传承与创新发展。利用互联网、大数据等现代信息技术，包括在线预订平台、智慧导览系统、农产品电商平台等，推进乡村旅游智慧化建设，提高服务效率和游客体验，同时也为农产品拓宽销售渠道，增加农民收入。鼓励乡村居民积极参与到农文旅项目的规划、建设和管理中来，通过合作社、股份合作等形式，让农民成为发展的主体和受益者，实现经济利益和社会效益的双重提升，缩小城乡差距，促进共同富裕。

［参考文献］

［1］乡村振兴要取得更大成绩：六论学习贯彻习近平总书记考察浙江重要讲话精神［N］. 浙江日报，2023-10-04（2）.

［2］刘冬梅. 农文旅深度融合助推乡村振兴的价值阐释、困境透视与路径探析［J］. 领导科学论坛，2023（12）：106-109.

［作者简介］

邢立宁，北京清华同衡规划设计研究院有限公司详细规划与实施一所主任工程师。

董硕，北京清华同衡规划设计研究院有限公司详细规划与实施一所规划师。

文旅融合导向下城中村更新改造路径探索与实践

——以福建省厦门市翔安区大嶝街道田墘社区为例

□林怀策，徐浩缤，邬晓锋，李明真

摘要：城中村作为城市快速扩张的产物，见证了现代文明的飞速发展。在快速城镇化过程中，经济利益驱动“租房经济”成为大多数城中村的主导产业，而历史文化资源挖潜未得到足够重视。文旅融合的提出为具备历史文化资源优势的城中村提供了新的发展思路。本文以翔安区大嶝街道田墘社区为实践案例，分析社区空间现状特征，挖掘文化空间潜力，探索文旅融合导向下的城中村更新改造路径。通过规划策划的实施重塑城中村的文化空间、生活空间、产业体系，促进其与现代经济社会生活相融合，推动城中村现代化治理形成长效机制，以期助力城中村经济社会实现高质量发展。

关键词：城中村；文旅融合；城市更新；治理；田墘社区

0 引言

随着我国经济由高速度增长阶段迈入高质量发展阶段，为适应经济发展的新形势、新特征，城市发展也面临转型与调整，其中最突出的特点是城镇化进程由“增量扩张”时代步入“存量时代”。城市有机更新成为存量时代城市建设的主要内容，得到党和国家的高度重视。2020 年底发布的国家“十四五”规划明确提出“实施城市更新行动”，习近平总书记指出：“实施城市更新行动，加强城市基础设施建设，打造宜居、韧性、智慧城市。”城中村作为城市快速扩张的产物，成为城市更新的重要组成部分。2023 年 7 月，国务院常务会议审议通过的《关于在超大特大城市积极稳步推进城中村改造的指导意见》中指出，在超大特大城市积极稳步实施城中村改造。在国家政策导向推动下，各地积极响应，城中村发展迎来重大机遇。

厦门是我国的经济特区，国内外知名的风景旅游城市，城市建设品质一直处于全国前列。值得一提的是，在城市发展过程中，厦门长期保持对城中村改造的关注，主动进行政策探索，创造性地提出征地留村的“金包银”模式、整村拆改的“金包金”模式、“共同缔造”等一系列创新举措，得到学术界的广泛关注。2023 年初，厦门市委、市政府印发《厦门市城中村现代化治理三年行动方案（2023—2025 年）》，提出分三年对全市 108 个行政村开展城中村现代化治理，同时明确 2023 年筛选 25 个较为成熟的城中村作为治理试点，打造成为首批精品村，城中村治理工作旋即启动，各区均有多个试点村庄入围。然而，不同的城中村在区位条件、历史脉络、空间禀赋等方面存在较大差异，在治理过程中不能采取“一刀切”方式，必须因地制宜、分类施策，制定有针对性的规划策略和行动计划，才能精准有效地支撑城中村的高质量发展。因此，本文聚焦历史文化资源丰富、区位条件优越的翔安区大嶝街道田墘社区，以文旅融合为发展导向，探究此类城中村的更新改造路径，以期为同类城中村的发展提供参考借鉴。

1 文旅融合与城中村更新改造的关系及内涵解析

文化产业和旅游产业的融合可高效促进区域内产业、资源、服务等各类要素的联动，实现更高的经济效益。2018年启动的新一轮国家机构改革将原文化部和国家旅游局的职能进行整合，组建文化和旅游部，在体制上为文化和旅游产业的深度融合奠定了基础，同时也指明了产业互动的方向。

城中村村民由于脱离农业生产、被动完成城市化进程，收入主要依靠“租房经济”这一单一经济形态，内生发展动力不足。因生活成本相对低廉，城中村成为进城务工人员的主要落脚地，导致村民与外来务工人员产生社会融合问题。文旅融合的提出为城中村的长远发展提供了新的解决思路，通过激活城中村内部的资源禀赋，将文化空间、生活空间、非遗体验等各类要素串联，形成系统的文化旅游资源体系，以促进旅游产业发展，为游客带来沉浸式体验，有效推动城中村文化传承和旅游业态增收形成良性循环。此外，文旅融合和城中村更新改造具有相互促进作用。一方面，文旅融合能促进城中村更新改造。文化产业与旅游产业的融合通过将文化资源转化为文旅体验载体，并辅以文化活动等多样形式保留城中村的传统特色，可为城中村提供产业支撑，促进其长远发展。在旅游产业推动下，也可撬动一定的社会资本参与，不断提升和完善基础设施、公共配套，改善人居环境，吸引各类人才回流城中村，促进城中村更新改造的持续推进，提高城中村的内生动力和发展活力。另一方面，城中村更新改造能为文旅融合提供空间和载体保障。城中村改造带来产业政策、社会资本等多元动力，通过挖掘城中村优秀文化内核，让城中村成为牵引旅游资本不断扩大的场域，保障旅游产业落地。更重要的是，文旅融合和城中村更新改造存在一致的目标，国家在体制层面已为文旅融合做好了顶层设计，在政策层面则为城中村改造提供了土地政策、财政政策等方面的支持，二者都是新时代国家为满足人民群众对美好生活的向往而做出的制度安排，均是为了全面实现中国式现代化、提高人民的生活水平这一长远目标。

“城中村＋文化旅游”通过培育文化游、休闲游等产品，开发民俗文化资源，再逐步延伸产业链、提升价值链，放大城中村的文化价值和旅游消费价值，由此不断促进产业集聚，衍生新消费业态，带来城中村人气的聚集、人居环境的改善等。基于上述分析，文旅融合导向下的城中村更新改造应重点关注以下三个层面：首先是城中村生活空间的更新，包括城中村聚落和基础设施两大方面，其中城中村聚落的更新即建筑学领域中的民居建筑、景观环境的更新，基础设施更新则包括市政、交通基础设施和公共服务设施的更新，可解决城中村市政交通配套和公共文化、教育、体育、公共医疗、养老问题，提升人居环境质量、保障公共安全，强化旅游发展的设施支撑能力。其次是城中村文化空间更新，主要包括宗祠家庙等历史建筑和非物质文化遗产展示等载体，继承和发扬传统文化、特色习俗，如村规民约、节庆礼仪、手工艺、建造技术等，融合乡土文化和现代生活方式，提高旅游产品质量。最后是城中村产业体系的更新，构建可持续发展的产业体系是支撑城中村高质量发展的基础，能够推动城中村转变单一“租房经济”形态，提供有别于城市、更灵活的商业空间，在旅游产业加持下，为周边城市功能区提供配套服务，促进其与城市产业体系的融合，也可拓展包括研学、文化等新功能形态，提升旅游服务品质和吸引力。综上所述，历史文化资源丰富的城中村应结合自身的区位条件、资源禀赋和产业基础，着力推动生活空间、文化空间和产业体系的更新，从而集聚人气，优化经济结构和社会结构。

2 田墘社区概况与现状特征

2.1 社区概况及规划范围

田墘社区位于翔安区大嶝街道中北部，东邻大嶝台贸小镇及厦门新机场（建设中），西邻蟳窟社区，南邻山头社区，北与厦门大学翔安校区隔海相望，现为大嶝街道办事处所在地，远景作为大嶝岛上唯一的保留村。截至2022年底，社区有户籍人口4510人，常住人口4470人；常住人口以本地居民为主，人户一致的居民约3900人，占常住人口的86%，外来流动人口占比不到两成；青壮年人口基数大，具备一定活力。由于厦门新机场的加速建设，社区居民收入来源逐步从过去的传统海产养殖、渔业捕捞，转型为以服务业、旅游业及小商品经济为主。

2023年初，田墘社区入选厦门首批25个试点村，率先开展规划策划方案编制，实施城中村综合治理。规划策划范围北至环嶝北路，东至大嶝东路，南至原龙田南路，西至大嶝中路，规划用地面积约为40 hm^2。

2.2 资源禀赋及工作基础

2.2.1 现状资源与特色

田墘社区文化底蕴深厚，拥有丰富的旅游资源，在数百年的村庄发展历程中形成了以姑婆祖文化、希元文化、郑氏家风家训等为代表的宗族文化，以闽南红砖古厝为代表的建筑文化，以金门县政府旧址为代表的战地文化等，其中以战地文化最具特色①。现存保留较为完整的金门县政府旧址（7处12栋，为省级文物保护单位）、闽南红砖聚落古厝群、菩提古树（弘一法师亲笔题词，有近500年历史）、理学名宦林希元故居等历史文化要素，具备发展文旅产业的良好基础和独特优势。

2.2.2 治理工作基础

2019年厦门新机场项目获得国家批复，新机场所在地大嶝岛的各类城市建设项目加速推进，城市面貌日新月异。随着新机场预计通航时间（2026年）的逐步逼近，作为未来通航后的城市重要展示窗口，大嶝岛上的村庄风貌整治工作愈加紧迫，得到了市委、市政府主要领导的高度关注。在市、区两级政府大力支持下，近年来岛上村庄已开展了一系列治理工程，田墘社区开展了包括雨污分流工程、自来水管网改造、主要村道白改黑、省级文保单位修缮、生态停车场建设等项目，推动了市政交通基础设施、整体景观环境的快速提升。此外，社区公共服务配套已可满足基本需求。

2.3 现状问题及短板

经过近年来一系列整治项目的实施，田墘社区基础设施等已得到极大改善，但通过对社区“两委”、社区居民的访谈与问卷调查以及现场调研，还有以下四个方面的问题和短板亟待解决。

2.3.1 配套设施仍有提升空间

龙田北路、原龙田南路等道路的路面亟待整治，污水“三管”接户、雨水立管亟须加快改造，电力缆线架空敷设等安全隐患需要排除，老人活动中心设施老旧、原农贸市场待整改等问题均有待解决。

2.3.2 公共环境缺乏系统营造

社区内现状绿地与开敞空间用地仅占社区用地总面积的1%，且连续性较差；龙田北二路、龙田中路东段等主要街道两侧立面较为杂乱，存在违章搭盖现象，影响公共景观。

2.3.3 人文资源未能有效利用

现存大量的闽南红砖古厝中，仅有少量开发为民宿经营，大部分古厝处于闲置状态，造成了历史文化资源的浪费，且已开发古厝缺乏统一的运营与管理，也未和社区内其他历史文化要素形成联动。

2.3.4 存量用地有待整合开发

社区存量用地总面积约4.2 hm^2，主要包括市青少年宫南侧的部队用地（现为大嶝街道办事处所在地，近期街道办拟搬迁至社区外的规划行政办公用地，该用地收储后可作为社区未来规划功能的重要承载地）、部队仓库等，需统筹开发。

3 田墘社区更新改造规划策划主要内容

3.1 总体定位

规划基于对田墘社区资源与特色、问题及短板的分析，紧紧围绕文旅融合和城中村更新改造结合这一发展导向，放大田墘作为金门县政府旧址所在地、大嶝岛上远景保留城中村的历史人文和区位条件优势，确定田墘社区总体定位为“‘沉浸体验式古厝博物馆群’为载体的文化休闲目的地，融合厦金同根同源一家亲的开放包容社区，打造成为‘老金门文化村、厦金融合示范区、城中村新标杆’”。

3.2 规划策略和行动举措

3.2.1 策略一：完善公共服务，提升市政交通水平

规划通过对现状空间摸底调查和社区居民诉求反馈，着力补齐民生短板，提升旅游基础设施支撑能力，提出完善公共服务设施、市政基础设施和交通设施的具体举措。公共服务设施方面，推动原农贸市场改造，内部增设阅览室、休息区、文创商铺功能，并对场地环境及外部硬件进行系统提升，整体转型为文创体验型集市。市政基础设施方面，推进社区内主要道路缆线落地及龙田北路、原龙田南路“白改黑”并同步配套照明设施；完善污水“三管”接户及雨水立管改造，增加环卫设施布局。交通设施方面，利用道路两侧边角地、危房、现状违章搭建空间，增加公共停车场。

3.2.2 策略二：改善人居环境，提升空间品质

针对社区现状绿地与开敞空间用地不足的问题，规划提出多措并举，提升社区公共景观环境，夯实发展文旅产业的景观环境基础。主要采取以下三个方面的措施：一是美化庭院，整治居民房前屋后生活环境，推动社区“美丽庭院”创建工作；二是提升路侧景观，包括大嶝中路西侧水渠及两侧绿地、社区内部道路两侧公共景观，改善游览路线沿线景观体验；三是打造口袋公园，通过梳理社区内边角地、空闲地，打造多处口袋公园景观节点，营造舒适宜人的公共活动空间。

3.2.3 策略三：整合人文资源，打造活力游线

针对社区丰富的历史文化资源要素，规划提出整合各类人文资源，打造社区旅游环线，整

体盘活社区历史文化资源。主要采取以下两个方面的措施：一是提升节点，加强历史建筑的保护与利用，协调古厝核心区内建筑风貌，激活与复兴历史建筑、场所空间等，塑造高品质观光游览和休闲场所；二是以点带线，以古厝核心区、闽台风情商业街、文创集市等重要节点为依托，打造24小时活力环线，形成社区核心产业空间。

3.2.4 策略四：盘活土地资源，植入多元业态

针对社区内部存量用地，规划提出系统盘活土地资源，植入多元业态，打造更加开放、包容的社区共享空间，提升社区旅游产业承载能力和发展水平。构建“1＋N”的产业体系，以厦金文化为核心，延伸N个文旅产业，引进两岸艺术家聚落、台青双创、特色文创、精品民宿等多元文旅业态，引导居民发展主题民宿、“庭院经济带”等产业发展，带动城中村产业转型升级，打造文旅融合的产业发展体系。对存量用地主要采取以下两个方面的措施：一是植入主题项目，紧扣社区发展定位，植入创意工坊、艺术工作室、青少年研学基地、海岛党校等项目，打造以文旅休闲、研学教育为主题的休闲观光目的地；二是加强运营管理，引入优质国企，整体运营社区存量物业和低效用地，提升社区运营管理水平。

3.3 总体布局

3.3.1 规划结构

田墘社区城中村更新改造的总体结构为“一带一心一环线、两街三坊多节点”。其中，“一带”为滨水景观带，打造宜人的入村滨水景观风貌；“一心”为古厝核心区，集中展示和活化人文精粹；“一环线”为文旅综合环线，围绕古厝核心区，集聚文旅新业态与新产品；“两街”为龙田中路、龙田北二路两条商娱文旅街巷；“三坊”分别为宜居坊、文创坊、研学坊；“多节点”为文创市集、研学广场等多个通过微改造形成的空间节点（图1）。

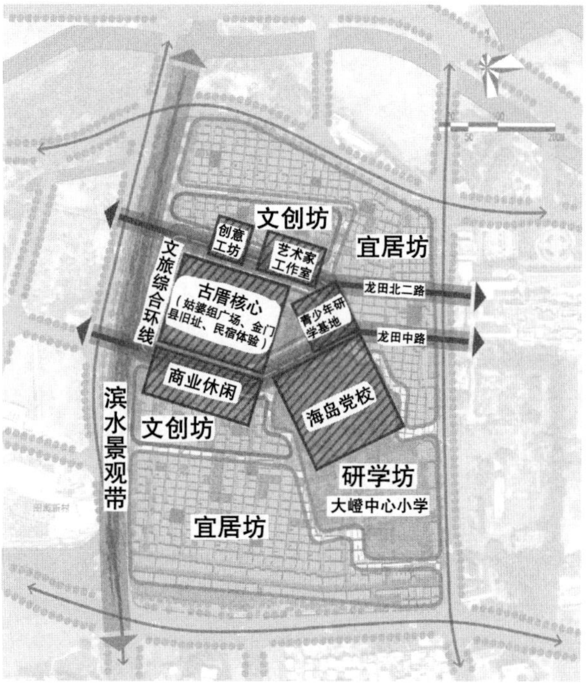

图1 规划结构图

3.3.2 总平面布局

全景展现田墘历史文脉，激活历史人文资源，打造全新的文旅融合场景和产品体验，营造丰富、充满趣味的公共空间，展示真实性、展现文化韵味，激发社区活力，凝聚社区向心力和归属感。

3.4 治理项目策划

田墘社区城中村治理共策划生成实施项目 26 项，其中近期项目 13 项、远期项目 13 项。

近期项目主要包括道路提升、市政提升、公共服务和环境提升等类型，均为财政投融资项目，能快速提升社区各类设施承载能力和公共景观环境品质。近期项目分两期实施，其中一期项目 11 项，计划投资 2911 万元；二期项目 2 项，计划投资 1171 万元。

远期项目包括市政提升项目、公共空间项目、文化传承项目、环境提升项目、智慧管理项目，计划总投资约 1.18 亿元。其中拟由社会资本投资项目 4 项，计划投资 1905 万元，包括研学广场、艺术工作室及游园、创意工坊和海岛党校，将助力社区产业发展。

3.5 实施保障体系

为高效推进田墘社区城中村治理各项工作落实，建构了多措并举的实施保障体系。

在统筹协调机制方面，采取“区指导—街道牵头—社区保障”模式，由属地大嶝街道牵头成立城中村更新改造工作专班，街道党政主要领导定期组织召开工作调度会，研讨工作路径，跟踪项目进展，督促任务落实；田墘社区“两委”建立分片、分户责任机制，针对治理难点、堵点，确保各项城中村治理举措落实到位；同步组建“城中村治理大党委”，统筹田墘社区内 6 个基层党组织，签订共建共治协议，并建立联席会机制，提升党建引领社会治理、凝聚社区群众的能力。

在治理项目实施方面，采取“整村代建、整村产业招商”模式，在规划策划阶段即引入两家厦门本地国企，分别负责整村项目代建、整村产业招商工作，统筹推进治理项目建设和产业招商，推动治理项目快速落地、规划意图精准落实。

在公众参与方面，充分调动居民力量，通过召开城中村现代化治理动员大会及居民代表大会的形式，凝聚共识，鼓励、引导、推动社区居民共同参与城中村现代化治理。

3.6 综合治理成效与特色总结

3.6.1 精准施策，坚持文旅融合发展

田墘社区充分把握旅游市场和区域发展趋势，依托当地的红砖古厝旅游资源及丰富的文化内涵，通过党建引领、问计于民、因地制宜、挖掘潜力，采用主题构建、系统化业态布局，游客动线串联、夜间活动组织、节日营销等方式，将田墘打造成集文化旅游、文化创意、商业娱乐休闲于一体的旅游体验区。根据产业特色定位，重点推进闲置红砖古厝资源盘活利用，推动建设民宿集群、文创街区、闽台红砖文化会客厅等新业态，塑造田墘文旅融合品牌。2023 年底，田墘成功举办了国家文化和旅游部“四季村晚”冬季示范展示点活动“和美宜居 · 厝里田墘”，展示了田墘的历史资源特色、本地民俗文化和英雄三岛文化，完成了文旅融合发展的首秀。

3.6.2 运营导向，加快城中村更新改造步伐

坚持规划、建设、运营一体化，将国有企业市场机制引入城中村建设和产业招商运营，运用市场导向，持续增强产业竞争力。田墘社区更新改造由两家厦门本地国企——厦门市翔发集

团有限公司（简称“翔发集团”）和厦门象屿发展有限公司（简称“象屿台贸公司”）分别负责整村项目代建工作和整村产业招商工作。其中，翔发集团负责整村项目代建，全面推进田墘城中村现代化治理项目的建设落地；象屿台贸公司作为代运营主体，以“陪伴式乡建”的模式，打造产业平台，做好孵化服务，帮助招商形成业态组合，吸引艺术家、创意餐饮、文创公司及台湾青年入驻，不断优化产业结构，激发社区内生动能。

3.6.3 统一治理，优化城中村治理机制

城中村综合治理是城中村产业发展的重要保障，田墘更新改造的过程把党支部建在产业链上、育在运营链里，构建“政府搭台、企业唱戏、合作社引领、居民参与”四位一体的发展格局，激活社区内生动力，吸引青年回乡创业，吸引台湾青年参与乡建乡创，共同推动居民增收、社区发展。其中，业态生成以辅导居民自主创业及招商引资为主，鼓励居民全方位参与。经改造，田墘社区餐饮业、商行等业态发展良好，社区经济合作社与象屿台贸公司共建的闽南古厝精品民宿产业也逐步形成规模化，较好地促进居民增收并推动集体经济发展。

4 结语

本文聚焦历史文化资源丰富的城中村，以翔安区大嶝街道田墘社区为案例，探究文旅融合导向下城中村的更新改造路径，得出以下结论。文旅融合的提出为具备历史文化资源优势的城中村提供了新的发展思路，通过重塑城中村文化空间、生活空间、产业体系，使其与现代经济社会生活相融合，助力城中村经济社会高质量发展，具体而言包括以下三个方面：一是重塑文化空间，通过活化历史文化资源，塑造高品质休闲空间，策划活动游线，如田墘改造项目中通过激活节点、串点连线形成 24 小时活力环线，展现历史文化空间的人文魅力；二是重塑生活空间，加强社区各类基础设施配套建设，改善人居环境品质，强化各类设施支撑旅游产业发展的能力，如田墘社区通过“两委”建立分片、分户责任机制，发动群众开展房前屋后整治，挖潜社区边角空间改造成口袋公园、公共停车位等，完善社区服务能力、提升社区空间品质；三是重塑产业体系，以文旅融合为发展导向，依托社区核心文化资源，构建围绕核心资源的产业体系，如田墘社区以厦金文化为核心，延伸 N 个文旅产业，引进两岸艺术家聚落、台湾青年双创、特色文创、精品民宿等多元文旅业态，形成独具特色的休闲文旅产业体系。

［注释］

①1938 年初，由于侵华日军占领金门岛，金门县政府迁至大嶝田墘，借用民居办公，抗战胜利后迁回金门岛。

［参考文献］

[1] 赵燕菁，邱爽，宋涛. 城市化转型：从高速度到高质量 [J]. 学术月刊，2019，51（6）：32-44.
[2] 丁怡婷，黄福特，王海林，等. 把让人民宜居安居放在首位 [N]. 人民日报，2023-03-17（19).
[3] 何子张，曹伟. 土地发展权视角下的土地征用政策分析：兼论厦门“金包银”政策 [J]. 规划师，2009，25（1）：69-74.
[4] 皮卫平. 解读思明区何厝“金包金”工程 [J]. 政协天地，2006（12）：39-41.
[5] 李郇，刘敏，黄耀福. 社区参与的新模式：以厦门曾厝垵共同缔造工作坊为例 [J]. 城市规划，2018，42（9）：39-44.
[6] 范周. 文旅融合的理论与实践 [J]. 人民论坛・学术前沿，2019（11）：43-49.

[7] 黎靓，王恬. 重塑“里仁为美”：“三山五园”历史文化区青龙桥北街城市风貌规划设计 [J]. 小城镇建设，2017 (7)：82-90.
[8] 杨高，金万富，王宇渠，等. 珠三角农民工的社区选择与社会融合 [J]. 地域研究与开发，2023，42 (3)：80-84，91.
[9] 梁孜铭，钱靖萱，温雅馨. 城中村改造中的价值定位：以合肥市钟油坊为例 [J]. 建筑与文化，2023 (1)：137-139.
[10] 袁敏. 城市微更新背景下的城中村微商业空间发展策略研究：以昆明福保村为例 [D]. 昆明：昆明理工大学，2020.
[11] 金珊，赵天娇，林美宏，等. 日常生活视角下的红色文化空间构建与微更新策略研究：以深圳市为例 [J]. 城市发展研究，2023，30 (8)：17-25.
[12] 林怀策. 基于共生理论的城市文化遗产保护与更新研究：兼论文化遗产保护的与时俱进 [C] //中国城市科学研究会. 2019 城市发展与规划论文集. 北京：中国建筑工业出版社，2019.
[13] 梁雄. 城中村的经济社会功能视角研究：以南宁为例 [J]. 市场论坛，2016 (11)：25-27.

[作者简介]

林怀策，工程师，厦门市城市规划设计研究院有限公司规划师。
徐浩缤，工程师，厦门市城市规划设计研究院有限公司规划师。
邬晓锋，高级工程师，厦门市城市规划设计研究院有限公司主创规划师。
李明真，助理工程师，厦门市城市规划设计研究院有限公司规划师。

基于 sDNA 模型的柳州市公园绿地可达性分析

□李秀群，蒋斯怡，樊亚明

摘要：公园绿地可达性可表征居民使用公园绿地的难易程度，是反映绿地合理布局与公平使用的重要指标。本文基于城市道路中心线建立线段模型，并利用空间设计网络分析（spatial design network analysis，sDNA）模型对柳州市主城区 42 个公园绿地的全局可达性和局部可达性进行分析，同时利用 GIS 的空间自相关分析对 sDNA 模型分析的结果进行验证。研究结果表明：柳州市公园绿地全局可达性总体较好而局部可达性总体较差；柳州市公园绿地全局和局部可达性都高的公园数量较少；柳州市公园绿地空间格局分布不均匀。最后，从交通路网结构和公园绿地空间布局两个方面提出优化建议。

关键词：公园绿地；可达性；GIS；sDNA；柳州市

0 引言

随着城市化和工业化的推进，城市生态环境恶化、绿地游憩空间缺失、城市热岛效应凸显等问题日益突出。城市公园绿地可以提供丰富的生态系统服务，对于维护和改善城市生态环境、减缓城市热岛效应及保护生物多样性具有重要意义。公园绿地作为居民进行放松身心的娱乐及社交活动的重要场所，是公共开放空间内的关键绿色基础设施和核心公共服务设施，对维持居民健康、提升生活品质和维护社会关系发挥着至关重要的作用，对增进居民福祉、促进城市可持续发展具有重要意义。在公众对美好生活的追求日益提高的今天，城市公园绿地的品质已成为衡量居民幸福指数的重要载体。同时，公园绿地的空间可达性被认为影响公园使用的主要因素之一。

公园绿地可达性是指居民从某地出发前往公园绿地的难易程度，是衡量城市公园布局水平的重要指标。当前常用于测量可达性的方法包括缓冲区分析法、网络分析法、两步移动搜索法、引力模型法及空间句法等。然而，每种方法都存在一定的局限性：如缓冲区法通常不考虑地形和地物因素对可达性的影响，这可能导致对真实情况的忽视；两步移动搜索法需要预先设定移动的步长和搜索的范围，对于可达性的评估结果受到设定参数的影响，容易影响最终结果的精确性；网络分析法缺乏对城市自身发展的整体性考虑；空间句法是一种以图论为基础，从城市形态学的视角客观地刻画和度量城市空间的结构特性的理论方法，通过切割与划分空间来研究不同区域之间的拓扑与几何等关系，综合性探究城市公共空间与城市道路间的拓扑关系，并将人的行为关系纳入考量，能更科学、合理地分析与评价公园绿地可达性。在传统的空间句法分析中，主流软件为英国伦敦大学的 Depthmap 系列软件，但其与地理信息系统软件（GIS）的兼容性较差，且在处理大尺度数据时，存在数据效果不佳和稳定性略显不足等问题。相比之下，由英国卡迪夫大学研发的 sDNA 模型软件则更加精细和严谨，可以利用实际路网情况对搜索半径进行选择和分析，使用加权道路分段法分析道路中心线的结果与实际观测到的机动车流量拟合度更高，且与空间分析工具 GIS 兼容性较好，具有数据处理难度小、可视化效果好的特点。

柳州市作为中国西部地区传统老工业重镇，正从工业城市向服务型、创新型城市转型。在此背景下如何合理调配绿色空间，衡量居民城市绿地服务的公平性成为重要的议题。本文利用空间设计网络分析 sDNA 模型对柳州市主城区 42 个公园绿地的全局可达性和局部可达性进行分析，同时利用 GIS 的空间自相关分析对 sDNA 模型分析的结果进行检验，并在此基础上提出有针对性的优化提升策略。

1 数据来源与研究方法

1.1 研究区概况

柳州市位于广西壮族自治区的中北部（108°32′—110°28′E，23°54′—26°03′N），东接桂林市，西连河池市，南邻来宾市，北与湖南省怀化市和贵州省黔东南苗族侗族自治州相连，下辖 10 个区县，国土总面积 1.86 万 km^2，主城区面积为 3555 km^2，市内的柳江抱城自然形成 U 形水环，城市与山、水元素融为一体，形成“人在山中、山在城中、城在水边、水在城里”的山水城市结构。

1.2 数据来源

本文研究使用的数据主要来源：路网数据从 OSM 开放地图（https://www.openstreetmap.org/）中获取；河网和居民点矢量数据从全国地理信息资源目录服务系统（https://www.webmap.cn/）中获取；具体公园名录从柳州林业和园林局官方网站获取（http://lyhylj.liuzhou.gov.cn/），同时通过百度地图获取的公园绿地空间坐标信息，明确各个公园绿地的空间分布情况；POI 数据来源于高德地图提供的 API 接口，通过爬虫软件抓取点数据，时间截至 2022 年。本文涉及的所有地理要素均采用世界大地测量系统（WGS）1984 World Mercator 投影坐标系进行统一处理，栅格像元均采用 30 m×30 m。

1.3 研究方法

1.3.1 模型构建

由于空间句法理论分析需要消除边界效应，本文研究的实际范围为以焦柳线、昆汕高速、泉南高速等为界的城中区、柳北区、柳南区、柳江区和鱼峰区，该范围在柳州市范围内人口密度最大、交通路网最密集、公园绿地分布最多。根据主城区路网数据参考 Global Mapper 中的影像数据及高德地图，基于轴线最长且最短原则，绘制 216119 条轴线生成线段模型；利用 GIS 空间句法插件 sDNA 对区域内街道网络进行接近度分析；依照《城市绿地分类标准》（CJJ/T 85—2017）将柳州市的公园绿地分为综合公园、社区公园、专类公园和游园 4 类。选取研究区域内 42 个公园绿地作为研究对象，其中综合公园 16 个（A1～A16），社区公园 12 个（B1～B12），专类公园 6 个（C1～C6），游园 8 个（D1～D8）。

1.3.2 模型校核

空间句法分析是以实际建成空间为基础展开的，模型校核是进行句法科学分析的前提。传统的空间句法模型校核主要依赖于实测交通数据，但城市实测交通数据获取成本较高。研究表明，在大数据时代，根据城市功能与城市空间的一致性，商业类型 POI 数据（如购物节点、生活服务节点和餐饮节点）可以作为选择空间句法半径的依据。本文借助 GIS 技术，通过核密度分析法对不同半径范围内各类节点的接近度（NQPDA）、穿行度（TPBt）及生活服务节点、餐饮节点、购物节点 POI 的集聚程度进行评估与分析。同时，运用 GIS 的空间自相关分析方法，研究模型接近度、穿行度与各类 POI 集聚程度之间在不同半径下的相关性（表 1）。研究结果表明，各半径指标与 POI 的相关系数均达到 0.5 以上（购物系数的穿行度略低，为 0.49896），说明该模型在一定程度上能够反映城市居民的生活出行情况和城市人口的集聚分布情况，能够有效测度柳州市公园绿地的可达性。

表 1　不同半径下接近度、穿行度与 POI 相关性分析

半径范围	购物系数	生活服务系数	餐饮系数
NQPDA500 m	0.51582	0.62219	0.58759
NQPDA1000 m	0.52258	0.63052	0.59679
NQPDA2000 m	0.52393	0.63119	0.59615
NQPDA3000 m	0.52904	0.63876	0.59903
NQPDA4000 m	0.53359	0.64789	0.60345
NQPDA5000 m	0.53541	0.65255	0.60147
NQPDA6000 m	0.53331	0.65145	0.60043
TPBt500 m	0.51150	0.62128	0.57588
TPBt1000 m	0.54585	0.65121	0.62586
TPBt2000 m	0.55830	0.65514	0.63308
TPBt3000 m	0.51586	0.62063	0.57733
TPBt4000 m	0.51292	0.61913	0.57508
TPBt5000 m	0.50483	0.61274	0.56000
TPBt6000 m	0.49896	0.60889	0.55487

1.3.3　可达性评价方法

一是全局可达性。全局可达性作为衡量较大范围内从研究区内任一起点到达任一公园绿地的难易程度的指标，能够反映较大空间尺度下不同区域间交通网络的连通性和便捷性。其将线段模型中每条未打断的线段作为单独的节点，在 sDNA 模型中，接近度能够反映路网与其搜索半径内其他路网之间的连通便捷程度，具有高接近度的路网通常表示有较高的拓扑整合能力和中心性特征，在对区域范围内出行产生的交通流中具有更显著的吸引力，计算公式如式（1）所示：

$$NQPDA(x)=\sum_{y\in Rx}\frac{p(y)}{d(x,y)} \tag{1}$$

式（1）中，$NQPDA(x)$ 为接近度，$p(y)$ 为搜索半径 R 内节点 y 的权重，在连续空间分析中，$p(y)\in[0,1]$，在离散空间分析中，$p(y)$ 取值为 0 或 1；$d(x,y)$ 为 x 到节点 y 的最短拓扑距离。

通过 sDNA 计算全局接近度可以反映某公园在城市较大范围内的可达性。通过半径 $R=N$（N 为最大常数）的全局接近度，有效测度机动车出行条件下的全局可达性。

二是局部可达性。局部接近度是衡量某公园绿地最近地方到达该绿地的难易程度的指标。基于15分钟生活圈理念，结合柳州市的城市交通状况，以步行、自行车和电动车三种出行方式在15分钟内的平均距离（分别为1000 m、2000 m和4000 m）作为研究半径来反映公园绿地的局部接近度，具体计算公式与全局接近度相同。

1.3.4 自然断点法

自然断点法是基于数据中固有的自然分组，将通过精准选择分类阈值来识别中断点，对数据进行准确且合理地分组，使得不同类别之间的差异最大化。本文基于自然断点法对研究区内线段的接近度进行分级，划分出一级、二级和三级可达性公园，一级公园具有最高的可达性，即最容易到达；而三级公园可达性最低，意味着最难到达。

1.3.5 核密度分析法

核密度分析法作为一种空间分析工具，通过对空间要素及其周边区域的空间集聚特征进行计算，展现要素密度空间分布规律，用于反映空间变化特征。该方法以格网点为中心基准，在特定半径范围内搜索并统计地理要素的数量，进而计算得到各格网点的密度值。核密度数值的高低能够反映地理要素分布的密集情况，并能够有效体现某一区域对周边区域的影响力。本文运用核密度分析对可达性测度结果进行可视化表达，以直观方式展现各类公园绿地的可达性及空间分布特征，具体计算公式如式（2）所示：

$$\mathrm{f_n}(\mathrm{x})=\frac{1}{nh}\sum_{i=1}^{n}\mathrm{k}\left(\frac{x-x_i}{h}\right) \tag{2}$$

式（2）中，f(x)为核密度估计值，k为核的权重函数，h为带宽，即以x为原点的曲面在空间上延展的宽度，h的取值会影响到图形的光滑程度；$x-x_i$是密度估值点x到x_i之间的距离。

2 研究结果

2.1 全局可达性评价与分析

将由轴线创建的线段模型导入GIS空间句法插件sDNA中进行计算，得到柳州市公园绿地的全局接近度（表2）。结果显示，柳州市公园绿地全局接近度的均值为19.139，高于研究区域道路全局接近度的均值18.308，其中28个公园的全局接近度超过了道路全局接近度平均值，超过柳州市公园数量的二分之一，表明全局可达性总体较好；研究区内东西向和南北向交通干道接近度最高，一级可达性公园绿地主要在城中区中部和鱼峰区南部，沿柳江河岸集中分布，反映了交通要道及市中心公园绿地相对小型街巷有更高的可达性。柳江区西南部因地形与稀疏路网造成区域内道路全局可达性较低，依自然山体和水系而建的公园在机动车出行条件下不易达到。

运用GIS软件对研究范围内的道路全局接近度进行核密度分析，并结合公园绿地位置进行空间映射制图，展示柳州市道路全局接近度呈现圈层分布的特征。各类公园绿地主要集中分布在城中区核密度较高的区域，其中全局可达性较高的公园绿地主要是综合公园，这是由于综合公园具有多个出入口和广阔的活动区域，其整体可达性明显优于社区公园和游园。此外，柳州市的公园绿地存在一定的空间分布与核密度数值不符的空间错位现象，即在柳江区南部和鱼峰区北部核密度较高的区域，公园绿地的分布与数量较为稀少。

表 2　柳州市主城区公园绿地全局可达性分级表

名称	NQPDA	等级	名称	NQPDA	等级	名称	NQPDA	等级
A1	23.095		A4	18.792		A13	16.618	
A2	21.008		A8	18.411		A14	16.824	
A3	20.503		A9	18.952		A15	17.333	
A5	21.677		B2	19.311		A16	15.235	
A6	20.564		B3	18.802		B4	13.969	
A7	22.118		B7	19.254		B6	15.764	
A10	20.668		B11	18.397		B8	17.000	
A11	20.260		C1	17.459		B10	13.821	
A12	21.324	一级	C4	18.034	二级	B12	17.167	三级
B1	22.238		C6	17.976		C5	16.560	
B5	22.099		D2	19.313				
B9	20.102		D4	18.513				
C2	22.238		D5	20.053				
C3	21.167		D7	19.895				
D1	20.520		D8	18.199				
D3	21.876							
D6	20.707							

2.2　局部可达性评价与分析

以步行、自行车和电动车三种出行方式出行 15 分钟的平均距离（分别为 1000 m、2000 m 和 4000 m）作为研究半径，对研究区域内公园绿地的局部接近度计算，将得到的局部接近度数据利用 GIS 软件的自然断点分级功能，按数值高到低的顺序分为三个不同等级（表 3 至表 5）。通过对各类公园局部接近度平均值的分析，研究不同公园类型的局部可达性差异。研究结果显示，在 1000 m、2000 m 和 4000 m 三种不同出行距离下，公园接近度平均值分别为 0.461、1.303 和 3.633，表明随着出行距离的增加，公园绿地的可达性呈现逐渐增强的趋势；基于 15 分钟生活圈的出行方式，可达性较高的公园绿地主要为社区公园和游园，这表明面积较小的公园绿地更符合 15 分钟出行需求；在 1000 m 出行距离下，公园绿地的接近度平均值为 0.461，略低于道路接近度平均值 0.507；在 2000 m 和 4000 m 出行距离下，公园绿地局部接近度的平均值分别为 1.303 和 3.633，略高于道路接近度平均值 1.221 和 3.015，表明城市路网结构仍有较大的可优化空间。

表 3　柳州市公园绿地局部（R＝1000 m）可达性分类表

名称	NQPDA	等级	名称	NQPDA	等级	名称	NQPDA	等级
A1	0.690		A3	0.425		A2	0.185	
A11	0.897		A6	0.459		A4	0.068	
A12	0.733		A7	0.363		A5	0.140	
B2	0.770		A8	0.370		A9	0.219	
B5	0.660		A10	0.306		A14	0.053	
B12	1.019		A13	0.516		A16	0.109	
D1	1.206		A15	0.369		B6	0.201	
D4	0.658		B1	0.482		B7	0.094	
D5	0.692		B3	0.426		B10	0.070	
D6	1.079	一级	B4	0.362	二级	C1	0.072	三级
D7	0.858		B8	0.473		C6	0.030	
D8	1.018		B9	0.481				
			B11	0.404				
			C2	0.482				
			C3	0.429				
			C4	0.471				
			C5	0.349				
			D2	0.344				
			D3	0.332				

表 4　柳州市公园绿地局部（R＝2000 m）可达性分类表

名称	NQPDA	等级	名称	NQPDA	等级	名称	NQPDA	等级
A1	2.760		A2	0.963		A3	0.741	
A6	1.902		A8	1.182		A4	0.304	
A7	2.106		A10	1.138		A5	0.270	
A11	1.976		B2	1.494		A9	0.511	
A12	1.884		B3	1.345		A13	0.713	
B1	1.791		B8	1.353		A14	0.097	
B5	1.884		B9	1.656		A15	0.778	
B12	2.108		B11	1.323		A16	0.241	
C2	1.791	一级	C3	1.350	二级	B4	0.491	三级
C4	2.108		C5	1.094		B6	0.831	
D1	2.913		D2	0.991		B7	0.341	
D4	1.744		D3	1.588		B10	0.095	
D5	1.807					C1	0.262	
D6	2.400					C6	0.094	
D7	2.069							
D8	2.219							

表 5　柳州市公园绿地局部（$R=4000$ m）可达性分类表

名称	NQPDA	等级	名称	NQPDA	等级	名称	NQPDA	等级
A1	6.688	一级	A2	3.790	二级	A3	0.741	三级
A6	6.508		A8	4.035		A4	0.304	
A7	6.211		A10	3.594		A5	0.270	
A11	5.256		A15	2.843		A9	0.511	
A12	5.437		B2	4.423		A13	0.713	
B1	6.492		B6	3.291		A14	0.097	
B3	5.013		B8	3.156		A16	0.778	
B5	5.692		B11	2.361		B4	0.241	
B9	4.869		B12	3.085		B7	0.491	
C2	6.492		C5	2.321		B10	0.831	
C3	4.818		D4	4.207		C1	0.341	
C4	4.772		D5	4.140		C6	0.095	
D1	5.775		D8	3.104				
D3	6.858							
D6	5.839							
D7	5.265							

运用 GIS 对研究区域道路的局部接近度值进行核密度分析，并结合公园绿地位置进行空间映射制图，直观反映出，通过在研究中控制出行距离，区域中的道路接近度在不同出行距离条件下展现出显著的圈层分布特性，交通路网密集的城中区聚集了道路接近度的核密度高值，逐渐降低至工业分布密集的柳江区。柳州市的公园绿地存在一定的空间分布与核密度数值不符的空间错位现象，鱼峰区北部仅有三门江国家森林公园（A14）和柳州市园博园（C5）属于可达性较高的地区，而鱼峰区南部的公园数量虽较多，但可达性较低。

3　结论与讨论

3.1　结论

根据空间句法理论，通过对柳州市主城区公园绿地的全局可达性与局部可达性两个方面进行分析，结果表明：

第一，柳州市公园绿地全局可达性总体较好而局部可达性总体较差。超过一半数量的公园全局接近度高于道路全局接近度平均值，其中在机动车出行情境下，分布于交通要道的河东公园（A1）、龙潭公园（A2）、大桥和公园（A3）等综合公园相对容易到达。公园绿地的局部接近度水平存在一定差异，随着出行距离的延长，公园绿地的可达性呈现出逐渐增强的趋势。在步行、自行车和电动车等出行情境下，河东公园（A1）、鱼峰公园（A12）、东堤游园（D1）、西来古寺游园（D6）、跃进南路小游园（D7）等位于柳江 U 形水环两岸的综合公园和游园的可达性较高，但社区公园和专类公园的可达性仍有待提高。

第二，柳州市公园绿地全局和局部可达性都高的公园数量较少，仅有河东公园（A1）、马鞍山公园（A11）、鱼峰公园（A12）、天山公园（B5）、东堤游园（D1）和西来古寺游园（D6）。这表明，由于空间布局不合理、路网不完善，柳州市大部分公园绿地很难同时达到全局可达性和局部可达性都高的水平。

第三，柳州市公园绿地空间格局分布不均匀，空间分布与可达性均存在部分结构和空间的错位情况。公园绿地集中分布在主城区的中部和西南部，靠近城市中心和主干道的公园可达性较高，主城区的西南部的综合公园面积较大但是可达性较低，说明柳州市公园绿地布局不合理、区域发展不协调。

综上所述，为提高柳州市公园绿地可达性提出以下优化策略：一是优化城市路网结构。通过路网接近度分析，柳州市主城区各区的可达性存在空间差异，表现为主城区中心的可达性明显高于城区边缘地带。特别是柳江区南部和鱼峰区西南部的总体可达性不理想，需要重点提升。建议采取提高城市路网密度和路网连接度的措施，以改善柳州市公园绿地的可达性。二是提高绿地连通性。针对受到用地限制的工业园区，建议利用废弃工厂建设工业遗产公园，同时利用小型空间建设口袋公园。此外，还可完善柳江滨水带状绿地，形成绿色廊道，将点状绿地串联起来，以提高公园绿地的连通性。

3.2 讨论

本文运用空间句法和结合 POI 数据对城市公园绿地可达性进行分析，通过 sDNA 计算接近度能有效测度柳州市主城区各公园的可达性，可以直观和准确地评判并指导公园绿地合理布局。因城市路网数据的获取具有一定误差，空间句法模型存在一定误差。因公园自身吸引力以及主观因素对公园可达性的影响，未来还需从这方面进行进一步研究。

[参考文献]

[1] ZHAO W，ZHANG L，LI X，et al. Residents'preference for urban green space types and their ecological-social services in china [J]. Land，2022，11 (12)：2239.

[2] 赵芮，申鑫杰，田国行，等. 郑州市公园绿地景观特征对公园冷岛效应的影响 [J]. 生态学报，2020，40 (9)：2886-2894.

[3] 焦敏，周伟奇，钱雨果，等. 斑块面积对城市绿地降温效应的影响研究进展 [J]. 生态学报，2021，41 (23)：9154-9163.

[4] 谭少华，赵万民. 城市公园绿地社会功能研究 [J]. 重庆建筑大学学报，2007 (5)：6-10.

[5] 屠星月，黄甘霖，邬建国. 城市绿地可达性和居民福祉关系研究综述 [J]. 生态学报，2019，39 (2)：421-431.

[6] ZHANG W，LI S，GAO Y，et al. Travel changes and equitable access to urban parks in the post COVID-19 pandemic period：Evidence from Wuhan，China [J/OL]. Journal of Environmental Management，2022，304：114217.

[7] 肖华斌，何心雨，王玥，等. 城市绿地与居民健康福祉相关性研究进展：基于生态系统服务供需匹配视角 [J]. 生态学报，2021，41 (12)：5045-5053.

[8] 赵洋，徐枫，万义良. 基于改进引力模型的公园绿地空间可达性及供需平衡分析方法 [J]. 地球信息科学学报，2022，24 (10)：1993-2003.

[9] GUPTA K，ROY A，LUTHRA K，et al. GIS based analysis for assessing the accessibility at hierarchical levels of urban green spaces [J]. Urban Forestry & Urban Greening，2016，18：198-211.

[10] 秦华，高骆秋. 基于GIS-网络分析的山地城市公园空间可达性研究 [J]. 中国园林，2012，28（5）：47-50.
[11] 饶钰飞，邹亚锋，罗锋，等. 基于两步移动搜索法的福州市公园绿地主客观可达性研究[J/OL]. 生态学报，2024（10）：4064-4080.
[12] 付益帆，杨凡，包志毅. 基于空间句法和 LBS 大数据的杭州市综合公园可达性研究 [J/OL]. 风景园林，2021，28（2）：69-75.
[13] 张愚，王建国. 再论“空间句法”[J]. 建筑师，2004（3）：33-44.
[14] 谷康，梁冰. 基于空间句法的南京明城墙沿线公园绿地可达性研究 [J]. 现代城市研究，2020，35（8）：11-17.
[15] 王静文，雷芸，梁钊. 基于空间句法的多尺度城市公园可达性之探讨 [J]. 华中建筑，2013，31（12）：74-77.
[16] 谭文浩，刘林丰，陈婷婷，等. 基于空间句法的福州市综合公园可达性分析 [J]. 中国城市林业，2020，18（5）：52-56.
[17] 古恒宇，孟鑫，沈体雁，等. 基于 sDNA 模型的路网形态对广州市住宅价格的影响研究 [J]. 现代城市研究，2018（6）：2-8.
[18] 宋小冬，陶颖，潘洁雯，等. 城市街道网络分析方法比较研究：以 Space Syntax、sDNA 和 UNA 为例 [J]. 城市规划学刊，2020（2）：19-24.
[19] 古恒宇，沈体雁，周麟，等. 基于 GWR 和 sDNA 模型的广州市路网形态对住宅价格影响的时空分析 [J]. 经济地理，2018，38（3）：82-91.
[20] 孙雅婷. 基于空间句法的武汉市综合性公园绿地可达性研究 [D]. 武汉：华中农业大学，2016.
[21] 古恒宇，黄铎，沈体雁，等. 多源城市数据驱动下城市设计中的空间句法模型校核及应用研究 [J]. 规划师，2019，35（5）：67-73.
[22] HUANG B X，CHIOU S C，LI W Y. Accessibility and street network characteristics of urban public facility spaces：Equity research on parks in Fuzhou city Based on GIS and Space Syntax Model [J]. Sustainability，2020，12（9）：3618.
[23] 樊亚明，田丽莹，郑文俊. 基于空间句法的桂林市公园绿地可达性评价与优化 [J]. 桂林理工大学学报，2022，42（3）：774-782.
[24] 段亚明，刘勇，刘秀华，等. 基于 POI 大数据的重庆主城区多中心识别 [J]. 自然资源学报，2018，33（5）：788-800.

[基金项目：国家自然科学基金（52368005）：多尺度视角下乡村景观遗产系统建构及其数字化表达]

[作者简介]

李秀群，桂林理工大学旅游与风景园林学院硕士研究生。
蒋斯怡，桂林理工大学旅游与风景园林学院硕士研究生。
樊亚明，通信作者，博士，桂林理工大学旅游与风景园林学院教授，研究方向为旅游规划与风景园林规划设计。

湘桂古道传统村落文化景观区划研究

□李康迪，樊亚明

摘要：本文以湘桂古道及沿线传统村落为研究对象，探讨该区域传统聚落文化景观的相似性，为编制乡村振兴规划、传统村落连片保护提供参考。本文通过因子解构建立文化景观相似性指标体系，再采用层次聚类分析法对湘桂古道沿线传统村落进行聚类划分，并结合湘桂地区传统村落实际情况确定相似性分区结果。结果表明：首先，采用“因子解构—系统聚类—区系划分”的传统村落文化景观区划研究范式，从聚落景观、建筑景观、文化景观三个方面解构传统村落文化景观特征，在系统聚类方法中加入了权重系数对系统聚类分析法进行优化，解决了系统聚类法各因子平行无序问题；其次，以文化线路这一视角对传统村落进行区划分析，抛除传统的以行政区域作为研究边界的局限。通过数量统计和空间分析法对湘桂古道地区传统村落进行定量分析，将其划分为湘南“凹”字形多文化交融亚区、桂北合院式民居自然景观文化亚区、桂西北山地民族民俗文化亚区 3 个区系，并总结了对应区系的自然环境、聚落空间、建筑类型、社会文化等文化景观特征。

关键词：湘桂古道；传统村落；文化景观区划；聚类分析；文化线路

0 引言

传统村落是拥有较为丰富的文化与自然资源，且具有一定历史价值、文化价值、科学价值、艺术价值、社会价值、经济价值并应予以保护的村落，同时也是中华农耕文明的载体。在城镇化快速发展、传统村落保护状况不佳与乡村振兴战略实施的多局面盘根交结下，传统村落的保护与发展日益受到重视。

纵观我国传统村落分布特征，主要形成了西南、东南、华北 3 处集聚区。湘桂古道处于中华民族格局中三大走廊之一的南岭走廊中，也是西南传统村落聚集区中的一处传统村落分布相对集中的地区，在研究意义上更为典型、重大。传统村落的研究从单一学科向多学科融合、多视角动态研究转变，人文地理学、民族学、城乡规划等学科在研究传统村落空间格局、空间形态及保护与发展等方面有广泛的应用。在传统村落文化区划方面，申秀英、刘沛林等用定性的方法从地理形貌、地方文化和建筑用材等方面将传统聚落景观划分为 8 个聚落景观区及 40 个景观亚区，随后引入“基因图谱”概念，建立了“景观基因图谱”；郑文武应用层次聚类分析法进行分区，打破以往定性研究，向定量化和空间化研究方向深入；陈兴从地理空间视角梳理文化景观分类；罗涛和李婧等对文化景观进行划分时都应用到了计量统计方法和地理信息技术手段，但仍存在评价因子简单叠加和人为主观定性划分的局限性；宋正江等采用主成分分析法和系统聚类法，提出了“因子解构—主成分提取与系统聚类—区系划分”的传统村落区划方法，对文化景观区划方法进行了优化，弥补了依赖人为主观划分的缺陷，划分结果更科学、准确、有效。

湘桂古道属于南岭民族走廊的一处文化交融窗口，具备桂北及湘南地区的传统民居典型性。但是，由于地理区位、经济发展、传统村落及文化遗产保护等因素影响，对该区域传统村落的研究并不多。本文尝试从文化线路的视角，以湘桂古道沿线传统村落为研究对象，采用层次聚类分析法对其沿线传统村落进行定量分析，结合实际最终确定分区结果，为后续该地区传统村落区域划片保护提供一定的方法借鉴与依据。

1 研究对象、方法和数据

1.1 研究对象

湘桂古道位于我国岭南地区，湖南永州至桂北交界处，是自宋代时地方官府组织开辟用于湘桂民间商贸来往的古道路，也是我国三大民族走廊——南岭走廊中的商贸古道，起到沟通广西至中原的作用，在岭南地区扮演着重要角色。

依据刘思彤、言瑶的研究，湘桂古道主要分为一条主干官道和一条盐马古道（支线），自东北向西南跨越永州市和桂林市。

主干官道：永州市—零陵古城—竹塘村—黄沙河镇—永岁镇—太平铺—全州县—才湾镇—绍水镇—咸水镇—兴田村—界首镇—塘市村—北渠—兴安县—严关口—塘堡村—白竹铺—莲塘村—大溶江—上南流—溶流村—三街镇—甘棠村—灵川县—禾加铺—桂林市。

盐马古道（支线）：大榕江—廖家塘与大埠头之间—正义村—下长岗村—上长岗村—灵田镇—西马村—南积村—熊村古镇—大圩古镇。

在研究区域范围内，考虑到数据的可操作性、准确性、原真性，选取横塘村、江头村、老寨村等共计 49 个国家级传统村落为研究对象。

1.2 研究方法

聚类分析（cluster analysis）是统计学中用于对样本分类划分的分析方法，常被用于区域划分，因此用聚类分析对传统村落的文化景观分区是增加其区分结果的科学性、有效性及客观性的有效途径。

聚类分析中除了层次聚类分析（hierarchical cluster analysis）外还有 k-means 聚类分析（快速聚类分析）和 Two-steps 聚类分析（智能聚类分析）。其中，k-means 聚类分析多用于样本数较多且需要先确定聚类数目的场景，综合比较后，确定层次聚类分析方法适用于本文。层次聚类分析基本原理是将自动成一类的每个样本通过度量所有样本之间的相似度（即距离），从而把相似度最高的样本划分为一小类，最后度量剩余样本和小类之间的距离再将最相似样本或小类再次聚成一类，直至所有样本划分为一类为止。

层次聚类分析法分为 Q 型聚类（对样本聚类）和 R 型聚类（对变量聚类），由于本文以传统村落为研究单元（样本），因此选用 Q 型聚类法，具体步骤如下：

采用平方欧氏距离法计算样本村落的相似度系数，先将最相似的两个传统村落归为一小类，见式（1）：

$$R_{ij}=\frac{1}{n}\sum_{u=1}^{n}[X_{ik}-X_{jk}^{2}] \tag{1}$$

式（1）中，R_{ij}为i样本与j样本的相似性系数；X_{ik}为i样本在k因素的相似性指标值；X_{jk}为j样本在k因素的相似性指标值；n为研究区的指标个数。

已确定分类与剩余样本之间的相似度计算选择类平均法（组间平均链锁法），见式（2）：

$$R_{gh}=\sqrt{\frac{n_1}{n_3}[R_{eh}]^2+\frac{n_2}{n_3}[R_{fh}]^2} \tag{2}$$

式（2）中，R_{gh}为g与h个村落或类型的相似度；n_1、n_2、n_3分别为e、f、g类中所含村落的数量。

1.3 研究数据

本文研究数据如下：

一是研究样本：根据住房和城乡建设部先后公布的五批中国传统村落名录，在剔除数据获取困难、不可操作的村落样本后，将研究范围内49个传统村落依照省、市、县（区）、镇（乡）、地址、坐标字段等信息录入转化为矢量数据库。

二是国家文物局公布的1～8批全国重点文物保护单位名单，处理过程同上。

三是全国地理信息资源目录服务系统（https：//www.webmap.cn）公布的1∶1000000全国基础地理数据库行政边界数据。

四是地理空间数据云（https：//www.gscloud.cn/）公布的桂林市、永州市研究范围内ASTER GDEM V3 30M分辨率数字高程数据。

五是OSM（open street map）公布的桂林市、永州市的水域、水系、道路等基础数据。

六是通过文献资料、实地调研、卫星影像、各市县志中记载的文献资料、宣传部传统村落宣传材料以及网络平台游记图片等渠道获取村落物质形态和历史人文信息。

所涉及的数据处理应用SPSS.23软件处理，可视化表达用ArcGIS Pro软件处理。

2 文化景观相似性指标体系构建

2.1 建立相似性指标体系

传统村落的文化景观的形成受地理自然环境、地域民族风俗及社会经济等多方面影响，文化景观因子能表征各地域特质的识别和差异，因而村落区划结果也受到研究视角、因子选取、样本数量及划定方法的影响。本文将传统村落文化景观特征进行细化，以反映具体真实的区划结果，通过添加层级与指标的可度量性来建立可行合理的相似性定量评价指标体系。将湘桂古道沿线传统村落及文化景观分为聚落景观、建筑景观、文化景观3个方面，并且筛选出具有代表性、典型性的相似性指标体系，由3个准则层（B）、6个标准层（C）和17个指标层因子（D）构成，见表1。

表 1　湘桂古道传统村落文化景观相似性指标体系

目标层	准则层	标准层	指标层	指标含义
湘桂古道传统村落文化景观相似性指标体系（A）	聚落景观（B1）	自然要素（C1）	聚落地形（D1）	平原、丘陵、山地
			山水格局（D2）	近山近水、近山远水、远山近水、远山远水
		聚落形态（C2）	组团关系（D3）	团块式、条带式、组团式、散点式
			街巷空间（D4）	点型、条带型、条层型、自由型、围合型、向心型
	建筑景观（B2）	建筑布局（C3）	相宅选址（D5）	东西朝向、南北朝向
			院落类型（D6）	合院式、院坝式
			民居平面（D7）	“一”字形、“凹”字形、“L”字形、“回”字形
		建筑风格（C4）	建筑材料（D8）	夯土、木材、石材、混合
			建筑结构（D9）	抬梁、穿斗、井干、混合
			屋顶形式（D10）	悬山顶、硬山顶、歇山顶、庑殿顶、攒尖顶、卷棚顶、重檐
			装饰纹样（D11）	器物图形、祥瑞禽兽、草木花卉、无装饰纹样
	文化景观（B3）	社会文化遗产（C5）	语言（D12）	汉语、西南官话、湘方言
			社会风俗（D13）	民俗节庆
			村落民族（D14）	汉族、瑶族、苗族、壮族等
			地域文化（D15）	商埠文化、科举文化、生态文化、红色文化、民族民俗文化、移民文化、防御文化、廉洁文化、神仙文化、家风文化
		历史影响（C6）	历史久远度（D16）	宋代、元代、明代、清代
			历史名人（D17）	是否有历史名人

2.2 指标权重计算

相似性指标体系中各层级指标权重计算采用 AHP（层次分析法）。首先，将相似性指标体系建立判断矩阵，邀请专家采用 1～9 级标度法对判断矩打分。其次，用方根法计算文化景观相似性指标体系中指标的特征向量。最后，对矩阵向量进行归一化得到矩阵中每个指标的权重值。检验最大特征根 λmax，当 CR 值小于 0.1 时，确定指标权重的有效性，权重值见表 2。

表 2　传统村落相似性权重值

准则层	标准层		指标层	
	指标名称	权重值	指标名称	权重值
聚落景观（0.197）	自然要素（C1）	0.720	聚落地形（D1）	0.605
			山水格局（D2）	0.395
	聚落形态（C2）	0.280	组团关系（D3）	0.701
			街巷空间（D4）	0.299

续表

准则层	标准层		指标层	
	指标名称	权重值	指标名称	权重值
建筑景观（0.422）	建筑布局（C3）	0.436	相宅选址（D5）	0.529
			院落类型（D6）	0.294
			民居平面（D7）	0.177
	建筑风格（C4）	0.564	建筑材料（D8）	0.406
			建筑结构（D9）	0.334
			局部构造（D10）	0.119
			装饰纹样（D11）	0.141
文化景观（0.381）	社会文化遗产（C5）	0.485	语言（D12）	0.192
			社会风俗（D13）	0.225
			村落民族（D14）	0.133
			地域文化（D15）	0.451
	历史影响（C6）	0.515	历史久远度（D16）	0.771
			历史名人（D17）	0.229

2.3 指标评价标准及量化

本文主要根据湘桂古道沿线传统村落公布数据及相关文献资料，对指标层的指标进行量化评价。指标分为 A、B 两类：A 类表示可以间接量化的指标，通过对指标要素的占有比例来度量，主要有社会风俗（D13）、村落民族（D14）2 项指标，如社会风俗指标在研究范围内有祁剧、祁阳小调、舜帝祭典、女书习俗、盘王节、姑娘节、尝新节、瑶族长鼓舞、三月三、桂林渔鼓 10 项最具特色的民俗，若某一村落占据其中 3 项，则记为 0.3；B 表示描述型的指标，难以直接用量化表示，主要有聚落地形（D1）、山水格局（D2）、组团关系（D3）、街巷空间（D4）、相宅选址（D5）、院落类型（D6）、民居平面（D7）、建筑材料（D8）、建筑结构（D9）、局部构造（D10）、装饰纹样（D11）、语言（D12）、地域文化（D15）、历史久远度（D16）、历史名人（D17）共 15 项指标，以编码方式对 B 类型指标都进行量化，如聚落地形的编码策略为：1 平原，2 丘陵，3 山地。

本文对样本村落的聚落、建筑和文化三个方面进行评价，得出 49 个村落的相似性得分，计算村落相似性得分公式：

$$a_{it}=\sum_{m=1}^{n}\partial_{im}W_{im} \tag{3}$$

式中，α_i 为 i 村落在 t 准则层的相似性综合得分；∂_{im} 为 i 村落在 m 指标的相似性数值；W_{im} 为 i 村落在 m 指标的权重值；n 为研究区指标层指标数量。

3 传统聚落文化景观分区

3.1 聚类分区的基本思路与结果

聚类分析法是统计学范畴“物以类聚”问题研究的一种有效方法，能够使一批样本依据某种规则按照亲疏关系进行自动分类，具有分类客观、科学等优点；但该方法在运用于传统村落的区划时难以保证行政区域的连续性，因此需要将分区结果导入 ArcGIS 软件，将分区图矢量化，再进行人工调整，分区结果如图 1 所示。

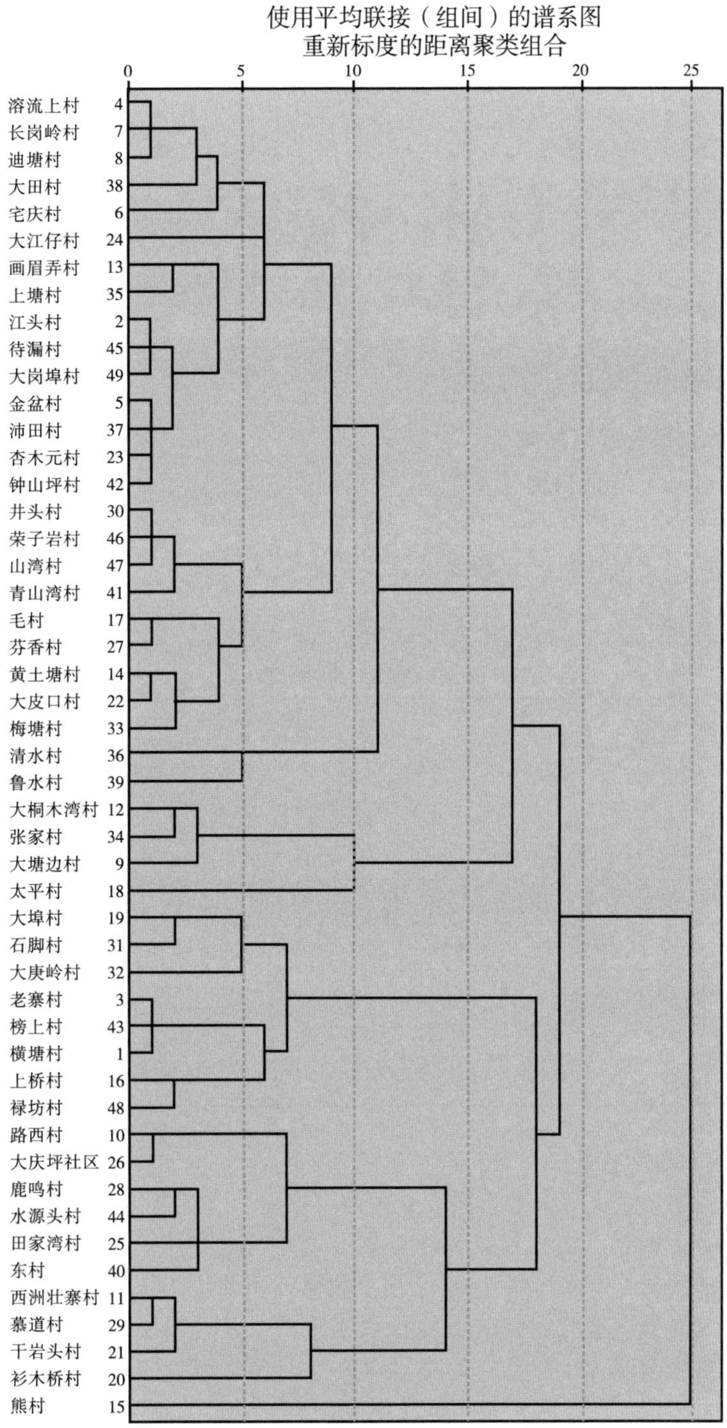

图 1　聚类分析谱系图

步骤一：计算的各传统村落相似度，将相似性最大（最为相似）的两个样本村落归为一个类型。

步骤二：将两个传统村落归为一个类型后，采用类平均法计算该类型区与剩余未归类的传统村落或其他类型区的总体相似度并归类。

步骤三：继续重复步骤二直至所有类型区归为一个大类型区域。

步骤四：根据研究区域中实际情况设定距离阈值以确定研究区域文化景观分区结果。

不同距离系数对应着不同聚类数量，本研究结果中距离系数 $d=5$ 聚类数量为 15 类，$d=10$ 聚类数量为 7 类，$d=15$ 聚类数量为 5 类，$d=20$ 聚类数量为 2 类，$d=25$ 聚类数量为 1 类。对各数量聚类方案进行分类编码，将所属编码导入各个村落属性表，通过 ArcGIS 绘制各类型聚类方案的图册比较分析后，发现采用 $d=15$ 时，其村落文化景观相似性、集聚趋同度较符合湘桂古道沿线传统村落的空间分布特征，能反映湘桂地区文化交融、边界差异等问题，较适合作为下一步分区的参考。

3.2 湘桂古道传统聚落文化景观区划

3.2.1 传统村落文化景观区划结果

以聚类结果为基础，结合当地聚落文化、民族民俗和建筑形态进行空间叠加和边界微调，最终将研究样本村落划分为三个片区（表 3）。借鉴“三段式”命名法对分区进行命名。三大分区分别为：湘南“凹”字型多文化交融亚区、桂北合院式民居自然景观文化亚区、桂西北山地民族民俗文化亚区。

表 3　聚类结果划分表

聚类类别	样本村落
类别Ⅰ	溶流上村、长岗岭村、迪塘村、大田村、宅庆村、夫江仔村、画眉弄村、上塘村、江头村、待漏村、大岗埠村、沛田村、金盆村、杏木元村、钟山坪村、井头村、莱子岩村、山湾村、青山湾村、毛村、芬香村、黄土塘村、大皮口村、梅塘村、清水村、鲁水村
类别Ⅱ	大桐木湾村、张家村、大塘边村、太平村
类别Ⅲ	大埠村、石脚村、大庾岭村、老寨村、榜上村、横塘村、上桥村、禄坊村
类别Ⅳ	路西村、大庆坪社区、鹿鸣村、水源头村、田家湾村、东村、西洲壮寨村、慕道村、干岩头村、杉木桥村
类别Ⅴ	熊村

3.2.2 文化景观区划典型特征

一是湘南“凹”字形多文化交融亚区。该区域有横塘村、大庆坪社区、鹿鸣村、干岩头村、慕道村、大皮口村、上塘村、清水村、杉木桥村、杏木元村、夫江仔村、田家湾村、芬香村、大田村、井头村、沛田村、鲁水村共计 17 个传统村落，主要位于永州市辖区、东安县，也有位于桂林的，即湘桂交界处。地形地貌以丘陵及平原为主，村落选址常见于低海拔地区，喜水近河；村落空间形态多为组团式，街巷空间多以向心型与自由型为主；村落东西朝向居多；民居类型以合院式为首，多以“凹”字形及“回”字形民居为主；民族多数为汉族，有部分以瑶族少数民族文化为特色的村落。该区域为湘桂接壤地区，也是中原南下之要地，在古商道贸易及民族融合、新中国革命、自然生态优势等多因素下，呈现众多社会文化，包含商埠文化、民族民俗文化、景观文化、红色文化、移民文化、科举文化等。

二是桂北合院式民居自然景观文化亚区。该区域中有石脚村、大庾岭村、梅塘村、张家村、钟山坪村、榜上村、水源头村、待漏村、菜子岩村、山湾村、大塘边村、大桐木湾村、画眉弄村、黄土塘村、熊村、上桥村、毛村、太平村、禄坊村、大埠村、大岗埠村共计 21 个传统村落，主要位于桂北地区的全州县、兴安县东部、灵川县及桂林市辖区北部等地区。地形地貌主要为丘陵及平原，村落选址多为低海拔区域；村落空间形态中组团式为主要村落类型，自由型街巷空间为首；合院式的院落结构仍为主流，但从平面上“凹”字形与“一”字形民居都各占一半，分异不明显；区域内村落方言较为统一，西南官话是主要方言；社会文化中景观文化最为突出，得益于桂林独特喀斯特地貌地区的优美风景，但也由于古道商贸及革命因素，有少部分村落以商埠文化、红色文化、民族民俗文化为主。

三是桂西北山地民族民俗文化亚区。该区域有江头村、老寨村、溶流上村、金盆村、宅庆村、长岗岭村、迪塘村、路西村、西洲壮寨村、青山湾村、东村共计 11 个传统村落，主要位于灵川县西北部和兴安县西部。地形地貌方面，西北部为越城岭南的猫儿山与蔚青岭山脉，呈西北高东南低的地势，村落集中于东南部低海拔地区；组团式村落仍为该地区的主要村落形态，且街巷空间偏向于自由型与条层型；“一”字形的合院式民居是该地区的主要建筑形态，也有部分位于山地起伏较大的村落为木构吊脚楼式建筑；在民族民俗中有部分村落以壮族、瑶族民族文化为主，拥有瑶族舞蹈、姑娘节等具有桂北代表性的非物质文化遗产。村落的社会文化中囊括民族民俗文化、商埠文化、红色文化及科举文化等。

4 结语

传统村落文化景观区划研究是传统村落文化地理学值得深入探究的方向。本文利用系统聚类的方法对湘桂古道沿线传统村落进行定量分析，并对其文化景观特征进行划分。一是采用“因子解构—数据收集与处理—系统聚类—区系划分”的研究范式，从聚落景观、建筑景观、文化景观三个方面解构传统村落文化景观特征，并在系统聚类方法中加入了权重系数对系统聚类分析法进行优化，解决了系统聚类法各因子平行无序问题。二是以文化线路这一视角对传统村落进行区划分析，抛除传统的以行政区域作为研究边界的局限。并运用了 SPSS 与 ArcGIS 软件对湘桂古道地区传统村落进行定量分析，将其划分为湘南“凹”字形多文化交融亚区、桂北合院式民居自然景观文化亚区、桂西北山地民族民俗文化亚区 3 个区系，并总结了对应区系的自然环境、聚落空间、建筑类型、社会文化等文化景观特征。

本文基于层次聚类分析法对传统村落进行区划，并加入了权重系数优化探索更合理、科学的传统村落文化景观特征区划模式，一定程度上降低了对传统村落特征的评判主观性影响。层次聚类分析法中，各个计算方法的择取都会影响其聚类结果，且拥有分类样本在空间上断连等缺陷，具有一定的主观性与局限性。在接下来的研究中针对传统村落的区划，试图通过方法优化解决样本村落空间断连问题；通过应用主成分分析法等其他方法与聚类分析法结合降低研究的主观性，这也是未来在区划中需进一步研究的方向。

［参考文献］

［1］翟辉，张宇瑶．传统村落的“夕阳之殇”及“疗伤之法”：以云南省昆明市晋宁县夕阳乡一字格传统村落为例［J］．西部人居环境学刊，2017，32（4）：103-109.

［2］凡来，张大玉．基于 MGWR 的华北地区传统村落空间分异特征及影响因素研究［J］．中国园林，

2022，38（10）：56-61.
[3] 刘大均，胡静，陈君子，等. 中国传统村落的空间分布格局研究 [J]. 中国人口·资源与环境，2014，24（4）：157-162.
[4] 冯亚芬，俞万源，雷汝林. 广东省传统村落空间分布特征及影响因素研究 [J]. 地理科学，2017，37（2）：236-243.
[5] 后雪峰，屈清，李勇. 基于GIS的揭阳市传统村落空间分布特征研究 [J]. 广州大学学报（自然科学版），2017，16（5）：88-95.
[6] 陈君子，刘大均，周勇，等. 嘉陵江流域传统村落空间分布及成因分析 [J]. 经济地理，2018，38（2）：148-153.
[7] 冯书纯. 关中地区传统村落空间形态特征研究 [D]. 西安：长安大学，2015.
[8] 陈驰，李伯华，袁佳利，等. 基于空间句法的传统村落空间形态认知：以杭州市芹川村为例 [J]. 经济地理，2018，38（10）：234-240.
[9] 卢松，陆林，徐茗. 我国传统村镇旅游研究进展 [J]. 人文地理，2005（5）：76-79，42.
[10] 曹玮，胡燕，曹昌智. 推进城镇化应促进传统村落保护与发展 [J]. 城市发展研究，2013，5（8）：34-36.
[11] 刘昌雪，汪德根. 皖南古村落可持续旅游发展限制性因素探析 [J]. 旅游学刊，2003（6）：100-105.
[12] 王浩，唐晓岚，孙新旺，等. 村落景观的特色与整合 [M]：北京：中国林业出版社，2010.
[13] 申秀英，刘沛林，邓运员，等. 中国南方传统聚落景观区划及其利用价值 [J]. 地理研究，2006（3）：485-494.
[14] 申秀英，刘沛林，邓运员. 景观“基因图谱”视角的聚落文化景观区系研究 [J]. 人文地理，2006（4）：109-112.
[15] 郑文武，邓运员，罗亮，等. 湘西传统聚落文化景观定量评价与区划 [J]. 人文地理，2016，31（2）：55-60.
[16] 陈兴. 横断山脉中南段文化景观区划及旅游开发策略 [J]. 云南师范大学学报（哲学社会科学版），2017，49（2）：95-105.
[17] 罗涛，黄婷婷，张立峰，等. 基于生态—文化空间关联的乡土景观区划方法研究 [J]. 中国园林，2019，35（7）：77-82.
[18] 李婧，杨定海，肖大威. 海南岛传统聚落及民居文化景观的地域分异及形成机制 [J]. 城市发展研究，2020，27（5）：1-8.
[19] 宋正江，赵耀，龙彬. 传统村落文化景观区划定量方法及其应用研究：以重庆为例 [J]. 南方建筑，2022（2）：1-10.
[20] 刘思彤，骆桂峰.“纸上之材料”与“地下之材料”相互印证：湘桂古道的界定与考察 [J]. 桂林航天工业学院学报，2021，26（1）：106-110.
[21] 言瑶，李志红. 湘桂古道历史文化名人研究 [J]. 桂林航天工业学院学报，2020，25（4）：538-542，548.
[22] 余建英，何旭洪. 数据统计分析与SPSS应用 [M]. 北京：人民邮电出版社，2003.
[23] 孟祥武，卢晓瑞，叶明晖. 北茶马古道汉中段传统聚落文化景观区划研究 [J]. 甘肃科学学报，2021，33（5）：91-97.
[24] 姚建衢. 农业地域类型划分的聚类分析 [J]. 地理科学，1988（2）：146-155，199.

[基金项目：国家社科基金（20BMZ049）：南岭走廊传统文化基因融入现代乡村人居景观建设研究]

[作者简介]
李康迪，桂林理工大学旅游与风景园林学院硕士研究生。
樊亚明，通信作者，博士，桂林理工大学旅游与风景园林学院教授，研究方向为旅游规划与风景园林规划设计。

徐霞客喀斯特审美评价及桂林地质研学启示

——以《粤西游日记一》为例

□蒋斯怡，李秀群，郑文俊

摘要：本文以桂林为例，通过分析《徐霞客游记·粤西游日记一》，总结归纳出徐霞客在桂林地区喀斯特景观审美评价内容和方法，以此为指导对桂林地质研学开发路径进行分析。本文通过对徐霞客游览广西东北部见闻的记述的分析，结合时代背景探究桂林喀斯特地区地貌的景观特征与审美评价，提炼出徐霞客游览桂林喀斯特景观的审美体验、审美思想和方法，分析徐霞客的游览的考察路线，探讨徐霞客对桂林喀斯特地区研究的巨大贡献，剖析充分利用桂林市丰富的喀斯特地质资源的方法，对进一步开发桂林喀斯特地质研学提出若干建议，为打造桂林特色地质研学旅行课程提供理论支撑。

关键词：徐霞客；喀斯特；桂林；审美评价；地质研学

1 徐霞客对桂林喀斯特景观资源的考察和研究

1.1 桂林地质景观特点

1.1.1 典型性

桂林喀斯特地区保存有大量具有科学研究价值的地质遗迹，如不同相区地层剖面、丰富的古生物化石、多个生物礁体、典型地质构造、大量洞穴古脊椎动物、古人类化石产地等，拥有亚热带喀斯特历史上发育连续性最好、跨度最长的系列信息，为科学研究及科普教育提供了场所。据不完全调查统计，桂林喀斯特地区分布面积接近 2670 km^2，被调查、考察、测绘的洞穴总数超过 500 个，洞道总长度超过 21000 m，桂林喀斯特景观不仅是喀斯特地貌中最齐全的类型，同时也是世界喀斯特峰林、峰丛地貌发育门类中最典型的地区。

1.1.2 美学性

地壳运动与丰富的地下水系造就了桂林丰富奇特的峰丛洼地、峰林平原与洞穴景观。桂林的峰丛平原峰林罗列、峰峦叠嶂，洞穴景观千姿百态，峡谷风光引人入胜，具有极高的审美价值和强烈的视觉观感，更有穿洞奇景与天生桥等雄伟壮观之景，极具震撼力和冲击力，奇特的山、水、桥、瀑、峡、洞等多样的景观形式是世界罕见的地质奇观，尽显色彩美、艺术美与和谐美的融合。

1.1.3 组合性

桂林地区，山内有岩洞，洞内贯穿水系，水又环抱山体，形成以喀斯特地貌为骨架的特色园林体系。喀斯特地区的地貌形态、地质遗迹、秀丽的水域风光以及丰富的生物多样性巧妙地组合起来，以周边人文景观为辅助，构成“山青、水秀、石美、洞奇”的美丽画卷，极具吸引力，为旅游的开发奠定了非常重要的基础。

1.2 徐霞客的考察背景

明崇祯十年（1637 年），徐霞客踏上了桂林之旅，耗时 45 天对桂林地区进行了详细考察与研究，其撰写的《徐霞客游记》中的《粤西游日记一》不仅描绘了明末时期桂林地区的整体喀斯特风貌，还体现了徐霞客独到的风景审美评价方法及审美思想，展现了桂林地区丰富的喀斯特景观资源。目前对徐霞客的审美内容分析应用于地质研学开发方面的研究还较少，本文基于《粤西游日记一》中徐霞客真实的考察记录，分析徐霞客的游览考察的路线，挖掘和分析徐霞客对各类具体喀斯特景观的风景审美评价思想和考察方法，为建立适合我国喀斯特风景特征的风景审美评价体系提供一定的启示，同时对如何充分利用桂林市丰富的喀斯特地质资源，为打造桂林特色地质研学旅行课程提供理论支撑。《徐霞客游记》明确地划分出粤滇黔三大喀斯特地区，其中《粤西游日记》一共分为四篇，而“粤西”是明清时广西的别称。广东、广西古为百粤之地，合称两粤，分别为粤东和粤西。《粤西游日记一》记录了徐霞客耗时 45 天游览广西东北部的见闻。

山水之美，古来共谈。桂林位于广西壮族自治区东北部，建城历史悠久，风景秀丽，素有“桂林山水甲天下”之称。桂林峰林叠出，名洞云集，景观类型齐全、发育典型，其中喀斯特石山发育成为中国最典型的岩溶地貌之一，洞穴数量最多、规模最大，兼有丰富的地下水系，具有代表性。桂林洞穴乃至自然景点的开发往往与人文活动密切结合，如五岳名山、洞天福地等，特殊的喀斯特地貌催生了时代久远、内容丰富的人文景观，如寺、观、庙宇、亭、阁、庐、摩岩石刻、民风民俗等。早在唐代莫休符所著《桂林风土记》就记录了桂林地区及近郊的山水和洞穴等内容。南宋时期范成大所著《桂海虞衡志·志岩洞》对桂林地区及近郊溶洞的洞穴方位、规模、形态、水文、堆积物、气候、声音和成因等九项内容进行了记录。以上种种，都为徐霞客对桂林喀斯特地区的考察与研究提供了背景和研究准备资料。

1.3 《粤西游日记一》的考察路线

徐霞客的路线选择于明崇祯十年（1637 年）闰四月二十八日至桂林府，同年六月十一日离开桂林，主要游览路线如图 1 所示。

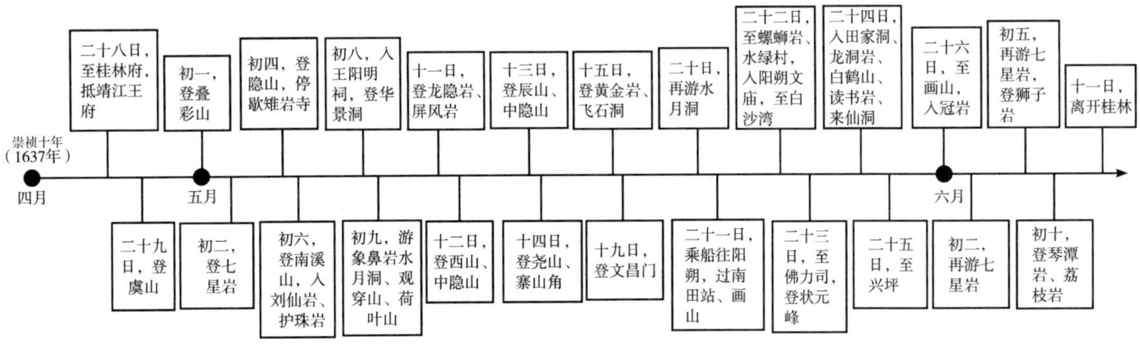

图 1 徐霞客桂林考察路线

2 徐霞客对桂林喀斯特风景资源的审美评价

2.1 境真景真自然真——自然景观评价

我国的古代山水游记从本质来说山水意识的一种体现，把自然山水环境作为对象，通过审美的评价呈现出较为复杂的人文和自然风貌。桂林是徐霞客考察时间最长的地区之一，徐霞客怀着坚韧的毅力和超前的科学探索精神，对桂林境内的山水景观及60多个溶洞作了系统考察，他对桂林地区岩溶地貌的详细的考察记录包括其类型和成因分析比欧洲学者对此类研究的系统论述还早两百年，在地理学和岩溶学方面作出了卓越的成就和贡献。《徐霞客游记》只是我国悠久历史上的地名典籍中的其中一本，但却是一部极具特色的古代山水游记巨著。与柳宗元的《永州八记》《桂州裴中丞作訾家洲亭记》不同，徐霞客在撰写时不把抒情叙志作为主要目标，语言上更加生动传神，全然从审美的角度和意识出发。

2.1.1 山景评价

山景为徐霞客评价最多的自然景观类型。他对整个桂林地区的喀斯特地貌界线、山体景观和岩洞的全貌（包括走向、洞口的分布、方位和形状等方面）进行了描述；主要评价用词有峰、岩、谷、岭、壁、嶂、石、崖、峦、石梁、峡、石室、梯等；对界线的描述十分贴切，如从全州兴安以南自越城岭进入桂林，是从“古松时断时续，不若全州之连云接嶂矣”，可以看出其变化是从连云迭嶂的花岗岩山体逐渐变为细碎玲珑的山峰丛林；由桂林过永福苏桥时，是“于是山俱连阜回岗，无复石峰峥峥矣”，桂林峰丛地貌止于此；并且对峰丛地貌进行总结为“千峰万岫，攒簇无余隙”。

2.1.2 洞景评价

洞景评价数量在《徐霞客游记》中居次要。徐霞客亲下各种岩洞进行考察与记录，主要评价用词有幽、阔、列、悬、氤氲、隘、洞、叠、通、冽、曲折、垂、空、豁然等；如写穿岩中石柱“而其内乳柱中悬，琼楞层叠，殊有曲折之致”；写程公岩岩顶之石“其内岩顶之石，层层下垂，若云翼势空”；形容七星岩洞内之景为“豁然中开，上穹下平，中多列笋悬柱，爽朗通漏”，并总结“计前自栖霞达曾公岩，约径过者共二里，复自曾公岩人而出，约盘旋者共三里”；登龙洞岩，记述八洞形态各异，彼此通透之景为“一入第七门，如连环贯珠，络绎层分，宛转俱透，升陟于层楼复阁之间，浅深随意，叠层凭空，此真群玉山头、蕊珠宫里也”；写明珠洞“如连环贯珠，络绎层分，宛转俱透”。

2.1.3 水景评价

水景的主要评价词有清、流、潭、澄澈、水、瀑、珠、夹、涧、幽旷、碧、泉、渊等；对于桂林地区喀斯特山水之景他这样记述——“石峰攒丛，有溪盘绕其间”；描写漓江两岸山景与水势则是“两岸森壁回峰，中多洲渚分合，无翻流之石，直泻之湍”。徐霞客在桂北游历了三条河川——漓江、洛清江、柳江，他根据沿途景色之差异，对这三条江作了很客观的评价，其中有“粤山惟石，故多穿穴之流，而水悉澄清”一句，是他认为桂林地区喀斯特地貌内的地表水和地下水转换甚为密切，江流多环绕峰丛、水悉澄清的景象是境内数条江河的总体反映，漓江之景最胜；在局部的水景，徐霞客也作了相应考察，如对七星岩中的地下河龙江与獭子潭进行考察并描述“左有石栏横列，下陷深黑，杳不见底”。

2.2 见微知著追溯源——整体环境评价

徐霞客在游览过程中对喀斯特地貌的观赏品评，不只是单一的从一个角度观察，而是强调

“内观”与“外俯”的“内外两绝”，不但要看洞内景致怎样，同样也要看洞外风光如何。他采取在不同角度下环绕的动态观察法，分析桂林喀斯特风景整体的峰丛走势与各山峰之间的相对关系。对喀斯特地区中的景观评价包含整体山势和局部山体状貌两方面，并对山体和岩洞的全貌包括走向、洞口的分布、方位和形状等方面进行了描述；提炼其中的主要形容词有环、阔、连、怪、叠、峭、高、削、嶂等。整体山势评价方面，在阳朔佛力司之南，有“内虽尚余石峰离立，外俱绵山亘岭，碧簪玉笋之森罗，北自桂林，南尽于此”；对穿山与斗鸡山相对之势记为“东西夹漓，怒冠鼓距，两山当合名斗鸡，特东山透明如圆镜，故更以穿山名之”；对荷叶山的整体评价为“竖石下剖，直抵山之根，若岐若合，亭亭夹立”。

局部山体地貌评价方面，主要形容词有危、立、崖、裂、垂、峭、空、参差、嶙峋、透、豁、锐等，如写隐山的片状山石是“其处石片分裂，薄若裂销，耸若伸掌，石质之异，不可名言”；描述伏波山还珠洞中试剑石形态为“壁下临重江，裂隙两层，一横者下卧波上，一竖者上穹山巅”；写穿山上的岩石形态各异是“回狮舞象，翥凤腾龙，分形萃怪，排列缤纷”；写七星山半山腰处的半裂的石层之景是“裂窍层叠，若云嘘绡幕”；写漓山的悬崖的腾空之态则是“山怒崖鹏骞，上腾下裂，以厄其冲”。此外，徐霞客还对洞口的情况作了详细记述，如根据日影对六隐山的六个洞口方向进行记录，结果与现代测量几乎无异。

2.3　形神统一山水情——人文景观评价

桂林文物甚多，古今文人诗人写出了大量赞誉桂林山水和岭南风貌的诗作，描述了丰富的可寻觅的古迹、风景点和传统文化遗产，有较高的史料价值。特殊的喀斯特地貌催生了历史悠久、内容多样的人文景观，《徐霞客游记》中提到桂林喀斯特风景中的人文景观包括寺、观、庙宇、亭、阁、庐、摩岩石刻、民风民俗等。徐霞客在书中对此进行了大量的考察和描写，蕴含着丰富的环境伦理思想，强调“点缀得宜，不掩其胜”的人与自然浑然一体的整体人文自然观。

摩崖石刻是桂林山水文化内容之一，保存至今的摩崖碑刻约有2000多件，优秀的摩崖石刻融合了桂林山水文化、诗词、书法艺术、人文历史与自然景观，内容包括诗文、题名、书札、佛经、告示、图画等，是风景区特有的文化景观。徐霞客在考察过程中十分重视这一文化遗产，有刻必读，记录了大量碑刻文物的位置、内容和作者，对佳作详细记录并作了拓片，如韶音洞左边崖壁上的《韶音洞记》，水月洞中的《水月洞碑》，护珠岩中的《金丹歌》、《养气汤方》和《遇仙记》，龙隐岩中《元祐党籍碑》等。除洞穴石刻外，徐霞客还记录了利用岩洞的天然环境构造的佛寺，如七星山上摘星亭“先有亭翼然迎客，名曰摘星”；虞山的山崖前的薰风亭“亭临皇湾之上，后倚虞山之崖。刻诗甚多”；描写高悬在半山腰的雉岩寺“雉岩寺高悬山半，北迎两江颓浪，飞槛缀崖，倒影澄碧”。

3　徐霞客对桂林喀斯特景观的审美评价思想与方法

3.1　定量的尺度估算和定性的地貌描述相结合

徐霞客以科学与文学结合的方法，用生动形象、简练优美的文字完成记述，对桂林地区喀斯特风景进行生动贴切的描述，对喀斯特地貌景观的本质规律进行探索和挖掘。他将客观的科学考察活动和主观审美意境感知相结合，一方面，基于主观的心理感受对桂林喀斯特景观景物进行审美评价，如描述对漓江之景发出“碧莲玉笋世界”的赞美；另一方面，在对整体山体、峰丛及局部喀斯特风貌在物理尺度进行描述的基础上，再进行较精准的评价，如描述叠彩山上风洞的洞口状貌为“其门南向，高二丈，深五丈”，并评价其“屈曲穿山之背”。

3.2 对比分析法进行横向与纵向对比

徐霞客在评价时常运用对比的方法，主要包括以下情况。一是将桂林喀斯特地区与其他喀斯特风景区作对比，《徐霞客游记》后半部分记述的是徐霞客对粤、黔、滇地区的考察，针对这三地之间不同的风景地貌，做了综合的比较型描述，如广西喀斯特景观是“粤西之山，有纯石者，有间石者，各自分行独挺，不相混杂”；云南地区则是“滇南之山，皆土峰缭绕，间有缀石，亦十不一二，故环洼为多”“滇山惟多土，故多壅流成海，而流多浑浊。惟抚仙湖最清”；贵州地区也有所不同，如“黔南之山，则界于二者之间，独以逼耸见奇”“黔流亦界于二者之间”。二是将桂林喀斯特地区内不同景点间进行对比，如将七星岩的外洞口和内洞口互相对比。三是对同一景观不同时期多次游览的情况进行对比，如七星岩是一个巨大且复杂的喀斯特岩洞系统，徐霞客两次对七星岩进行踏勘，首次对洞穴内部的情况进行了详细描述，第二次循着整个七星岩周边详细踏勘，得出结论：“栖霞在北，而下透山之东西；七星在中，而曲透山之西北；南岩在南，而上透山之东西。”

3.3 多感官的审美体验与多重审美方法

基于敏锐的观察，徐霞客从视觉、心理、听觉多种感官对桂林喀斯特景观做出审美感知与评价，如视觉评价有喻桂林奇峰似莲：“山高如耸莲”“依旧万朵青芙蓉”，从视觉描写上赋予桂林之山以生命力，极具动态美；心理感受描写如在龙洞岩中的石龙旁发出的感叹“余与静闻高憩悬龙右畔，飘然欲仙，嗒然丧我”，极致的美景竟让徐霞客认为此时莫过于神仙待遇了；听觉描写如“内水时滴沥，声如宏钟”，描述了隐山岩洞中水滴落之声；触觉方面描写如进入七星岩的感受描写“阴风飕飗，卷灯冽肌”等（表1）。徐霞客在多维度多角度的游观中对桂林地区喀斯特风景进行感知、理解达到极致的精神满足境界，审美评价引人入胜，生动贴切。

表1 《粤西游日记一》中的喀斯特景观记载

地点	评价对象	景观类型	游记内容	审美方式
虞山	薰风亭	建筑	亭临皇湾之上，后倚虞山之崖。刻诗甚多	视觉
	韶音洞	山景	洞东高崖崭绝，有小水汇其前，幽泽嵌壁，恍非尘世	视觉
叠彩山	木龙洞	山景、光景	其东开窗剖隙，屡逗天光……洞北辟而成崖，缀以飞廊，前临大江，后倚悬壁，憩眺之胜，无以逾此	视觉、心理感受
	风洞	山景	石门转透处，风从前洞扇入，至此愈觉凉飔逼人	触觉
伏波山	玩珠岩	山景、水景	石壁下临重江，裂隙两层，一横者下卧波上，一竖者上穹山巅。卧波上者，下石浮敞为台，上石斜骞覆之。一石柱下垂覆崖外，直抵下石，如莲萼倒挂	视觉

续表

地点	评价对象	景观类型	游记内容	审美方式
普陀山	摘星亭	建筑	先有亭翼然迎客，名曰摘星	视觉
	七星岩	山景	豁然中开，上穹下平，中多列笋悬柱，爽朗通漏……阴风飕飗，卷灯冽肌	触觉、听觉
	龙江	水景	有石栏横列，下陷深黑，杳不见底	视觉
	朝云岩	山景、水景	其岩西向，在栖霞之北，从各老桥又一里矣。洞口高悬，其内北转，高穹愈甚	视觉
独秀峰	独秀岩	山景	其岩南向，不甚高，岩内刻诗缕画甚多。其西裂一隙，下坠有圆洼，亦不甚深，分两重而已	视觉
雉山	青萝阁	建筑	遂从其后跻石峡，同蹑青萝阁，谒玉皇像	视觉
	雉岩寺	建筑	雉岩寺高悬山半，北迎两江颓浪，飞槛缀崖，倒影澄碧	视觉
	千手观音庵	建筑	南有千手大士庵，俱列其足	视觉
	乐盛洞	山景	洞在山足，门西向，高穹而中平	视觉
南溪山	白龙洞	山景	洞门高张，西向临溪，两石倒悬洞口……由殿左透级上，得璇室如层楼，内有自然之龛，置千手观音。前临殿室之上，环瞻洞顶，为此洞最胜处	视觉
	护珠岩	山景	岩前悬石甚巨，当洞门，若树屏，若垂帘	视觉
	穿云岩	山景	其岩在上岩东南绝壁下，洞口亦东南向。其洞高穹爽朗，后与左右分穿三窍，左窍旁透洞前，后与右其窍小而暗，不暗行也	视觉
	仙迹岩	山景	洞口亦东南向，外亦高朗，置老君像焉。其内乳柱倒垂，界为两重，若堂皇之后，屏列窗棂，分内外室者。洞岩穿窦两岐，俱不深，而玲珑有余	视觉
	玄岩	山景	岩东向，洞门高耸……洞前乳柱缤纷	
净瓶山	荷叶洞	山景	其后岈然通望，有石肺垂洞中，其色正绿，叠覆田田	视觉
隐山	隐山六洞	山景	山四面有六洞环列……东为朝阳洞，寺在其下。洞口东向，下层通水，上层北辟一门，就石刻老君像，今称老君洞……五洞之底，皆交连中络，惟北牖则另辟一水窦，初不由洞中通云……其内水时滴沥，声如宏钟	视觉、听觉

续表

地点	评价对象	景观类型	游记内容	审美方式
刘岩山	刘岩洞	山景	洞门西向，东下渊黑	视觉
	明月洞	山景	其洞高缀危崖之半，上削千尺，下临重壑，洞门亦西向	视觉
宝积山	华景洞	山景	洞门东向，前有大池，后倚山，则亦因为西城者。洞前岩平朗，上覆外敞	视觉
象鼻山	整体山势	山景、水景	而插江之涯，下跨于水，上属于山，中垂外掀，有卷鼻之势……时有渔舟泊洞口崖石间，因令棹余绕出洞外，复穿入洞中，兼尽水陆之观	视觉
	南极洞	山景	乃盘山溯行，从石崖危嵌中又得一洞，北向，名南极洞。其中不甚深	视觉
	水月洞	水景、山景	飞崖自山顶飞跨，北插中流，东西俱高剜成门，阳江从城南来，流贯而合于漓。上既空明如月，下复内外漾波	视觉
塔山	整体山势	山景	始见竖石下剖，直抵山之根，若岐若合，亭亭夹立。盖山以脆薄飞扬见奇也	视觉
穿山	整体山势	山景	则崇岩旷然，平透山腹，径山十余丈，高阔俱五六丈，上若卷桥，下如甬道，中无悬列之石，故一望通明，洞北崖右有镌为“空明”者	视觉
龙隐山	龙隐岩	山景	洞门西向，高穹广衍，无奥隔之窍，而顶石平覆，若施幔布幄，有纹二缕，蜿蜒若龙，萃而为头，则悬石下垂，水滴其端，若骊珠焉	视觉
	月牙岩	山景	第此则叠石通磴，彼则断壁削崖，路分通塞耳。其岩上环如玦而西缺其口，内不甚深而半圆半豁，形如上弦之状，钩帘垂幌，下映清泠，亦幽境也	视觉
西山	整体山势	山景	右有山森然，有洞岈然	视觉
侯山	石鼓洞	水景、山景	洞门东北向，高倚山半，而前有潴水，汇而成潭。从潭上拾级攀棘，遂入洞中。其洞乱石堆门，外高内深，历石级西南下，直坠洞底，则水涯渊然。内望有一石横突而出，若龙首腾空，下有仄崖嵌水，内有裂隙旁通	视觉

续表

地点	评价对象	景观类型	游记内容	审美方式
中隐山	佛子岩	山景	其洞南下北上，穹然高透，颇如程公岩	视觉
	屏风岩	山景、光景	则削崖平展，列嶂危悬……则洞门如峡，自下高穹，山顶两崖，阔五丈，高十余丈……层楼结蜃，高镜悬空……其内岩顶之石，层层下垂，若云翼势空，极其雄峻。将至穴口，其处少平。北奥有大石幢，盘叠至顶，圆若转轮，累若覆莲，色碧形幻，何造物之设奇若此也	视觉、心理感受
辰山	整体山势	山景	见山顶石丛参错	视觉
	黄鹂岩	山景	而其山穹然有洞，洞口有石当门，赭色斑烂，彪炳有异	视觉
西峰顶	狮子岩	山景	峰尽而南突，若狮之回踞而昂首者	视觉
来仙洞山	来仙洞	山景	乳窦初隘，渐入渐宏，琼葩云叶，缤纷上下。转而东北，遂成穹峡，高不见顶，其垂突蹲裂，种种开胜。深入，忽峡复下坠渊黑，不可以丈数计……其左削崖不能受趾，其右乳柱分楞，窗户历历	视觉
龙洞岩	珠明洞	山景	如连环贯珠，络绎层分，宛转俱透，升陟于层楼复阁之间，浅深随意，叠层凭空，此真群玉山头、蕊珠宫里也	视觉、心理感受
漓江	整体评价	水景、山景	漓江自桂林南来，两岸森壁回峰，中多洲渚分合，无翻流之石，直泻之湍	视觉

4　桂林喀斯特地质研学开发路径

《粤西游日记一》为研究明末桂林地区喀斯特地质景观资源及徐霞客的风景审美思想提供了丰富翔实的史料，桂林鬼斧神工的地貌形态具有很高的审美价值，同时也蕴藏着丰富的地质知识。站在喀斯特地质研学开发的角度来看，《粤西游日记一》给予后人的启示主要有以下几点。

4.1　审美情景学习为主线

在桂林喀斯特地质景观的常规游览线路中可观测到大量的地质遗迹，可在自然基础之上，运用徐霞客的审美方法，开发“地心游记”“洞穴之美”等类似的自然资源情境研学课程，让学生们运用全面、科学的审美方式，从审美意识的角度出发，突出审美思想学习的主线，多感官多视角亲身体验大自然的神韵与桂林喀斯特之美。

4.2　培养地质考察能力

徐霞客在考察过程中的记录着无数的乡土痕迹，且他记述的是建立在田野调查的基础上的，皆是亲身经历或是从所听所闻而来，如游记中经常出现指路的当地人，徐霞客在书中直接记录他们的用词用语。因此在研学路线开发过程中应该注重再现徐霞客在野外进行地质考察的过程，观察、体验地质现象，培养学生田野调查的能力，培养学生获得观察数据和信息的能力，引导学生关注喀斯特地质景观的成因，最终达到普及地学知识的目的，促进桂林喀斯特研学旅行过程中“游”与“学”的高效融合。

4.3 认识徐霞客遗产游线价值

桂林喀斯特地区是极为珍贵的、不可再生的、具世界意义的自然遗产地。徐霞客在桂林喀斯特景观地区的游览路线同时也是一条文化遗产线路，与其他遗产保护领域存在着一系列交叉和渗透关系，有很多分散的遗产点、遗产区、元素构成、价值。在遗产认识和保护方面，以喀斯特地貌作为其自然地理承托，以徐霞客游戏作为其文化串联载体，共同构成一个有机结合的自然与文化双重遗产的体系，对于发展沿线遗产旅游都有着非常重要的意义和科学价值。

4.4 自然教育过渡到人文教育

从徐霞客对桂林喀斯特地区的游览可以看出这里除了美丽的自然景观还蕴含着丰富的人文景观，自然古朴、建筑精美、文化底蕴深厚既是徐霞客发现考证查实岩洞的重要依据，也是桂林旅游文化的印记。人文景观的考察是与自然旅游资源紧密结合、相得益彰的，是地质研学开发过程中必不可少的配套性景观资源。应关注景观遗产历史角度，让学生在欣赏自然美的同时对历史人文景观进行研究与考察，丰富学生的感知，对其进行文化遗产的保护与教育工作。

4.5 完善地质研学旅游链条

通过对徐霞客在桂林喀斯特地区贡献进行宣传，开发多元化的大众旅游产品，形成地质研学产品链条，吸引更多的旅游者前来进行地质研学，充分发掘喀斯特旅游资源多样性的潜力。在开发过程中，注意喀斯特与桂林山水地方文化的精彩提炼，打造融观赏性、参与性、娱乐性为一体的喀斯特主题研学课程商品。

5 思考与总结

徐霞客运用其科学严谨的探究精神与山水审美意识，对桂林喀斯特地区景观作出了风景审美评价。徐霞客的思想体现了其山水审美素养，分析并传承其审美评价方法和思想对于桂林地区喀斯特地质研学开发思路和方法。但是，在桂林喀斯特旅游开发还只是简单的停留在观光游览上，缺乏较高层次的旅游行为。总体来说，有以下四点启示：第一，喀斯特遗产是不可再生资源，对其开发的过程中尤其要注意景观遗产保护问题，将喀斯特景观遗产与桂林其他环境资源联合保护，在地质研学开发过程中要防止出现过“热”现象破坏桂林喀斯特景观遗产；第二，定量测量的评价方法在现今风景审美评价体系制订的准备工作中还需落实，可充分学习徐霞客科学的风景资源考察方式，完善喀斯特地区风景审美体系的完整性和丰富性，注重将风景的外在形态审美与内在科学成因探求相结合，在研学流程的设计上更加注重地质考察、数据测量等方面的引导，建立更加严谨科学的喀斯特景观研学路线；第三，结合教育、文化需求，在地质研学路线的设计上，可以参照徐霞客的旅游路线，加大宣传徐霞客对桂林喀斯特的研究和贡献，并将其贯穿在整个研学课程和旅游景观区的建设与开发中；第四，更加注重人文景观和自然景观的结合，注重“地质+历史”的研学教育，赋予研学生动多样的内容与形式。

[参考文献]

[1] 张捷，柯立，俞锦标. 喀斯特洞穴书法景观的分类统计与洞穴旅游发展：以广西桂林市为例 [J]. 人文地理，2010，25 (6)：98-103，88.
[2] 崔颖.《徐霞客游记·粤西游日记一》的自然科学与文学成就 [J]. 汉字文化，2020 (20)：56-57.
[3] 张清河. 论《徐霞客游记》中的山水描写 [J]. 贵阳师专学报（社会科学版），1988 (1)：42-48.
[4] 周永光. 徐霞客粤西游述略 [J]. 广西地方志，2002 (2)：51-53.
[5] 谢凝高. 徐霞客与风景科学 [J]. 中国园林，1997 (4)：2-6.
[6] 缪钟灵. 论徐霞客对西南喀斯特研究的贡献 [J]. 地理研究，1986 (4)：18-24.
[7] 吴永恒，刘晓玲，谢永祥. 略论徐霞客《粤西游日记一》中的桂林山水形象 [J]. 旅游纵览，2014 (14)：354-356.
[8] 汤诗澜.《徐霞客游记》中桂林山水园林的造园艺术探究 [J]. 现代园艺，2022，45 (13)：130-132.
[9] 李时新. 山水跃然文章间：《徐霞客游记·游桂林日记》写景艺术初探 [J]. 广西师范大学学报，1984 (2)：44-49.
[10] 成官文，郭纯清，何秋明，等. 桂林喀斯特区的科学价值和自然遗产价值 [J]. 桂林工学院学报，2005 (3)：284-288.
[11] 王雨晨. 黄果树地区自然遗产与文化遗产的关系：喀斯特地貌、屯堡村寨与滇黔古道 [J]. 自然与文化遗产研究，2020，5 (1)：104-113.
[12] 汪佳伟，唐晓岚. 徐霞客《江右游日记》中的风景审美思想研究 [J]. 园林，2023，40 (1)：111-117.
[13] 陶犁. 徐霞客与云南喀斯特旅游资源 [J]. 云南教育学院学报，1995 (2)：77-80.
[14] 张司晗，高琪，刘晓明. 徐霞客风景审美评价思想和方法：以雁荡山风景名胜区为例 [J]. 中国城市林业，2020，18 (3)：110-115.

[基金项目：国家自然科学基金项目“多尺度视角下乡村景观遗产系统建构及其数字化表达（52368005）”]

[作者简介]

蒋斯怡，桂林理工大学旅游与风景园林学院硕士研究生。
李秀群，桂林理工大学旅游与风景园林学院硕士研究生。
郑文俊，通信作者，博士，桂林理工大学旅游与风景园林学院教授，研究方向为乡土景观遗产保护。